한국 선도사상의 3수 문화

이 저서는 2013년도 정부(교육부)의 재원으로 한국학중앙연구원(한국학진흥사업단)의 지원을 받아 수행된 연구임(AKS-2013-ORS-1120008)

한국 선도사상의 3수 문화 (개정증보판)

2판 1쇄 인쇄_2025년 11월 5일
2판 1쇄 발행_2025년 11월 10일

지은이_조남호
펴낸이_홍정표
펴낸곳_글로벌콘텐츠
등록_제25100-2008-000024호

공급처_(주)글로벌콘텐츠출판그룹
대표_홍정표 **이사**_김미미 **편집**_백찬미 강민욱 남혜인 홍명지 권군오 **기획·마케팅**_이종훈 홍민지
주소_서울특별시 강동구 풍성로 87-6
전화_02) 488-3280 **팩스**_02) 488-3281
홈페이지_http://www.gcbook.co.kr
이메일_edit@gcbook.co.kr

값 28,000원
ISBN 979-11-5852-604-7 93150

한국 선도사상의 3수 문화

선도 문헌과 대종교 계열의 학자들을 중심으로

조남호 지음

개정 증보판

글로벌콘텐츠

책을 펴내며

단군은 학자들에게 비판과 기피의 대상이 되어 왔다. 그 이유는 크게 두 가지로 나누어 볼 수 있다. 하나는 일제 강점기 제국주의 학자들에 의해서 단군의 이야기가 고조선에부터 시작되는 것이 아니라 고려 말에 성립되는 것으로 보는 사고가 성립되어 우리에게 전해져 오는 경우이다. 다른 하나는 해방 이후 민족주의에 대한 서구의 비판적인 경향이다. 일본과 독일의 민족주의가 자민족 중심의 세계관을 고수한 나머지 다른 민족을 멸시하는 민족 우월주의적인 사고관을 가진 것으로 파악되어 민족주의 자체에 대한 부정적인 인식이 확산되었다. 이러한 이유로 한국의 학자들은 대부분 단군에 대해 인정하기를 꺼려하거나 무관심 속에 방치했다.

그러나 단군으로 비롯되는 민족주의는 그 자체가 부정될 필요는 없다.

첫째, 민족주의 자체를 부정적으로 볼 필요는 없다. 이념은 장단점을 가지고 있기 때문에 그 자체를 결과와 혼동해서는 안 된다. 마르크시즘을 스탈린주의로 공격해서는 안 되는 것과 마찬가지로 민족주의를 일본과 독일의 민족 우월주의로 동일시해서는 안 된다. 일본과 독일의 민족 우월주의는 비판해야 되지만, 우리 민족의 가지고 있는 홍익인간 사상을 무시해서는 안 된다. 널리 인간 세상을 이롭게 하자는 주장이 무슨 나쁜 이념일 수 있는가?

둘째, 세계가 정보통신과 생활수단을 발달로 인해 더 좁혀지고 있지만 동아시아의 대결 구도는 더 격화되고 있다. 여기서 대립 속에서 민족주의는 이러한 대결 구도를 악화시킨다는 비판이 있을 수 있다. 그러나 민족주의를 폐기하고 평화적인 대화를 강조할 수도 있지만, 우리 민족의 생존은 누가 지켜질 수 있는가! 우리 민족은 우리가 지켜야 한다. 민족의 생존이 위기에 처할 때마다 단군과 민족주의는 부활했던 것이다. 원나라 침입시기의 고려 말이 그러했고 일제 강점기가 그러하다.

셋째, 우리는 역사 이래로 통일된 민족이었다. 남북한이 분단된 상황에서 우리가 통일할 수 있는 근거인 민족적 동일성을 민족이 아니면 어디서 찾을 수 있을 것인가?

넷째, 민족주의는 우파나 극우적인 사고라는 비판이 있다. 이는 피상적인 사고이다. 역사적으로 대종교의 민족주의자들은 좌우의 극단주의를 배격하고, 좌·우파 통합론이 중심이었거나 양심적인 우파들이었다. 민족주의는 우파라는 사고를 벗어나야 한다.

다섯째, 지구촌이라는 말이 유행하고 다문화 가정이 대세가 된 시대에 한민족의 단일 민족주의는 위험하다는 사고가 있다. 단군의 홍익인간 사상이 어니 자기 민족만을 위하겠다는 사고가 있는가? 인류 보편의 사고가 있는 것이다. 또한 대종교에서 말하는 고조선이란 국가에는 한민족 이외에도 여진족·말갈족·부여족 등의 다양한 형제 족속들이 존재했다. 이런 점에서 민족주의는 다문화와 연결될 수 있다.

단군으로부터 시작되는 민족주의는 우리 역사에서 좌절되고 말았다. 근대 민족 국가 건설에서 단군은 배제되었던 것이다. 일제 강점기를 거치면서 우리는 단군을 빼놓고 민족 국가를 운위하는 상황이 되었던 것이다. 단군을 넣어야 하는 필수적인 과정이 우리에게 생략된 것이다. 여기 근대 민족 국가를 건설하고자 했던 이들의 기록이 있다. 그런데 이 기록들은 대부분의 국민에게 잊힌 채 남아 있고, 그것도 완전하지 않다.

대종교는 단군을 복원하고 그것을 통해 새로운 나라를 만들고자 했던 것이다. 일제 강점기에 많은 학자들이 대종교에 직접적으로 투신하거나 간접적으로 그 이념을 공유하고자 했다. 이들은 단군의 정신을 통해 독립운동을 했던 것이다. 그러나 이들의 사상적 측면에서의 독립운동은 여전히 평가를 받지 못하고 있고, 대종교의 종교적인 역할도 주목받지 못하고 있다.

저자는 대종교와 대종교 관련 학자들의 저작을 모아서 이들의 사상과 정신을 조금이나마 엿보고자 한다. 그러나 아직도 역량이 부족하여 글들이 자료집 형태를 벗어나지 못하고 있다. 그럼에도 부족하나마 일제 강점기 대종교와 대종교 계열 학자들의 의지와 열정에 만분의 일이라도 보답하고자 출판을 결심하게 되었다. 아울러 이에 만족하지 않고 앞으로 이들에 대한 연구를 체계화하고자 하는 책임감과 부담감도 함께 지고자 한다.

끝으로 이 책이 나오기까지 많은 분들의 도움을 입었다. 한 권 책의 출판은 많은 분들을 괴롭히는 작업이라고 생각한다. 그러한 악업이 쌓여서 책이 출판된다고 여긴다. 글로벌콘텐츠 홍정표 대표님 이하 출판사 직원들의 노고에 감사를 드린다.

참고로 이 책은 다음과 같은 필자의 논문과 글을 바탕으로 했다.
「신규식과 대종교(2)」, 『국학연구』 28, 2024.
「일제 강점기 중국에서의 개천절 기념식 연구」, 『선도문화』 35, 2023.
「신규식과 대종교(1)」, 『역사문화연구』 84, 2022.
「일제 강점기 어천절 기념식과 독립운동」, 『선도문화』 29, 2020.

「1930년대 대종교 계열 학자들의 이승휴와 제왕운기에 대한 연구」, 『선도문화』 28. 2020.

「일제강점기 강화의 마니산 참성단과 삼랑성에 대한 대종교계열 학자들의 연구」, 『선도문화』 27, 2019.

「남북한의 단군연구」, 『선도문화』 26, 2019

「타오의 생활문화」, 『선도문화』 23, 2017.

「고교형의 단군인식과 대종교 계열 학자들의 비판」, 『대동철학』 80, 2017.

「대종교 계열 학자들의 영토인식」, 『선도문화』 22, 2017.

「대종교의 삼신일체론」, 『선도문화』 21, 2016.

「주시경과 제자들의 단군에 대한 이해」, 『선도문화』 19, 2015.

「국학의 관점에서 바라 본 근대사 서술」, 『선도문화』 17, 2014.

「권덕규의 단군 천부경 연구」, 『선도문화』 13, 2012.

「최남선의 불함문화론」, 『선도문화』 11, 2011.

「환단고기와 삼일신고」, 『선도문화』 9, 2010.

「대종교의 삼교합일론」, 『동방학』 17, 2009.

「한글운동과 국학 인물 열전: 주시경, 최현배, 김두봉, 정열모, 이병기, 이윤재, 안재홍, 이극로, 신명균, 김윤경, 이중화」 (http://www.ikoreanspirit. com)

증보판: 2025년 8월 한낮의 찌는 더위는 나의 시련일지라도

녹토재에서

차례

한국 선도사상의 3수 문화

선도 문헌과 대종교 계열의
학자들을 중심으로

제4장 역사적 3론 · 256

1장

서론

이 책 우리 전통 문화 가운데 숫자 3에 관한 연구이다. '삼세번', '후래자 삼배', '삼족오', '삼신산', '삼신할머니', '삼재' 등 우리 문화에는 3과 관련된 단어나 내용이 많다. 이는 곧 3이 우리 전통 문화에서 아주 중요했음을 뜻한다. 바로 이 점에 주목하여 이 책에서는 3의 문화를 한국 선도라는 관점에서 고찰하고자 한다. 또한 한국 선도를 선도 문헌과 함께 나철·김교헌·서일·윤세복·강우·신태윤·정신 등 대종교 내부 지도자들, 박은식·최남선·신채호·안재홍·정인보 등 역사학자들, 주시경·김두봉·이극로·최현배·이윤재·이병기·정열모·권덕규 등 한글학자들의 대종교 학자들을 중심으로 살펴보고자 한다.

선도 문헌을 살펴보는 까닭은 대종교의 경전이라 할 『삼일신고』와 『환단고기』 등에 나타나는 3의 문화가 우리 민족 고유의 문화를 상징하기 때문이다. 이와 함께 서일이 지은 『회삼경』도 고찰할 것인데, 이 책은 아예 3에 관한 이론적인 확립을 모색하고 있다. 기존의 연구에서는 일반적으로 『환단고기』 등에 대해 위서라는 주장을 하고 있다. 그러나 이러한 주장은 내용보다는 형식적인 문구만을 문제 삼고 있다. 『환단고기』 등에는 3에 관한 언급이 많이 나온다. 따라서 이 책에서는 위서적인 내용은 배제하고 3에 관련된 내용을 비판적으로 검토할 것이다.

대종교[1] 연구자는 나철·김교헌·서일·윤세복 등 내부의 지도자들과 신채호·최남선·안재홍·정인보·김두봉·이윤재·이병기 등 대종교의 영향을 받은 학자들로 구분된다. 내부 지도자들은 단군에 관한 본체론적·수양론적 종교 교리를 확립하는 데 힘썼으며, 학자들은 단군과 관련된 구체적 자료들을 찾는 데 전력했다. 단군학[2]은 이들을 통해 성립되었다고 할 수 있다.

대종교는 종교적인 의미에서 도탄에 빠진 이 세상을 구제하겠다는 하느님의 발원과 사람들의 믿음을 기반으로 하여 최종적으로는 홍익인간이라는 목표로 귀결된다. 그 사이에는 삼신·삼계·삼도·삼아 등과 같이 3을 기본수로 하는 해석이 들어가 있다.

대종교는 역사적으로 단군을 민족의 국조로 여긴다.[3] 근대 국가를 만드는 데 민족은 중요한 하나의 요소이다. 곧 민족을 중심으로 새로운 이념을 제시하는 것이 근대 국가의 건설인 것이다. 사실상 한국에서는 서양과 달리 빠르게는 고조선시대부터 늦게는 통일신라 또는 고려시기에 단일 민족의 정체성이 일찍 확립되었기 때문에 단군의 홍익인간 염원을 민주공화국 이

---

1 대종교는 종교 단체로 조직 체계가 있다. 나이와 출신 고하를 막론하고 교주(일제 때는 도사교, 해방 이후에는 총전교)가 최고이며, 교주 이하 직급 서열이 있고, 성직자와 교인이 있다. 엄숙한 절차를 거쳐 입교를 해야 교인으로 인정되며, 입교 명부인 『종문영질』이 존재한다.

2 단군학은 대종교에서는 공식적으로 '종학(倧學)'이라고 한다. 종학은 대종교 교리 즉 '경전'이 기본이며, 이미 체계적으로 성립된 경전을 토대로 후대의 학자들이 해석을 붙여 교리서나 역사서를 만든 것이다. 그러나 이 책에서는 대종교와 대종교에 영향을 받은 학자들의 해석을 모아서 새롭게 단군학이라고 명명을 했다.

3 일본의 화혼론(和魂論)이 천황을 중심으로 한 일본인의 역사적인 계통성과 이의 계승을 중시하여 수직적인 지배·복종의식을 강조하면서 일본 국민을 통합했다면, 조선은 단군에서 국가적 정통성을 찾고 역사적·민족적 공동체로서의 국가와 사회에 대한 애국심을 호소했다. 윤소영, 「근대 한일의 화혼론과 국혼론」, 『화혼양재와 한국근대』, 어문학사, 2006, 58쪽.

념으로 전환시켜 민주국가를 세우고자 했다. 상해 임시정부는 단순히 광복하여 조선왕조와 같은 왕조국가를 세우고자 한 것이 아니라 민주공화국을 세우고자 했다. 다시 말해 단군을 현대적 조선 민족의식 형성의 핵심 표상으로 세웠다.

단군에 관한 현대적 민족의식과 신앙체계 및 학술화 작업은 현대적 한국 국학의 시작이었다. 이러한 개념적 토대 위에서 내용을 채워 넣는 작업이 필요했지만 자료와 문헌이 턱없이 부족했다. 이 때문에 그들은 3을 우리 문화의 중심이라고 생각하면서 이에 대해 많은 연구를 진행했던 것이다. 그런데 3에 대한 연구는 학자마다 차이가 있다. 이러한 차이점도 밝혀야 할 대상이다. 또한 3에 대한 분류도 비판적으로 검토해야 문제이다. 역사적으로 이것이 존재하느냐 그렇지 않느냐를 따지는 일은 의미가 없다. 다만 철학적으로 이러한 분류가 인위적인 구분으로 흐른다면 의미를 담지 못한다.

3의 문화를 삼원론이란 개념으로 해석하는 측면도 있지만 이는 개념상 적합하지 않다. 삼원론이라는 개념은 서양의 삼위일체론에서 비롯되었기 때문이다. 삼위일체론에서 신은 본성으로 볼 때 하나이면서 동시에 성부·성자·성령의 세 위상을 갖는다는 의미이다. 성부·성자·성령이 일체가 되는 삼위일체론은 예수에게만 가능한 이론이고, 다른 존재에게는 적용되지 않는다. 이에 반해 우리의 3의 문화는 모두가 삼원론적 구조를 가지고 있다. 범신론적인 사고를 가지고 있는 것이다. 모두 신이 될 수 있는 문화에 기반한 것이 바로 우리의 3의 문화이다.

동아시아에서 삼신과 관련된 것은 불교에서 찾아볼 수 있다. 불교에서 원리로서의 부처인 법신, 수행을 닦아서 부처가 된 보신, 부처가 현상세계에 나타난 응신이 그것이다. 그리고 법신·보신·응신의 삼신이 따로 분리된 것이 아니라 하나라고 보는 사고에서 최고의 철학체계인 원만(圓滿)한 사유라고 할 수 있다. 비단 불교뿐만 아니라 중국 도교에도 삼군·삼관·삼경·삼동·

삼청 등 3에 관련된 것이 많다. 특히 3수 분화의 세계관은 샤머니즘에서 시작되어 도교에서 확립되었는데, 『태평경』에서는 원기의 분화를 태양·태음·중화의 3기로 설명하고, 『운급칠첨』에서는 하나이면서 셋이고 셋이면서 하나인 이론체계를 정교하게 설명하고 있다.[4]

대종교에서 조화로서의 환인, 치화로서의 환웅, 교화로서의 단군은 셋이지만 이들이 결국 하나의 본체의 작용이라고 하는 삼신일체 사상은 원만을 지향하고 있다. 그러면서도 개인적인 측면뿐만 아니라 사회적인 것, 종교적인 것, 문화적인 것, 역사적인 것을 포함한다. 이는 대종교가 이론적으로 보편성을 지향하고 있음을 보여준다. 이 같은 대종교의 보편성 추구는 '삼아(三我)'에서 알 수 있다. 대종교는 불교의 독아(獨我), 선교의 위아(爲我), 유교의 무아(毋我)를 일컬어 삼아라 하고, 이것이 궁극적으로 대아(大我) 즉 하나의 큰 틀 속에서 이해될 수 있음을 보여주었다.

이러한 대종교의 삼교합일론은 정치적으로도 의의가 깊다. 당시 많은 독립운동 단체들이 제각기 파벌 싸움에만 골몰하고 있을 때 대종교는 단군이라는 기치를 들고 하나로 합치자는 운동을 했다. 이는 곧 삼교합일의 정신과도 일맥상통하는 지점이다. 종교적 차이를 넘어서 하나로 귀결될 수 있는 점을 보인 것이다. 요컨대 이는 대종교의 독립운동이 단순한 무장투쟁운동이 아니라 유교·불교·선교를 포괄하는 동아시아 문명의 재정립이란 측면에서 더욱더 큰 의의를 갖는다.

3에 대한 기존의 연구는 주로 민속학적으로 고찰한 것이 대부분이고, 그 밖에 역사적·종교적 관점도 소개되고 있다.

먼저 3을 우리의 고유한 문화로 설명하는 연구가 있다. 임동권은 3에 '크다'·'많다'·'빈번하다'의 뜻이 담겨 있으며 가장 흔하고 보편적으로 사용된다면서 우리 문화에서 갖는 3의 의의를 강조한다. 여우가 사람으로 변하기

4 정재서, 『동아시아상상력과 민족서사』, 이화여자대학교출판부, 2014, 81-83쪽.

위해 재주를 넘는 횟수가 3번이고, 부정한 것을 쫓을 때도 3번 하고, 진언을 외울 때도 3번 되풀이 한다고 한다. 환웅의 무리가 3천이라거나 백제 의자왕에게 3천 궁녀가 있었다는 말에서 3천은 많다는 뜻이라고 한다.[5]

조선족 학자인 리영순은 3이 고조선의 단군 신화에서 비롯되었으며, 길수 또는 신성수라고 하여 최상의 수로 여겼다고 한다. 그는 신화뿐만 아니라 풍속 등에 나타난 숫자 3에 담긴 의미를 해석했는데, '삼대 부자 없다'에서 3은 긴 시간을 뜻하고, '세 살 적 버릇이 여든까지 간다'에서 3은 적은 양을 뜻하며, '소경 셋이 모이면 못 읽을 편지도 없다'에서 3은 완전한 수를 뜻한다고 했다.[6] 이러한 해석은 3의 의미를 확장한 것이지만, 3의 문화에 대한 종합적인 연구는 되지 못한다.

한영우는 단군 신화에 나오는 삼신, 삼위태백, 삼칠일, 환웅이 3천 명을 데리고 온 것, 삼조선, 삼한, 삼국, 삼성, 삼성혈, 삼천만 동포, 삼족토기, 3박자 등을 예로 들면서 우리 민족에게 3에 대해 특별한 선호가 있고 그것은 서양 문명에 나타나는 갈등의 이원론보다는 다원적 일원론으로서 공존과 타협을 제시한다고 한다.[7] 이는 3에 대한 진일보한 연구라고 할 수 있지만, 내용적으로 충분하지 않고 체계적인 논리도 빈약하다.

주강현은 「숫자 3의 비밀」에서 3과 관련된 예를 열거하면서 "숫자 3과 우리 민족의 수 의식을 생각할 때마다 3이 지닌 상징체계야말로 원초적 문화임을 거듭 느낀다"[8]라고 함으로써 3의 의미를 강조한다. 그러면서 '인문학적 숫자론'이 나오길 기대한다고 밝혔다. 스스로 연구의 한계를 알고 있었던 셈이다.

다음으로 3을 우리의 고유한 것으로 보고 외국과 비교하는 주장도 있다.

---

5 임동권, 「단군신화의 민속학적 고찰」, 『한국민속학논고』, 집문당, 1971, 344쪽.

6 리영순, 『동물과 수로 본 우리 문화의 상징세계』, 훈민, 2006, 220쪽.

7 한영우, 『한국선비지성사』, 지식산업사, 2010, 84-94쪽.

8 주강현, 『우리 문화의 수수께끼 1』, 한겨레출판, 1996, 137쪽.

우실하는 2수 분화의 농경문화의 습합과 3수 분화의 수렵문화를 구분한 뒤, 3수 분화가 우리 민족의 고유한 논리라고 주장한다. 중국 동북 지방의 고고학적 성과까지 검토하여 3수 분화의 의미를 탐구한 점, 『천부경』과 『삼일신고』 등도 3수 분화로 설명한다는 점 등에서 의의가 있지만, 아쉽게도 그것의 종교적·역사적·철학적 의미에 대해서는 분석하고 있지 않다.

한편 3을 보편적인 개념으로 이해하는 사고도 있다. 조현설은 단군 신화의 환인·환웅·단군, 기독교의 성부·성자·성령, 불교의 삼존불, 힌두교의 브라흐마·비슈누·시바의 삼위일체가 완성과 조화를 향한 인간의 무의식적 추구가 만들어낸 다양한 변주의 결과라고 봄으로써 3에 대한 의미를 보편적인 차원으로 끌어 올렸다.9

이러한 선행 학자들의 연구는 주로 문화적 의미에서 파악한 3에 대한 연구일 뿐, 3이라는 숫자가 어떻게 대종교 학자들에 의해 종교적·역사적으로 제기되었는지를 설명하지 못한다. 이 점이 설명되어야 3이 한국 문화의 원형임을 알릴 수 있을 것이다. 3의 문화냐 아니냐가 중요한 것이 아니라 3의 문화를 발굴하고 그것을 우리의 정체성으로 인정하는 것이 필요하다.

이 책은 문화뿐만 아니라 종교·역사에 걸친 전반적인 인문 영역에서 3수 문화를 고찰할 계획이다. 또한 각자의 영역에서 3이 갖는 의미를 살펴보고자 한다. 먼저 종교적인 측면에서 ① 삼신(三神), ② 삼계(三界), ③ 삼도(三途), ④ 삼아(三我), ⑤ 삼진(三眞), ⑥ 삼망(三妄), 문화적 측면에서 ① 삼신할머니, ② 삼신제석, ③ 삼신주머니, ④ 삼신밥, ⑤ 삼신반점, ⑥ 삼족오, ⑦ 삼재, ⑧ 삼산, ⑨ 삼위태백, ⑩ 삼랑성, ⑪ 세 개의 천부인, ⑫ 삼천의 무리, ⑬ 삼신산, ⑭ 신라의 삼성, ⑮ 삼성사, ⑯ 삼일포, ⑰ 10월 3일 개천절, 역사적 측면에서 ① 삼경, ② 삼조선, ③ 삼한을 검토한다.

---

9 조현설, 『우리 신화의 수수께끼』, 한겨레출판, 2006, 274쪽.

이러한 작업은 한편으로는 민족주의에 대한 재해석[10]이기도 하면서, 다른 한편으로는 보편성을 지향한 이론 탐색이기도 하다.

10 앤서니 스미스, 『족류, 상징주의와 민족주의』, 김인중 역, 아카넷, 2016, 150쪽. "특정한 공동체의 과거나 과거들을 재발견·선택·재해석하고, 그것의 현 상태에 대해 그것이 품고 있는 생각을 개조하고, 그럼으로써 그 공동체를 갱생하도록 돕는 것이다."

2장
종교적 3론

1. 삼신

박은식은 대종교와 삼신의 관계를 다음과 같이 설명한다.

> 대종교는 우리의 삼신 시조를 믿는 종교로 가장 오래되었다. 옛 역사에서 말하기를 "단군이 인간을 널리 이롭게 하기 위하여 하늘로부터 이 세상에 내려오셨다"고 했다. 또한 우리 풍속에 삼신의 명에 따라 남자 여자 자식이 태어난다고 하고 이에 보답하여 제사를 지내며 오사[11]·오계[12]가 대대로 전수되어 왔다.[13]

---

11 곡식(穀), 생명(命), 질병(病), 형벌(刑), 선악(善惡).

12 오계는 한편으로는 『삼일신고』의 천(天)·신(神)·천궁(天宮)·세계·진리를 일컫기도 하고, 다른 한편으로는 세속오계 즉 '아버지를 효도로써 섬기고, 임금을 충성으로써 섬기고, 벗을 신의로써 사귀고, 싸울 때에 물러가지 말고, 짐승을 가리어 잡으라'를 말하기도 한다.

13 박은식, 『한국독립운동지혈사』, 김도형 역, 소명출판사, 2008, 137쪽

삼신이란 환인·환웅·단군을 말한다. 이들의 출전은 『삼국유사』이다.

> 옛적 환인(제석을 말한다)이 있었다. 서자 환웅이 자주 천하에 뜻을 두어 인간 세상을 구하고자 했다.……웅녀는 혼인할 상대가 없어 매양 단수 아래에서 잉태하기를 바랐다. 환웅이 이에 가화하여 혼인하고 아들을 낳으니 단군왕검이다.[14]

먼저 삼신은 불교에서도 쓰이는 개념이다. 원리로서의 부처인 법신(法神), 수행을 닦아서 부처가 된 보신(報神), 부처가 현상세계에 나타난 응신(應神) 혹은 화신(化神)이 그것이다. 그리고 그것이 따로 분리된 것이 아니라 하나라고 하는 사고에서 최고의 철학체계인 원만한 사유라고 할 수 있다. 『삼국유사』를 쓴 일연은 화엄종 계통의 승려로서 환인·환웅·단군을 불교의 삼신설에 적용한 것 같다.

『삼국유사』에서 수행을 한 존재는 곰이고 곰이 수행하여 사람이 되었다는 이야기는 곧 모든 존재가 불성을 가지고 태어났으며 누구나 깨달을 수 있다는 일체성불론에 의거하고 있다. 홍익인간도 이러한 불성론에 기반한 '상구보리, 하화중생'의 자비론을 실천한 것이라고 할 수 있다. 그렇지만 일연의 삼신사상은 부처 이하의 단계를 설정한 것이다. 환인은 부처 아래의 천상계의 존재로 법신에 해당하고,[15] 환웅은 천상계에서 인간계로 내려온 존재로 법을 실행하는 부처인 보신에 해당하며, 단군은 인간의 존재로 수행을 닦아서 이룬 응신이다. 일연은 불교의 삼신설을 가지고 천상세계와 인간세계에서 삼신사상을 적용한 것이다. 『삼국유사』의 이러한 불교적 색채는 고려시대에 이르러 일연이 불교적 시각에서 구성한 것이다. 환인과 환웅이 불교

---

14 『삼국유사』.

15 『열반경』에서는 제석환인이 부처의 말씀을 듣고 법신이 되었다고 한다. 이운허 역, 『열반경』, 동국역경원, 424쪽.

경전에 나온다고 해서 이 신들이 없다고 할 수는 없을 것이다. 오히려 불자인 일연이 『삼국유사』를 쓰는 과정에서 삼신을 불교적으로 번역했을 가능성이 크다. 다시 말해 우리의 삼신은 따로 존재하고 있다고 볼 수 있다.

대종교의 삼신에 대한 관점은 크게 둘로 나눌 수 있다. 하나는 대종교 경전을 교리적인 측면에서 삼신일체로 설명하는 내부의 지도자 그룹이고, 다른 하나는 삼신을 역사적으로 설정하려는 대종교 계열의 학자들이다.

1) 대종교 경전의 삼신

(1) 『대종교신리』의 삼신일체론

『대종교신리』[16]에 따르면, 첫 번째 신 환인은 더없는 자리에서 무형의 형을 본체로 하고 무위의 위를 만들고 무언의 언을 써서 대세계를 주재하는 상제이고, 두 번째 신 환웅은 상제의 본성으로 만물을 조화하니 천왕(하늘의 왕)이고, 세 번째 신 환검은 천왕의 명과 정으로 만민을 교화하니 인종(사람의 으뜸)이다.[17] 여기서 환인은 최고의 신이며 환웅과 환검은 그 밑의 신인 천왕과 인종이다. 하지만 "삼신은 하나의 본체인 상제로서, 각기 그 신이 있는 것이 아니다. 주된 본체는 하나이지만, 상제의 작용은 삼신이 된다(三神, 一體上帝, 三神非各有其神也. 主體則爲一, 上帝作用, 則爲三神)"고 한다. 신인 상제는 무위를 유위로 변화시켜 만물을 생성하고, 무언을 유언으로 만들어 만민을 교화하고, 백성을 교화한 지 273년에 만에 다시 하늘로 올라가 신으로 돌아가니 하나의

---

16 『대종교신리』는 나철이 단군 강세 4367년(1910) 경술 9월 12일에 고경각에서 간행한 것으로, 『신리대전』을 만들기 전의 창작으로 추측된다. 이 글은 고려대학교 중앙도서관 소장본이자 육당문고에 있는 것으로 국학연구소의 『올소리』 3호에 실려 있다.

17 『대종교신리』. "第一神桓因, 爲無上之上, 而軆無形之形, 作無爲之爲, 用無言之言, 主宰大世界卽上帝也. 第二神桓雄, 以上帝之性, 造化萬物, 卽天王也. 第三神桓儉, 以天王之命精, 敎化萬民, 卽人宗也."

상제이다.[18] 삼신일체와 삼위일체를 함께 쓴다.

3과 1의 관계에 대해서 『대종교신리』에서는 다음과 같이 해석한다.

> 1의 본성은 삼신이고, 삼신은 1의 본성이다. 숫자 1이 없으면 본체가 없는 것이고 숫자 3이 없으면 작용을 설정할 수 없다. 본체는 3을 작용으로 삼고 작용은 1을 본체로 삼는다. 1이 있으면 발생할 수 있고 3이 있으면 모두 이루어짐이 있으니, 이루어짐은 낳음을 1로 삼고 낳음은 이루어짐을 3으로 삼는다. 1은 2가 되고 2가 3이 되고, 3은 2에서 나와서 1을 계승한다. 비록 2를 말하지 않지만 2는 1과 3 중간에 있다.[19]

본체는 1의 본성이고 작용은 삼신인데, 본체는 낳음이고 작용은 이루어짐이라고 한다. 그런데 본체는 생성을 벗어나야 함에도 불구하고 생과 성을 본체와 작용에 배당하고 있다. 또한 2의 역할이 문제이다. 1과 3 사이에 2가 끼어 있는데, 그 둘을 매개한다. 그런데도 2를 인정하는 것은 적절하지 않다. 1은 본체, 2는 작(만듦), 3은 용(쓰임)인데, 이것도 작용을 만듦과 쓰임의 둘로 나눈 데 불과하다.

> 본체는 만듦을 하기 때문에 쓰임을 주재할 수 있고 쓰임은 만듦을 통하여 본체를 살피니, 비록 만듦을 말하지 않더라도 만듦은 본체와 쓰임 가운데 있다. 낳음은 변화로 말미암아 이루고 이룸은 변화로 말미암아 낳음을 알게 되니, 비록 변화를 말하지 않더라도 변화는 낳음과 이루어

18 『대종교신리』. "惟神上帝, 無爲化有爲, 萬物生焉. 惟神上帝, 無言成有言, 萬民化焉. 化民之二百十有七年, 復御于天, 返于神, 卽一上帝也."

19 『대종교신리』. "一性三神, 三神一性. 無一無其體, 無三無其用. 體以三爲用, 用以一爲體. 有一有其生, 有三有其成. 成以生爲一, 生以成爲三也. 一由二而及三, 三由二而承二, 雖不言二, 二在一三之中."

짐 속에 있다.[20]

주재신의 형상은 무형상의 형이며, 본체 역할을 하고 낳는 것이다. 교화신의 말씀은 무언의 말씀이며 쓰고 이루는 것이다. 두 신은 1이면서 3이고 3이면서 1이 되는 진리이다. 비록 조화신의 만들고 변화하는 진리는 2에 속하기 때문에 말하지 않더라도 본체와 작용 생성 가운데 있으니, 체와 용, 생과 성을 매개해서 변화하니 무위의 작위를 하는 것이다.[21]

환인	1	낳음	주재신
환웅	2	만듦	조화신
환검	3	쓰임	교화신

이는 환인-조화, 환웅-교화, 환검-치화로 배속하는 『신리대전』과 다르다. 『대종교신리』의 환인을 주재신으로 놓는 주장은 태일을 주장하는 안확에게 계승되고 있다.

안확의 삼신일체는 『대종교신리』와 비슷한 점이 있다.

조선의 가장 오랜 사상은 '종(倧)'이라 하는 데서 일어난지라. 고로 종(倧)은 가장 오랜 종교요 도덕이요 철학이니, 이것은 단군이 그 진리를 설하야 민을 교화한 자라 할 것이다. 그 진리는 삼신으로써 계기를 만드니, 제일신(第一神)은 환인이라 무상일위(無上一位)에 있고 대덕(大德)·대혜(大慧)·대력(大力)을 가진 자로 천지를 창조하니 즉 우주의 근본이며, 제

20 『대종교신리』. "體由作而能用, 用由作而知體. 雖不言作, 作在體用之中, 生由化而能成, 成由化而知生, 雖不言化, 化在生成之中."

21 『대종교신리』. "主宰神之形, 無形之形, 而體之生之, 敎化神之言, 無言之言, 而用之成之, 皆一而三, 三而一之眞理. 而雖不言造化神作之化之之理, 其屬於二, 而在體用生成之中, 承上化下, 而爲無爲之爲者, 此也."

이신(第二神)은 환웅이니 천신의 본성으로써 만물을 조화(造化)하며, 제삼신(第三神)은 단군 즉 인신(人神)이니 환인의 명(命)과 정(精)으로써 세상에 내려와 만민을 교화하나니, 이 삼신은 작용상 삼체(三體)이나 그 본성은 일체(一體)라 하는 것이니라.[22]

삼신일체의 논리를 세우는 과정에서 안확은 몇 번의 전환을 한다.

먼저 1922년 『조선문학사』에서 삼신을 대종교의 삼위일체로 보고 있고, 1926년에는 삼신을 불교와 선교에 가까운 것으로 보고 있다. 즉 환인은 불교에서 나왔으며, 나머지는 선교 혹은 도교에서 나온 것이라고 한다. 또 환웅은 선교의 말이라고 한다. 풍백·운사·우사는 귀신을 부리는 것이고 천부인도 마찬가지이다. 그러면서도 그는 중국 도교에 대해 정의하기를 인간세계에 대한 권태의 감정이 있어서 신인이 하계로 하강할 때는 천상에서 죄악을 범하는 경우이고, 불교에 대해서는 인간에 은혜를 베풀기 위해서 신인이 하강하는 것이라 한다. 반면 조선의 신앙의 근저에는 하늘의 아들이 인간세상을 탐하여 우리 조선의 동방으로 하강했다고 한 점에서 조선의 천신은 국가·국민의 본체를 간섭하는 주인공으로서 흥망성쇠의 운명까지 총람하는 왕자의 이상 또는 도덕력의 권화라고 한다.[23]

1932년에 이르러서는 단군까지도 제석천의 두 아들, 하나는 전단이고 다른 하나는 동방수두대왕 혹은 열두단군이라고 한다. 동방은 단에 속하고, 동방인이 단을 공양하면 수명과 재산을 증장한다고 하여 단군을 추존한 것이라고 한다.[24] 이러한 그의 생각은 전형적인 일본 식민사학자들과 다르지 않다.

그런데 환인-조화, 환웅-교화, 환검-교화로 보는 『신리대전』과 『신사기』

22 안확, 「조선문학사」, 『안자산국학논선집』, 현대실학사, 1996, 19쪽.

23 같은 글, 58-59쪽.

24 안확, 「조선사의 개관」, 『자산안확논국학논저집』 4, 여강출판사, 1994, 336쪽.

가 대종교의 정통이 되고 『대종교신리』는 버려졌다. 아마도 조화-교화-치화를 하나로 놓는 체계가 좀 더 합리적인 사고라고 생각한 것 같다. 그리고 삼신의 속성인 낳음-만듦-쓰임은 불교의 체(體)-상(相)-용(用)의 계열과 어울리는 점이 있지만, 작용에서 작(만듦)과 용(쓰임)을 구분하는 것은 인위적이다.

(2) 대종교 정통의 삼신일체론과 『삼국유사』

대종교의 『신사기』에서는 삼신은 환인·환웅·환검으로 이해하고 모두 신으로 이해한다.

> 삼가 상고하건대, 만드는 임자인 조화주는 환인(桓因)이시니, 천국(天國)을 여시어 뭇누리를 만드시고, 대덕(大德)으로 만물을 기르시니라.[25]

> 삼가 상고하건대, 가르치는 임자인 교화주는 환웅이시니, 신으로써 사람이 되어 큰 도리를 세우시고 큰 교화를 베풀어, 어리석은 백성들을 감화시키시되, 『신고』를 널리 펴서, 뭇사람들을 크게 가르치시니라.[26]

> 삼가 상고하건대, 다스리는 임자인 치화주는 환검이시니, 다섯 가지 일들(五事)을 맡아서 널리 인간세상을 유익게 하시며, 나라를 처음 세워서 법통을 만대에 드리우시니라.[27]

『삼국유사』에서 환인·환웅·단군을 할아버지-아버지-아들로 보는 것을 반박하는 것이다.

---

25 『神事記』, 「造化紀」. "欽稽 造化主, 日桓因, 開天國, 造羣世界, 大德, 化育甡甡物."

26 『神事記』, 「敎化紀」. "欽稽, 敎化主, 日桓雄, 以神化人, 立大道, 設大敎, 感化蠢蠢民. 演神誥, 大訓于衆."

27 『神事記』, 「治化紀」. "欽稽 治化主, 日桓儉, 主五事, 弘益人世, 肇建極, 垂統萬萬世."

이종휘와 정약용이 모두 환인·환웅·단군으로써 할아버지·아들·손자의 삼세를 삼았는데, 이것은 '고기'와 『유사』 및 우리나라의 여러 역사책에 의거하여 말한 것이다. 그러나 여러 책에 또한 스스로 서로 모순되는 것이 있다. 여러 책을 살펴보면 이르기를 신인이 태백산에 내려왔는데 이가 단군이 된다고 했으니, 어찌해서 제석의 서자가 환웅이 되고 환웅의 아들이 단군이 된다고 하였으니 의심스러운 것이 하나이다. 이미 신시라고 말하고 이가 단군이 되었다고 하였으니, 또 어찌하여 신시에서 인간의 몸으로 변화하기를 기도하여 단군을 낳았다고 하였는지 의심스러운 것이 두 번째이다. 임금이 된 자는 단군이고 천부삼인을 받은 자는 신시이니, 어찌 천부삼인을 받은 자가 즉위하여 임금이 되지 않고 따로 임금이 된 사람이 있었단 말인가. 그 단목에 내려온 것은 한가지이니, 또 누가 먼저이고 누가 뒤라고 하겠는가. 그 의심스러운 것이 세 번째이다. 일반적으로 말하는 것은 동방에 처음 군장이 없었는데 태백의 산 아래에 내려온 것은 신인뿐이다. 신인이 먼저 나왔는데 어찌 서자라는 것이 있겠는가. 그 의심스러운 것이 네 번째이다. 대개 삼신일체와 일성삼신의 묘함을 알지 못하기 때문에 그 보는 바에 따라 억지로 이름을 붙여 혹은 둘로 혹은 셋으로 하고 심지어 삼세라고 지적하고 있으니 미혹된 것이다. 그렇다면 환인은 하나의 단군이고 환웅도 하나의 단군이고 신시씨도 하나의 단군이 된다. 낳음과 이룸에 말미암아 나타나는 것이 하나가 아니고 몸과 쓰임에 말미암아 이름이 혹 다르니 그 변화를 헤아리지 못한다.[28]

『단조사고』는 김교헌·박은식·유근의 공동 저작으로 알려져 있다. 이들은 모두 환인·환웅·단군을 삼신으로 인정하면서 동시에 삼신이 단군이라고 주장한다. 이들은 먼저 환인·환웅·단군의 삼세설을 부정한다. 『삼국유

28 김교헌·박은식·유근, 『단조사고』, 흔뿌리, 2006, 19-20쪽.

사』의 삼신관은 이종휘와 정약용 그리고 근대의 유근의 초기 설에서 주장한다. 유근은 "단군은 신시씨 환웅의 자요 환인씨의 손이니"[29]라고 하면서 환인-환웅-단군을 삼세 즉 부·자·손 관계로 설명한다.

유근은 후기에 삼세설은 삼신일체를 알지 못하는 소치라고 지적하고, 비록 성휘와 성호는 다르나 사실은 단군을 일컫는 것이라고 했다. 또한 환국은 단군이고 배달나라이며 단군은 단국의 임금으로 배달임금이라고 했다. 환인의 서자가 환웅이라는 표현, 환웅이 신시에 내려왔는데 다시 인간으로 변해서 단군을 낳았다고 하는 것 등 탄생의 문제가 되는 표현은 모두 부정했다. 그리하여 단군 하나만 인정했다. 여기서 주목할 점은 신시를 지역으로 보지 않고 하나의 존재로 보았다는 것이다.

> 환인, 환웅, 환검, 단인, 단웅, 단검, 임검, 왕검, 천신, 천선, 천왕, 천군, 천제, 상제, 단제, 제석, 신인, 신시씨, 단신, 산신, 삼성, 성조신, 기수가한은 이름이 하나가 아니지만 하나이다.[30]

정윤[31]도 환인·환웅·단군을 셋으로 보지 않고 한검 한 분만을 인정한다.

---

29 유근, 「신정동국역사」, 김명섭 편, 『석농 유근 자료총서』, 한국학술정보, 2007, 2쪽.

30 같은 글.

31 鄭潤(1898~1931). 함남 홍원 출신, 일명 信, 호는 일우(一雨)이다. 중광단에 입단, 1919년 8월 서일·김좌진과 함께 군정부 조직, 12월 북로군정서 인사국장. 1920년 總辦部 墾北北部總辦部 재무관 겸 참사. 1923년 대한독립군 대표로 국민대표대회에 참석. 1924년 상해 교민단 회계조사원. 1925년 신민부 연락부위원장, 1927년 경리부 위원장, 軍民議會 民事部委員. 1929년 한족총연합회 부위원장. 1930년 한국독립당 선전부장. 1931년 길장현에서 피살됨. 1963년 건국훈장 국민장. 그의 저작인 『사지통속고』는 1923년 조완구가 교열하여 상해 삼일인서관에서 간행한 것이다. 그는 중국 만주의 桓族 유적지와 요금청의 유적지를 답사하고 나서 21사와 『만주원류고』 등에서 전거를 찾아서 연구했다. 주로 한글과 만주어, 몽골어의 유사성에 주목하고 있는 점에서 의의가 있다. 이 책의 서문은 박은식이 썼다.

한검은 천신(天神), 천제(天帝), 일신(一神), 대제(大帝)의 뜻(義)이라 우리 말에 천(天), 일(一), 대(大), 왕(王)을 한이라 하고 신(神), 제(帝), 군(君), 왕(王), 종(倧)을 '검'이라 하엿거늘 후에 '한'을 환(桓), 한(汗), 간(干), 단(檀) 등 글자로 번역하고 '검'을 검(儉), 군(君), 금(今), 김(金) 등 글자로 번역하엿나니 즉 환검(桓儉), 왕검(王儉), 가한(可汗), 단군(檀君), 천왕(天王), 거서간(居西干), 마립간(麻立刊), 니사금(尼斯今), 김수로(金首露), 김알지(金閼智) 등이 이것이라. 우리 시조 '한검'은 천신(天神), 천제(天帝)시니 단목 아래(檀木下)에 내리(降)하시엇다 하야 단군(檀君)이라 하엿다 함은 견강부회의 설이니 '한검'을 단군(檀君)으로 번역하고 단(檀)자의 한자 의미를 억지로 탐구하여 단목하 운운하엿으니 환검(桓儉)은 어떻게 해설할 수 있을 것이며 가한(可汗)은 어떻게 견강부회할 수 있는가. 이른바 삼국사 등은 전혀 한자 의미로만 꾸민 것이라 하늘에서는 신이시며 세상에 내려온 대종(降世大倧)이신 '한검'의 원어를 만길 구덩이(萬仞坑塹)에서 이제야 차잣도다.[32]

정윤은 단목 아래에 내려와서 단군이 되었다는 주장을 인정하지 않고 천신 즉 한검만을 인정한다.

둘째, 불교의 삼신이 하나이듯이 대종교에서도 삼신은 하나라고 한다. 그런데 삼신에 대한 논의는 『삼일신고』에는 나오지 않고, 『신사기』,[33] 『회삼경』,[34] 『신리대전』에 나온다. 『삼일신고』에는 일신에 대한 언급만 있고[35] 삼신은 말하지 않는다.

32 정윤, 『史誌通俗攷』, 41쪽.

33 이 책은 홍암 나철이 백두산에서 단군교 포명을 맹세한 두암 선생에게서 1905년에 받은 것이라고 한다. 서문과 발문이 없기 때문에 어느 때 누구의 저술인지도 알 길 없으나 환인· 환웅·단군시대의 사적이 적혀 있다. 그 내용은 크게 「造化紀」, 「敎化紀」, 「治化紀」의 3장으로 구성되어 있다. 『神事記』, 「譯解神事記跋辭」에 "此書는 本無序跋하니 何代誰氏의 所作임을 雖不能知나 文字는 簡古하고 神事가 畢備이다"(『譯解倧經四部合編』, 102쪽)라고 적혀 있다.

34 『회삼경』은 대종교의 서일(1181~1921)이 지은 것으로 『삼일신고』를 주해한 것이다.

삼신일체에 대한 해석은 두 가지로 나눈다. 일체를 하나의 본체로 해석하는가 아니면 하나의 세트로 해석하는가이다. 첫째는 삼신은 작용이고 일체는 본체라고 하는 해석이고, 둘째는 삼신은 하나의 세트(一體)라고 하는 해석이다. 먼저 첫째 해석을 살펴보자.

『신리대전』에서는 일신과 삼신의 관계를 1과 3의 체용 구도로 본다.

> 대종의 리는 셋과 하나일 뿐이니, 하나만 있고 셋이 없으면 이것은 그 작용이 없는 것이고, 셋만 있고 하나가 없으면 이것은 그 본체가 없는 것이다. 그러므로 하나는 셋의 본체이고, 셋은 하나의 작용이다.[36]

서일은 1과 3을 셈법으로 설명한다.

> 질문: 수의 변화가 1, 2, 3이 모두 그러하겠지만 유독 3으로 작용을 삼는 것은 어찌 그렇습니까?
>
> 대답: 2는 다함이 있고 3은 다함이 없는지라 무릇 셈법이 1로 제해도 본셈은 변하지 않으나 2로써 제하면 갈라져서 남음이 없게 되고 3으로 제하면 되돌아가서 끝이 없게 된다. 그러므로 하늘과 땅의 이치는 1로써 떳떳함이 되고 3으로써 변함이 되니, 대개 조화주·교화주·치화주 세 가지 중 하나만 모자라면 하늘의 공적을 이룰 수 없고, 통하고 알고 보존하는 세 가지 중 하나라도 모자라면 밝은 이의 공적을 완성하지 못한다. 그러므로 2를 쓰지 않고 3을 쓰는 것이다.[37]

---

35 『三一神誥』, 「神訓」. "神在無上一位, 有大德大慧大力生天, 主無數世界, 造甡甡物, 纖塵無漏, 昭昭靈靈, 不敢名量, 聲氣願禱, 絶親見, 自性求子, 降在爾腦."

36 『神理大全』, 「神敎」. "大倧之理는 三一而已니, 有一無三이면 是無其用이오 有三無一이면 是無其體라 故로 一爲三體오 三爲一用이니라."

37 『神理大全』, 「神敎」 註. "問: 數之變化가 二三皆然이어늘, 獨二三으로 爲用者는 何也오. 日: 二는 有盡이오 而三은 則無盡也라. 凡數法이 以一除者는 不變原數하고 以二除者는 分析無餘하고 以

1을 1로 나누면 원래의 수가 되고, 2로 나누면 0.5로 나누어 떨어지고, 3으로 나누면 0.3333…… 무한히 반복된다. 이것에 착안하여 1은 본체이며 떳떳함이고, 3은 작용이자 변함이라고 한다. 이에 대해 이은봉은 1과 3의 관계를 다음과 같이 해석한다.

> 물질계를 멀리 초월하고 있는 최고신을 믿는 민족이 그 신의 신성성을 파괴하지 않으면서도 인간세상과 밀접히 관련되어 인간을 교화하고 인간에게 도움을 주는 신으로 표현할 때 이러한 3·1 신적인 방법으로 표현할 수밖에 없지 않을까? 다시 말하면 3·1 신적인 표현은 초월신을 표현하기 위한 인간지성의 내적 구조와 긴밀히 관련되어 있다는 것이다. 1을 상으로 삼고 3으로 순환무궁한다는 이치를 다른 말로 표현해 보면 아들인 환웅 안에 아버지인 환인의 뜻이 완전히 표현되었고 환웅이 세운 신시(神市, 즉 성스러운 인간세상) 안에 단군의 치화가 계속되고 있다는 말이 된다. 초월적 세계의 연속과 보존이 글로 유지되어 있어야 하는 아버지가 있어야 하고, 그 아버지의 뜻을 따라 초월성을 운반하는 동반자로서의 아들이 있어야 하며, 그것을 완성시키는 지상세계의 활동자가 있어야 한다. 이렇게 되어야만 신성이 파괴되지 않은 채 이 지상세계에 신이 충분히 관여할 수 있게 되는 것이다.[38]

이러한 해석은 1과 3을 초월과 내재로 이해하는 것이지만, 대종교에서는 아버지와 아들의 인간관계를 인정하지 않는다.

그런데 『삼일신고』의 이러한 1과 3의 관계는 중국 도교에서도 이미 있

三除者는 循環無窮이라. 故로 天地之理는 以一爲常이오, 而以三爲變也니, 蓋造敎治三者에, 缺一이면 則神功이 不可以成하며 通知保三者에 缺一이면 則哲功이 不可以完하나니, 所以로 不用二而用三也니라."

38 이은봉, 「단군신화에 나타나는 삼신 사상의 종교적 의미」, 『올소리』 3, 2006, 145-146쪽.

는 개념이라는 주장도 있다.[39] 『태평경』에서는 원기의 분화를 태양·태음·중화의 3기로 설명하고, 『운급칠첨』에서는 하나이면서 셋이고 셋이면서 하나인 이론체계를 정교하게 설명하고 있다.

> 三一은 이치로 보면 一인데, (玄一, 真一, 太一이라고: 역주) 세 상황에서 이름이 다르기 때문에 三一이라고 부른다. 一을 三一이라고 부르는 까닭은 이치가 一이지만 명칭이 三이기 때문이며, 명칭이 三이지만 본래의 불변하는 이치는 一이기 때문에 三一이라고 부른다. 三一이란 道에 들어가는 첫 단계이며 아직 참된 진경(眞境)에는 들어가지 못하였지만 도(道)를 조금(一分) 깨달은 것이며 아직 명칭 三을 버릴 수 없는 단계이다. 또한 진경에 들어가서 一을 다 깨닫더라도 명칭 三을 아직 부정할 수 없는데, 명칭 三을 아직 부정할 수 없지만 一을 어느 정도(1/3) 깨달았기 때문에 三一이라고 부른다. 명칭을 나누면 三이지만 어느 명칭도 一을 부정하는 것이 아니기 때문에 三一이라고도 부른다.[40]

그런데 중국의 『운급칠첨』에서 말하는 3과 1의 논리는 3이 모두 체이고 그것은 전체로서의 1이라고 하는 사유로서, 1을 체, 3을 용으로 보는 대종교의 삼신사상과 다르다. 요컨대 본체를 1로 볼 것인지 아니면 3으로 볼 것인지의 문제이다. 전자가 『운급칠첨』이라면 후자는 『삼일신고』인 것이다. 이상의 체용론을 분석하면 다음과 같다.

---

39 정재서, 『동아시아상상력과 민족서사』, 81-83쪽.

40 "三一者, 正一而已. 三處授名, 故名三一. 所以一名三一者, 一此而三彼也, 雖三常一, 故名三一. 三一者, 向道初門, 未入真境, 得見一分, 未能舍三. 全一是未離三, 雖未離三, 少能見一, 故名三一. 分言三不離一, 故名三一"(『雲笈七籤』, 卷49).

삼신일체	체용론
불교 삼신	1體(법신)2用(보신 응신) 혹은 體(법신) 相(보신) 用(응신)
도교 삼신	3體가 하나로 연결
대종교 삼신	1體 3用

『회삼경』에서는 삼신에 대해 주재하는 하나의 본체가 있고, 조화·교화·치화의 작용이 있다고 한다. 신은 무형이지만 만들어내고(無形而造), 무언이지만 교화하고(無言而教), 무위이지만 다스린다(無爲而治). 그래서 조화는 무형에서 유형으로, 교화는 무언에서 유언으로, 치화는 무위에서 유위로 관계한다.

작용의 관계를 『신리대전』과 『회삼경』에서는 삼위일체로 본다.

> [문] 하나님 자리를 셋과 하나로써 정함은 무슨 이치입니까?
>
> [답] 하나라 함은 통합하여 말함이요, 셋이라 함은 따로 따로 나누어 말함이다. 그러므로 세 검이 저마다 따로 따로 그 얼을 가진 것이 아니라 주체는 하나요, 쓰임은 셋이다. 한 사람의 몸에 비유해도 또한 이 이치가 있으니 아버지로서는 바로 조화의 자리요, 스승으로서는 바로 교화의 자리요, 윗사람으로서는 바로 치화의 자리인데 다만 사람은 비롯됨이 있지만 하나님은 위가 없을 따름이니라.[41]

합치면 하나의 신이지만, 역할에 따라 조화·교화·치화로 나눈 것이다. 『회삼경』에서는 조화는 아버지의 도리이고, 교화는 스승의 도리이고, 치화는 임금의 도리라고 한다. 환인은 아버지, 환웅은 스승, 환검은 임금을 표

41 『神理大全』. "[問] 神位 以三一爲定者何理也. [答] 一者統言之也. 三者各言之也. 故三神非各有其神也. 主體則一, 作用則三. 譬諸一人之身, 亦有是理. 爲人父則造化之位, 爲人師則敎化之位, 爲人上則治化之位. 但人則有始, 而神則無上而已."

상한다고 한다. 이는 군·사·부 일체를 삼신에 적용한 것에 지나지 않는다. 이에 대해 윤세복은 하늘의 삼신과 사람의 삼종 즉 군·사·부는 같은 뜻이라고 한다. 여기서 조화·치화·교화는 군·사·부로 보는 것은 삼위일체의 위격으로 보는 사고이다. 삼신일체는 삼위일체라는 말과 같은 것이다.

다음은 삼신은 하나의 세트라고 하는 사고이다. 나누어 말하면 셋이고 합쳐서 말하면 하나라고 한다.

> 나누면 셋이요, 합하면 하나이니, 셋과 하나로서 신위가 정하여진다.[42]

강우[43]도 체용과 분합을 하나로 본다.

> [문] 세검이 합하면 한검되고 한검이 나뉘면 세검되는 이치를 말씀하오.
>
> [답] 일신은 주체를 이름이요 삼신은 작용 자리를 이름이니 곧 한 사람의 몸으로, 생육하는 아버지와 가르치는 스승과 다스리는 임검 자리를 칭할 수 있음과 같도다.[44]

42 『神理大全』. "分則三也. 合則一也, 三一而神位定."

43 姜虞(1862~1932). 자는 순서(舜瑞), 호는 호석(湖石), 본관은 진주, 본명은 석기(錫箕). 1895년부터 9년간 함경북도 성진·길주·경원 등 세 곳의 감리(監理)를 역임. 1909년 대종교에 입교. 1911년 지교(知敎), 1914년에는 상교(尙敎), 나철(羅喆)을 대신하여 백두산 상봉에 올라 혈서로 제천했고, 1916년 정교(正敎)로 승질됨과 동시에 대형의 호를 받았으며, 1918년에는 사교(司敎)에 임명. 1920년에는 구월산 삼성사(三聖祠)에서 수도함. 1921년에 남도본사(南道本司)를 부설(復設)하고 도사교위리(都司敎委理)로서 3년간 시무했다. 1924년에는 마니산 참성단(塹城壇)에서 제천수도함. 1950년 도형(道兄)이란 호가 추증됨. 1977년 대통령 표창, 1990년 건국훈장 애족장이 수여됨. 저서에 『종리문답(倧理問答)』, 『천산도설(天山圖說)』, 『제천혈고사(祭天血告辭)』, 『일삼경(一三經)』, 『애오가(愛吾歌)』 등이 있다.

44 강우, 『종리문답』, 45장.

여기서 합과 분, 본체와 작용은 서로 다른 개념이다. 합과 분은 모두 작용 개념으로 분류할 수 있다. 권덕규는 일신과 삼신을 인정하는 대종교를 복일신교(複一神教)라고 한다. 그에 따르면 종교의 역사는 자연물의 신에서 무형의 신으로, 다신교-유일신으로 전환이 되었는데, 그 전환된 종교 속에는 단일한 신을 인정하는 유일신교와 삼위일체의 복일신교가 있다. 그는 삼위일체설을 역사적으로 마지막 단계로 보면서 우리 민족의 종교는 복일신교로서 천(天)·신(神)·인(人) 삼위일체설을 선취했다.[45]

결국 대종교의 삼신일체는 삼신은 각기 본체이고 그것이 하나라고 하는 것이 아니라, 삼신은 작용이고 그것은 일신 즉 하나의 본체에서 나오는 것이면서, 삼신의 작용은 하나의 세트라고 해야 한다. 여기서 주목할 것은 불교나 도교가 말하는 삼신, 기독교가 말하는 성부·성자·성령의 삼위일체도 작용인 것이다. 그렇다면 하나의 본체는 절대적이어야 하는데 대종교에서는 무형·무언·무위한 것으로 규정한다. 옥상옥을 피하기 위하여 또 하나의 본체를 설정하는데 그것의 역할을 인정하지 않는 것이다.

『삼국유사』와 대종교 문헌의 차이점은 다음과 같다.

첫째로 『삼국유사』에서 환인은 『잡아함경』 등에서 제석천으로 나오고, 석가제환인다라(釋迦提桓因陀羅)라고도 하며, 이를 줄여서 석제환인이라고 한다. 산스크리트어로 석가는 유능하다, 제환은 하늘, 인다라는 황제의 뜻을 가지고 있다. 수미산의 정상인 도리천에 거주하면서 부처를 보좌하면서 하늘을 주재하는 신이다. 그런데 『삼국유사』는 환인은 환웅의 아버지로서 아들로 하여금 인간세계를 다스리게 하는 역할만을 한다.

대종교의 『삼일신고』의 「신훈」과 「세계훈」에서는 이 세상을 만든 신으로 설명하고 있다.

---

45 권덕규, 「조선생각을 찾을 때」, 『조선유기략』, 우리역사연구재단, 2009, 217쪽.

신은 최고의 자리에 있어 큰 덕과 큰 지혜와 큰 힘을 가졌다. 하늘을 생하고, 무수한 세계를 주재하고, 많은 물건을 만들어, 띄끌도 빠짐이 없게 하며, 밝고 신령스러워 감히 이름짓거나 헤아릴 수 없다.[46]

너희들은 총총히 널린 저 행성과 항성들을 바라보라. 그 수가 다함이 없는 것처럼 크고 작고 밝고 어둡고 괴롭고 즐거워 보임이 서로 다르다. 하느님께서 많은 누리를 창조하시고 그중에서 해누리 맡은 사자를 시켜 칠백 누리로 나누니 칠백 개마다 스스로 잘났다고 하니 작은 세상이다. 불속에서 끓고 있는 것이 바다로 변하고 육지가 되어 모든 형상을 이루었는데 하느님이 한숨에 밑까지 모두 싸시고 해가 비추니 만물이 따뜻해지고 다니고 날고 탈바꿈하고 헤엄질치고 심는 온갖 동식물들이 번성하게 되었다.[47]

『신사기』의 「조화기」 부분은 『삼일신고』 「세계훈」의 세계 창조 과정을 인용하여 설명한다.

천국을 열어서 뭇 누리를 만드시고 큰 덕으로 많고 많은 사물을 화육했다. 뭇 신장과 모든 선관들을 명령하여 제각끔 직분을 주어서 세계를 나누어 맡기게 하고 먼저 해누리일의 세계일을 시행했다. 여기서 해누리를 맡은 시자로 하여금 큰 불을 맡게 하고, 뇌공으로 번개를 맡게 하고, 운사 및 우사로 물을 맡게 하고, 풍으로 큰 기를 맡게 하고, 여러 성관으로 칠백누리를 맡게 했다.[48]

---

46 『三一神誥』, 「神訓」. "神 在無上一位 有大德大慧大力 生天 主無數世界 造甡甡物 纖塵無漏 昭昭靈靈 不敢名量."

47 『三一神誥』, 「世界訓」, "爾觀森列星辰, 數無盡, 大小明暗苦樂不同, 一神造羣世界, 神勅日世界使者, 牽七百世界, 爾地自大, 一丸世界. 中火震盪, 海幻陸遷, 乃成見象, 神呵氣包低, 煦日色熱, 行翥化遊栽, 物繁殖."

그리고 나반과 아만이라는 남성과 여성이 있어[49] 그 자손에서 황·백·현·적·람 5족과 황족에서 양·간·방·견의 4족이 분파되어, 총 9족이 있게 되었다고 한다.[50]

『회삼경』에서 조화주는 오물(五物)을 관장한다. 오물이란 첫째로 기는 것(行), 둘째로 나는 것(翥), 셋째로 탈바꿈하는 것(化), 넷째로 헤엄치는 것(游), 다섯째로 심는 것(栽)이다. 윤세복은 기는 것은 짐승류, 나는 것은 조류, 되는 것은 곤충류, 헤엄치는 것은 어류, 심는 것은 식물을 지칭한다고 한다.[51]

세계 창조 과정에 대한 언급이 『삼국유사』에는 보이지 않지만, 대종교는 언급하고 있는 것이다.[52] 결국 환인은 세계를 창조하고 모든 존재를 주재한다. 그런데 풍백·운사·우사의 역할을 부여하는 것은 『삼국유사』에서는 환웅인데, 대종교 문헌에서는 환인이다. 그리고 해누리를 맡은 시자와 뇌공에 대한 언급은 대종교 문헌에만 나오고 『삼국유사』에는 보이지 않는다.

셋째는 환웅에 대한 논의이다. 『삼국유사』에서 환웅은 하늘에서 내려와

---

48 『神事記』, 「造化紀」. "桓因開天國, 造羣世界, 大德化育甡甡物, 命羣靈諸嚞, 各授職, 分掌世界, 先行日世界事, 日使者主大火, 雷公主電, 雲師壓雨師主水, 風伯主大氣, 列星官主七百世界"

49 이 부분은 구약성경의 아담과 이브와 비슷하다.

50 『神事記』, 「敎化紀」. "五物之秀 日 人 厥始 有一男一女 日 那般 阿曼 在天河東西 初不相往來 久而後遇 與之耦. 其子孫 分爲五色族 日 黃 白 玄 赤 藍 邃初之民 衣草食木 巢居穴處 良善無僞 鶉然自在 主愛之 申錫福 其人 壽且貴 無夭札者 世遠年久 産育 日繁 遂乃各據一隅 小爲鄕族 大成部族 黃 居大荒原 白 居沙漠間 玄 居黑水濱 赤 居大瀛岸 藍 居諸島中. 五族 惟黃 大 支有四 在蓋馬南者 爲陽族 東者 爲干族 在粟末北者 爲方族 西者 爲畎族 九民 居異俗 人異業 或斥荒 主種樹 或在."

51 『會三經』, 「三神」, 120쪽.

52 동양사상과 기독교의 차이는 창조론이다. 동양에서는 창조론이 있었지만 별로 중시되지 않았다. 불교는 시바신의 창조설을 부정하고 있고, 중국에서도 반고의 창조는 있지만 도교에서는 인정하지 않는다. 둘 다 인문주의적 사고에서 나온 것이다. 대종교가 창조설을 주장하는 것은 기독교와 유사하다. 그런데 무에서 유를 창조하는 관념이 동양사상에는 없는 것이다. 있는 것에서 세상을 만드는 것과 없는 것에서 세상을 만드는 것은 다르다. 동양에서 말하는 무는 형체가 보이지 않는다는 의미이지, 기독교적인 절대 무는 아니다. 대종교에서는 하느님의 창조론을 말하고 있지만, 명백하게 절대적 무에서 유를 창조한다는 사고는 아니다.

재세이화한 존재로 곰과 결혼하여 단군을 낳은 존재로 설명하고 있다. 대종교 문헌에서 환웅은 교화주이고, 사람으로 변화하고, 도를 세워 가르침을 내리시고, 어리석은 백성들을 감화시킨 존재이다. 곰과의 결혼 이야기가 빠져있다. 그리고 『회삼경』에서 교화주는 오훈(五訓)을 관장한다. 오훈은 『삼일신고』의 「천훈」, 「신훈」, 「천궁훈」, 「세계훈」, 「진리훈」이다.

넷째는 환검에 대한 논의이다. 『삼국유사』에서는 단군으로 나오는데 단군은 환웅과 곰의 아들로 나라를 다스리고 뒤에 산신이 된 것으로 나온다. 대종교 문헌에서는 처음부터 신의 존재인 치화주로 나온다. 치화주는 오사(五事)를 관장한다. 오사는 곡식(穀), 생명(命), 병(病), 형벌(刑), 선악이다. 그런데 오사는 『삼국유사』에서 환웅의 사자들이 맡는 일로 나온다. 오사가 환웅의 일인가 아니면 환검의 일인가에 대해 『삼국유사』와 대종교 문헌은 달리 이해하고 있다.

다섯째는 『삼국유사』에서는 곰과 호랑이, 마늘과 쑥에 대한 언급이 있는데 비해, 대종교의 문헌에서는 이에 대한 언급이 없다. 곰과 호랑이, 마늘과 쑥은 신화적인 측면으로 합리적으로 이해하기 어려운 점이 있다. 다만 21일간의 동굴 수행을 통해 곰이 여자로 변했다고 하는 측면을 수행적인 요소로 볼 수 있다. 『삼일신고』에서는 곰과 호랑이, 마늘과 쑥을 언급하지 않고, 수행적인 측면에서 인간 누구에게나 신이 자신의 뇌에 내려와 있고, 지감·조식·금촉을 통해 심·기·신에서 성·명·정으로 나아가야 한다고 한다. 그리고 신(神)으로 귀결되어야 한다고 한다. 동물을 제외하고 인간에게 누구나 신성이 내재되어 있다는 본구설과 누구나 신이 될 수 있다는 신인합일적인 세계관을 주장했고 그에 따른 구체적으로 올림공부의 수련방법을 제시한 것이라고 할 수 있다. 그 밖에도 내림공부도 주문 형태로 제시하고 있다. 『삼일신고』「독법」에서는 『삼일신고』를 3만 번 읽으면 재앙과 액운이 사라지고, 7만 번 읽으면 전염병에 걸리지 않으며, 10만 번 읽으면 전쟁을 피하고, 30만 번 읽으면 새와 짐승이 순종하며, 70만 번 읽으면 사람과 귀신이 경외하고,

100만 번 읽으면 신령과 철인이 지도하며, 366만 번 읽으면 336개의 사람 뼈가 새로워지고 366개의 혈에 기운이 모이고 366도수에 맞게 되고 괴로움을 떠나 즐거움에 나아가게 된다고 한다.[53]

대종교 문헌에서 환인·환웅·환검을 조화·교화·치화로 보는 삼신일체는 불교의 법신·보신·응신에 대응한 것이다. 그런데 환인·환웅·환검이 하나이지만 이것을 체용과 분합으로 보는 점에서 논리적으로 문제가 있고, 그것을 각기 조화·교화·치화가 하나인 점은 의미가 있지만 각자의 내용을 설명하는 점에서 문제가 발생한다.[54] 이는 『삼일신고』와 기타 문헌 사이의 문제라고 생각된다. 『삼일신고』의 주된 내용은 조화와 수행 부분이고, 환웅 환검과 관련된 내용은 보이지 않는다.

그럼에도 『삼국유사』와 대종교는 홍익인간세상을 궁극적인 목표로 삼는 점에서는 일치하고 있다. 『삼국유사』에서 환웅은 홍익인간 즉 널리 세상을 이롭게 하겠다는 뜻을 펼치고자 하고, 이것을 환인이 인정하는 형태를 취하고 있다. 대종교에서는 종교적인 의미에서 도탄에 빠진 이 세상을 구제하

53 조준희는 『삼일신고』를 한 번 읽는데 3분 30초 걸리고, 3만 번 읽으면 73일, 366만 번 읽으면 24.4년이 걸리기 때문에 현실적으로 문제가 있다고 한다. 조준희, 「삼일신고 독경연구」, 『선도문화』 7, 111쪽.

54 정춘희, 「대종교경전과 『환단고기』의 삼신일체론 연구」, 국제뇌교육종합대학원대학교 박사학위논문, 2016, 27쪽.

대종교 경전	桓因	桓雄	桓儉
『신리대전』	造化之位	敎化之位	治化之位
	陶鈞亭毒	立道垂訓	建極施政
	父位	師位	君位
『신사기』	造化主	敎化主	治化主
	開天國	以神化人	主五事
	造羣世界	立大道	弘益人世
	大德，化育牲牲物	設大敎, 感化蠢蠢民	肇建極, 垂統万万世

겠다는 하느님의 발원과 사람들의 믿음을 기반으로 하여 최종적으로는 홍익인간이라는 목표로 귀결된다.

> 애닯다! 뭇사람은 점점 간사하고 어리석음에 얽히며 마침내 어짐과 지혜에 어두워서 욕심불이 세상화로에 불타고, 비린 띄끌이 마음 구멍을 막고, 그로 인하여 바야흐로 빛나다가 곧 마르고 빠르게 일어났다가 도로 꺼져서 뒤집어 아침 햇빛을 띈 뭇 하루살이와 같고, 밤 촛불에 달려드는 약한 나비를 면하지 못하니, 이런 아기가 우물에 빠질 뿐이 아니라 어찌 참아 사랑하는 아버지가 언덕에서 보시랴. 이에 큰 덕과 큰 지혜와 큰 힘으로 한배께서 몸을 나타내어 세상에 내리신 바이며 교화를 여시고 나라를 세우신 바이니라.[55]

『삼일신고』「서」에서는 하느님이 인간세상을 구제하겠다는 의지를 보여주기 위해 신에서 인간으로 변화하여 내려왔다고 한다. 정열모는 이를 세 단계로 설명한다. 하나는 하느님의 발원이다. 둘은 사람들의 믿음, 셋은 군주의 통치이다. 먼저 하느님의 발원을 살펴보자. 하느님이 보기에 원시시대 우리나라 사람들의 생활은 짐승과 차이가 없었다.

> 우리나라는 처음에 임금이 없어 사람은 풀로 몸을 가리고 나무열매를 먹으며 여름에는 나무 위에 살고 겨울이면 굴속에서 살았다고 하였습니다. 아아 그때 그 사람들의 살림은 짐승의 살림과 조금도 다를 것이 없었을 것이올시다. 그들은 일정한 거처가 없고 부부의 관계가 없고 물론 부모자식의 구별이 없었을 것이올시다. 해가 뜨면 낮이거니 별이 나

---

55 『三一神誥』, 「序」. "嗟嗟有衆, 漸紛邪愚, 竟昧仁智, 膏火-相煎於世爐, 腥塵交蔽於心竇. 因之以方榮方枯, 旋起旋滅, 鼏同帶晞之群蜉, 未免赴燭之孱蛾, 不啻孺子之井淪. 寧忍慈父之岸視, 玆蓋大德大慧大力, 天祖之所以化身降世, 所以開敎建極也."

면 밤이거니 땀이 나면 여름이요 눈이 오면 겨울로만 알았을 것이올시다. 힘이 있으면 남을 죽이고 힘이 약하면 거저 남의 밥이 될 뿐이었을 것이올시다. 그들에게 무슨 분별이 있고 무슨 의리가 있겠습니까? 그 시대의 그 생활을 우리가 오늘 앉아서 생각만 하여도 소름이 끼칩니다. 우리는 과연 그 시대에 나지 않고 오늘날 난 것이 얼마나 다행한지 모르겠습니다.[56]

이러한 짐승의 생활을 벗어나게 된 것은 사람을 측은히 여기고 그들을 구제하겠다는 하느님의 발원 때문이라고 한다. 정열모는 하느님을 큰 지혜, 큰 덕, 큰 힘을 가진 존재로 설명한다. 이는 『삼일신고』에서 규정하는 하느님에 대한 설명을 따른 것이다. 하느님의 은총에 의해서 짐승의 생활에서 벗어나게 되고 지혜를 얻게 되었다고 한다. 그리하여 빛과 기쁨, 즐거움, 착함을 알게 되었다.

그러니 만일 그 뒤에는 큰 지혜가 있고 큰 덕이 있고 큰 힘이 있는 이가 있어 그 무무중중한 불쌍한 우리 누구나 측은한 마음이 있었을 것이올시다. 누구나 그 사람들을 좋은 길로 인도하여 사람다운 생활을 하게 하고자 하였을 것이올시다. 아아 이 불쌍한 사람들을 나려 살피든 이는 과연 누구이던가! 그들의 참혹한 생활 두루 살피고 뜨거운 눈물을 흘리는 하느님밖에 없습니다. 그들을 건져서 짐승의 길에서 사람의 길로 인도하려는 하느님밖에 없습니다. 우주를 배반하고 만물을 만드신 이도 하느님이시며 사람에게 지혜라는 것을 주어 당신 대신 만물을 거느리게 한 것도 하느님이올시다. 과연 이런 능력이 있는 하느님이 아니시고는 그 불쌍한 그 무지한 사람들을 교화할 수 없을 것이올시다. 하느님께

56 이하는 정열모, 「우리의 자랑」(『조선일보』, 1927년 3월 18일)에서 인용한 것이다. 원문을 필자가 교정했다.

서는 드디어 우리를 건지시려 하셨습니다. 하날님의 아름다운 모양은 하루바삐 이 세상에 나타나야 할 것이올시다. 일월이 없지 않지만 오히려 캄캄한 천지는 하날님의 하강으로 하여 찬란한 빛을 잃어야 할 것이요 기쁨을 모르던 여러 사람의 가름은 알 수 없는 즐거움이 생겨야 할 것이올시다. 아아 이 세상은 밝아지리라. 아아 여러 사람은 착하여지리라. 거룩하신 하나님은 우리를 위하여 떠나기 어려운 자리를 떠나셔야 하게 되였다.

하느님이 드디어 우리에게 오신 것이 개천절이고, 그분이 단군 할아버지다.

지금부터 사천삼백팔십년 전 상원갑자 시월 초사흘 이 날은 우리가 다시 새롭게 살게 된 가장 기쁜 날이올시다. 이날에 우리 단군 할아버지께서는 하늘에서 인간에 내려 오셨습니다. 아아 기쁜 이날! 우리는 한걸음 나아가 그때 그날의 광경을 말씀하여야 할 것이올시다.

정열모는 단군이 내려와 세상을 교화하는 과정을 다음과 같이 동화로 푼다.

해나 달이 없는 것이 아니건마는 여러 사람들의 마음 가운데는 늘 캄캄하였습니다. 여러 사람들은 공연히 두려운 생각에 무쳤었고 방향 없는 살림을 하였습니다. 그러나 그 사람들은 살길이 생기게 되였습니다. 그 사람들에게는 이상한 광경을 보게 됩니다. 그날은 먼저 말한 사천삼백팔십년전 상원갑자 시월 초사흘 날이었습니다. 여러 사람은 여전히 깊은 풀밭에서 잠자리를 보고 그윽한 숲속에서 짐승의 자취를 살필 때올시다. 그때 여러 사람은 이상한 소리를 들었습니다. "듣거라!" 이 소리는 여러 사람 귀에는 벼락소리보다 크고 듬직하게 들렸습니다. 여러 사람은 그만 겁이 나서 어쩔 줄을 모르고 제자리에 엎드렸습니다. 그러나 이상히 마음이 깨끗하여지는 듯하고 따뜻한 기운에 쌓인 것 같았습니다. 그런데 그때 그 사람들은 다시 이런 말을 들었습니다. "너희들은 겁내지 말라." "너희들은 편안할지어다." 이 두 마디 말은 그들에게 얼마나 따뜻한 정을 주었는지 모릅니다. 그들은 비로소 고개를 들어서 멀리 멀리 늘힌뫼(백두산) 쪽을 쳐다보았습니다. 이상도 하다면 이상한 일도 있는 것이올시다. 늘힌뫼 꼭대기에서는 여태껏 날이 날마다 구름 같은 연기가 한량없이 나와서 본디가 모두 캄캄하다 싶었으며 그 뫼 속에서는 늘 우레 소리 같은 소리가 나고는 무서운 불길이 치밀고 하였는데 그때 그 사람들이 볼 때는 언제 그랬었는가 싶이 고요하고 말끔하여지고 그 뫼 꼭대기 바로 공중에는 여태껏 보지 못하던 거룩한 사람이 있으셔서 나타나 보였습니다. 여러 사람은 이상도 하다 하면서 아까들은 말이 멀리 보이는 공중에 나타난 사람이 한 말인 줄 알았습니다. 그래 두렵고 반갑고 한 생각이 나서 아무 말도 없이 두 손을 보고 거저 고개만 숙였습니다. 그때 또 "너희는 내가 누구인 것을 알라?" "너희는 나를 믿어라" 하였습니다. 그래 여러 사람은 거저 무심결에 한 사람이 말하는 것같이 이구동성으로 "예! 당신은 저 파랗게 보이는 가물가물한 데서 오신 제일 힘 있고 거룩한 어른인줄 압니다" "저희는 오직 한 맘 한 뜻으로 당신을 믿고 당신의 가르치심을 받겠나이다" 하였습니다. 그 말을 들은 공중에 나타난 이는 "오! 착한 사람들! 나의 사랑하는 사람들! 너희에게 끝없는 복이 있으리라. 나는 하느님이로다" 하면서 무수한 신장들이 옹호한 가운데 점점이 세상 가까이 내려와서 늘힌뫼 꼭터나 박달나무 밑에 나려왔습니다. 이것이 곧 우리 단군 한배임이올시다.

백두산에는 화산활동으로 불길이 치솟고 흰 구름이 피어올랐는데, 단군이 그곳에서 내려오자 사람들이 매우 놀란 상황을 실감나게 묘사하고 있다. 단군이 "놀라지 말라", "편안하라"고 하는 말에 사람들이 안심했고 가르침을 믿고 따랐다. 불안과 공포의 하느님이 아니라는 것이 중요하다.

단군의 군주로서의 통치는 다음과 같다. 단군은 신지를 통해 글, 고시를 통해 농사, 팽우를 통해 산천을 다스리게 했고, 의식주를 정하게 했으며 문화생활을 영위하게 했다. 그것이 평화로운 홍익인간의 세계인 것이다.

> 여러 사람은 물러나서 그 앞에 가 엎드려서 그 하시는 말씀을 듣고는 기뻐하고 그 가르치시는 일을 듣고는 그대로 행하였습니다. 신지라는 이로 글을 맡아 가르치게 하시고 고시라고 하는 이로 농사하는 법을 가르치게 하시고 팽우라고 하는 이로 산천을 다스리게 하였습니다. 그래 비로소 여러 사람은 집 지울 줄 알고 의복 입을 줄을 알고 머리 딸 줄을 알며 시집가고 장가가는 줄을 알았으며 부모와 자식의 관계를 알며 어른과 아이의 분별을 알고 사람은 서로 사랑할 줄 알며 내 것 남의 것을 알게 되었습니다. 그와 같이하여 한배임께서는 인간에 대한 일을 삼백 예순여섯 가지를 가지고 다스려서 사람들은 모두 태평한 세월에 즐겁게 지내었습니다.

시월상달에 시골에서 가을에 떡을 하고 하늘에 제사지내는 것이 단군이 내려온 것을 기리는 것이라고 한다.

> 그래 여러 사람들은 한배임의 나려오신 때를 기림하기 위하여 시월을 상달이라 하여 떡을 하고 하늘께 제사하였으니 그 유풍이 오늘까지 내려와서 시골서 가을에 떡을 하여 먹는 것이 모두 그 까닭이올시다.

신태윤[57]은 환인·환웅·환검을 하늘의 삼신이라고 하면서, 하늘의 조상

---

57 申泰允(1884~1961). 호는 白堂, 본관은 평산. 1884년 담양군 남면 외동리에서 신석용의 2남으로 출생. 1904년 창흥의숙 입학. 광주 농업학교 입학. 한성사범학교 입학. 1908년 곡성사범학교 훈

은 하나이면서 삼위라고 한다. 그에 따르면 환인은 천신으로서 사물을 만들고 백성을 낳은 시조이며, 환웅은 대종으로서 도를 세우고 가르침을 여신 원조이며, 환검은 단군 황제로서 계통을 내리어 기준은 세운 황조이다.

이극로는 대종교의 찬송가로 일컬을 만한 한얼 노래를 지었다. 이 노래는 윤세복의 의뢰를 받아 총 37곡으로 만들어졌는데, 이 가운데 26곡을 이극로가 지었다. 그 노래 중에서 삼신에 관한 내용도 있는데, 나철과 이극로가 작사한 것이 남아 있다.

세신가(三神歌)

나철 작사

1. 어아어아 우리 한배님-은
한울 내어 만들어됨 차지하-사
세온 예순 여섯 고에 온갖 몬이 자랐도다

2. 어아어아 우리 한배웅-은
한울 열어 가르쳐됨 차지하-사
세온 예순 여섯 말에 온갖 결이 밝았도다

3. 어아어아 우리 한배검-은
한울 베퍼 다스려됨 차지하-사
세온 예순 여섯 일에 온갖 본이 박혔도다

이 노래에서 나철은 한배님-몬, 한배웅-결, 한배검-본의 구조로 보고

도. 1914년 곡성에 단군전 건립. 1919년 삼일운동 참여, 대구교도소 투옥. 1923년 서울 장훈학교 훈도. 1925년 경북 성주 초산학교 설립, 전남 장성 신흥학교 설립. 1928년 전남 담양 지곡학교 교사. 1945년 곡성 건국 준비위원장. 1947년 광주사범학교 교유. 1948년 제헌국회의원 낙선. 1949년 조선대학교 교수. 1961년 사망.

있다.

세마루(三宗歌)

나철 작사

1. 저 높은 늘흰메이여 골잘 메 마룰세
한배님 이에 나리사 검겨레 우릴세
검겨레 우릴세- 검겨레 우릴세-
한배님 이에 나리사 검겨레 우릴세

2. 저 깊은 송아물이여 골잘 물 마룰세
한배웅 이에 나리사 검무리 우릴세
검무리 우릴세- 검무리 우릴세-
한배웅 이에 나리사 검무리 우릴세

3. 저 빛난 배달나무여 골잘 낡 마룰세
한배검 이에 나리사 검나라 우릴세
검나라 우릴세- 검나라 우릴세-
한배검 이에 나리사 검나라 우릴세

나철은 삼신을 삼종으로도 설명한다. 즉 한배님-겨레, 한배웅-무리, 한배검-나라에 배당하고 있다.

삼신의 거룩함

이극로 작사

1. 거룩하신 한임님은 우주를- 창조하시니
영원무궁 일월성-신 빛난-세계 이루었-네
2. 거룩하신 한웅님은 인간을- 가르치시니

총명하고 착하여-서 온갖-복을 받고 있-네

3. 거룩하신 한검님은 만민을- 다스리시니
이 세상의 모든 질-서 한결-같이 어김없-네

후렴. 그 은혜가 하 크구나 노래-불러- 감사하세
그 사랑이 참 크구나 노래-불러- 감사하세

이극로는 한임-조화주, 한웅-교화주, 한검-치화주의 대종교 도식을 따르고 있다.

삼신만 믿음

이극로 작사

1. 흩어진 우리 정신 한 점에 모여 들-어
외길로 파고 가면 진리를 뚫어 낸-다

2. 흩어진 가는 햇살 렌즈를 통과하-여
한 점에 모여 들면 타도록 불이 난-다

3. 흩어진 남북극이 꼭 같은 방향으-로
다 같이 정돈되면 쇠마다 자력 난-다

후렴. 한길로 마음 모아 삼신만 꼭 믿으면
신령이 통하여서 크나큰 힘이 난-다

이극로는 이 노래에서 '정신일도하사불성'이라는 고사성어를 삼신의 믿음이 가지는 효과로 설명하고 있다. 대종교가 지닌 불굴의 독립과 희생정신은 여기에서 비롯된다.

신규식[58]은 삼신에 대하여 "우리나라 사람들이 만약 신인이 태백산 단목하에 강림했다는 한 줄의 문자가 없었다면 우리들은 갈천씨의 백성이 되거나 무회씨[59]의 백성이 되었을 것이다"라고 하면서, 환인상제의 말이 전해지지 못하고 마니산의 제천행사가 없었다면 중국의 시경과 서경, 기독교의 신구약에 의존하였을 것이고, 이익이나 정약용의 종교관과 삼신설이 없었다면 무당의 손에 더렵혀졌을 것이라고 한다. 신규식은 선교가 한쪽으로는 무당적 사고, 다른 쪽으로는 중국이나 서양적 사고에 맞서는 한국혼이라고 규정한다.

그는 또한 『한서』, 『요사』,[60] 『금사』 등의 중국 문헌을 주로 인용하면서, 『한서』에서는 "사마상여가 한무제에게 올린 봉선서(封禪書)에서 무제에게 말하기를 '폐하께서는 겸양하시고, 나타나지 마시어 삼신의 즐거워함을 받으소서'라고 하였는데, 주에 삼신은 상제라고 하였고", 『요사』에서는 "신책원년(916)에 영주 목엽산에 종묘를 세우고 천신의 위를 마련하여 묘정에 단수를 심어 군주의 수목이라 하였고, 황제가 친히 제사를 지냈는데 출사할 때는 반드시 먼저 종묘에 고하였으며, 이에 삼신을 세워 이를 주로 제사지냈

---

58 申圭植(1879~1922). 본관은 고령. 1879년 신용우의 2남으로 충북 청원군 가덕면 인자리에서 출생. 1896년 한양 조씨와 결혼. 1898년 한어학교 입학. 1898년 독립협회에서 활동. 1900년 무관학교 입학. 1902년 육군참위 공업전습소 설립. 1905년 자살 시도. 1906년 문동학교 설립, 중동야학교 설립. 1907년 시위보병 2대대 부관, 대한협회 가입, 광업주식회사 설립. 1908년 기호흥학회 가입, 영천학계 조직. 1909년 대종교 입교, 공업연구회 창간, 중동야학교 교장 취임. 1911년 상해 망명, 중국동맹회 가입, 신해혁명 참여. 1912년 대한독립의용군 조직, 민권보 지원, 동제사 설립, 박달학원 설립. 1913년 반원운동에 참여. 1914년 신한혁명당 조직. 1915년 대동보국단 조직, 항주 고려사 복원. 1916년 棣華同樂會 조직. 1917년 대동단결선언 작성. 1918년 파리강화회의 김규식 파견, 산한청년단 조직, 임시정부 건립, 임시정부 법무총장. 1920년 신한청년 창간, 『진단』 창간. 1921년 광동정부 특사, 손문과 만남. 1922년 임시정부 의사직, 순국.

59 갈천씨나 무회씨 모두 중국 복희씨 이전의 제왕을 말한다.

60 『遼史』, 卷四十九, 志第十八, 禮志一, 吉儀, 「제산의」(祭山儀). 그런데 『요사』에는 삼신에 대한 언급이 없다.

다"[61]고 했다.

『독립신문』에서도 삼신일체를 주장한다.

> 우리 대한민족 초조의 역사로 말하건대 4300여 년을 지내여 오는 오늘까지 남녀 생산은 삼신의 점지라 하며 10세 이전에 지식이 유치하야 위험에 떨어질 염려가 있는 것도 삼신이 보호하신다 하니 삼신은 환인·환웅·단군이시라. 환인은 하늘에 계신 상제(上帝)시오 환웅은 세상에 내려오신 신인(神人)이오 단군은 건국하신 님금이시니 삼신이 실로 일체이신고로 우리 옛 역사에 천제가 단수(檀樹)에 내려오셨다고 했다.[62]

이병기도 대종교의 삼신일체 사상을 굳게 믿었다. 환인·환웅·단군은 다 한배님이다.

> 한배님께서 하늘에 계실 적에는 환인이시었고, 하늘과 땅 사이에 계실 적에는 환웅이시었고, 이승에 내리셨을 적에는 단군이시었다. 이러하므로 삼신이라 이름이다.[63]

(3) 『대종교신원경』의 삼신

『대종교신원경』[64]에서는 삼신에 대해서 다음과 같이 이야기한다.

---

61 신규식, 「한국혼」, 『욺소리』 8, 112쪽.

62 같은 글.

63 이병기, 『가람일기』 1, 1926년 11월.

64 『大倧敎神圓經』은 1903년 白峯이 낸 책이다. 백봉과 李花의 「序」, 醒晩의 「大倧敎源流」, 悟修 祕隱의 「大倧敎新圓經」, 時呼子의 「神圓經贊」과 부록으로 백봉의 「本敎 拜天式」, 「本敎射魔式」, 「本敎十四禁條」, 「本敎度魂式」, 「本敎衛生戒」, 「本敎修養訣」로 구성되어 있다. 대종교의 초기 경전인 것으로 파악된다. 한국신교연구소 편, 『대종교신원경』, 선인, 2011.

태초를 보면 환인제석은 삼계의 주재자이며 중생의 아버지이며, 신의 아들 환웅천황에게 분부해 인간세상에 내려 보내고 백성의 삶을 구제하고 인도하게 하셨다. 그래서 환웅천왕은 천부삼인을 받아 동쪽 세상 태백산 아래로 내려와서 하늘을 위하여 교화를 베풀고 곡식과 수명과 형벌과 선악 등의 일을 주관하셨다. 이때 무리 삼천은 교리를 배우고 믿었기 때문에 모두 하늘의 복을 누리고 수명을 오래하였으며, 또 낳고 기르고 번성함을 누렸으며 수천과 수만의 무리가 모두 빛나고, 군왕의 도로써 다스려 타고난 선천을 회복했다. 갑자년 10월 3일에 인간의 몸으로 변화하여 태백산 박달나무 아래로 내려오니 이분이 단군대황조이시다.[65]

성만(醒晩)[66]이 쓴 「대종교원류」에서는 환인을 제석으로 보고 환웅을 천황으로 보았는데, 이 점은 『삼국유사』와 같다. 다만 환웅이 삼계의 주재자가 된다고 하는 점이나 군왕으로 선천을 회복했다는 것은 『삼국유사』에 나오지 않는다. 문제는 단군대황조이다. 「대종교원류」에서는 누가 단군이 되었는지를 알 수 없다. 환웅이 단군이 되었다면 태백산 아래 내려온 분이 다시 또 박달나무 아래로 강림하신 것이 된다.

아득한 사천년 전(갑자년 이전)에 세 신이 동방에 차례로 내려오니 '환인제석', '환웅천황', '단군대황조'라 했다. 신도로써 가르침을 베풀었으니 실로 대종이시다.[67]

---

65 『大倧敎神圓經』, 「大倧敎源流」. "若稽太初, 桓因帝釋爲三界主, 爲衆生父, 迺命神子桓雄天王, 降于人世, 濟度民生. 於是, 桓雄天王受天符三印, 降于東荒之太白山下, 代天設敎, 有主穀, 主命, 主刑, 主善惡等事. 時, 徒衆三千, 聽信敎理, 共亨天祿壽考, 且寧生育繁昌, 其麗千萬合有, 君道以涖之, 復以先天, 甲子十月三日, 化身而降于太白山檀木下, 是爲檀君大皇祖."

66 성만은 누구인지 알 수 없다. 「大倧敎源流」는 그가 대황조강세기원 4320년에 썼다고 한다. 여기서 기원은 2333년이 아니라 2457년이다. 4320년은 서기 1863년이다.

백봉[68]이 쓴 『대종교신원경』 「서」에서는 이러한 문제점을 고려하는지 환인·환웅·단군이 모두 하늘에서 동방으로 내려왔다고 한다. 단군을 대황조로 보는 점은 백봉이 쓴 「단군교포명서」에도 보인다.

2) 대종교 학자들 그룹

삼신과 관련하여 대종교 학자들을 세 그룹으로 나눌 수 있다. 하나는 최남선 계열로서 환인을 부정하고 환인이 곧 환국이라고 하는 주장이고, 둘은 신채호 계열로서 『사기』 「봉선서」에 근거한 삼일신 즉 태일·천일·지일을 주장하고, 셋은 기타 계열로서 『환단고기』처럼 삼신일체와 환국, 신시배달국, 단군조선의 역사를 모두 인정한다.

(1) 최남선 계열

최남선 계열은 환인·환웅·단군의 삼신에서 환인을 환국이라 바꾸고, 단군의 국가가 ᄇᆞᆰ문명에서 나왔음을 주장한다. 대표적인 학자로는 최남선, 안재홍, 권덕규가 있다.

① 최남선의 삼신관

> '삼신(三神)'의 원어는 '삼부루', 급히 불러(促呼) '삼불'이었은 양하다. '부루'는 '밝'의 전환으로서 고어에 신명을 의미하는 말인즉, '삼부루'는 곧 '삼'의 신(神)이라함인데 후에 한문으로 음의 교역하여 삼신(三神)이라

---

67 『大倧教神圓經』, 「大倧教源流」. "奧若四千年前, 有三神人, 降于東方,日桓因帝釋, 日桓雄天王, 日檀君大皇祖, 以神道說教, 寔爲大倧."

68 백봉은 나철에게 『삼일신고』를 전한 인물이다. 『대종교신원경』, 「序」는 대황조강세기원 4358년에 썼다고 한다. 이는 1901년이다.

> 고 씀으로부터 삼의 글자의 의미(字意)에 견강부회하는 종종의 그릇된 학설(謬說)이 일어났다. 우리나라(震域)의 신에 대한 경전(神典)에는 신계(神界)의 주(主)로 '환국(桓國)', 신인(神人) 중간계의 주(主)로 '환웅(桓雄)', 인계(人界)의 주(主)로 단군왕검의 삼신을 말하여 일종의 삼위일체의 관(觀)을 정하고 후세에 있는 구월산 삼성사는 곧 이 관념을 구체화한 것인데, 세상에는 삼신을 필시 삼성(三聖)을 가리킴이리라 함이 우선 사이비한 억견이니 산육상(産育上)의 '삼신'은 삼성(三聖)의 삼신과 저절로 먼 것일 것이다.[69]

최남선[70]은 환국-환웅-단군은 삼성이지, 삼신은 아니라고 주장한다. 그는 삼신이란 포태(胞胎)·수사(授嗣)·산육(産育)의 세 가지 신의 뜻을 종합하여 명신(命神)이라고 일컫는 신을 뜻한다고 했다.[71] 어쨌든 최남선은 삼성에서 환인을 인정하지 않는다.

---

69 최남선, 『조선상식』, 『육당최남선전집』 3, 현암사, 1974, 241쪽.

70 崔南善(1890~1957). 서울 출생, 본관은 철원(鐵原), 아명은 창흥(昌興), 교명은 베드루, 자는 공륙(公六), 호는 육당(六堂)·육당학인(六堂學人)·한샘·남악주인(南嶽主人)·곡교인(曲橋人)·축한생(逐閑生)·대몽(大夢). 와세다 대학 중퇴. 『소년』, 조선광문회, 『시대일보』 창간. 조선사편수회 위원. 중앙불교전문대학 강사. 조선총독부 중추원 참의. 만주 건국대학 교수. 해군전사편찬위원회 촉탁. 서울시사 편찬위원회 고문. 최남선은 단군을 ᄇᆞᆰ문명과 연결하여 설명하고자 했다. 그에 따르면 ᄇᆞᆰ문명은 카스피해에서 시작되어 중국, 시베리아를 거쳐 한국과 일본에 전파되었다. 그 내용은 태양신을 믿는 사람들이 영산에 모여 제사를 드리고 그 주관자가 하늘로부터 내려온 군주이자 무당이다. 그가 바로 단군이다. 단군문화는 제정일치사회를 보여준다. 최남선의 ᄇᆞᆰ문명론은 대해서는 그것이 민족주의 신화학에 기댄 것이냐 혹은 그것을 넘어선 것이냐를 두고 논쟁이 분분하다. 그가 단군에 바탕하여 이론을 세웠으되 한국에만 국한하지 않은 점에서는 단순한 민족주의로 치부하기 어려운 면이 있다. 한편 그의 이론은 내선일체의 대동아공영권을 옹호하는 이론으로 비판받는다. 그의 이론은 현실적으로 일본 제국주의의 문화적 침략에 맞서는 역할을 하지 못했다. 한국의 문화가 일본이나 동북지방을 이끄는 것이야 함에도 불구하고 현실적으로 일본의 주도성을 인정하게 되면 그것은 곧 일본의 문화적 침략을 공인하는 상황이 되어버린다. 이것은 그가 의도하지 않았다 해도 그의 문명론이 가지는 업보인 것이다.

71 삼신할머니 참조.

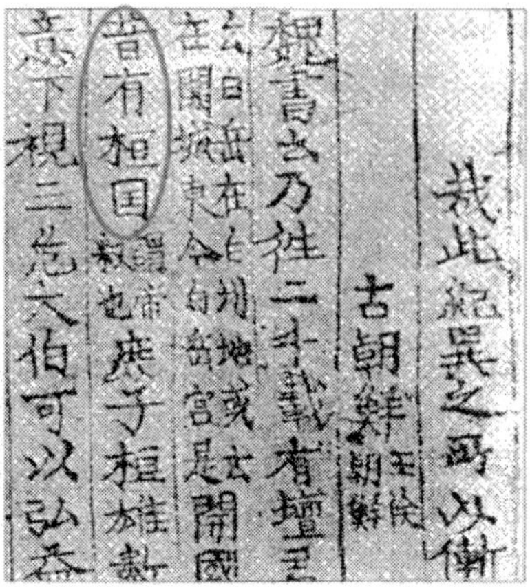

1512년 발행한 『삼국유사』

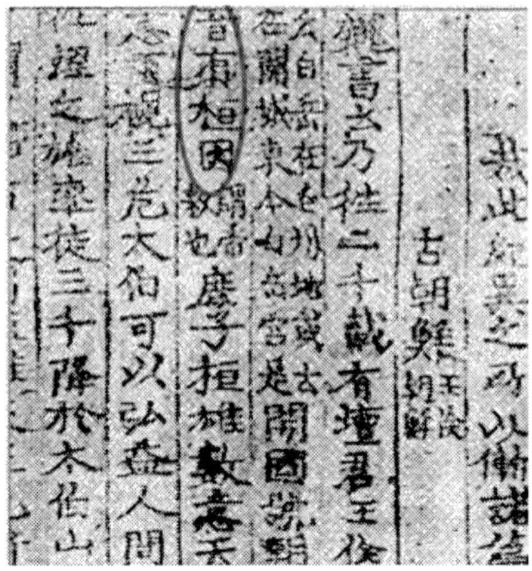

1921년 발행한 『삼국유사』

원전(原典)의 인용이나 고감(考勘)에 있어서 일하신 분들의 노고가 마음에 걸리는 바 없지 않으나 가일층의 배려를 바란다. 예를 들면 고구려 동명왕의 곳에 인용된 『삼국유사(三國遺事)』의 「단군고기(檀君古記)」 가운데 '석유환국(昔有桓國)'이라고 되어 있어야 할 곳을 후에 천인(淺人)의 망필(妄筆)로 말미암아 '석유환인(昔有桓因)'이라고 고쳐진 것이 그 하나다. 다 알다시피 「단군고기」는 본시 상당한 여러 고기록(古記錄)을 종합한 것을 극히 간명하게 축약한 것이므로 짤막한 몇 마디나 글씨 한 자에도 어떤 경구에는 매우 중요한 의미가 내포되어 있는 것이다. 더욱이 환국(桓國) 즉 환나라와 환인(桓因) 사이에는 전문의 해석상 옛부터 수상(壽常)하지 않게 논쟁이 뒤따르고 있는 것이다. 가령 한 자(字)의 잘못(誤)이라고 하더라도 그것이 (그 전문의 해석에) 끼치는 영향은 매우 큰 것이다. 이 글은 경도대학(京都大學)의 영인본(影印本)에 의한 것이라고 하고 있으나 그 원서(原書)의 환인(桓因)의 인(因)자가 국(國)자 위에 칠을 하여 因자로 고쳐 놓은 것을 일견하여 바로 알 수 있다. 고전을 인용 하는 경우에 가령 극히 명백한 오류라 하더라도 이것을 함부로 경망(輕妄)스럽게 개찬(改竄)한다는 것은 심히 부당하다는 것은 새삼스럽게 재론할 필요조차

없다. 현재 이 사서에서도 이점에 대한 경건하고 예민한 배려가 있어야 될 줄 안다.[72]

이는 조선사편수회에서 최남선이 발언한 내용이다. 최남선은 『삼국유사』에 원래 '석유환국(昔有桓國)'이라는 구절이 있었는데, 천인의 망필로 '국'자를 '인'자로 바꾸어 놓음으로써 '석유환인(昔有桓因)'이 되었다고 한다. 명시적으로 말하지는 않지만, 여기서 천인이란 사실 일본인 학자 이마니시 류(今西龍)를 가리킨다. 이마니시는 1921년에 경도대학 영인본 『삼국유사』를 간행했는데, 바로 이때 '국'자가 지워지고 '인'자로 되었다는 것이다.[73]

이미 1901년에 발행한 동경대학 『삼국유사』본에도 역시 '국'자로 되어 있지만, 경도대학본은 '인'자로 바꾸었다고 한다. 그런데 『삼국유사』에서 𡈽 혹은 𡈽 글자를 '국'으로 읽느냐 '인'으로 읽느냐의 문제와 관련해서는 논란이 있다. 『삼국유사』의 다른 구절에도 이 글자가 나오는데, 이것을 '인'으로 읽어야 한다는 연구가 있다.[74] 최남선 또한 1946년에 『신정 삼국유사』를 내면서 환국이 아니라 환인으로 인쇄했다는 주장도 있다.[75]

최남선은 일본인 학자들의 단군 연구를 문제 삼으면서,[76] 특히 시라토리

---

72 조선총독부조선사편수회 편, 『조선사편수회사업개요』, 편집부 역, 시인사, 1986.

73 우대석, 「환단고기 위서론에 대한 비판적 고찰」, 『선도문화』 9, 2010, 116쪽.

74 조경철, 「단군신화의 환인 환국논쟁과 판본 검토」, 『한국고대사탐구』 23, 2016, 20-22쪽. "고려대장경 34권 834ⓒ에 "甫𡈽(上音府下音因)"(『新集藏經音義隨函錄』)을 『文殊師利普超三昧經』(축법호 역)에 나오는 용례로 해당 경에서 살펴보았더니 甫因(고려대장경 10권 1319㉠)으로 나와 있었다. 해당 용례는 甫因吾法而得無為(비로소 나의 법으로 인하여 무위를 얻게 된다)이다."

75 이문영, 『만들어진 한국사』, 파란미디어, 2010, 359쪽, 재인용.

76 나가 미쯔요(羅珂通世), 시라토리 구라키치(白鳥庫吉), 오다 세이코(小田省吾), 이마니시 류(今西龍), 다카하시 토루(高橋亨) 등이다. 최근에도 이러한 주장을 이어받은 학자가 있다. 야기 다케시는 "남송시대 한족의 내셔널리즘이 춘추에 의거한 대의명분론을 축으로 주자학을 창출하던 데 비해 고려의 내셔널리즘은 토속적인 불교신앙과 풍수사상이 뒤섞인 가운데 이민족(여진 몽골)에 대치하는 민족 시조로서의 단군 신화를 창출하는 것으로 나타났다"(야기 다케시, 『한국사의 계보』, 박걸순 역, 소와당,

구라키치(白鳥庫吉)의 연구에 대해 비판한다. 시라토리의 주장은 다음과 같다. 우선 그는 『삼국유사』의 '고기'가 불교가 융성한 고구려의 장수왕 시대에 만들어졌다고 보고 있다.[77] 환인이 『잡아함경』 등의 불경에 나오며, 또 불경에는 환인의 태자 전단이 있는 것을 원용해서 환인의 손자가 단군이라고 한다. 환웅이 인간사를 주관한 일에 대해서도, 환인이 인간세상에 있었을 때 모두 보시하여 임금이 될 만하다고 한 것을 부연했을 뿐이라고 한다. 환웅이 내려온 태백산은 묘향산이고, 단목은 산중에 나는 향목으로 불교의 우두전단(牛頭栴檀)이라고 한다. 이에 더해 단군은 조선국의 시조이기는 하지만, 그 이후에 부루-금와는 믿을 수 없다고 한다. 단군-부루-금와가 같이 언급되어야 함에도 그렇지 않다는 것이다.[78]

그러나 환인이 불교적 인물이었다고 하는 것은 이미 조선시대에도 언급이 되었던 바이다. 홍만종의 『해동이적』에는 순양자[79]의 말로 다음과 같은 기록이 있다.

> 내 생각에 범어(불교)에서 환웅천왕은 불교의 제석이라고 하는데, 동방에서는 불교에 젖어들었던 까닭에 이러한 말도 안 되는 것이 있을 뿐이다.……내 생각으로는 단군(檀君)과 단군(壇君) 중 어느 것이 옳은지는

2015, 135쪽)고 한다. 그는 고려에서는 묘청이 주장한 8성인을 제사지냈다고 하는데, 특히 그 제사를 지냈던 곳인 묘향산, 평양, 목멱산, 송악, 구월산, 마니산 등은 단군 신화에 나오는 지역과 밀접하게 연관된다고 한다(138쪽).

77 시라토리의 이러한 주장에 대해 스테판 타나카는 다음과 같이 세 가지로 반박하며 정리한다. 첫째 한국문화와 일본문화가 인도에서 유래했다는 서양의 동양학 학자의 해석을 반박하고, 둘째로 단군 전설이 372년 이후에 만들어졌다고 함으로써 이나히노미코토(稲飯命)가 통일 한국의 건국자였다는 구메의 가설을 반박하고, 셋째는 한국의 통일을 일본보다 늦게 잡은 것은 일본을 이해하기 위해 한국을 연구했다고 보았다(스테판 다나카, 『일본 동양학의 구조』, 박영재·함동주 옮김, 문학과지성사, 2004, 131-135쪽).

78 시라토리 구라키치, 「단군고」, 『일본인들의 단군 연구』, 민속원, 2009.

79 순양자는 황윤석을 말한다. 홍만종·황윤석 증보, 『증보 해동이적』, 경인문화사, 2011.

> 알지 못하겠고, 다만 동방 인물이 군장이 되는 시조이며, 또 왕검이 선인이라는 설이 있었기 때문에 기록했다고 본다. 『삼국유사』는 또 고려 중엽 이후에 환웅에 대하여 고기까지 인용하여 말도 안 되는 것이 어이없게 전하고 있다. 대체로 불교도에서 나왔으니 바르지 못하고 제멋대로인 것이 심하다. 알지 못하겠지만, 세상에서 말하는 정사인 『삼국사기』와 『고려사』에도 실려 있고 『동국여지승람』은 무슨 까닭에 정사를 따라서 원용하는지 모르겠다. 동방에서 단씨는 오래되었다고 한다.[80]

순양자가 보기에는 환인뿐만 아니라 환웅도 제석이므로 똑같이 불교적인 인물이다. 이들은 『삼국유사』가 고려 중기 이후에 편찬되었기 때문에 불교적 인물로 들어간 것이다. 그렇지만 단군은 환인이나 환웅과 달리 오래되었다. 이러한 논의는 후대 일본 식민주의 학자들과 거의 같은 주장을 한 것이다.[81] 순양자는 『해동이적』에서 환인과 환웅이 도교 혹은 선도 쪽의 인물임을 주장하지 않고, 다만 단군만을 인정했다는 점에서 『청학집』과도 다르다. 다만 순양자는 조선시대 도교 측에 속한 인물이라 불교적인 사고를 비판하기 위한 목적을 가지고 있고, 일본 학자들의 경우에는 단군 신화를 고려시대에 만들어졌다고 보면서 그에 따라 단군의 실재성을 부정하기 위한 목적이 컸다. 『해동이적』에서 단군을 도교적인 인물로 보는 관점」중국 도교와의 관련성을 부정하는 것이다. 결국 조선족은 태양신을 모시고 있으며, 태양신이 잠자는 태백산에서 신단을 세우니 그것을 수두라고 한다. 수두의 제사장은 단군이다.[82] 단군에는 작은 제사를 모시는 단군과 큰 제사를 모시는 단

---

80 "按梵語桓雄天王者卽帝釋也, 東方染佛有此誕耳. 按檀君壇君未詳孰. 但系是東方人物君長之始. 又有王儉仙人之說, 故錄之云云. 三國遺事又作於高麗中葉以後, 雄引古記以誕傳誕, 大抵多出佛徒, 其荒亂不經甚矣. 不知三國史高麗史, 世所稱正史者, 與夫輿地勝覽, 何故又從而援之也. 大抵東方檀氏尙矣云云."

81 이는 손진태의 주장이다. 『손진태전집6』, 25-27쪽. 일본 학자들의 논의는 최남선의 삼신 부분 참조.

군이 있다. 단군은 하늘에서 내려온 신이 아니고 인간이 선출한 사람이다. 다만 그를 신격화한 데 불과하다. 또한 왕검은 임금이라는 뜻을 갖고 있으며, 임금이라는 이름으로 불렸던 사람이 당시에 유행하는 수두의 미신을 이용하여 태백산의 수두에 출현하고는 스스로 상제의 화신이라고 칭한 뒤 조선을 건국했다고 한다. 결국 『삼국유사』 고기(古記)는 '대단군 왕검에 의해서 창작된 신설(神說)'인 것이다.

처음에는 환인 환웅 단군 삼신을 인정하다가 뒤에 바꾼다.

> 환인·환웅·단군은 곧 이른바 삼신(三神)이요, 삼신은 곧 선교(仙教) 창립의 조상이다. 그런즉 환인·환웅은 곧 실재의 사람이 아니고 추상적인 신이니, 그 뜻이 대략 예수교의 삼위일체와 불교의 삼불여래(三佛如來)와 같은 것이거늘 후세 역사를 편찬하는 자가 때때로 단군의 할아버지가 환인이요, 아버지가 환웅이라고 하니 어찌 우습지 않겠는가. (대한매일신보, 1910. 3. 11)

이는 대종교의 삼신관을 인정하는 것이다. 뒤에 신채호는 『사기』 「봉선서」에 삼일신, 즉 태일·천일·지일이라고 하는 것에 주목한다. 태일은 가장 귀하고, 오제는 태일을 돕는 자이다. 태일·천일·지일은 삼신의 발현이다. 신채호는 굴원의 「구가」에 '동황태일'이라고 하여, 『사기』 이전에도 존재했다고 한다. 동쪽의 황제를 태일이라고 지칭한 데 주목한 것이다.

> 『초사』에 의하면 동황태일 곧 단군왕검을 제사지내는 풍속이 호북 절강 등지에 많이 유행하였는데, 이곳은 대개 하우가 형산에서 하늘에

82 신채호, 『조선상고문화사』, 비봉출판사, 2006, 399쪽 신채호는 신단이 흙이나 돌로 쌓인 것이 아니라 자연의 수림으로 이루어졌기 때문에 글자의 좌변에 흙 토(土) 자를 쓴 단군(壇君)이 아니라 나무 목(木) 자를 쓴 단군(檀君)이라고 한다.

제사지내고 도산에서 부루로부터 신서를 받은 곳이므로 수두교가 가장 유행한 지방이 되었던 것이다.[83]

신(神)은 최고최상의 의미를 갖고 있기에 태(太)자와 같이 쓸 수 있다. 태일은 신한, 천일은 말한, 지일은 불한이다. 세 신에서 태일이 가장 귀하다.

삼일신(三一神)과 삼황(三皇)은 곳 고기(古記)에서 기록한 삼신(三神)·삼성(三聖) 등의 종류니, 삼일신을 다시 우리 고어로 번역하면 천일(天一)은 '말한'이니 상제(上帝)를 의미한 것이요, 지일(地一)은 '불한'이니 천사(天使)를 의미한 것이요, 태일(太一)은 '신한'이니 '신'은 최고최상(最高最上)이란 말이니, '신한'은 곳 '천상천하에 유일한 존재(天上天下 獨一無二)'를 의미한 것이니, 말한·불한·신한을 글자를 바꾸어 읽으면(吏讀字) 마한(馬韓)·변한(卞韓)·진한(辰韓)이라 기록한 것이며……[84]

태일	최고신	신한	진한
천인	상제	말한	마한
지일	천사	불한	변한

신채호는 삼조선 즉 삼한은 세 왕이 나누어 통치한 세 지방이라고 한다. 신·말·불 삼조선은 진(眞)·막(莫)·번(番) 삼조선이라 기록되었는데, '신·말·불'의 음역(音譯)이 하나는 '진·마·변'이라 하고 또 하나는 '진·막·번'이라 한 것에 대하여 신채호는 남북의 이두문의 용자(用字)가 달랐기 때문이거나 혹은 지나인(중국인)의 한자 음역이 조선의 이두문의 용자와 달랐기 때문일 것이라고 한다.[85]

---

83 신채호, 『조선상고사』, 103쪽.

84 같은 책, 56쪽.

이는 삼조선 삼한을 삼신과 연결한 것이다. 상제 위에 다시 태일을 놓는 것은 중국에서 말하는 최고신인 상제를 인정하지 않는다는 뜻이다. 태일을 모시는 신한의 화신이 곧 조선이고 단군인 것이다. 이러한 사고는 한반도를 넘어서 만주나 중국 일대까지 포함하려는 사고이다. 만주나 중국 일대를 설명하는 구도로 환인·환웅·단군보다는 삼일신이 더 설득력이 있기 때문이다.

② 정인보[86]의 삼신관

정인보는 단군을 신이 아니라 인간이라고 주장한다. 먼저 환인에 대해서는 제석이라고 하는데 석가제환인다라(釋迦提桓因陀羅)라고도 하며, 이를 줄여서 석제환인이라고 한다. 산스크리트어로 석가는 유능하다, 제환은 하늘, 인다라는 황제의 뜻을 가지고 있다.

> 단군의 세계는 오래전부터 상제에 비겨서 숭배되어왔으므로 불교도들은 향찰을 전사하는 과정에 해당 언어와 유사한 불경 속에서 이들을 차용하는 일이 많았다. 지금은 원래의 발음을 알 수 없게 되었지만 그 뜻만은 산스크리트어라는 외피 속에서 변함없이 은은하게 빛나고 있다.[87]

---

85 같은 책, 68쪽.

86 鄭寅普(1893~?). 자는 景施, 호는 爲堂·薝園, 본관은 동래이다. 서울에서 부친 정은조와 모친 달성 서씨 사이에 외아들로 출생. 1905년 성계숙과 결혼. 1910년 이건방에게 배움, 중국으로 건너감. 1911년 상해, 단동을 거쳐 서울로 돌아옴. 1913년 풍양 조씨와 재혼. 1914년 동제사 결성. 1922년 연희전문 출강. 1924년 연희전문 전임. 1929년 성호사설 교열 간행. 1931년 충무공 유적보존회를 발족. 1934년『여유당전서』간행. 1936년 연희전문 교수. 1938년 연희전문 사직. 1946년 남조선 민주의원으로 선출, 전조선문필가협회 회장, 대한독립촉성국민회 부위원장. 1947년 국학대학 초대 학장. 1948년 국학대학장 사임, 감찰위원장 취임. 1949년 감찰위원장 사임. 1950년 납북. 1990년 대한민국 건국장 독립장 추서.

환인은 단군의 할아버지뻘이므로 인간으로 볼 수 있는데, 불교도가 신으로 해석했다는 것이다. 환인은 천제임이 분명하지만, 그렇다고 신은 아니라는 것이다. 상고시대 사람들이 그 존엄함을 받들어 천왕이나 천군이라는 칭호를 붙였을 따름이다. 환인과 단군의 관계도 "환인에서 단군을 만들어낸 것이 아니라 단군을 통해 환인의 위상을 격상시킨 것이다."[88] 환웅에 대해서 정인보는 구체적으로 언급하지 않지만, 환인과 마찬가지로 보고 있다.

정인보는 단군도 왕검선인이라고 하는데, 왕검과 임검의 차이를 인정하지 않고 같은 의미로 본다. 선인이라는 말도 후세인이 도교를 차용해서 아주 높은 존재로 신선 즉 선인으로 미화했다고 한다.

> 선인은 속세 너머로 천상의 봉황과 학을 타고 다니는 신선들을 가리키는 말이다. 천제에 대한 존호가 불교도들의 손에서 제석으로 둔갑했듯이 선인의 경우 역시 어쩌면 아주 높은 존재라는 뜻으로 쓰이던 옛 우리말이 도교를 통하여 선인으로 미화되었을지도 모른다.[89]

단군을 제석과 선인으로 보지 않는다는 것은 불교적 해석뿐만 아니라 도교적 해석도 인정하지 않는 것이다. 정인보는 서왕모가 장생불사하듯이 단군의 역사가 아주 오래되었음을 보여준다고 한다. 도인과 개국시조는 전혀 다른 범주라는 것이다.[90]

> 한 가지 분명한 것은 후대로 내려오면서 어떤 구담이 쌓여 허구화된다 하더라도 고조선의 개국인 홍익인간의 이념에서 비롯되었다는

87 정인보, 『조선사연구(상)』, 우리역사연구재단, 2012, 129쪽.

88 같은 책, 132쪽.

89 같은 책, 151쪽.

90 같은 책, 150쪽.

> 것과 '세 종교를 아우름으로써 여러 생명을 접하고 감화시킨다'는 우리 겨레 고유의 큰 법도가 그 뿌리를 단군왕검에 두고 있다는 사실일 것이다.[91]

불교나 도교적 해석은 뒤에 첨가된 것이고, 단군왕검의 개국 이념인 홍익인간과 삼교합일의 정신을 가장 중요하게 보아야 한다는 것이다.

정인보는 다른 학자들과 달리 환인·환웅·단군의 신적인 성격을 인정하지 않고 철저하게 역사적인 관점을 택하고 있다. 그러면서도 정인보는 신채호의 삼일신 관념을 받아들인다.

> 봉선의 대제가 태일, 천일, 지일 세 신을 주체로 하면서도 이 중에서도 태일이 가장 존귀하다는 말을 한 주체는 누구일까? 그것은 연나라 사람이 아니면 제나라 선비였을 것이다. 봉선의 근거지는 태산이었다.……이것만으로도 예로부터 세 신에게 올리던 제사가 이미 오래전에 중국을 전전하던 조선 사람들이 이동함에 따라 중국의 풍속으로 수용되었고 삼신의 전설이 오랫동안 유랑하던 조선 사람들이 전승을 거쳐 중국인들에게 전파되었던 것임을 알 수 있다.[92]

삼일신 즉 태일·천일·지일이 『사기』「봉선서」에 나온다면, 봉선은 하늘에 제사를 드리던 태산 지역과 관계가 있고, 그것은 조선 사람들의 풍습에서 나온 것이라는 것이다. "『제왕운기』나 『삼국유사』에 전해지는 환인·환웅·단군이 바로 지금 민간 신앙으로 수용된 삼신이자 한(漢)대에 산동 해안으로 전래된 삼일신이다."[93] 환인·환웅·단군 삼신이 민간 신앙의 삼신이고[94] 삼

91 정인보, 『조선사연구(하)』, 우리역사연구재단, 2012, 533쪽.

92 정인보, 『조선사연구(상)』, 우리역사연구재단, 2012, 175쪽.

93 정인보, 『조선사연구(하)』, 536쪽.

일신이라는 것이다. 민간 신앙으로 보는 측면은 최남선과 비슷하고, 삼일신으로 보는 측면은 신채호와 연결된다.

정인보는 단군의 종교적 성격이 중국의 상제와 다르다고 한다.

> 역사적으로 중국의 제천의식인 교천에서는 상제만 유일신 주신으로 받들어졌기 때문에 이때 배향되는 그 나라의 태조는 하늘과 짝을 이루기는 해도 하늘의 신 즉 천신은 언제나 상제뿐이었던 것이다. 그러나 조선에서는 상황이 좀 달랐다. 시조 단군의 선조를 하늘까지 소급했을 때 첫 번째 신성한 존재였던 단군은 인간세상의 임금인 동시에 천상세계를 관장하는 등 그야말로 하느님과 같은 존재라고 여겨졌다.[95]

정인보는 환인·환웅·단군을 철저하게 인간으로 묘사하면서도 그들이 가지는 종교적 성격은 천상과 인간세계를 모두 관장하는 존재로 묘사하고 있다.

3) 삼국 계열

삼신을 역사적으로 보려는 사고는 대종교의 김교헌과 신태윤에서 비롯된다. 김교헌은 『신단민사』에서 상고를 신시시대·배달시대·부여시대로 나누고, 신시시대는 신인이 내려와 건국하기까지 124년간, 배달시대는 단군이 건국하면서 신이 되어 하늘에 오르기까지 217년간, 부여시대는 그 이후 단군이 부여에 도읍하면서 한사군과 위만조선이 망하기까지 809년간이라고 한다.[96]

---

94 삼신할머니 항목 참조.

95 정인보, 『조선사연구(하)』, 548쪽.

96 김교헌, 『신단민사』, 한뿌리, 2006, 27-60쪽.

신태윤은 환인의 시대, 환웅의 시대, 환검의 시대로 나눈다. 환인의 시대는 다음과 같다. 원시시대에 나반과 아만이라는 남녀가 하늘에서 내려왔다. 사람이 영적이고 서 있으면서 수태를 하고, 걷고 말을 할 줄 알고, 지금의 송화강 유역에 자리를 잡았다고 한다. 산과 들에 나누어 살면서, 여름에는 나무 위에 살고 겨울에는 동굴에 살았고, 진실로 선량하면서 인위적인 작위를 하지 않았다. 그러다가 산업이 번창하면서 다섯 인종으로 나누어졌다. 황색, 백색, 검은 색, 적색, 남색 인종이다. 황인종은 넓고 큰 거친 평원에 살았고, 백인종은 사막 사이에 살았고, 흑인종은 흑수가에 살았고, 적인종은 큰 바닷가에 살았고, 남인종은 여러 섬에 살았다. 그중에서 황인종은 백두산 남쪽에는 양족, 동쪽은 간족, 북쪽은 방족, 서쪽은 견족이 살았다.[97] 이는 『신사기』 「조화기」의 내용과 일치한다.

환웅씨의 시대는 다음과 같다. 환웅 신성이 태원 갑자(B.C. 2457년) 10월 3일에 천부삼인을 가지고, 운사·우사·풍백·뇌공(신을 보좌하는 선관이다)을 거느리고 그 무리 3000을 이끌고 태백산(지금의 백두산) 단목 아래 영궁에 내려오셨다.

> 그대 신선과 영(靈)과 철(哲)들아 땅이 개벽한 지 21900년에 사람이 생겨난 지도 오래되었다. 그러나 거친 모양이 태고와 같고 그 질박함이 흩여지지 않아 아직도 꿈틀거리며 삶이 더하여 가는구나. 백두산은 여러 산악 가운데 으뜸이며 홍익인간할 수 있으니 교화를 베푸는 것이 이로부터 시작하여 네 구석까지 미쳐서 모든 무리들로 하여금 하나로 귀결하게 하라.[98]

---

97 신태윤, 『대한민국정사』, 한국학술정보, 2011. 신태윤이 『정사』를 1935년 발행한 것을, 그의 아들 신현동이 『대한민국정사』로 번역하여 2011년에 한국학술정보에서 발간했다.

98 신태윤, 같은 책.

그런데 하늘과 땅의 개벽으로부터 21900년이란 숫자가 어떻게 나왔는지는 설명하고 있지 않다. 압록강가에서 설법하니 사람들이 감동하고 동하여 돌아오는 사람들이 시장 같았기 때문에 신시라고 불렀다.

환웅의 신하로는 팽우, 고시, 신지, 수기, 옥저, 지재, 숙신이 있다.

> 팽우에게 원보를 내리니 머리 숙이고 엎드려 받아 군중들을 크게 깨우쳐 주고 고시는 동해에 가서 청석을 채취해 왔으며 신지는 역사의 사실을 그 돌에 새겨 전해지게 되었다. 비서갑 하백의 딸을 맞아 부루를 낳았으며 "사람의 체온이 항상 밖의 공기와 맞지 않으니 네가 여자의 일을 하여 재단하고 제봉하여 백성에게 베풀어 추위와 더위를 막게 하라"고 했다. 팽우에게 거듭 명하여 땅을 관장하게 하고 산과 냇물을 다스리게 하여 황무지를 개척하게 하고 길을 통하여 백성들의 살 곳을 정해주었다. 고시는 농사일을 다스리게 하여 때에 따라 심고 거두게 하고 백성들에게 불에 음식을 익혀 먹게 했다. 신지는 역사를 관장하게 하여 글씨를 만들어 널리 알려 기록하게 했다. 수기는 운사로서 백성들에 선을 권하니 마치 상서로운 구름이 모이듯이 했다. 옥저는 우사로서 병을 고쳐주기를 비가 때맞춰 와서 초목이 잘 자라는 듯이 했다. 지재는 풍백으로서 명을 거듭하기를 마치 바람이 널리 화창하게 부는 것같이 했다. 숙신은 뇌공으로서 형별과 징계하기를 마치 우레가 엄한 위엄을 보이듯 하였으며 불효와 불충과 불경은 3가지 도적이요 게으르면 명을 어긴 자와 자기 허물을 알면서도 두려워하여 뉘우치지 않는 사람은 3가지 난폭함이다. 삼선, 사령, 신후(하백의 딸)는 각기 그 직책으로 신교를 도와 넓히니 옷을 짓는 법과 음식을 만드는 법과 집을 지어 사는 것이었다. 머리를 땋는 것과 머리를 덮어 쓰는 법과 수건으로 남자와 여자, 아버지와 아들, 임금과 신하의 분별을 가르쳤다. 그때 9개의 큰 부족이 있었는데 추대된 사람을 임금이라 하였으니 신이 내려오신 지 1205년이었다.[99]

신태윤의 이러한 설명은 몇 가지 문제점을 가지고 있다. 여기서 세 명의 선관 즉 수기를 운사, 옥저를 우사, 지재를 풍백으로 설명하고 있다. 이는 『삼국유사』에 나오는 운사·우사·풍백을 구체적인 신하의 이름으로 적시하고 있다. 그런데 운사를 직접 구름을 부르는 신이 아니라 선을 권하여 상서로운 구름이 모이는 것으로 설명하고 있고, 우사를 직접 비를 내리는 신이 아니라 병을 고쳐주는 것이 때맞게 내리는 비로 설명하고 있고, 풍백을 직접 바람을 부는 신이 아니라 명령을 내리는 것이 온화한 바람이 부는 존재로 설명하고 있는 점에서, 신적인 존재가 아니라 실제적인 역할로 인해 나타나는 현상으로 규정하고 있다. 그러면서도 이들을 신선으로 설명하고 있다. 즉 신선과 역사적인 존재로 모두 설명하고자 하는 것이다.

그리고 환웅의 신하로 나오는 팽우·신지·고시·지재·숙신·수기·옥저는 『신사기』에서는 「치화기」에 나온다. 즉 환검의 신하로 나오는 것이다. 이들을 환웅의 신하로 볼 것인가 아니면 환검의 신하로 볼 것인가는 학자마다 견해가 다르다. 또한 숙신이나 옥저는 부족 이름인데 환웅 혹은 환검의 신하로 보고 있다. 이들이 과연 어떻게 부족의 이름이 되었는지에 대해서도 언급이 없다. 1205년이라고 하는 환웅씨의 시대가 어떻게 전개되었는지 설명이 없다.

환검의 시대는 다음과 같다. 환검천제는 상원무진(B.C. 2333) 10월 3일에 나라를 세웠으니 나라 이름을 배달조선이라 하고 도읍을 평양으로 왕검성(지금의 봉황성)에 거처했다. 삼천단부를 두고 사람의 세상일 366가지를 가르치고 다스렸다. 55년 임술년에 도읍을 백악 당장경(지금의 백천 부근)으로 옮겼다. 갑자년에 홍수가 나서 팽우를 명하여 다스리게 하니 북쪽에 흑수로부터 남으로 우수(지금의 춘천)까지 이르고 동쪽과 서쪽은 바다에 이르렀다. 단군기원 93년 경자년 3월 15일에 환검천제가 아사달산(지금 구월산)을 순행하

---

99 신태윤, 같은 책.

시고 신선이 되어 하늘에 오르니 부루 황제로부터 기아 지대까지 이르러 종묘사직이 북부여까지 옮겨 갔으니 47대이며 지나온 햇수가 1400여 년이 되었다.[100] 여기서 평양을 중국의 봉황성이라고 한 것과 환검의 세대를 47대라고 한 것이 주목된다. 이는 『환단고기』와 같은 대수이다.

『환단고기』, 『규원사화』, 『단기고사』에서는 삼신일체설과 단군 역사설을 모두 인정한다. 『환단고기』[101]에서는 환인·환웅·단군을 삼성·삼황·삼조라고 부른다. 그런데 여기에 단군 대신에 치우를 넣는 경우도 있다.

먼저 삼성을 살펴보자. 『환단고기』에서는 환인·환웅·환검을 삼성이라고 한다.

> 그리하여 환인께서도 무리를 감독하기 위하여 천계에 거주하시면서 부싯돌을 쳐가지고 불을 발생시켜서 처음으로 음식을 익혀먹는 것을 가르치시니, 환국이라고 하고. 그리고 그 지도자를 천제인 환인씨라고

---

100 신태윤, 같은 책, 28쪽.

101 우대석의 연구에 따르면 『환단고기』의 내용과 판본은 다음과 같다. 우대석, 「환단고기 위서론에 대한 비판적 고찰」, 『선도문화』 9, 2010, 109쪽.

『환단고기』 5개 사서 소장자와 합본 과정				
삼성기 상	삼성기 하	단군세기	북부여기	태백일사
안함로	원동중	이암	범장	이맥
계연수 집안에서 전해 내려옴	백관묵 (평북 태천의 진사)	백관묵, 이형식 (1898년 계연수 정리)	이형식 (삭주 이동의 진사)	이기 (1898년 계연수 정리)

『환단고기』 8개 판본							
계연수 정리	계연수 원본	오형기본	조병윤본	조병윤본의 재영인본	가지마 노보루본	배달의숙본	배달의숙본의 활자본
1898년	1911년 30부	1949년	1979년 100부	?	1982년	1983년 100부	2004년
해동인물지	이유립이 분실	오형기 원본	오형기 영인본		신국민사	이유립 수정본	한뿌리 출판사

했으니, 안파견[102]이라고도 불렀다.[103]

다음은 삼황이다. 『환단고기』에서는 환인·환웅·치우를 삼황이라고 한다.

> 환인부터 환웅·치우까지 삼황이라 하고, 환웅은 대웅천, 치우는 지위천이며, 『황제중경』이 환웅과 치우를 서술했다.[104]

환인·환웅·단군에서 단군 대신에 치우를 넣은 것이 특징이다. 치우에 대해서는 『사기정의(史記正義)』는 『산해경』을 인용해 "황제가 응룡(應龍)에게 명령해 치우를 공격하게 했다. 치우가 풍백(風伯)과 우사(雨師)를 불러 따르게 하니 큰비와 바람이 일었다"고 한다. 이는 일연이 『삼국유사』 '왕검조선'조에서 고기(古記)를 인용해 "환웅천왕(桓雄天王)이 풍백(風伯)·우사(雨師)·운사(雲師)를 거느리고 신단수(神檀樹) 밑에 내려왔다"고 전한 것과 부합하는 내용이다.[105]

다음은 삼조이다. 『환단고기』에서는 환웅·치우·단군을 삼조라고 한다.

> 경오년에 천왕은 사신 고유를 보내서 먼저 환웅, 치우, 단군왕검의 삼조의 초상을 나누어 주시고 이를 국가기관(궁궐)에 모시게 했다.[106]

102 여기서 환인을 안파견이이라고 부르는데, 그 의미는 알 수 없다. 遼太祖인 耶律阿保机를 안파견라고 부른다. 清辑本『旧五代史』, 改译安巴坚.

103 『桓檀古記』,「三聖紀 上」. "於是 桓因亦以監羣, 居于天界, 掊石發火, 始教熟食 謂之桓國, 是謂天帝桓因氏, 亦稱安巴堅也."

104 『桓檀古記』,「太白逸史 三神五帝本紀」. "桓仁與桓雄治尤爲三皇, 桓雄稱大雄天, 蚩尤爲智偉天, 乃黃帝中經之所由作也."

105 이덕일,「개천절의 뿌리」,『한국일보』, 2014년 10월 2일.

106 『桓檀古記』,「太白逸史 三韓管境本紀 番韓世家 下」. "庚午, 天王遣使高維, 先頒桓雄蚩尤檀君王儉三祖之像, 以奉官家."

환인·환웅·단군에서 환인 대신에 치우를 넣은 것이 특징이다. 이는 대종교와는 다른 사고인 것이다.

『환단고기』에서는 삼신일체를 직접적으로 언급하고 있다. 「태백일사(太白逸史)—삼신오제본기(三神五帝本紀)」에서 삼신을 천일(天一)·지일(地一)·태일(太一)로 정의했고, 오제(五帝)는 흑제(黑帝)·적제(赤帝)·청제(靑帝)·백제(白帝)·황제(黃帝)라고 했으며, 오령(五靈)을 태수(太水)·태화(太火)·태목(太木)·태금(太金)·태토(太土)라 하고, 삼신은 오제를 독려하고 오령을 드러나게 하고 백성을 화육을 이루도록 했다. 해가 뜨면 낮이라 하고 달이 뜨면 밤이라 하며, 해와 달을 측량하여 달력을 만들고 춥고 더운 것을 정하니 일 년의 운용을 결정하니 크도다! 삼신은 일체가 되어 만물의 원리가 되고, 만물 원리는 덕·지혜·힘이다. 이러한 원리는 높고도 넘쳐서 세상에 가득하고, 현묘함에서 최고의 원리가 운행되는 것이다. 이것은 우주와 자연의 원리가 즉 삼신일체의 원리라는 것이다.[107]

다음 「태백일사—삼한관경본기(三韓管境本紀) 마한세가(馬韓世家) 상(上)」에서 옛날 환웅천왕(桓雄天王)께서 천하가 크다 함을 아시고 한 사람이 교화할 수 있는 바가 아니므로 풍백·우사·운사를 거느려 곡식·생명·형벌·병마·선악을 주관하게 하고 인간세상의 360여 사를 주관케 하였으며, 책력을 만들어 365일 5시간 48분 46초를 일 년으로 하니 이것이 바로 삼신일체의 최고 존엄이 남긴 법이라고 했다. 그리하여 삼신으로써 가르침을 세워 환웅의 뜻을 펴는 기치로 삼아야 한다.[108] 여기서는 삼신일체를 '최고 존엄이 남긴

107 "稽夫三神日天一日地一日太一 ……稽夫五帝日黑帝日赤帝日靑帝日白帝日黃帝…… 五靈日太水日太火日太木日太金日太土太水……三神乃督五帝, 命各顯厥弘通五靈, 啓成厥化育, 日行爲晝月行爲夜, 候測星曆寒署, 紀年大矣哉. 三神一體之爲庶物原理, 而庶物原理之爲德爲慧爲力也, 巍湯乎充塞于世, 玄玅乎不可思議之爲運行也."

108 "昔者桓雄天王思天下之大, 非一人所能理化, 將風伯雨師雲師, 而主穀主命主刑主病主善惡, 凡主人間三百六十餘事, 作曆以三百六十五日五時四十八分四十六秒爲一年也. 此乃三神一體上尊之遺法也, 故以三神立敎乃作布念之標."

법'이라고 했다. 또한 치우(蚩尤)가 탁록에서 헌구(軒丘)와 싸우기 전 헌구에게 우리의 삼신일체의 원리를 어기고 삼륜구서(三倫九誓)의 올바른 행동을 게을리 했기 때문에 삼신께서 그 더러움을 오랫동안 미워하셔, 나에게 삼신께서 너희를 토벌할 것을 명령하시고, 일찌감치 마음을 잡아 행동을 고칠 것을 경고하면서 자성(自性)으로부터 기준을 찾아서 그대의 머릿속에 있음을 하도록 했다.[109]

「마한세가 하(下)」에서 단군(檀君) 색불루(索弗婁)가 즉위하고 몸소 제사를 올렸다. 그 백두산의 서고문(誓告文)은 다음과 같다.

> 계승자 나 단군 색불루는 두 손 모아 엎드려 절하옵니다. 친히 천제의 아들로서 나의 무리와 백성들을 가르쳐서 반드시 하늘에 제천하고 황상을 공경하도록 하였습니다. 삼신의 밝은 명, 넓은 은혜, 큰 덕을 받들어 이미 삼한에게 5만리의 땅을 내려 주시고 홍익인간으로 통일하셨으므로 마한 우두머리 흥을 보내어 삼신일체인 상제의 단에 제사 올렸습니다. 신은 밝고도 밝으셔서 만물을 보살피는데 빠짐이 없나니, 맑고 깨끗이 재계하고 공물을 정성들여 바쳐 올리오니, 내려오셔서 드시옵고 언제나 도우시옵소서. 반드시 새 임금의 등극을 꾸며주시고 도우시옵소서. 세세토록 삼한의 천년만년 무강한 기초를 보전하고 해마다 곡식이 풍성하여 나라는 부유하고 백성은 풍족하게 하소서. 바라노니 밝으신 우리의 聖帝시여, 나(국가의 창고)를 덜어내고 만물이 생존하도록 염원하옵니다.[110]

---

109 "侮我三神一體之原理, 怠棄三倫九誓之行, 三神久厭其穢命, 朕一人行三神之討爾, 早已洗心改行, 自性求子, 降在爾腦."

110 "朕小子檀君索弗婁, 拜手稽首. 自天帝子之修我以及民 必自祭天以皇上, 受三神明命普恩大德, 旣與三韓五萬里之土境, 共享弘益人間, 故遣馬韓黎元興, 致祭于三神一體上帝之壇, 神其昭昭, 體物無遺, 潔齊誠供, 降歆黙佑, 必能賁飾新帝之建極, 世保三韓千萬年无疆之祚業, 年穀豊熟, 國富民殷, 庶昭我聖帝空我存物之至念."

여기서 삼신일체를 상제라 하였고 또 성제(聖帝)라고도 했다. 환인·환웅·단군을 삼성이라고도 함으로써 성제라고 했다.

「태백일사—고구려본기(高句麗國本記)」에서 을지문덕은 다음과 같이 말했다.

> 도로써 천신을 섬기고 덕은 이로써 백성과 나라를 보 살핀다. 나는 천하 사람에게 알리는 것을 안다. 삼신일체의 기를 받아 이를 성·명·정으로 나누어 얻으니 본래부터 타고난 광명이 떳떳이 변하지 않으니 때때로 감응하여 발동하니 도가 천신에게 통한다. 그리하여 덕(德)·혜(慧)·력(力) 삼물을 몸소 행하는 근원이 되고, 심(心)·기(氣)·신(身) 삼가를 변화시키고, 감(感)·식(息)·촉(觸) 삼도를 기쁨으로 가득 채우는 근원이다. 그 중요함은 날마다 재세이화하고 조용히 경도(境途)를 닦아 홍익인간함을 간절히 생각한다.[111]

여기서 삼신일체의 기를 받아 성·명·정을 얻는다고 한 것으로 보아 삼신일체는 천·지·인 삼신을 뜻하는 것으로 보인다.

「태백일사—대진국본기(大震國本記)」에서 인안 16년 대진국은 성대한 나라였으며 당나라, 신라 및 왜도 나란히 사신을 보내 조공을 바치니 친하는 해동성국(海東盛國)이라 칭송했다고 한다. 다음 해 3월 16일에 삼신일체의 상제를 서압록하의 강변에서 제사했다고 한다.[112]

『환단고기』의 특징은 환인-환국, 환웅-신시배달국, 단군-단군왕검 나라로 기술하고 있는 점이다. 「삼성기전상편(三聖記全上篇)」에서는 환인의 나

---

111 "道以事天神, 德以庇民邦, 吾知其有辭天下也, 受三神一體氣, 分得性命精, 自在光明, 昂然不動, 有時以感發而道乃通, 是乃所以體行三物德慧力, 化成三家心氣身, 悅滿三途感息觸, 要在日求念標, 在世理化, 靜修境途, 弘益人間也."

112 是月十六日 祭三神一體上帝于西鴨綠河之上

라 환국(桓國)과 환웅의 신시(神市) 배달국(倍達國), 그리고 단군왕검(檀君王儉)의 나라 조선(朝鮮)을 각각 시대별로 기록하고 있다. 또 「삼성기전하편」에서는 환인의 환국과 환웅의 신시를 차례로 기록하고 신시역대기(神市歷代記)를 환웅 18세로 기록하고 있다. 「단군세기(檀君世紀)」에서는 47세 단군의 시대를 차례대로 기록하고 있다. 「태백일사—환국본기(桓國本紀)」에서는 환인의 환국을, 「태백일사—신시본기(神市本紀)」에서는 환웅의 신시를, 그리고 「태백일사—삼한관경기」에서는 단군왕검의 삼한에 관하여 기록하고 있다. 『환단고기』 「단군세기」에서 단군의 세대는 다음과 같다.

『환단고기』 「단군세기」에 나타난 역대 단군

역대 임금	재위	역대 임금	재위
1. 왕검(王儉) 단군	93년	15. 대음(代音) 혹은 흘달(後屹達) 단군	51년
2. 부루(扶婁) 단군	58년	16. 위나(尉那) 단군	58년
3. 가륵(嘉勒) 단군	45년	17. 여을(余乙) 단군	68년
4. 오사구(烏斯丘) 단군	38년	18. 동엄(冬奄) 단군	88년
5. 구을(丘乙) 단군	16년	19. 구모소(緱牟蘇)단군	65년
6. 달문(達文) 단군	36년	20. 고홀(固忽) 단군	26년
7. 한율(翰栗) 단군	54년	21. 소태(蘇台) 단군	60년
8. 우서한(于西翰) 혹은 사함(烏舍咸) 단군	8년	22. 색불루(索弗婁) 단군	51년
9. 아술(阿述)단군	35년	23. 아홀(阿忽) 단군	58년
10. 노을(魯乙)단군	59년	24. 연나(延那) 단군	68년
11. 도해(道奚)단군	57년	25. 솔나(率那) 단군	88년
12. 아한(阿漢)단군	52년	26. 추로(鄒盧) 단군	65년
13. 흘달(屹達) 혹은 대음달(代音達) 단군	61년	27. 두밀(豆密) 단군	26년
14. 고불(古弗) 단군	60년	28. 해모(奚牟) 단군	28년

29. 마휴(摩休) 단군	34년	39. 두홀(豆忽) 단군	36년
30. 나휴(奈休) 단군	35년	40. 달음(達音) 단군	18년
31. 등올(登兀) 단군	25년	41. 음차(音次) 단군	20년
32. 추밀(鄒密) 단군	30년	42. 을우지(乙于支) 단군	10년
33. 감물(甘勿) 단군	24년	43. 물리(勿理) 단군	36년
34. 오루문(奧婁門) 단군	23년	44. 구물(丘勿) 단군	29년
35. 사벌(沙伐) 단군	68년	45. 여루(余婁) 단군	55년
36. 매륵(買勒) 단군	58년	46. 보을(普乙) 단군	46년
37. 마물(麻勿) 단군	56년	47. 고열가(古列加) 단군	58년
38. 다물(多勿) 단군	45년		

『규원사화』[113]에서도 「조판기」, 「태시기」, 「단군기」 등에 단군의 세대를 시대별로 기록하고 있다.

113 임채우에 따르면 『揆園史話』는 조선 숙종 원년인 1675년에 北崖子가 저술했다는 역사서 형식의 史話로, 상고시대와 단군조선의 임금에 대해 상세하게 기술되어 있다고 한다. 「揆園史話序」에서 북애자는 효종~숙종대의 과거에 급제하지 못한 선비라고 스스로를 소개하고 있다. 그는 저술의 동기에 대해 과거를 단념하고 전국을 방랑하며 역조의 사적지를 두루 답사하던 중 濊貊(지금의 춘천지방)의 산골에서 우연히 고려 말의 인물인 李茗이 저술한 『震域遺記』를 얻었다고 한다. 그러다가 처의 사망 소식을 듣고 돌아와 고향 기슭에 초당을 짓고 남은 여생을 『규원사화』 저술에 몰두하게 되었다. 그는 유사 이래로 여러 차례의 병화로 전적이 다 소멸되어 진정한 우리의 역사가 없음을 크게 한탄하며, 올바른 국사를 저술하여 우리의 옛 강토를 수복하고 양란의 치욕을 씻겠다는 염원으로 집필하게 되었다고 술회하고 있다. 『진역유기』의 작자 淸平 李茗은 고려 말 공민왕 때에 청평산에 머물렀던 도인으로 추정되며, 『단군세기』의 작자로 알려진 杏村 李嵒(1297~1364) 및 『북부여기』의 작자로 알려진 休崖 范樟과 함께 천보산의 태소암에서 고기류의 사서를 보고 『진역유기』를 지어 산골에 숨겨두었다고 한다. 『진역유기』는 발해의 역사서인 『朝代記』를 참조하여 저술되었으므로 『규원사화』는 『조대기』의 내용을 주로 담고 있는 것으로 여겨진다. 『조대기』는 세조 때에 잡학(천문, 지리, 역사)의 책을 구하는 유시에서 그 이름을 볼 수 있어서, 조선 초까지 전해져 내려온 책으로 추정된다. 임채우, 「선도사서 『규원사화』 해제」, 『선도문화』 6, 2009.

『규원사화』에 나타난 역대 단군

역대 임금	재위	역대 임금	재위
1. 단군(檀君) 임금	93년	25. 솔나(率那) 임금	11년
2. 부루(夫婁) 임금	34년	26. 추로(鄒盧) 임금	18년
3. 가륵(嘉勒) 임금	51년	27. 두밀(豆密) 임금	8년
4. 오사(烏斯) 임금	49년	28. 해모(奚牟) 임금	19년
5. 구을(丘乙) 임금	35년	29. 마휴(摩休) 임금	13년
6. 달문(達文) 임금	32년	30. 나휴(奈休) 임금	16년
7. 한율(翰栗) 임금	25년	31. 등올(登兀) 임금	9년
8. 우서한(于西翰) 임금	57년	32. 추밀(鄒密) 임금	45년
9. 아술(阿述) 임금	28년	33. 감물(甘勿) 임금	22년
10. 노을(魯乙) 임금	23년	34. 오루문(奧婁門) 임금	20년
11. 도해(道奚) 임금	36년	35. 사벌(沙伐) 임금	11년
12. 아한(阿漢) 임금	27년	36. 매륵(買勒) 임금	18년
13. 흘달(屹達) 임금	43년	37. 마물(麻勿) 임금	8년
14. 고불(古弗) 임금	29년	38. 다물(多勿) 임금	19년
15. 벌음(伐音) 임금	23년	39. 두홀(豆忽) 임금	28년
16. 위나(尉那) 임금	36년	40. 달음(達音) 임금	14년
17. 여을(余乙) 임금	27년	41. 음차(音次) 임금	19년
18. 동엄(冬奄) 임금	43년	42. 을우지(乙于支) 임금	9년
19. 구모소(緱牟蘇) 임금	29년	43. 물리(勿理) 임금	15년
20. 고홀(固忽) 임금	23년	44. 구홀(丘忽) 임금	7년
21. 소태(蘇台) 임금	36년	45. 여루(余婁) 임금	5년
22. 색불루(索弗婁) 임금	27년	46. 보을(普乙) 임금	11년
23. 아물(阿勿) 임금	43년	47. 고열가(古列加) 임금	30년
24. 연나(延那) 임금	20년		

『단기고사』[114]는 전단군조선과 후단군조선, 그리고 기자조선으로 나누

어 단군조선의 시대를 기록하고 있다.[115]

대종교에서 환인·환웅·단군 혹은 한임·한웅·한검의 삼신사상은 종교 교리적인 측면과 그것을 역사적으로 정립하려는 측면이 있다. 종교적으로 이해하는 것에서는 삼신일체와 삼용일체를 주장하는 것으로 볼 수 있다. 먼저 종교적인 측면에서 조화·교화·치화로 보고 그것을 하나로 하는 점을 원만한 가르침을 지향한다고 볼 수 있다. 불교적 세계관이 부처의 세계를 설정하지 않고 천상세계와 인간세계의 삼신사상을 다루고 있는 데 비해 대종교는 하나의 세계를 조화·교화·치화로 보고 있다.

이러한 원만한 사상을 지향하는 것은 대종교가 민족종교이면서도 보편성을 지향하는 사고임을 알 수 있다. 역사적인 측면에서 대종교 학자들의 삼신론은 기본적으로 환인·환웅·단군을 인정하지만, 최남선처럼 환인의 불교적인 명명으로 인하여 밝문명 속에서 환국·환웅·단군을 이해하는 것이나, 신채호처럼 『사기』 「봉선서」에 나오는 삼일신 즉 태일·천일·지일로 보

---

114 박미라에 따르면 『檀奇古史』는 발해를 건국한 대조영의 아우 般安郡王 大野勃이 8세기경에 편찬했다고 전해지는 단군시대와 奇子朝鮮의 역사서이다. 이는 구한말에 유응두에 의해 중국에서 발견되어 국내에 전해졌다고 하며 47대의 역대 단군사와 42대 기자조선사를 實史로서 기술하고 있다. 『단기고사』에 수록된 서문과 출간경로 등을 보면 이 책의 출간 및 전수 과정에 대해 기록하고 있다. 원래 『단기고사』는 발해를 일으킨 대조영이 동생인 반안군왕 대야발에게 편찬하게 했다. 728년 대야발이 흩어져 있던 사서를 모으고 비문을 확인하며 돌궐국까지 여러 번 답사하는 등 13년 노력 끝에 발해의 글로 지었으며, 그 100년 후에 皇祚福이 한문으로 번역했다고 한다. 유응두는 大韓獨立義軍府의 황해도 대표로 추대될 정도로 유명한 학자였다고 한다. 그러나 그의 자세한 행적에 대해서는 알려진 것이 없다. 다만 이관구의 『言行錄』에 유응두와 이관구가 도에 관해 문답한 내용이 나오고, 황현의 『梅泉野錄』 1905년(광무9) 정월조에 풍천군 사람인 유응두가 經術로 알려졌고 특이한 재능이 있다고 해서, 그를 불러 참봉을 제수했다는 내용이 수록되어 있다. 구한말에 중국에서 발견되어 1907년에 간행되었다는 원문은 전해지지 않고 있으며, 현재 김해암·이관구가 1949년 朝鮮福音社에서 발행한 판본, 1950년 警察敎養協助會에서 간행한 판본, 1959년에 정해백에 의해 출간된 국한문본, 1983년에 복원된 한문본, 1984년 유태우가 간행한 한글본 등이 전해지고 있다. 이에 대한 자세한 논의는 박미라, 「『檀奇古史』의 판본과 문제」, 『선도문화』 6, 2009 참조.

115 이에 대해서는 삼조선 부분에 나온다.

는 사고도 나온다. 이러한 작업이 환웅의 개천보다는 단군의 개천으로 나오는 것이다. 단군을 독자적으로 받드는 것이다. 반면에 삼국을 주장하는 『환단고기』는 환인-환국, 환웅-신시배달국, 단군-조선으로 이해하고 있다.[116]

2. 삼계(三界)

『회삼경』에서는 이 세상에 삼계 즉 신계, 마계, 인간세계가 있다고 한다. 이에 대해서는 서일과 최남선의 사상을 살펴보기로 한다. 서일[117]은 신계,

---

116 단군은 탄군으로도 발음할 수 있을 것이다. 탄은 '~탄'으로 발음되는 중앙아시아의 나라를 염두에 두고, 탄의 의미가 나라를 의미한다면 탄군-단군은 나라의 임금이란 뜻이다. 단순히 한글의 단에 초점에 맞출 필요는 없다. 만주어나 몽골어 등과 연관을 한다면 더 넓은 확장성을 가질 수 있을 것이다. 단군과 고조선을 아시아의 상관성 속에서 살펴보아야 할 것이다.

117 徐一(1881~1921). 함북 경원 출생. 본관은 이천. 본명은 기학(夔學). 호는 백포(白圃). 10세부터 김노규의 문하에서 한학을 배웠고, 경성군(鏡城郡) 함일학교(咸一學校)를 졸업했다. 1910년까지 교육사업에 종사하다 한일합병이 되자 1911년 만주로 망명하여 나철을 찾아가 대종교에 입교하고 포교에 힘썼으며 독립군단인 중광단(重光團)을 조직하고 단장이 되었다. 1916년 대종교의 총본사(總本司) 전강(典講)이 되어 활동하여 사교(司敎)가 되고 영선(靈選)까지 올랐다. 1917년 명동학교 중학부를 설립했다. 1919년 3월 계화(桂和) 등과 중광단을 정의단(正義團)으로 개편했다. 이들은 무력투쟁을 목표로 했으나 처음에는 군사훈련만 하던 중 김좌진을 맞아 전투태세로 개편하고 단원을 모집하는 한편 체코군의 도움으로 무기도 구입하여 독립군으로서의 면모를 갖추게 되었다. 이 무렵 대종교 2세 교주인 김교헌(金敎獻)이 그에게 교주의 위치를 전수하려 했으나 대종교 일보다는 무력항쟁을 먼저 수행해야겠다는 이유로 끝까지 사양했다. 8월 정의단은 무장독립군을 보유한 항일단체이자 북간도 전 지역을 행정구역으로 삼는 행정부를 겸비한 군정부(軍政府)로 개편·발전되었다. 12월에 상해 임시정부와 연계하여 군정부를 북로군정서(北路軍政署)로 개칭하면서 총재에 취임했다. 1920년 김좌진과 함께 청산리 전투에서 일본군을 크게 무찔렀으나 그 뒤 일본군의 대토벌작전으로 인해 주력부대를 북만주 미산현(密山縣) 당벽진(當壁鎭)으로 이동시켰다. 여기서 홍범도의 대한독립군, 서로군정서군의 이청천 부대, 안무(安武) 부대, 광복단 등 여러 부대를 통합하여 대한독립군단(大韓獨立軍團)을 조직하고 총재가 되었다. 그는 3500명으로 3개 대대를 편성했으며 다시 항일전을 전개하려고 러시아의 원조를 위해 이동시키고 일부는 해산했다. 그러나 자유시사변이 발생하여 그는 정세를 관망하며 둔병제(屯兵制)를 실시하여 병력을 기르려 했으나 마적의 습격으로 근거지를 파괴당했다. 이에 책임을 느끼고 1921년 8월 27

마계, 인간세계 등 세 가지 세계가 있다고 주장한다. 하늘은 상계이고, 마계는 하계이며, 상계와 하계의 길은 달라 신계는 크고 마계는 작고, 신계는 밝고 마계는 어두우며, 신계는 즐겁고 마계는 고통스럽다. 사람은 두 경계에 이웃한다.[118] 『회삼경』에서는 하늘에는 세 가지 좋은 곳(三府)과 여섯 가지 감옥(六獄)이 있다고 한다. 삼부는 신이 사랑을 드러내기 위한 것이고, 육옥은 벌주기 위한 곳이라고 한다. 세 가지 좋은 곳을 삼부라고 하는데, 신부·영부·철부이다. 여섯 가지 감옥은 첫째는 몸이 굳어지는 옥(牢獄), 둘째는 몸이 불에 타는 옥(炕獄), 셋째 몸이 마구 흔들리는 옥(盪獄), 넷째 몸이 물속에 잠기는 옥(沉獄), 다섯째 몸이 추워 떨리는 옥(凌獄), 여섯째 몸이 캄캄하게 어둠에 갇히는 옥(冥獄)을 말한다. 여기서 말하는 옥은 불교에서 말하는 지옥과 유사하다. 불교에서는 뇌옥을 구체적인 것으로 묘사하는데 원래는 고통스러운 것을 상징하는 추상적인 것이다. 그런데 지옥은 하계에 있어야 하는데 하늘에 있다고 하는 것이 모순되지만, 불교에서도 지옥이 지하에만 있는 것이 아니라 지상에도 있고 하늘에도 있다고 한다.[119]

불교에서는 천상과 지옥을 업에 의한 것으로 설명하는데, 서일도 자신의 행동에 따라 얻는 결과로 설명한다. "착함은 어디로부터 생기는가? 내 마음이다. 악함은 어디로부터 생기는가? 그것도 내 마음이다. 그러므로 내 마음이 없을 때에는 신도 머무를 수가 없고, 내 마음이 없는 곳에는 마귀도 감히 이르지 못한다."[120] 모든 것을 나의 마음으로 귀결한다. 불교는 과거·현재·

일 대종교 수양법의 하나인 조식법(調息法)으로 자결했다. 저서로 『오대종지강연(五大宗旨講演)』, 『삼일신화강의(三一神話講義)』, 『삼문일답(三問一答)』, 『회삼경(會三經)』 등이 있다. 1962년 건국훈장 국민장이 추서되었다. 정길영, 「백포 서일 연구」, 국제뇌교육종합대학원대학교 박사학위논문, 2013 참조.

118 "神爲上界, 魔爲下界, 其道相反. 故神界大, 魔界小, 神界明, 魔界暗, 神界樂, 魔界苦."

119 박영철, 「나라카(Naraka)에서 지옥으로」, 『역사교육』 63, 1997. 103쪽. 중국에서는 천옥이라고 하여 북두칠성 주위에 있는 별의 다른 이름이라고 한다. 하늘의 감옥도 인정하는 셈인데, 이 별이 다 보이면 소송이 많아질 것이고 별이 보이지 않으면 소송이 없어질 것이라고 한다.

미래를 업으로 설명하지만, 서일은 현재와 미래만 설명한다. “현재 세상을 몸 앞이라 이르고 내세를 몸 뒤라 이르고, 몸 앞은 떠 사는 세계가 되고 몸 뒤는 영원히 사는 세계가 된다.”[121] 그 효과가 빠르면 지금 세상에 나타나고, 느리면 내세에 나타난다.[122] 이는 덕이 있는 사람이 복을 받지 못하는 경우와 덕이 없는 사람이 복을 받는 경우를 해결하기 위한 것이라고 볼 수 있다.

최남선도 우주관을 삼계로 보았다.

> 조선의 옛날 사람들은 이 세계가 3층으로 생겼고, 상층의 광명계에는 빛과 더운 기운의 태양이 최고 주재신으로 여러 아드님과 많은 신선을 데리고 계셨다고 생각했습니다. 하층인 암흑계에는 '귓것'이라는 악령들이 있고 그 중간에는 우리가 사는 인간세상이 있다고 생각했습니다. 또한 이 세상에는 본래 나라와 임금 같은 것이 없고 서로 무리지어 살았는데 하계에서 악의 세력이 나와서 세상을 더럽히고 사람을 괴롭히기에 하느님의 아드님 중 한 분이 이를 바로잡겠다고 하여 아버님의 허락을 얻고 능력을 받아 인간세상으로 내려오셨습니다. 인간세상에 내려오신 아드님은 악의 세력을 휩쓸어 버리고 하늘의 법으로 세상을 안정시켰으며 인간을 통해 아드님을 낳으신 후 세상을 다스리는 소림을 그 아드님에게 맡기고 당신으로 도로 하늘로 돌아가시니 이렇게 하늘과 같은 질서를 인간에 펴느라 나라도 생기고 임금도 세웠다고 합니다.[123]

상층은 광명계로 환 혹은 한이고, 중층은 인간계로 사뮈 혹은 살이고, 하

---

120 “善從何生? 惟我心, 惡從何來? 亦惟我心. 故無我心時, 神不得住, 無我心處, 魔不敢至.”

121 “現世謂之身前, 來世謂之身後, 身前謂浮生界, 身後謂永生界.”

122 “善惡之報亦分兩界, 速則應在身前, 遲則應在身後.”

123 최남선, 『조선의 상식』, 두리미디어, 2007, 162-163쪽.

층은 암흑계로 굿이라고 한다. 광명계는 또한 붉이고, 암흑계는 굿·귓이다. 여기서 굿에 대해서 좀 더 설명해보자.

> 굿=구덩이=갱참=지하의 物이라는 義니, 지하란 것은 말하자면 명부나 Hades에 당하는 것이다. '굿것'이 사악성의 것임은 일변 '굿'이 災害凶穢의 의를 겸하여 무릇 사망·화란 등의 일을 '굿은일'이라고 함에서 봄과 같다.[124]

최남선의 '굿'은 '굿은 일'에서 나온 것이다. 필자가 보기에 한글의 굿은 일로 인해 지하세계가 논리적으로 도출되는 것은 아니고 굿은 일의 일상어를 가지고 지하세계를 추리한 것에 불과하다. 최남선은 또한 '뜬 것'이라는 종류를 소개한다. 굿것에서 인간세계로 출동한 요괴 형태를 말한다고 한다.[125] 그리고 뜬 것, 귓것이 합쳐서 '귀책'이라는 말도 쓴다고 한다.[126] 결국 최남선의 광명계는 대주재신 밑에 여러 착한 신이 거주하고, 암흑계는 해를 깨치는 악령이 들끓으며, 인간계는 위로 착한 원리를 기대하고 아래로 악의 세력을 누르면서 살아가는 공간이다.

최남선은 이러한 구조가 중국에서 천신(天神)·지지(地祇)·인귀(人鬼) 삼종으로 나누는 것과 일본에서 천진신(天津神)·국진신(國津神) 이종으로 나누는 것과 비슷하지만, 중국의 천신·지지·인귀는 지하계 명부를 인정하지 않는 점에서 차이가 난다고 한다.[127] 그는 이러한 삼계 구조가 인류의 보편적인 구조라고 한다.

124 같은 책, 305쪽.

125 같은 책, 305쪽.

126 같은 책, 306쪽.

127 같은 책, 306쪽.

이러한 삼단적 우주관과 天上光明視의 사상은 조선뿐 아니라 특히 동북아세아에 보편 공통한 바요 또 원시 심리의 어대서나 생길 수 잇는 관념임으로 거의 세계 도처에 그 유례를 보는 바입니다. 얼는 말하자면 지나의 三材사상이 이미 그 일예요, 또 '칼데아', '앗시리아'와 인도의 梨俱吠陀에도 이것이 잇스며, '스칸디나비아'의 '엣다' 신화에 삼계를 삼부로 대분하여 '아에실(aesir)' 신의 낙원인 '아스까트(asgard)'와 인류의 세계인 '미드까드(midgard)' 외의 세계 곳 '위트까드(witgard)'라 함도 또한 일종의 삼계사상입니다.[128]

그런데 이러한 최남선의 삼종 구조는 일본의 학자 도리이 류조가 『고지키』·『니혼쇼기』를 바탕으로 아시아 샤먼과 원시 신도를 비교하여 광명계-아마테라스 오미카미, 중계-아메노오시호미미노미코토, 하계-악신으로 구성한 논리와 비슷하다.[129]

그들이 믿는 주된 자비로운 신을 Urun-Aiy-Toyon이라 칭하는데 이는 세계와 인류의 창조자다. 이 신을 일명 하얀 주라고 한다.……흰 것을 좋은 것, 존중하는 것, 행복한 것, 빛이라 보고, 검은 것은 이에 반하여 악·암흑을 나타내는 것이라 여긴다. Urun-Aiy-Toyon은 광명의 신, 비추는 신이기에 모든 터키인은 이 신을 태양으로 여기고 최고의 것으로서 해의 신이라 부른다.……일본의 아마테라스오미카미는 전에도 말했듯이, 빛나고 비추고 반짝이는 신으로 다카마가하라에 사는 다른 신들과는 달리 그 주된 신이다.……터키인이 사상도 일본의 아마테라스오미카미와 닮은 점이 있는데 빛의 아버지인 태양에 대해 해의 신으로 숭배한다.[130]

128 최남선, 「壇君記逐句解」, 『동아일보』, 1928년 1월 1일.

129 심희찬, 「방법으로서의 최남선」, 『종교와 식민지 근대』, 책과함께, 2013, 295-296쪽.

도리이 류조는 터키의 해의 신(Urun-Aiy-Toyon)과 암흑의 신의 관계가 일본의 아마테라스오미카미와 악신의 관계와 같다고 본다. 최남선도 이것을 계승하여 환신 대 악신의 관계로 본다. 이는 단군을 불함문화까지 확장시킨 것이지만, 단군과 관련된 기록에는 나오지 않는 악신을 설정하는 문제를 낳았다.

이상에서 서일의 『회삼경』과 최남선은 삼계를 인정하는 점에서 같지만, 마계를 설정하는 문제에서 다르다. 서일은 마계가 마음에 따라 결정되는 것에 불과한 것으로 보는데 비해, 최남선은 샤머니즘의 사고에 입각하여 실재의 세계로 보고 있다.

3. 삼도(三途)

『삼일신고』에서는 삼도 즉 지감(止感)·조식(調息)·금촉(禁觸)이라는 세 가지 기초적인 수련방식을 제시한다. 이에 대한 주석으로 서일의 『회삼경』, 윤세복의 『수진삼법회통』과 『신원경』이 있는데 이것을 고찰하기로 한다. 아울러 불교·도교·유교의 수련방법과 비교한다.

『삼일신고』에서는 지감·조식·금촉을 성·명·정이라는 삼진(三眞)을 실현하는 방법으로 규정한다. 먼저 지감을 『삼일신고』에서는 기쁨(喜)·두려움(懼)·슬픔(哀)·분노(怒)·탐욕(貪)·싫어함(厭) 등 마음에서 생겨나는 감정(感)을 그치는 것(止)이라고 한다. 서일은 『회삼경』에서 지감을 "기쁨을 얼굴색으로 드러내지 않으며, 성냄에 기운을 부리지 않고, 두려워하되 겁내지 않고, 슬퍼하되 몸을 훼손하지 않고, 탐내되 청렴을 손상하지 않고, 싫으나 뜻을 게을리 하지 않는 것이 지감법"[131]이라고 한다. 윤세복은 『수진삼법회통』에

130 鳥居龍藏, 『鳥居全集』 1, 10쪽. 심희찬, 같은 글, 290쪽 재인용.

서 지감의 깊은 차원을 서술한다.[132]

안으로 내면을 보기를 오래하여 정을 기르고 채색구름(정과 기)이 단전에 모이면 혼돈상태에서 맑은 상태가 되어, 현궁(단전)이 변하여 자성(紫城. 튼튼한 성벽이 됨. 솥이 앉혀짐)이 되어 지극히 복되고 깨닫게 된다. 여섯 가지 느낌을 그쳐 감정을 잊어버리면 온갖 마귀(마음의 오물)를 변화시켜 그 자취를 감추게 할 것이요, 착함도 악함도 없으면 마음이 평화로우니(본심이 현현하여), 마침내 본성에 통달하여 효과가 이루어질 것이다.[133]

느낌(마음이 일어남)을 그치는 것은 어떻게 하는 것인가? 마음이 평정하기를 기약함이라. 마음 안에서는 고통 마귀가 틈틈이 엿보아 일어나고 마음 밖으로는 바깥 물건을 쫒아 의념이 밖으로 변해간다. 몸 안으로 현궁(玄宮)[134]을 보고, 마음이 맑은 생각조차도 없다. 불교의 참선이 이와 비슷하니 어찌 의심하리오. 마음을 밝혀서 본성을 봄에 깨닫는 종파가 서로 다르다.[135]

---

131 『會三經』, 「三途」. "喜不形色, 怒不使氣, 懼而不怯, 哀而不毁, 貪不傷廉, 厭不惰志, 此止感之法也."

132 尹世復(1881~1969). 본명은 세린(世麟), 본관은 무송(茂松), 자는 상원(庠元), 호는 단애. 밀양 출신으로 대구에서 대동청년단 활동을 했고, 1910년 나철을 방문 후 대종교에 입교했다. 1924년 김교헌이 죽은 뒤 대종교 3대 교주가 된다. 1934년 영안현 동경성으로 총본사를 옮겨 단군영정을 모신 천진전(天眞殿)을 세웠다. 1962년 건국훈장 독립장을 수여받았다. 윤세복은 임오교변(1942) 이후 일제의 탄압에 의해 대종교의 맥이 끊어질까 염려하여 1944년 목단강 형무소에서 삼교합일을 담은 『수진삼법회통(修眞三法會通)』이란 책을 저술했다. 이는 『삼일신고』나 『회삼경』에 비해서 대종교 내부의 수련방법을 서술하고 있다.

133 『修眞三法會通』. "內視久而養精, 彩雲集而時晴, 玄宮變而紫城, 大吉祥而光明. 止六感而忘情, 化百魔而潛形. 無善惡而心平, 性乃通而功成."

134 윤세복이 말하는 현궁은 도교의 玄關과 비슷한 점이 있다. 현관에 대해서는 김낙필, 「서우 전병훈의 도교사상」, 『도교문화연구』 21집, 2004, 122-123쪽 참조.

지감이 희로애락을 조절하는 것이 아니라 높은 차원임을 말하고 있다. 그리고 '현궁을 보는 것'은 선교에서도 말하고 있다. 이는 지감뿐만 아니라 조식도 포함하고 있다. 윤세복은 지감이 불교의 참선과 같음을 주장한다.

불교에서 참선은 감각기관의 기능을 그치고 깨달음을 얻는 것이다. 불교에서 지각은 깨달음과 상관있다. 깨달음은 이성적으로 얻어지기보다는 내면에 대한 신비적 체험으로부터 오는 경우가 많다. 불교에서 지각은 눈·귀·코·혀 몸 등의 감각기관이 대상과 관계해서 느끼는 것(覺)과 앞의 다섯 가지를 사량하여 분별하는 제육식의 작용(知)을 가리킨다. 여기서 분별하는 작용은 이성적인 판단을 의미한다. 불교는 이성적인 작용의 근원에는 심층 의식이 있고 그 의식의 배후에는 참된 의식이 있다고 한다. 그 참된 의식 자체도 실체가 없음을 깨달아야 참된 지혜에 도달할 수 있다(轉識成智). 그것은 곧 제육식의 기능이 멈추고 칠식이나 팔식의 미세한 사량 기능이 작동하는 것과 같다. 이성적인 기능은 더러 오류를 초래하므로 오히려 궁극적인 차원으로 가는 것을 방해한다. 그것이 정지해야만 마음속 깊은 층차로 내려갈 수 있다는 것이다. 이성의 기능에서 중요한 것이 분별하는 작용 즉 옳고 그름을 따지고 계산하는 작용이다. 또한 이러한 기능은 자아의 분열된 모습을 초래한다. 이러한 일상적 자아의 모습을 넘어서야 진정한 내면의 자아를 만날 수 있다는 것이다. 불교 특히 선종에서는 "본성을 깨닫는 것이 부처이다(見性成佛)", "마음을 분명히 알면 본성을 안다(明心見性)"라고 하여 마음과 본성을 구분하고 있다. 마음이 현상화되는 근거로서 그 무엇이 있고, 그것을 본성이라고 한다. 그렇게 되면 본성을 실체화하기 때문에 마음과 본성은 하나라고 한다. 윤세복은 이러한 불교의 명심견성이 대종교의 지감공부와 통한다고 한다.

135 『修眞三法會通』. "止感何如? 心平可期. 苦魔相覷, 逐物意移. 內視玄宮, 心無淨思, 佛門參禪, 倣此何疑, 明心見性, 各宗多岐."

조식을 『삼일신고』에서는 분(芬)·란(爛)·한(寒)·열(熱)·진(震)·습(濕) 등 호흡을 하는데 기운의 작용(息)을 고르게 하는 것(調)을 의미한다. 서일은 『회삼경』에서 "물과 나무는 산소가 많고, 숯과 주검은 탄소가 많고, 추위에는 독한 병이 많고, 더위에는 뜨거움과 답답함이 않고, 번개는 마름이 많고, 비는 젖음이 많다. 이 여섯 가지는 하나라도 없어서는 안 되고 모두가 완비되어 있고, 한 가지라도 극한에 가면 기를 탁하게 해서 도리어 해로움을 받는다. 잘 아는 사람이 여섯 가지를 살펴서 조절한다. 이것이 조식의 방법이다"고 한다.[136] 윤세복은 『수진삼법회통』에서 조식의 깊은 차원을 서술한다.

> 단전에서 기가 응집되는 것을 감지하는 능력이 떠오르자, 소주천이 돌아가고 있는 천기가 고요하게 움직이고 감각기관이 밝거든, 단전에서 채약을 한 뒤에 호흡을 포기하지 말고 길게 하여 단을 1도수씩 돌려라. 처음에 앞가슴이 툭 열리면 기운 바다(氣海. 단전)가 크게 보이고, 거기서 음호(陰戶. 성기)가 트이는 경우에는 급히 쌍환(雙環. 회음과 명문)으로 틀어라. 미려(尾閭. 꼬리뼈)혈과 옥침(玉枕. 머리 뒤통수뼈)혈이 차례로 열리며, 천궁(天宮. 뇌)에 나아가면 소주천이 트일 것이다. 혹은 순방향(武火)으로 혹은 역방향(文火)으로 돌아서 한 바퀴가 된다 말하고, 조장하지도 말고 잊지도 말아야만 효과가 완성되니 열심히 해야 한다.[137]

> 숨을 고르게 하는 것은 어떻게 하는 것인가? 기운이 조화롭게 되면 되는 것인데, 시간을 늘리어서 호흡하면 그 효험이 신기하게 나타나니 기운이 단전으로 내려가 몸을 두루 도는 것을 미루어 알리라. 선교 도인법의 요점이 이것이니, 기운을 기르고 본성을 단련하는 것이야말로 우

136 『會三經』, 「三途」. "草木多酸, 炭尸多橇, 寒多毒? 熱多暑鬱, 電多燥, 雨多濕, 此六者, 不可無一而極備也. 極則令人氣濁, 反受其害, 惟知者察, 能愼節之, 此調息之法也."

137 『修眞三法會通』. "曙色將白, 机靜窓明, 行深呼吸, 出入同度. 初闢胸關, 氣海壯觀, 且通陰戶, 急轉雙環. 尾閭玉枕, 次第開鑰, 旣朝天宮, 息門乃坼. 或順或逆, 是名會度, 勿貪勿矜, 完功可圖."

> 리 종문의 한 갈래다.[138]

조식이 단순한 호흡이 아님을 보여주고 있다. 하단전에서부터 기운을 돌려 상단전에 이르는 과정을 서술하고 있는 것이다. 이는 수련이 매우 깊은 단계로 들어간 것으로, 선교 혹은 도교에서의 내단적인 사고이다. 내단적 사고에서는 호흡을 깊게 하면 수승화강(水昇火降)이 되고 하단전에 단이 생기게 된다. 단전에 단이 생기면 따뜻한 기운을 느낄 수 있다. 단이 생기는 것은 후천의 기에서 선천의 기로 전환되는 것이다. 이 선천의 기가 진일(眞一)의 기이다. 하단전에 단이 생기면 그 단을 채취하여 몸에 돌려야 한다. 미려관-녹로관-옥침관을 거쳐 뇌로 들어간다. 이것을 대종교의 한 갈래라고 하는 것임을 명시하고 있다.

『신원경』에서도 조식의 방법을 여러 가지로 소개한다.

> 대개 정신수양의 방법은 선가의 문에 잘 구비되어 있다. 중황(단전)을 존시(存視)하여 선천의 정과 신이 응취하는 것을 기다리는 것이 있고, 단약을 소주천에 따라 임맥과 독맥에 돌리는 것이 있고. 임맥에서는 백회에서 배꼽을 거쳐 회음까지 가고, 독맥에서는 회음에서 두뇌의 니환궁을 거쳐 백회까지 운행하여 몸을 단련함이 있고, 오상육부의 구령을 부르고 삼단전의 삼정을 집중하여 영부(뇌)로 모이게 함이 있고, 두병을 움켜쥐고 (호흡으로 소주천의 360도를 돌아서) 몸의 자연적인 움직임(天機)을 운행함이 있고, 상제를 묵념하는 것이 있고, 아침저녁으로 기를 호흡하고 태양의 양기를 흡입하는 것이 있고, 숨을 면면히 쉬어[139] 신을 존양하

138 『修眞三法會通』. "調息何如? 氣和乃宜, 延時呼吸, 奏効神奇, 氣降丹田, 會度可推. 仙客導引, 亦在乎斯, 養氣煉性, 倧派一支."

139 폐식은 폐기 또는 복기(伏氣) 또는 누기(累氣)라고 소개하고 있다. 단전에 신과 기를 모아 단을 키우는 것이다. 폐기라고 해서 숨을 멈추고 안 쉬는 것이 아니라 '들이쉬는 숨은 면면히 이어지게 하고 내쉬는 숨은 미미하게 하는 것'을 말한다. 현빈일규(玄牝一竅)를 얻기 전에는 코로만 호흡하지만 코로

는 것 있고, 해와 달의 음양의 정을 채집하여 단련하는 것이 있고 날마다 불사약을 만듦이 있고, 호흡으로 내쉬고 들이시어 소주천을 돌리는 것이 있으니, 여러 가지 방법은 모두 본성을 기르고 생명을 연장하는 방법이다.[140]

선교라고 하는 것은 성명쌍수의 도다. 지극히 그 신묘함으로 말하자면 맑고 깨끗하고 비어 고요하여 잡념이 하나도 일어나지 않으면 하나의 본래 청정함이 있으니, 심학의 핵심이다. 그 작용을 미루어 말하면 의학이 대중을 구제하고 화학이 이용을 하는 것은 모두 선교의 지류이다. 흡기·도인·조식 등의 경우도 만세 위생의 할아버지이다. 어찌 경계 밖의 학문으로 가벼이 여기고 헐뜯어 욕하면 배척하는가?[141]

그러나 그는 조식의 올림공부보다는 주문의 내림공부를 중시한다.

그러나 이러한 공부들은 전문적이고 정밀하게 배우지 않으면 신선을 배우는 학자라도 쉽게 공부하기 어려우니 보통사람이 어찌 기대하겠는가? 그래서 나는 보통사람을 위하여 18자 및 6자의 요결을 지었다.

공기뿐만 아니라 기도 들이쉬고 내쉬는 것이다. 이상모, 「내단학의 비교연구」, 국제뇌교육대학원 석사학위논문, 53쪽.

140 『神圓經』. "盖精神修養之方, 莫備於仙門, 有存中黃而待神氣凝聚者, 有搬運周天火候者, 有日運臍夜運泥丸而煉體者, 有呼九靈, 注三精而歸靈府者, 有握斗柄而運化機者, 有默朝上帝者, 有服氣呑霞者, 有閉息存神者, 有彩煉日精丹華者, 有吐納導引者, 種種其術, 皆所以養性延命者也." 그런데 명대 楊繼洲가 쓴 『針灸大成』이란 책을 보면 약간만 다르고 대부분 인용한 것이다. "間有存中黃一事, 而待神氣凝聚者; 有運三華五氣之精, 而洗骨伐毛者; 有搬運周天火候者; 有日運臍, 夜運泥丸煉體者; 有呼九靈, 注三精而歸靈府者; 有倒鬥柄而運化機者; 有默朝上帝者; 有服氣呑霞者; 有閉息存神者; 有采煉日精月華者; 有吐納導引者; 有單運氣行火候者; 有投胎奪舍者; 有旁門九品漸法三乘者, 種種不同, 豈離任督."

141 『神圓經』. "夫仙敎者, 性命雙手之道也. 極其玅而言之, 湛然虛寂, 不起一念, 自有一顆本來, 淸淨者, 是心學之要也. 推其用而言之, 醫學之濟衆, 化學之利用, 皆仙敎之支流也. 至若吸氣導引調息諸法, 又萬世衛生之祖也. 是豈可以方外之學, 輕加詆斥者乎."

보통사람 가운데 신경쇠약을 앓는 사람은 이 요결을 받들어 항상 외우고 때때로 읊으면 타고난 신이 선천의 기운을 지켜서 흩어져 새나가지 않게 하니 신경쇠약증이 저절로 치유됨으로 이는 좋은 처방이다.[142]

여기서 말하는 18글자와 6글자는 다음과 같다.

확실히 의심하지 말라. 대체로 두뇌는 여러 골수의 바다(전체를 관할하는 사령부)인데[143] 두뇌가 튼튼하면 여러 골수가 모두 튼튼해진다(確然無疑, 盖腦字諸髓之海, 腦實則諸髓皆實). 선가에서 소위 '섬리(贍理. 성을 존양함)'·'뇌정(腦定. 신이 정해짐)'·'승현(昇玄. 태허로 돌아감)'[144]이라는 것은 진실로 빈말아니다.

그런데 『신원경』에서는 이것을 주문으로 하여 "確然無疑, 盖腦字諸髓之海, 腦實則諸髓皆實"을 외우라고 한다. 기독교 동방정교 전통에서는 "주 예수 그리스도 제게 자비를 베푸소서"라는 짧은 구절을 3000번, 6000번, 10000번 외우면 무한한 희열과 환희의 상태에 들어간다고 하고, 불교에서는 "나무아미타불 관세음보살"이나 "옴마니반메훔"만 외치면 해탈하거나 열반할 수 있다고 한다.[145] 불교의 복잡한 교리 대신에 간단한 주문으로도 불성을 깨달을 수 있다는 것이다. 동학에서도 내 안에 있는 한울님을 모시기 위해 21자 주문을 외는 방식을 주장한다. "지기금지, 원위대강, 시천주조화정, 영사불망만사지(至氣今至, 願爲大降, 侍天主造化定, 永世不忘萬事知)." 이 주문을

142 『神圓經』. "然此等工夫, 非專精學, 仙者遽難下工, 豈可望之於通常者乎? 吾於此有十八字及六字要訣, 人之患神經虛弱者, 奉持此訣, 常常呼之, 時時誦之, 則本神守眞, 不致散洩, 其病自愈, 此爲良方."

143 『黃帝內經 』, 「靈樞·海論」. "腦爲髓之海, 其輸上在於其蓋, 下在風府."

144 『周易參同契』, 47章 '鼎器歌.'

145 오강남, 『종교란 무엇인가』, 김영사, 2012, 287쪽.

계속 외다보면 한울님이 자기에 강림하는 것을 느낀다(內有神靈, 外有氣化).

불교의 염불이나 동학의 주문은 모두 지금 여기에 있는 참나가 우주 곧 신임을 깨달으라는 것이다.[146] 올림공부가 점수적인 방법을 택한다면 내림공부는 돈오적인 방식을 택한다. 빛, 소리, 파동 등을 통해 빠르고 간단한 방법을 취한다. 내림공부는 초월적인 신을 받아들이는 방식일 수도 있고, 내재적인 신을 일깨우는 방법일 수도 있다. 결국 『신원경』은 올림공부를 내림공부로 전환하고 있다.

그렇지만 『신원경』은 이러한 공부방법이 단군으로부터 비롯되는 것임을 역설하고 있다.

> 내가 태백산에서 단학을 오랫동안 수련하여 위로는 옛 성인들, 동시대는 여러 학파를 연구할 결과, 우리의 선종은 대황조에서 비롯되었다는 것을 알고서 귀의하겠다는 생각이 더욱 간절하게 느꼈다.[147]

금촉을 『삼일신고』에서는 성(聲)·색(色)·취(臭)·미(味)·음(淫)·저(抵) 등 몸이 외부와의 부딪힘에 의해 생겨나는 감각(觸)을 차단한다(禁)고 한다. 서일은 『회삼경』에서 "귀로 꾸미는 말을 듣지 않고, 눈으로 여색을 보지 않고, 코로 비린내를 맡지 않고(짐승 죽이지 말고), 입으로 맛있는 것을 탐하지 않으며, 탐닉함이 간악함에 이르지 않으며, 남과 다투되 몸을 다치지 않는 것이 살에 닿지 않는 것이 금촉의 내용이다"[148]라고 한다. 윤세복의 『수진삼법회통』에서는 금촉의 깊은 차원을 서술한다.

---

146 손병욱, 「동학과 불교 염불선의 수증체계비교」, 『동학학회』 23, 101-102쪽.

147 『神圓經』, 「本敎衛生誡」. "余在太白山中, 修丹學日久, 上溯先聖, 旁及諸家, 知吾先倧, 始于大皇祖, 歸依之念, 尤覺親切矣."

148 『會三經』, 「三途」. "巧言不入耳, 色不接眼, 鼻不聞腥, 口不貪爽, 淫不格姦, 抵不毁肌, 此禁之法也."

날마다 이른 새벽에 한배검께 절한 뒤, 각사를 외고 조용히 기도를 올리며 배달향을 피우고서 『삼일신고』를 읽으라. 참된 정을 보전하려면 반드시 찬물에 목욕하며, 옷깃을 바로 하여 귀와 눈을 경계하며, 비린 것과 술을 끊고 정욕을 금하라. 사특한 생각을 하지 않고 인욕을 잊게 되면, 옥전(玉殿. 하늘 궁전)으로 올라가 신광을 깨달으며 마음이 절로 즐거우며 몸도 편안해진다.[149]

부딪힘을 금하는 것은 어떻게 하는 것인가? 몸이 건강하면 저절로 된다. 향불을 피우고 『삼일신고』를 읽고, 온갖 마귀가 엿보지 못하게 하고, 무념의 명상 속으로 들어가 몸가짐을 편안하게 하라. 유교의 극기란 것도 이에 같으며, 몸을 닦고 본성을 거느리니 윤리의 가르침도 여기에 의지함이다.[150]

금촉이 단순한 감각기관의 문제가 아님을 보여주고 있다. 아울러 유교의 극기도 이와 같은 방법임을 주장한다.

그런데 인도 불교의 요가 수행에서는 8가지의 수행방법이 있다. 금계(禁戒), 권계(權戒), 좌법(坐法), 조식(調息), 제감(制感), 집지(執持), 정려(靜慮), 삼매(三昧) 등이다.[151] 여기서 금계, 조식, 제감 등이 눈에 띈다. 요가 수행에서는 지감이라고 하지 않고 제감(制感)이라고 한다. 제감은 감각을 제어하여 외계의 자극에 의해 마음이 평정을 잃지 않도록 하는 것이다. 불교에는 지감뿐만이 아니라 조식, 금촉 등을 포함하고 있다.

---

149 『修眞三法會通』. "每朝晨, 拜天祖, 念覺辭, 行默禱, 燒栴香, 讀神誥. 保眞精, 必冷浴, 整衣冠, 戒耳目, 斷葷酒, 禁情慾. 思無邪, 形可忘, 登玉殿, 披寶光, 心自樂, 身且康."

150 『修眞三法會通』. "禁觸何如? 身康自爲, 焚香讀誥, 妄賊無窺, 轉入冥想, 措身不羈. 儒家克己, 莫過于玆, 修身率性, 倫敎是依."

151 오카다 다케히고, 『나 뛰어넘을 것인가 깨어있을 것인가』, 정지욱 역, 문사철, 2009, 50-53쪽 참조.

결국 대종교의 지감·조식·금촉 삼도는 불교와 선교의 사고를 벗어나지 않는다. 다만 그것을 3가지로 요약한 것이 특징이다. 이것을 우리의 고유한 선도 수행의 방법으로 내세우고자 한 것이다.

4. 삼아(三我)

삼아는 세 가지 나가 있다는 주장이다. 세 가지 나란 성(性)으로서의 나, 영(靈)으로서의 나, 도(道)로서의 나를 말한다. 그것이 말법시대에 불교의 독아, 선교의 위아, 유교의 무아로 나누어지게 되었다고 한다. 이는 대종교의 관점으로 유·불·선 삼교의 차이점을 비교하는 것이다. 삼아는 대종교의 신과 나의 관계를 설정함과 아울러 유·불·선 삼교의 교판을 제시하고 있는 것이다.

> 아 대저 신인이 교화를 베풀고 정치를 이어가서, 세대가 멀게 되고 세월이 오래되어 나의 도가 점점 갈라지게 되고, 나의 지혜는 날로 어두워지게 되어 근본을 왜곡하고 근원을 부정하는 경우가 있고, 인륜을 업신여기고 파괴하는 경우가 있게 된다.[152]

『회삼경』에 따르면 신인의 조화로운 시대가 가면서 원래의 가르침이 사라지게 되는 말법시대가 되어 유·불·선 삼교가 있게 되었다고 한다. 여기서 '나에 관한 길과 지혜'는 곧 단군시대의 가르침을 뜻한다. 『회삼경』에서는 나에 대해서 세 가지가 있다고 한다. 하늘이 나에게 내린 것이 성이고, 신이

---

152 『會三經』, 「三我」. "粤自神人之設教垂統, 代遠年久, 我道漸岐, 我智日昧, 妄本背源者有之, 慢賊倫者有之."

나에게 구체화되면 영이 되고, 수양공부가 나에게 내재되어 있는 것이 도이다. 나에게는 성·영·도가 균등하게 모두 갖추어져 있을 갖추어진 것이 본래의 나이다.[153] 본래의 나는 완전하게 갖추고 있기 때문에 기독교와 같은 원죄설이 없다.

성으로서의 나를 살펴보자. 선천이나 후천은 내가 가장 중요한 주재자이고, 후천의 천체는 비어 있기 때문에 받아들이고 선천의 천체는 공하지만 존재하기에 둘을 모두 거느릴 수 있다. 그런데 어떤 사람은 선천에 집착하거나 후천에 집착하여 다른 한쪽에 통할 수 없는데 이런 견해는 본연이 아니다. 그리하여 지감·조식·금촉이 헷갈린다. 다시 말하자면 성으로서의 나는 선·후천의 시간에 상관없이 우주에 편재해 있지만 집착으로 인해 본래의 모습을 아니다.[154]

다음은 영으로서의 나이다. 선천에서 후천으로 가는 신도의 변화 과정에서 내가 너에게 구체화되었으니 나를 대체될 수 없고 없앨 수 없는 것이다. 마치 등불이 전해지듯이 오래도록 이어진다. 후천적인 품부받은 것이 달라서 고르지 않다. 부모자식의 인연에서 묶여 있어서 그렇다. 즉 영으로서의 나는 부모로부터 나에게 내려오지만 환경적인 요인으로 인해 다양성이 생긴다. 그러나 다양성은 본래의 모습이 아니다.[155]

마지막으로 노로서의 나이다. 종으로서의 나를 회복하는 수양공부에는 가장 좋은 것이 있으니, 수양해가는 방법(도)은 크고 넓어 옛날이나 지금이나 상관없는 것은 마치 해가 비추는 듯하다. 종과 도에 대한 견해 때문에 따라서, 본연이 아니니 시대 상황에 따랐기 때문이다. 다시 말하면 도아는 원

153 『會三經』, 「三我」. "天我性也. 神我靈也, 倧我道也, 三賦均而我始著."

154 『會三經』, 「三我」. "先天後天, 惟我爲大, 虛容空在, 相通無間, 或因妄執, 有留碍者, 此非本然. 三途所迷."

155 『會三經』, 「三我」. "神道變化, 我降在子, 不替不滅) 如燈相傳. 或因品殊, 有不齊者, 此非本然 三緣所纏."

리로서의 신은 하나이고, 그 원리는 동일성을 가지고 있고, 다양성은 본연의 모습이 아니다.[156]

이러한 세 가지 나는 모두 하나의 나를 구성하는 요소들이다. 이러한 삼아는 하늘로부터 본성이 본래부터 갖추어져 있다는 본구(本具)설에 입각한 것이다. 본구설은 하늘과 나의 관계를 설정하고, 도라는 수양방법을 제시하고 있다.

『회삼경』에서는 아를 왜곡하는 것을 다음과 같이 설명한다. 시대적 변화에 따라서 사회적 변화가 일어나고, 그것을 구제하고자 불교·선교·유교가 생겼다고 한다.

> 사회적 변화가 계급을 숭상하는 경우는 귀한 사람이 천한 사람을 능멸할 때 독아관(獨我觀)이 나타난다. 사람이 이로움·권력에 달려가는 경우는 사람이 강한 것으로 약한 것을 업수이 여기게 될 때 위아관(爲我觀)이 생겼다. 세상 사람들이 제멋대로 하는 것을 추구하는 경우는 사적인 것으로 공을 해칠 때 무아관(毋我觀)이 생겼다.[157]

여기서 독아는 불교, 위아는 선교, 무아는 유교를 각각 가리킨다. 유·불·선 삼교가 생긴 것이다. 서일은 유·불·선 삼교의 장단점을 다음과 같이 정리한다.

> 독아는 자존을 주로 하고, 위아는 자애를 주로 하고, 무아는 자겸을 주로 한다. 자존하기 때문에 평등으로 전환되고, 자애하기 때문에 방임

156 『會三經』, 「三我」. “眞倧唯一, 道之大原‘ 不古不今, 如日恒照, 或因立旨, 有不同者, 此非本然, 時勢所趨.”

157 “俗尙階級, 以貴凌賤時則有獨我觀, 人趨勢利, 以强侮弱時則有爲我觀, 世慕放達, 以私害公時則有毋我觀.”

> 으로 전환되고, 자겸하기 때문에 집중으로 전환된다. 목적이 이루어짐에 수단이 있다. 그러므로 독아는 각에 의지하여 적멸의 즐거움이 있고, 위아는 현에 의지하여 신선이 되어 오르는(태허로 돌아가는) 즐거움이 있고, 무아는 성에 의지하여 대동의 즐거움이 있다.[158]

먼저 불교의 독아를 살펴보자. 독아관을 윤세복은 주(注)에서 부처의 '천상천하 유아독존'이라고 해석한다.[159] 이 말은 『장아함경(長阿含經)』 권1에 나온다. '천상천하 유아독존'이라는 말은 나만이 중요하다는 것이 아니라 나로부터 깨닫는 것이 중요하다는 뜻이다. 불교는 깨달음에 계급이 없고 계급은 철폐되어야 하기 때문에 평등관을 주장한다. 불교는 인도의 카스트 제도를 비판하고 모든 존재의 평등을 주장한다. 계급이 아니라 자신의 행동에 의해서 평가를 받아야 한다는 점에서 혁명적인 이론이었다.

독아는 나로부터의 깨달음이고 그것은 곧 나를 높인다는 것이다(獨我主自尊). 그것은 나만이 우월하다는 것이 아니라 사람뿐만 아니라 사람 이외의 존재, 곧 모든 존재가 평등하다는 사고에 기초하고 있다. 그리하여 "독아가 확립되자 전제적 사고가 무너졌다(獨我立而全制壞)"고 한다. 윤세복은 전제적 사고를 남을 다스리는 데 특권을 행사하는 것으로 풀이한다.[160] 불교의 나를 높이는 사고로 인해 전제적 사고가 무너졌다는 것이다. 전제적 사고가 불교적 사고로 무너졌기보다는 민주적인 사고로 붕괴되었다고 보는 것이 정확하다. 그렇다면 독아와 전제의 무너짐을 연결하려는 시도는 반드시 민주적인 사고가 근대 서양의 사고에서 나온 것이 아니라는 것을 뜻한다. 어쨌든 불교적 사고가 전제를 무너뜨리는 기능을 했다고 하는 것은 동양사상의 의

158 "獨我主自尊, 爲我主自愛, 毋我主自謙, 自尊故能平等, 自愛故能放任, 自謙故能執中. 及其功成, 各有歸依,故獨我, 歸依覺, 有寂滅樂, 爲我, 歸依玄, 有飛昇樂, 毋我, 歸依聖, 有大同樂."

159 『會三經』, 187쪽.

160 같은 책, 190쪽.

의를 밝힌 것이라고 생각된다.

『회삼경』에서는 독아가 깨달음을 추구하여 적멸 곧 열반의 즐거움이 있다고 한다(獨我歸依覺, 有寂滅樂). 불교의 깨달음은 모든 존재가 실체가 없다는 것을 깨닫는 것이고, 욕망의 집착이 없어진 상태가 열반 즉 '니르바나'이다. 윤세복은 "열반이란 존재는 원적(圓寂)을 나타내는 것이다"[161]라고 해석한다. 원적이란 열반과 같은 의미로, 모든 덕을 갖추지 않음이 없어서 원이고 모든 장애가 다하지 않음이 없어서 적이라고 한다. 원적이란 결국 가장 이상적인 경지라고 할 수 있다.

『회삼경』에서는 불교의 적멸을 추구하는 것은 명심견성에 달려 있다고 한다(求寂滅, 存乎明心見性). 불교에서 마음과 본성을 깨닫는다고 하는 것은 중요한 공부방법이다. 윤세복은 마음을 깨닫는 것이 대종교의 지감법이라고 해석한다.[162] 그러나 스스로를 높이는 불교적 사고가 끝에 가서는 세상을 싫어함(厭世)에 달려간다고 한다(自尊之極, 趨於厭世). 불교적 사고는 자존감을 높이고 평등한 사고이지만 세상과의 인연을 끊고 불교적 공동체인 승가 집단에 귀속하기 때문에 적극적으로 세상에 나아가 활동하기보다는 염세적인 태도로 나아가기 쉽다는 것이다. 이것은 적극적으로 현실에 뛰어들고자 하는 대종교의 열망에서 볼 때 불교가 가지는 한계라고 할 수 있다.

다음은 선교의 위아이다. 위아는 전국시대 양주(楊朱)가 주장한 것이다. 양주는 자신의 정강이 털 하나를 뽑아서 천하를 이롭게 할 수 있는데도 뽑을 수 없다고 할 정도로 자신의 생명을 중요시했다. 양주는 개인주의적 사고에 입각하여 부귀공명은 외적인 것으로 간주하고 자신의 생명을 중시했다. 당시는 춘추전국이라는 전쟁 상황이라 강자가 약자를 업신여기는 것이 상례였다. 양주의 사고는 개인의 생명을 중시하지만 육체에 국한되는 한계가 있

161 같은 책, 189쪽.

162 같은 책, 189쪽.

다. 육체를 넘어서 정신적 자유를 중시한 것이 장자적인 사고이다. 이후에 도교는 양주적 사고와 장자적 사고를 결합했다.

도교의 역사에는 외단과 내단적 사고가 있지만, 윤세복은 선교를 내단적 사고에 한정한다. "선교의 환허(還虛) 단계로 날아오르는 것은 신선이 되는 이치가 단을 이루는 데 달려 있다"[163]고 한다. 그러나 『회삼경』에서 선교는 여전히 개인적인 사고에 한정되고 사회에 관심을 두지 않는다는 점에서 '위아'라고 표현한다. 이는 선교가 가지고 있는 한계를 지적한 것이다. 그런데 중국의 도교는 금·원대에 이르면 개인적인 장생불사뿐만 아니라 사회적인 실천에도 관심을 둔다. 『회삼경』에는 이에 대한 언급이 보이지 않는다.

윤세복은 위아를 『도덕경』의 삼보(三寶) 가운데 하나인 '불감위천하선(不敢爲天下先)'[164]이란 구절을 가지고 와서 주석한다.[165] 보통은 이 구절을 감히 천하에 앞서지 않는다, 즉 뒤선다는 의미로 해석한다. 윤세복은 이것을 '천하를 위하여 앞서지 않고 나를 위하여 앞선다'고 해석하는 것 같다.

『회삼경』에서 "위아는 나를 사랑함을 주로 한다(爲我主自愛)"고 한다. 나를 위한다고 하는 것은 나를 사랑하는 것이고 "나를 사랑한다고 하는 것은 방임하는 태도를 취한다(自愛, 故能放任)"는 것이다.[166] 윤세복은 방임은 구속되지 않는 자유를 취한 것이라고 해석한다.[167] "위아론이 나와서 간섭이 없어졌다(爲我出而干涉廢)"고 한다. 나를 구속하는 어떠한 것도 부정하게 된다. 윤세복은 간섭은 타인의 자유를 방해하는 것이라고 해석한다.[168] 이러한 타인

163 같은 책, 189쪽. "羽化之理, 在乎成丹."

164 『道德經』, 67章. "天下皆謂我道大, 似不肖, 夫唯大, 故似不肖, 若肖久矣, 其細也夫, 我有三寶, 持而保之, 一日慈, 二日儉, 三日不敢爲天下先, 慈故能勇, 儉故能廣, 不敢爲天下先, 故能成器長, 今舍慈且勇, 舍儉且廣, 舍後且先, 死矣, 夫慈以戰則勝, 以守則固, 天將救之, 以慈衛之."

165 『會三經』, 187쪽.

166 여기서 나를 사랑한다와 방임하는 것이 논리적으로 연결되지 않는다. 그 사이에 自然 개념이 들어가야 한다. 모든 것이 저절로 그러함을 따르는 것이다. 그것은 곧 방임하는 태도를 취하는 것이다.

167 『會三經』, 188쪽.

의 자유를 방해하는 간섭이 없다고 하는 것도 독아론과 마찬가지로 근대적인 사고이다. 근대적 사고가 선교에도 있다는 것이다.[169]

『회삼경』에서 “위아는 현(태허)으로 들어가 날아오르는 즐거움이 있다(爲我, 歸依玄, 有飛昇樂)”고 한다. 현은 『도덕경』 1장에 나오는 용어로,[170] 유(有)와 무(無)가 함께하는 것을 뜻한다. 유는 유이고 무는 무인데, 유와 무가 함께한다고 하는 것은 상반된 것인 함께 존재하는 뜻이다. 이는 유와 무 가운데 어느 하나를 고집하는 이성적인 논리가 아니라 이성을 초월하는 애매함 혹은 현묘함의 논리라고 할 수 있다. 날아오른다고 하는 것은 신선이 된다고 하는 것이고, 신선은 현묘함으로밖에 표현할 수 없는 것이다. 구체적으로 현묘함은 태허로 들어가는 것을 의미한다. 윤세복은 “신선이 되는 이치는 단을 이루는 데 달려 있다”고 해석한다. 『회삼경』에서는 날아오르는 것을 추구하는 것은 기를 기르고 본성을 단련하는 것이라고 한다. 윤세복은 선교의 기를 기르는 것이 대종교의 조식법이라고 해석한다.[171]

그러나 『회삼경』에서 “위아는 자기를 사랑하는 것이 지나쳐 이기적인 사고로 귀결된다(自愛之極, 趨於利己)”고 한다. 이기적인 사고는 앞서 지적한 것처럼 사회적인 실천을 등한시하는 결과로 나타난다. 위아의 개인주의적 사고가 이기주의적 사고로 귀결되는 것이다. 선교에서는 나만의 불로장생이 목표이다. 대종교에서 볼 때 이는 이기적인 사고이다. 이는 대종교가 이기적인 사고가 아니라 이타적인 사고를 추구함을 함축한다.

다음은 유교의 무아이다. 무아는 불교의 영원한 자아(無我)가 없다는 것이

168 같은 책, 188쪽.

169 自然이란 개념을 『도덕경』에서는 ‘저절로 그러함’으로 해석하는데 비해, 『회삼경』에서는 ‘타인의 간섭이 없는 상태’로 이해하고 있다.

170 『道德經』, 1章. “道可道, 非常道, 名可名, 非常名. 無, 名天地之始, 有, 名萬物之母. 故常無欲, 以觀其妙, 常有欲, 以觀其徼. 此兩者, 同出而異名, 同謂之玄, 玄之又玄, 衆妙之門.”

171 『會三經』, 189쪽.

아니라 『논어』의 무의(毋意)·무필(毋必)·무고(毋固)·무아(毋我)에서 나오는 말이다.[172] 주희는 나가 없다는 것은 사적인 나가 없다고 풀이한다.[173] 유교는 공적인 나(인륜)를 통해 공정한 질서를 확립하고자 한 것이다.

『회삼경』에서는 무아는 자겸(自謙)을 주로 한다고 한다(毋我主自謙). 자겸이란 『대학』에 나온다.[174] 주희는 자겸을 스스로 만족함이라고 풀이한다. 주희는 생각을 성실히 하는 데서 스스로를 속이지 않게 되고, 그것은 스스로 만족함에 이르게 된다는 것이다. 『대학』에서 스스로 만족함이란 도덕 원칙에 따른 행동이기 때문에 집중할 수 있다(自謙故能執中). 집중이란 『서경』과 『중용』에 나오는 말로 '가운데를 잡는다' 즉 적절한 행동을 한다는 뜻이다. 윤세복은 가운데를 잡는 것을 과불급이 없는 중용을 얻는 것이라고 해석한다.[175]

『회삼경』에서는 "무아가 일어나자 사나운 행위가 그쳤다(毋我起而暴行熄)"고 한다. 윤세복은 사나운 행위를 어지러운 정치(亂政)이라고 해석한다.[176] 독아가 전제를 타파했고 위아가 자유를 확립했다고 하는 점에서 근대적인 사고를 제시하고 있는데 비해 유교는 그렇지 못하다. 이는 아마도 유교에 대한 비판적인 사고를 보여주는 것이라고 하겠다.[177]

『회삼경』에서 "무아는 성을 추구하고 대동의 즐거움이 있다(毋我歸依聖, 有大同樂)"고 한다. 여기서 성은 성인을 뜻한다. 공자와 맹자 같은 사람이 성인이다. 유교에서 성인은 인간의 윤리적 표준으로 기능한다. 모든 인간이 따라야 할 기준을 제시한 인물로 제시된다. 대동은 『예기』에 나오는 개념이

172 『論語』, 「子罕」 4.

173 『論語集註』 「子罕」. "我, 私己也."

174 『大學章句』, 6章. "所謂誠其意者 毋自欺也. 如惡惡臭 如好好色 此之謂自謙. 故君子必愼其獨也."

175 『會三經』, 186쪽.

176 같은 책, 190쪽.

177 일반적으로 대종교 지도자들의 특색이 유학 친화적이라고 하고 있는데, 내용을 보면 오히려 유학에 대해 비판적임을 알 수 있다.

다.[178] 대동은 유교의 한계인 가족관계를 벗어나 사회·국가적인 차원에서 복지가 이루어지는 이상적인 사회를 말한다. 이를 윤세복은 "치국평천하의 길은 지선에서 그친다"고 해석한다.[179] 대동의 세계란 치국평천하가 실현되는 것을 뜻하고, 그것은 각각의 지극한 표준(至善)에 머무른다는 것이다. 『회삼경』에서는 "대동을 추구하는 것이 자신을 수양하고 본성을 따르는 데 달려 있다(求大同, 存乎修身率性)"고 한다. 자신을 수양하고 본성을 따르게 되면 이상적인 사회가 구현된다는 것이다. 윤세복은 수신이 대종교의 금촉법이라고 해석한다.[180]

그러나 『회삼경』에서는 "스스로 만족함이 지나치면 문약한 데로 빠진다(自謙之極, 趨於文弱)"고 한다. 도덕적인 원리만을 강조하게 되면 도덕 이외의 일에 대해서는 무관심하게 되고, 그것은 인문정신의 강조로밖에 나타나지 않는다는 것이다. 결국 유교가 무(武)보다는 문에 치우쳤다고 하는 것이다. 이것은 대종교가 무를 보강한 문과 무의 합치를 추구함을 함축한다. 그들의 항일독립운동은 유교의 문이 아니라 문과 무의 합일에 기반한 것이다.

다음은 대종교의 대아이다. 『회삼경』에서는 유교·불교·선교가 모두 장점도 있지만 단점도 있다고 본다. 앞에서 지적한 것처럼 불교는 염세적이고 선교는 이기적이고 유교는 문약함으로 흐르게 되고, 이런 폐단이 쌓인 현재 상태에서는 "혹은 참된 나를 스스로 무시하거나 멸시하는 일이 발생하고, 혹은 제멋대로 나를 스스로 좋다고 여기게 되니, 망령된 나는 옳고 참된 남은 그르게 되니 시비 논쟁이 온 세상이 가득 차게 되는"[181] 풍조를 이루게 된

---

178 『禮記』, 「禮運」. "孔子曰 大道之行也, 與三代之英, 丘未之逮也, 而有志焉. 大道之行也, 天下爲公. 選賢與能, 講信脩睦. 故人不獨親其親, 不獨子其子, 使老有所終, 壯有所用, 幼有所長, 矜寡孤獨廢疾者, 皆有所養. 男有分, 女有歸, 貨惡其棄於地也, 不必藏於己, 力惡其不出於身也, 不必爲己, 是故謀閉而不興, 盜竊亂賊而不作, 故外戶而不閉, 是謂大同."

179 『會三經』 189쪽.

180 같은 책, 189쪽.

다고 한다.

그리하여 간혹 재능이 뛰어나고 혜안을 가진 지식인이 그것을 간혹 바로 잡고자 하는 방법이 완전하지 못하여 더욱더 범람하는 결과를 발생하게 되고,[182] 결국에는 단군께서 "거룩하게 위에 있으시어 차마 굽어보지 못한다(惟我皇皇在上, 不忍岸視)"고 한다. 하나님은 말세가 와서 나몰라 하는 것이 아니고 다시 두 번째 발원을 하는 것이다. 그리하여 "밝게 깨달은 이에게 명하시어 삼일의 진리를 다시 밝히도록 하니, 큰 도가 거듭 빛나심이 거듭 세상에 밝혀졌다"[183]고 한다. 윤세복은 이를 대종교가 중광하게 되는 이유가 된다고 한다.[184]

여기서 세 가지가 하나가 되는 이치를 『삼일신고』의 「천훈」·「신훈」·「천궁훈」·「세계훈」·「진리훈」 다섯 편에서 설명하는데, 수양방법은 지감·조식·금촉 세 가지이고, 범위는 삼아(성아, 영아, 도아)를 통합하여 하나로 만드는 것이라고 한다.[185]

삼아론에서 특징적인 것은 지감·조식·금촉의 삼도를 각각 불교·선교·유교에 대응시킨 점이다. 이는 단순히 삼도를 선도의 수련방법으로 설명하는 것이 아니라 각각의 종교에 배당시킨 것이다.

불교-명심-지감
선교-양기-조식
유교-수신-금촉

---

181 『會三經』, 「三我」. "三弊之積, 惟此時爲甚, 或眞我自暴, 或妄我自高, 我是人非, 擧世滔滔."

182 『會三經』, 「三我」. "間有俊睿之士, 或起而矯之, 然施術不完, 一壅一潰, 去益汎濫."

183 『會三經』, 「三我」. "爰命大哲, 復闡三一之理, 大道重光, 煥然於世."

184 『會三經』, 194쪽.

185 『會三經』, 「三我」. "大哉, 三一之理, 其訓則天神天宮世界眞理凡五. 其法則止調禁凡三, 其範圍則統乎三我而一之."

『회삼경』에서는 "불교에서 열반의 목적은 자신의 마음을 밝히고 본성을 깨닫는 데 있고, 선교에서 신선의 목적은 기운을 기르고 본성을 단련시키는 데 있고, 유교에서 대동의 목적은 몸을 닦고 자신의 본성을 따르는 것에 있다(求寂滅, 存乎明心見性. 求飛昇, 存乎養氣煉性. 求大同, 存乎修身率性)"고 한다. 윤세복은 불교의 마음을 깨닫는 것이 대종교의 지감법이고, 선교의 기를 기르는 것이 대종교의 조식법이고, 유학의 수신이 대종교의 금촉법이라고 해석한다.[186]

『회삼경』에서는 불교의 마음을 밝히는 것(明心)과 본성을 깨닫는 것(見性) 둘로 나누는데, 전자는 낮은 차원이고 후자는 높은 차원이다. 『회삼경』에서 "마음을 깨닫는 것이 지감하는 방법이다(夫明心, 所以止感也)"라고 한다. 지감을 불교적 사고와 연관 짓는다. 그런데 희로애락을 조절하는 것이 지감의 내용이라고 한다면, 이는 지감의 낮은 차원이라고 볼 수 있다.[187] 그리고 불교의 마음을 밝히는 차원은 현상적인 자아 배후의 심층적인 의식을 포함한다고 할 수 있다. 다시 말하자면 불교의 마음을 깨닫는 것은 낮은 차원이 아니라 높은 차원이다.

불교의 높은 차원을 『회삼경』에서는 "본성을 깨닫는 것(見性), 이는 청정에 도달하고 다시 세속에도 막힘이 없는 차원이다(見之, 達乎清淨而無礙)"라고 한다. 윤세복은 청정이 마음에 번뇌가 없는 상태라고 해석한다. 『원각경』에 나오는 모든 여래의 청정한 모습, 모든 중생의 청정함, 모든 세계의 청정함과 네 가지 지혜의 막힘이 없음을 말한다고 한다.[188] 마음의 차원에서 지감을 통해 본성의 차원에서 청정과 세속의 무애를 이룬다는 것이다. 마음 차원의 깨달음과 지감을 연결하는 측면은 서로의 차이를 인정하지 않고 단순화한 측면이 있다.

---

186 『會三經』, 189쪽.

187 굳이 불교적 차원에 놓는다면 黙識이라고 할 수 있다.

188 『會三經』, 195쪽.

『회삼경』에서는 선교의 기를 기르는 것(養氣)과 본성을 단련하는 것(煉性) 둘로 나누는데, 전자는 낮은 차원, 후자는 높은 차원으로 설명한다. 『회삼경』에서는 "기를 기르는 것이 호흡을 고르게 하는 방법이다(養氣所以調息也)"라고 한다. 이는 조식을 선교와 연결 짓는 것이다. 이러한 조식은 낮은 차원이다. 그리고 산소나 탄소 등으로 호흡을 설명하는 것은 근대 과학적인 시도라고 볼 수 있다. 맑은 기운 혹은 탁한 기운이 호흡의 기준이었다. 이러한 기준을 적용하지 않고 산소나 탄소를 적용하는 것은 근대적 사고에 적응하려는 시도라고 볼 수 있다. 산소나 탄소를 조절하여 그것의 해로움을 받지 않는 것은 중요하다. 특히 산소가 부족하여 황홀한 느낌이 드는 상황을 즐거움이라고 보는 측면은 오늘날에도 문제가 된다. 그러나 산소나 탄소는 환경적인 자연의 모습이지 호흡의 본래 모습이라고 볼 수 없다.

『회삼경』에서는 선교의 높은 차원(煉性)을 "본성을 단련하는 것은 희이를 벗어나서 저절로 변화되어가는 현상(자연)에 이른다(煉之, 超乎希夷而自然)"고 보고 있다. 희이는 『도덕경』에 나오는 말로, 보아도 보이지 않고 들어도 들리지 않는 무(無) 혹은 본체의 차원을 말한다.[189] 감각기관을 초월하여 본체로 들어갔다가 현상의 차원에 이른다는 뜻이다. 양기 차원에서 호흡을 고르게 하여 본성을 단련하는 차원에서 본체에서 들어갔다가 현상으로 나오는 상태가 선교인 것이다. 그러나 호흡을 고르게 하는 차원에서 이루어지는 구체적인 논의가 없이 산소와 탄소를 통해 설명하려고 하는 것은 자칫하면 호흡의 본래 의도가 흐려지는 결과를 발생할 수도 있다.

『회삼경』에서는 유교의 자신을 수양하는 것(修身)과 본성을 따르는 것(率性) 둘로 나누는데, 전자는 낮은 차원이고 후자는 높은 차원이다. 『회삼경』

189 『道德經』, 14章. "視之不見, 名日夷, 聽之不聞, 名日希, 搏之不得, 名日微, 此三者, 不可致詰, 故混而爲一, 其上不皦, 其下不昧, 繩繩不可名, 復歸於無物, 是謂無狀之狀, 無物之狀, 是謂恍惚, 迎之不見其首, 隨之不見其後, 執古之道, 以御今之有, 能知古始, 是謂道紀."

에서 “자신을 수양하는 것이 금촉하는 방법이다(修身所以禁觸也)”라고 한다. 이는 금촉을 유교적 사고와 연관 짓는 것이다. 이러한 것은 『논어』의 “교언 영색을 인하다고 여기지 않는 것”, “예가 아니면 듣지도 말고 보지도 말라”는 내용과 비슷하다. 이것을 수신의 구체적인 내용이라고 보고 있다. 그런데 유교에서는 수신은 단순히 감각기관의 문제가 아니라 더 깊은 차원으로 들어가 내면의 의식과 감정을 조절하는 것이다. 분노, 즐거움, 좋아함, 근심 등의 치우친 감정이 없는 상태이다.[190] 의식을 속이는 것과 치우친 감정이 없는 상태가 수신인 것이다. 금촉은 몸을 제어하는 측면이 있고 이것을 수신에 연결한 것이다. 그런데 수신은 오히려 금촉보다는 지감의 측면과 어울린다.

『회삼경』에서는 “본성을 따르는 차원(率性)은 중과 화를 다하여 마음을 발동하지 않은 상태를 보임한다(率之, 極乎中和而未發)”고 보고 있다. 중화란 『중용』의 희로애락의 감정이 발동하기 이전을 중이라고 하고, 발동한 이후에 절도에 맞는 것을 화라고 한다는 구절에서 나온다.[191] 감정의 발동 이전과 이후가 모두 절도에 맞으면서 발동하지 않은 상태 즉 본성을 지킨다는 뜻이다. 유교 특히 성리학에서 미발(未發)이란 본성의 이상이 완전히 갖추어져 있는 상태로 보고 있다. 결국 자신을 수양해서 본성의 구현되어 있는 미발을 보임하는 것이 유교인 것이다. 그러나 수신이란 측면은 오히려 지감과 비슷한 측면이 있다.

지감·조식·금촉(삼도)가 이 본성(삼진)을 실현하는 방법이었듯이, 불교의 명심, 선교의 조식, 유교의 수신은 본성을 실현하기 위한 방법이다. 『회삼경』에서는 이것을 본성에 통하는 문이라고 보고 있다(是而通性之門). 그런데 이러한 지감·조식·금촉을 각기 불교의 명심, 선교의 조식, 유교의 수신과 같은

---

190 『大學章句』, 7章. “所謂脩身在正其心者, 身有所忿懥, 則不得其正; 有所恐懼, 則不得其正; 有所好樂, 則不得其正; 有所憂患, 則不得其正.”

191 『中庸章句』, 1章. “喜怒哀樂之未發, 謂之中; 發而皆中節, 謂之和. 中也者, 天下之大本也; 和也者, 天下之達道也.”

차원으로 보고 있는 것은 삼교합일적인 시도라고 볼 수 있다. 삼교가 하나인 대종교로 하나가 된다는 뜻이다.[192]

그리하여 대종교에서 삼아를 결합하여 대아(大我)를 주장한다. 여기서 '큰 것(大)'은 내가 나를 확장할 수 있는 것이 아니고 하늘이 나에게 부여한 것이고, 나는 사적인 나가 아니라 신이 모든 사람에게 부여한 공적인 나이다. 내가 큰 것은 허위가 아니고, 나의 공적인 나는 사적인 것이 아니다. 나는 주체성이고 대는 극대화라고 하면, 내가 크다고 한다는 말은 주체성의 극대화라고 할 수 있다.[193]

그러한 나는 『회삼경』에서는 나 이전에 시작도 없고 나 이후에 끝도 없으며, 지금의 나는 머무르지 않는다고 한다. 이는 『천부경』의 일시무시(一始無始)·일종무종(一終無終)과 같은 표현이다. 여기서 시작이 없는 것은 시작 위가 없는 것이고, 끝이 없는 것은 끝이 다함이 없는 것이고, 머무르지 않음은 항상됨이 없는 것이다.[194] 시간적으로 끊임없이 변화하는 속에 나가 있다는 것이다.

『회삼경』에서는 위계상으로 보면 등급에 따라 차등이 있는 나가 있고, 가로로 보게 되면 가지러한 나가 있고, 두루 보게 되면 함께하는 나가 있다고 한다. 차등이 있는 나는 "제사 받으면 조상님이 되고 아래로는 자손이 되는 것이 모두 나"이고, 평등한 나는 "귀하게 되면 왕공이 되고 천하게 되면 노예가 되니 모두 나"이고, 함께하는 나는 "작게는 집안과 나라이고 크게는 세계니 모두 나이다."[195] 공간적으로 보면 나는 위계서열이 있으면서도 사

192 서일과 윤세복의 『수진삼법회통』의 삼교합일 내용이 약간 다르다. 서일의 삼교합일은 낮은 차원에 초점을 맞추었다면, 윤세복은 높은 차원에 초점을 맞추었다. 윤세복은 대종교의 좀 더 내부적인 은밀한 내용인 것 같다.

193 『會三經』. "大者, 非我所能自大. 天之所賦於我者. 我者, 非吾所能自私. 神之所公於人者, 我大非妄, 我我非私, 此我之所以專其大也."

194 『會三經』. "先我無始 後我無終, 現我不住, 無始故無上, 無終故無盡, 不住故無常."

회적 출발점은 같이하고, 그러면서도 개인과 사회, 국가, 세계와 관계하는 역할의 중심점이다. 가족관계와 사회적 관계, 출발점이 같은 틀 속에서 '나'가 있는 것이다.

그리하여 '나'는 불교의 뜻을 이어서 나의 낮음 때문에 높은 사람을 범하지 말며, 선교의 뜻을 이어서 나의 귀함 때문에 천한 사람을 능멸하지 말며, 유교의 뜻을 이어서 나의 사사로움 때문에 공을 멸시하지 않으면, 나의 역할이 여기서 다하게 된다고 한다.[196] 즉 지위나 부귀로 자기 본분에 벗어나는 일을 하지 말라는 의미이다. 불교적인 의미에서 자신을 높이되 본분을 넘지 않고, 선교적인 의미에서 자신을 사랑하되 멋대로 하지 않고, 유교적인 의미에서 자신에게 만족하면서도 남을 억압하지 않는다. 그 방법은 삼일(三一)에 있다.[197]

궁극적으로 대종교의 이상은 성통공완(性通功完)이다. 『회삼경』에서는 "나의 본연의 참됨을 깨닫는 것을 성통이라 하고, 당연의 지극함을 행하는 것을 공완이라 한다."[198] 여기서 본연(本然)과 당연(當然)이란 개념을 쓰고 있다. 본연이란 본래 그러한 것이고, 당연이란 마땅히 해야 할 일이다. 이러한 개념은 유교적인 표현으로, 유교에서는 도덕적인 본성과 그것을 당위적으로 실천해야 하는 것으로 쓰고 있는데 비해, 대종교에서는 신과 인간의 관계에서 나의 본성과 실천을 설명하고 있다. 그 실천은 앞서 이야기한 높은 사람을 범하지 말거나, 천한 사람을 능멸하지 않거나, 공적인 것을 멸시하지 않는 일이다. 이러한 실천 조목은 유·불·선 삼교를 합일한 덕목이다.

---

195 『會三經』. "是故竪觀有等差我, 橫觀有齊等我, 遍觀有共同我. 何謂等差? 尊而祖宗, 卑而子孫, 莫非我也. 何謂齊等? 貴而王公, 賤而皂隸, 莫非我也. 何謂共同? 小而家邦, 大而世界, 莫非我也."

196 『會三經』. "故人之處世也, 勿以我卑犯尊, 勿以我貴凌賤, 勿以我私蔑公, 我之本分, 盡乎是矣."

197 『會三經』. "其惟喆乎, 尊而不踰, 愛而不流, 謙而不抑, 先時而知, 後時而行者, 惟喆能之. 其道存乎三而一而已."

198 『會三經』. "能知我本然之眞, 曰性通. 能行我當然之極, 曰功完."

이러한 논의는 『삼일신고』에서 이야기한 "망령된 것을 돌이켜 참된 것에 나아가, 큰 신의 작동구조를 발동한다(返妄卽眞 發大神機)"는 측면과 약간 다른 측면이 있다. 신과의 합일이라는 측면이 보이지 않는 것이다. 이는 아마도 삼교의 통합에 중점이 맞추어져 있기 때문이라고 생각된다. 이는 대종교와 삼교에 대한 교판을 제시한 것이다.

『회삼경』에서는 삼교와 대종교의 관계를 도표로 제시한다. 그것이 〈삼아도〉이다. 〈삼아도〉에서는 나를 도아(道我)·성아(性我)·영아(靈我)로 나누고, 각각에 유·불·선을 적용한다. 도아에는 겸아(謙我, 執中)·존아(存我, 平等)·애아(愛我, 放任)가 있고, 성아에는 솔성(率性, 修身)·견성(見性, 明心)·연성(煉性, 養氣)이 있고, 영아에는 성(聖, 大同)·각(覺, 寂滅)·현(玄, 飛昇)이 있다고 한다.[199] 이것은 무아·독아·위아로 귀결되고, 궁극적으로는 대종교의 대아로 종합된다. 그것이 곧 대종교의 '대'인 것이다.

---

199 〈삼아도〉 참조.

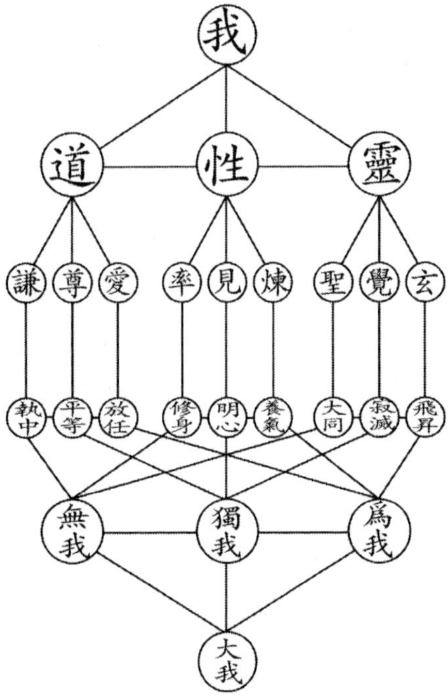

〈삼아도〉

5. 삼진(三眞)

『삼일신고』에서는 성·명·정을 삼진이라고 한다.

> 인간과 만물은 다 같이 삼진을 받았으니, 성(性)·명(命)·정(精)이다. 인간은 삼진을 온전히 받았고 다른 만물은 부족하게 받았다. 진성은 선악이 없으니 상철이 통하고, 진명은 청탁이 없으니 중철이 알며, 진정은 후박이 없으니 하철이 보존하나니, 모두 삼자가 참됨(三眞)으로 되돌려서 신과 하나가 된다.[200]

구체적으로 성·명·정이 무엇인가를 설명하지 않는다. 『회삼경』에서는 성을 천지의 리(理), 명을 천지의 기(氣), 정을 천지의 기틀(機)과 관련 있는 것이라고 한다.

> 대저 저절로 태어나는 것은 하늘의 도요, 하늘의 도를 빌려서 기르는 것은 땅의 도다. 그러므로 하늘과 땅은 하나의 이치로써 서로 감응함으로 만물이 그 본성을 품수받았고, 하나의 기운으로써 서로 숨 쉬어 만물이 그 명을 품수받고, 기틀로써 부딪쳐 만물이 그 정기를 품수받는다.[201]

성(性)-리(理), 명(命)-기(氣), 정(精)-기(機)의 관계에서, 성-리, 명-기는 이해가 가지만 정-기의 관계는 잘 이해가 되지 않는다. 정은 근본적인 생명력을 의미하는 것이기 때문에 기틀보다는 기에 포함되는 것이다. 기는 기틀까지도 포함하는 포괄적인 것이기 때문이다.

여기서 다시 『삼일신고』로 돌아가면, 성은 선악이 없는 것이라고 하고 있다. 선악을 뛰어넘은 것이 본성이라는 것이다. 본성을 선으로 규정하는 이론은 맹자, 본성을 악으로 규정하는 이론은 순자이다.[202] 본성을 선악으로 규정하지 않는 것은 중국 철학에서 고자, 불교, 양명학[203] 등이다. 선악으로 규정하지 않는 것은 선악을 뛰어넘는 것이다. 선악이라는 상대적인 가치를

200 『三一神誥』, 「眞理訓」. "人物이 同受三眞하니 日 性命精이라 人는 全之하고 物은 偏之니라. 眞性은 無善惡하니 上嚞이 通하고, 眞命은 無淸濁하니 中嚞이 知하고, 眞精은 無厚薄하니 下嚞이 保하나니 返眞하야 一神이니라."

201 『會三經』, 「三神」. "夫始而生者, 天之道也. 資而育者, 地之道也. 故天地以理相感, 而萬物稟其性, 天地以氣相息, 而萬物稟其命, 天地以機相觸, 而萬物稟其精."

202 손영식은 성선설은 이념적인데 반해 성악설은 현실적 과학적이라고 한다. 손영식, 「인간의 본성은 악한가」, 『우리들의 동양철학』, 동녘, 1997.

203 『傳習錄』. "善無惡是心之體, 有善有惡是意之動, 知善知惡是良知, 爲善去惡是格物."

뛰어넘는 것이다. 대종교에서는 지감·조식·금촉을 통한 깨달음을 주장하고 있다. 깨달음이란 선악을 넘어서야만 가능하기 때문이다.

명에 대해서 『삼일신고』는 청탁이 없는 것으로 규정한다. 명에는 유학에서는 운명과 사명의 뜻이 있지만 도교에서는 명을 생명·목숨으로 풀고 있다. 본래의 생명 혹은 목숨에는 청탁이 없다고 한다. 청탁은 뒤에 나오는 후박과 같이 기를 설명하는 개념이다. 기를 맑은 기와 탁한 기로 나누는 것이다. 청탁이 없는 본래의 순수한 생명 혹은 목숨이 명이라는 것이다.

정을 『삼일신고』에서는 후박이 없는 것으로 보고 있다. 후박은 두텁고 얇은 것이다. 앞에 나온 청탁과 마찬가지로 기의 양태를 설명한 개념이다. 그런데 중국 도교에서는 정은 하단전의 생명을 뜻하는 것으로, 그것이 변화되어 중단전의 기가 되고, 기가 다시 상단전의 신으로 변화된다고 한다. 성-명-정이 아니라는 것이다. 도교에서는 정을 명 속에 집어넣어 성·명 쌍수를 설명하는데 비해, 『삼일신고』에서는 성·명·정을 주장한다. 『삼일신고』에서는 성을 깨달음이 높은 최고 단계(上嚞), 명을 중간 단계(中嚞), 정을 낮은 단계(下嚞)로 설정하는데 비해, 중국 도교에서는 선성후명(先性後命) 혹은 선명후성(先命後性)이라고 하여 단계를 설정하지 않고 선후의 관계로 보고 있다.[204]

『환단고기』[205]에서는 성·명·정을 삼관이라고 한다(性命精爲三關). 이는 『삼일신고』에서 삼진(三眞)이라고 하는 것과 대비된다. 『환단고기』에서는 "관을 수신의 요회(關爲守神之要會)"라고 한다. 신(神)을 지키는 중추라는 것이

---

204 이원국, 『내단』 2, 김낙필 외 역, 성균관대학교출판부, 2006, 263쪽. 중국 도교의 북종에서는 선성후명, 남종에서는 선명후성을 주장했다.

205 『桓檀古記』, 「태백일사 삼신오제본기」에 『대변경(大辯經)』이란 책이 나온다. 「태백일사」는 이암의 손자인 이맥이 지은 것이다. 『대변경』의 내용은 『삼일신고』와 유사한 모습이 많이 보인다. 특히 「소도훈경전」에 나오는 『삼일신고』 해석본에는 없는 삼신·삼망·삼도에 대한 구체적인 언급이 많이 보인다.

다.[206] 성·명·정이 신을 지키는 중요한 것이라는 뜻이다. 관(關)이나 진(眞)이나 모두 근본적인 것을 의미한다. 진이 관보다는 좀 더 근원적인 것을 의미하는데 비해 관은 영역을 의미한다.

『환단고기』에서는 "성은 명을 떠나지 않고 명은 성을 떠나지 않으니, 정은 그 가운데 있다(性不離命, 命不離性, 精在其中)"고 한다. 이는 성과 명의 관계를 중시하고 정은 그 속에 있는 것으로 설명하는 것이다. 이는 성·명·정을 각기 천·인·지의 구조로 볼 때 생기는 문제를 벗어나고 있다. 본성과 목숨은 같은 천지의 성격을 가지고 있고 정이야말로 인의 성격을 갖는 점에서, 성·명·정을 셋으로 나열하기보다는 성명과 정으로 나누어야 한다는 것을 의미한다.[207] 정을 달리 독립시키면 인의 주체적인 요소가 드러난다. 성과 명을 연결하는 고리로 정이 설정되는 것이다. 천지를 연결하는 고리로 인간이 등장하는 것이다. 그렇지만 정을 독립시킬 수 있는가라는 문제가 생긴다. 중국철학에서도 정은 정·기·신의 일부로 다루고 있지, 성·명과 독립되지 않는다. 반면에 독립시키지 않고 성·명 속에 있는 것으로 파악하면 나름대로 관계성 속에서 설명하는 의의를 갖는다.[208]

『삼일신고』에서는 사람과 사물의 차이를 성·명·정을 온전히 가진 존재인 사람과 치우친 존재인 사물로 규정한다. 그러나 이러한 분류는 성리학과 비교아먼 난순하다. 성리학에서는 좀 더 세분화한다.

---

206 가지마 노보루는 要會를 '총계획'이라고 푼다. 要는 한 달의 계획, 會는 일 년의 계획이라고 한다.

207 성명과 정으로 나누는 문제는 중국 도교의 성명쌍수론과도 연결된다. 중국 도교에서는 성명쌍수론을 주장한다. 성은 마음공부, 명은 몸공부를 의미한다. 그래서 성명공부라고 하면 몸공부와 마음공부를 포괄하는 것을 뜻한다. 그렇게 되면 정은 어떻게 할 것인가 문제가 된다. 성명공부를 하면 정에 관련된 것은 그 속에 있다는 것이다.

208 조남호, 「『환단고기』와 『삼일신고』」, 『선도문화』 9, 2010, 67-70쪽.

요소/차이	인간 사이의 차이 (聖賢-愚不肖)	인간-사물의 차이
욕망이 이성을 가림(蔽)	깊고 얕음(淺深)	열리고 닫힘(開塞)
자질을 부여받음(氣稟)	많고 적음(多寡)	치우치고 바름(偏正)

6. 삼망(三妄)

『삼일신고』에서는 심(心)·기(氣)·신(身)을 삼망이라고 한다.

> 뭇사람은 미혹한 상태에 있기 때문에 삼망이 뿌리내리니, 심·기·신이라 한다. 심은 성을 의탁하여 선악이 있으니 선하면 복이 되고 악하면 화를 입는다. 기는 명을 의탁하여 청탁이 있으니 맑으면 장수하고 탁하면 일찍 죽는다. 신은 정을 의탁하여 후박이 있으니 후하면 귀하고 박하면 천하다.[209]

사람과 사물이 삼진(성·명·정)을 받은 연후에 삼망(심·기·신)을 얻기 때문에 고로 삼진은 선천에 속하고 그래서 선악·청탁·후박이 없다. 반면에 선악·청탁·후박이 있는 삼망은 후천에 속하게 된다. 반면에 『환단고기』에서는 심·기·신을 삼방(칸)이라고 한다(心氣身爲三房). 이는 『삼일신고』에서 심·기·신을 삼망(三妄)이라고 하는 것과 대비된다. 『환단고기』에서는 삼방을 "변화를 이루는 근원(房, 爲成化之根源)"이라고 한다.

여기서 망(妄)과 방(房)의 차이를 살펴보자. 삼망은 참된 것을 가리는 부정적인 역할을 한다. 그래서 선악·청탁·후박이 있게 되는 것이다. 그래서 망

209 "惟衆은 迷地에 三妄이 着根하니 日心氣身이라. 心은 依性하야 有善惡하니 善福惡禍하고 氣는 依命하야 有淸濁하니 淸壽濁夭하고 身은 依精하야 有厚薄하니 厚貴薄賤이니라."

이라고 하는 표현은 선악· 청탁·후박이 존재하는 측면을 가리키는 것이다. 이것을 넘어선 것이 삼진이다. 부정적인 표현을 『환단고기』에서는 "심·기·신이 반드시 서로 믿는 관계이어야 하지만, 영원토록 서로 지키지 못한다(心氣身, 必須相信, 未必永劫相守)"라고 한다. 심·기·신이 삼진에 비하면 항상성을 갖지 못한다는 뜻이다. 그러나 심·기·신은 가리는 역할뿐만 아니라 실현시키는 역할을 한다. 그런 점에서 망이란 표현은 적절하지 않다. 오히려 『환단고기』에서 말하는 방 즉 변화를 이루는 근원이라고 하는 표현이 적절하다.

삼망에서 기 개념은 내포가 매우 넓다. 선진시대 이래로 기는 모든 존재를 설명하는 개념이었다. 숨·호흡·신체·사회·우주까지 기로 설명되지 않는 것이 없었다. 그것을 심·기·신과 관련해서 적용한다면 어떤 기 개념을 지시하는가 분명하지 않다. 아울러 『환단고기』에서는 "기는 심을 떠나지 않아 하고 심은 기를 떠나지 않아야만 신은 기와 심에 있다(氣不離心, 心不離氣, 神在其中)"고 한다. 이는 중국 도교의 『성명규지』에도 잘 나타난다.

> 신은 기에서 떨어져 나가지 않고 기는 신에서 떨어져 나가지 않아서 우리 몸의 신과 기가 합쳐진 뒤에는 우리 몸의 성과 명이 나타나는데, 다시 성은 명으로부터 떨어져 있지 않고 명은 성으로부터 떨어져 있지 않아서 우리 몸의 성과 병이 합쳐진 뒤에는 이 몸의 성이 비롯되기 이전의 성과 이 몸의 명이 시작되기 이전의 명이 나타나게 된다.[210]

그런데 중국 도교에서는 심(心)-신(神) 구조를 중시하는데 비해, 『환단고기』에서는 오히려 심(心)-기(氣) 구조를 중시하고, 신(神)은 그 속에 있는 것으로 파악하고 있다.

210 尹眞人의 제자, 『性命圭旨』, 이윤희 역, 한울, 2005, 48쪽. "神不離氣, 氣不離神, 吾身之神氣合而後, 吾身之性命見矣. 性不離命, 命不離性, 吾身之性命合而後, 吾身未始性之性, 未始命之命見矣."

필자가 보건대 『삼일신고』는 삼진·삼망·삼도의 구조로 이루어져 있다. 삼진은 성·명·정이고, 삼망은 심·기·신이고, 삼도는 감·식·촉이다.

삼진	성	명	정
삼망	심	기	신
삼도	감	식	촉

여기서 성-심-감의 구조를 보자. 우리는 느낌을 가지고 있고, 그 느낌의 근원에는 마음이 있고, 그 마음의 근원에는 본성이 있다. 명-기-식의 구조는 다음과 같이 해석된다. 우리는 호흡을 하고, 호흡의 근원에는 기가 있고, 기의 근원에는 생명 혹은 목숨인 명이 있다. 정-신-촉에서 우리는 접촉을 하게 되고, 접촉에는 신체가 있고, 신체에는 근원적인 에너지인 정이 있다. 결국 이 구조를 위로부터 설명하기 보다는 아래로부터 설명한다면 쉽게 설명이 된다.

7. 삼천궁

천궁은 『삼일신고』에 나온다.

> 하늘은 하느님의 나라이다. 천궁이 있어 온갖 선으로 들어가는 계단이고 온갖 덕으로 들어가는 문이니 일신이 계신 곳이다. 많은 신령과 밝은 이들이 하느님을 모시고 있어 크게 상서로우며 지극히 광명한 곳이다. 오직 타고난 본성에 통달하고 주어진 공적을 완수한 자라야 조회하여 영원한 낙을 얻는다.[211]

211 『三一神誥』, 「天宮訓」. "天神國, 有天宮, 階萬善, 門萬德, 一神攸居, 羣靈諸嚞護侍, 大吉祥, 大光明處, 惟性通功完者, 朝, 永得快樂."

천궁은 하늘에 있고, 그곳에는 계단과 문이 있고, 신령과 밝은 이들이 지키고 있고 일신의 하느님이 있는 곳이다.

『삼일신고』 주에서 삼천궁에 대한 언급하고 있다.

> 천궁은 유독 하늘 위에만 있는 것이 아니라 땅에도 있으니, 태백산(지금의 백두산)을 중심으로 남쪽으로 한반도가 있고, 북쪽으로 만주가 있으니 신국이요, 산 위에 하느님이 내려오신 곳을 지었으니 천궁이다. 사람에도 있으니 몸이 신국이요 뇌가 천궁이다. 그러므로 세 천궁이 같다.[212]

하늘-천궁, 땅-백두산, 사람-뇌가 천국이라는 말이다.

다음은 땅-백두산에 대해서 살펴보자. 대종교는 백두산을 중시했다. 나철은 1909년 『종보』 1호에서 1904년 10월 3일에 백봉을 위시한 13인이 백두산 대숭전에서 일심계(一心戒)를 함께 받음과 동시에 단군교 포교를 맹세한 사실을 밝힌다.[213] 나철은 단군교에서 대종교로 교명을 변경하지만, 백두산에 대한 존숭은 바뀌지 않는다. 백두산이야말로 환인·환웅·단군의 삼신이 내려오신 곳이다. 이는 『삼국유사』에서 환웅이 내려오신 곳을 태백산이라고 하면서 묘향산으로 비정한 것과 비교된다. 대종교에서는 묘향산

212 『譯解倧經四部合編』, 「天宮訓註」. "天宮은 非獨在於天上이라 地亦有之하니, 太白山(今白頭山)南北宗이 爲神國이오, 山上神降處가 爲天宮이며 人亦有之하니, 身爲神國이오, 腦爲天宮이니, 三天宮이 一也라."

213 「檀君教佈明書」. "금일(今日)은 유아(惟我) 대황조단군성신(大皇祖檀君聖神)의 4237회(四千二百三十七回) 개극입도지경절야(開極立道之慶節也)라 우형등(愚兄等) 13인(十三人)이 태백산(太白山, 今之白頭山) 대숭전(大崇殿)에서 본교(本教) 대종사(大宗師) 백봉신형(白峯神兄)을 배알(拜謁)하고 본교(本教)의 심오(深奧)한 의(義)와 역대(歷代)의 소장(消長)된 논(論)을 경승(敬承)하와 범아동포형제자매(凡我同胞兄弟姉妹)에게 근고(謹告)하노니 본교(本教)를 숭봉(崇奉)하와 선(善)을 추(趨)하며 악(惡)을 피(避)하야 영원(永遠)한 복리(福利)가 자연(自然)히 일신일가일방(一身一家一邦)에 달(達)하기를 희원(希願)하나이다."

대신에 백두산을 중심으로 보고 있다. 「단군교포명서」에서는 태백산을 백두산으로 보고 있다. 그래서 백두산 대숭전에서 제천행사를 했다. 구체적으로 대황조가 내려온 곳이 백두산 남쪽이라고 한다.[214]

나철은 백두산에서 제천행사를 봉행한다. 그는 「천산제의 홀기(天山祭儀笏記)」[215]에서 "천하에 독립한 제일 큰 산은 오직 한 백두산이시니 이 산은 곧 우리 천조산(天祖山)이시며 천산(天山)이시며 상산(上山)이시며 제석산(帝釋山)이시며 삼신산(三神山)이시오, 이 산 신령은 곧 한울을 열으신 큰 신령 임검이시라 우리 천신시조(天神始祖)도 이 산에 내려오시고 우리 천신자손(天神子孫)도 이 산에서 발생하고 우리 천신종교(天神宗敎)도 이 산에서 발원하고 우리 천국(天國)도 이 산에 있으니 우리들이 어찌 감히 이 산을 잊으리오. 이 산을 잊으면 곧 한배검을 잊음이라 오늘날 다 한정성 한마음으로 제산(祭山)합시다"[216]라고 하여 백두산이 천산·제석산·삼신산이라고 비정한다.

박은식은 "무릇 이 땅은 우리 선조의 고토이다. 지금 그 여도의 전부를 살펴 고대의 유적을 찾으니 백두산은 단군대황조께서 발상하신 땅이다"[217]라고 한다.

「단군교오대종지포명서」와 김교헌은 태백산의 이름이 8개나 된다고 한다. 김교헌은 「백두산고」에서 백두산은 동북쪽 여러 산의 우두머리로 모두 여덟 개의 다른 이름이 있다고 한다. 불함(不咸), 개마(蓋馬), 도태(徒太), 백산(白山), 백두(白頭), 태백(太白), 장백(長白), 가이민상견(歌爾民商堅)이 그것이다. 백두

214 「단군교포명서」, 『대종교중광육십년사』, 大倧敎倧經史編修委員會, 大倧敎總本司, 1971.

215 나철은 1910년 단군교를 대종교로 고치고, 10월 25일 만주 북간도 삼도구에 대종교 지사를 설치하고, 1911년 7월 강화·평양을 거쳐 백두산 북쪽 화룡현 청파호를 답사하고, 1912년 5월 13일 청파호에 총본사와 고경각을 설치하고, 6월 9일에 강우를 파견하여 백두산에 제천의식을 드리게 했고, 10월 3일 개천절 청파호에서 제천의식을 봉행하고 제산의식을 거행했다. 이때 홀기가 「천산제의 홀기」이다.

216 『대종교중광육십년사』, 183-184쪽.

217 박은식, 「몽배금태조(夢拜金太祖)」, 『우리역사 우리영웅』, 한뿌리, 2008, 250쪽.

산은 천지의 물이 남쪽으로 흘러 압록강, 북쪽으로 흘러 송화강(松花江)·혼돈강(混同江), 동북쪽으로 흘러 소하(蘇下)·속평(速平), 동쪽으로 흘러 두만강이 되었다고 한다. 백두는 꼭대기가 흰 항아리를 높은 도마 위에 얹어놓은 것 같아서 지어진 이름이고, 이곳의 나무가 옹종하여 높이가 두어 자에 지나지 않는데 이곳에서는 박달나무라 하고, 단군이 하강했다고 한다. 백두산에 대한 인문지리적 탐사가 시작된 것이다.

신채호는 백두산이 묘향산이 아니라 백두산이라고 주장한다. 『삼국유사』에 나오는 태백산을 묘향산이라고 하는데 이는 장백산의 옛 이름이 태백산인 것을 모른다고 한다.[218]

권덕규는 『동국여지승람』이나 이색의 시에서 태백산을 묘향산이라 일컫고 있기는 하지만, 최치원의 시 「상태사복(上太師伏)」에서 "구려 후손(句麗遺種)인 발해(渤海)는 북으로 태백산에 의지한다"[219]와 만주의 완달산(完達山)[220]이 아사달(阿斯達)이고, 단군이 태어난 비서갑(匪西岬)이 개원현(開原縣) 서남쪽의 부여현이라는 점을 들어 묘향산이 아니라 백두산이라고 주장한다.[221]

권덕규는 백두산이 가지는 의미를 특별히 논한다. 그는 백두산이 곧 불함산이자 단군이 내려온 곳이라고 한다.

> 백두산은 만주인은 歌爾民商堅阿隣이라 하고 지나인은 長白山이라 하며 古에는 不咸山, 蓋馬山, 太白山, 徒太山 혹은 白岳이라 하고 山頂에 火口湖가 잇서 天池라 闥門潭이라 龍潭이라 하니 豆滿 鴨綠 松花 三江의 源이 此에 發하면 조선의 개국시조시오 首出聖人이신 檀君끠서 此에 降

218 신채호, 「독사신론」, 『단재 신채호 전집』 3, 한국독립운동사연구소, 2007, 315쪽.

219 「上太師侍中狀」, 『고운선생문집』 권1, 한국고전종합DB(http://db.itkc.or.kr). "高句麗殘孽類聚, 北依太白山下, 國號渤海."

220 지금의 흑룡강성 하얼빈시에 있다.

221 「鍾乳洞·妙香山探勝記」, 『매일신보』, 1939년 7월 17일.

하시다.[222]

백두산 등정과 관련된 강연회에서 권덕규는 백두산의 의의를 다음과 같이 주장한다.

> 권덕규(權悳奎) 씨가 조선 역사와 백두산이란 문제로 그의 학식을 기울여 열변을 토하게 되었다. 강당이 떠나갈 듯한 박수소리가 그치자 수천의 군중은 일시에 감전된 것 같이 지키는 줄 모르게 침묵을 지키고 오직 더움을 못 이기어 부치는 수백의 부채만 흰나비와 같이 번득일 뿐이었다. 권덕규 씨는 먼저 어떠한 민족과 개인을 물론하고 모두 위대한 강산을 중심으로 일어난 실례를 들어 조선민족도 백두산 같은 웅대한 산 아래에서 근원이 발한 것을 보면 하나님이 우리 조선인에게 너희는 영특한 민족이라는 교훈을 암시한 것이라 하며 청중 속에서는 박수가 일어났다. 그 다음 단군이 탄생한 태백산이 백두산이란 말을 명쾌하게 증명한 후 은근히 우리 고대의 광영스러운 역사를 들어 무한한 감흥을 일으키고 동양의 모든 강한 나라가 이 백두산을 중심으로 하여 일어난 말로 백두산의 더욱 거룩함을 말하다가 문득 강론의 칼날을 돌리어 중국 사람들이 태산(泰山)으로 신령스러운 산의 대표를 삼고자 하나 실상 백두산 줄기가 내려가다가 산동반도가 되어 태산이라는 산을 이루었다는 말로 공자가 태산 같은 적은 산에 올라서서 천하를 적게 알았다는 말을 하여 우리 민족이 지리적으로 특수한 지위에 있음을 말하여 흥미가 도도한 중에 말을 마치고……[223]

백두산은 단군이 탄생한 곳으로 조선민족의 발원지이고, 중국의 태산도

222 「조선민족과 문화상으로 본 百區百人」, 『동아일보』, 1920년 7월 25일.

223 「조선역사와 백두산」, 『동아일보』, 1921년 8월 29일.

백두산 줄기가 내려간 곳이라는 것이다. 그러나 백두산 줄기가 내려가서 태산이 되었다고 하는 주장은 근거를 제시하지 않기 때문에 학문적 근거가 되기 부족하다. 이러한 논의는 민족주의에 대한 부정적인 견해만 촉진할 뿐이다.

최남선과 안재홍은 백두산을 직접 답사하여 기행문을 남겼다. 최남선은 『백두산근참기』[224]에서, 백두산이 단군의 탄강지이고 조선국의 출발점이며, 신시가 백두산에 천평에 있었고 여기서 단군이 국가를 세웠다고 한다. 「동방고민족의 신성 관념」[225]에서 백두산이 우리 민족만이 아니라 동방 전 민족의 보편적 존재로 동아 공통의 마음의 고향이라고 한다. 안재홍은 백두산이 단군이 도읍을 세운 아사달이라고 한다. 그런데 아사달은 남성 중심이 아니라 여성 중심인 모계사회라고 한 점에서 최남선·민태원과 다른 주장을 한다. 성모산은 여러 군데가 있지만, 그중에서 백두산은 가장 높은 곳에 위치하고 있다. 단군은 성모시대를 대신하여 남계 중심의 군장으로 출현한 것이라고 한다.[226] 그는 백두산과 관련된 문헌으로 『해좌지도설(海左地圖說)』, 『산해경(山海經)』, 『후한서(後漢書)』 「동옥저전(東沃沮傳)」, 『후위서(後魏書)』 「물길전(勿吉傳)」, 『괄지지(括地志)』, 『행정록(行程錄)』, 『엽륭례료지(葉隆禮遼志)』, 『금사(金史)』, 『성경통지(盛京通志)』, 『고려사』, 『영조실록』, 『북새기략(北塞記略)』을 들면서, 백두산이 백산임을 증명한다.[227]

백두산이 화제의 중심이 되면서 백두산정계비도 이들의 관심사였다. 이윤재는 「백두산사화」[228]에서 백두산이 단군·부여국·고구려국·발해국뿐만 아니라 우리 겨레의 지파인 금·청 왕조의 발상지라고 하고, 이러한 예는

224 1926년 7월 24일부터 1927년 1월 23일에 걸쳐 『동아일보』에 연재했다.

225 최남선, 「동방고민족의 신성(神聖) 관념」, 『삼천리』, 13권 6호, 1941.

226 안재홍, 『백두산등척기』, 정민 역, 해냄, 2010, 116-127쪽.

227 같은 책, 128-135쪽.

228 이윤재, 「백두산사화」, 『신동아』 7, 1934.

드물다고 한다. 백두산정계비는 청 강희 연간에 목극등과 박권이 동행하여 정하기로 했지만 박권이 올라가지 않아 조상의 강역이 축소되었고, 역관 김경문이 항변하지 않았다면 그것마저도 지킬 수 없었다고 한다. 그 이후에 함경도 포수 출신의 한병화가 백두산을 점령하여 왕국을 건설했다가 청에 귀속된 것은 답답한 일이라고 한다.

안재홍은 백두산정계비가 세워진 곳이 토문강의 발원지에서 15리 정도 떨어진 것이어서, 그곳에 정계비가 세워졌다면 간도는 조선에 속하게 되었을 것이라고 주장한다.[229] 그리고 간도협약으로 일본에 의해 간도가 넘어간 것을 지적하고 있고 두만강 밖 700리에 윤관이 세운 선춘령비를 찾았더라면 만주와 간도 일대가 우리 영토가 되었을 것이라는 마부의 말을 전하고 있다.[230]

다음으로, 사람-뇌에 대한 관계가 주목된다. 『삼일신고』에서는 '강재이뇌(降在爾腦)'라는 표현을 쓰고 있다. 신이 너의 뇌에 들어와 있다는 뜻이다. 『신원경』에서는 뇌에 대한 언급을 주문 형태로 제시한다.

> 확연히 의심할 것이 없으니 무른 두뇌는 여러 골수의 바다인데[231] 뇌가 실하면 여러 골수가 모두 실해진다(確然無疑, 盖腦字, 諸髓之海, 腦實則諸髓皆實). 선가에서 소위 '섬리 뇌정 승현(贍理 腦定 昇玄)'[232]이라는 것은 진

229 안재홍, 『백두산등척기』, 84-85쪽.

230 같은 책, 93쪽. 이익은 '두만강으로 경계를 다투었다'는 '두만쟁계(豆滿爭界)'에서 "전조(前朝·고려) 때 윤관이 세운 비(碑)가 선춘령(先春嶺)에 있고, 선춘령은 두만강 북쪽 700리에 있는데, 무슨 까닭으로 지난번 국경선을 정할 때 두만강의 원류(源流)만을 찾았는지 알 수 없다"라고 말했다. 고려 예종 때 윤관이 두만강 북쪽 700리의 선춘령에다 고려의 강역이라는 뜻의 '고려지경(高麗之境)'이란 비석을 세웠는데, 숙종 38년(1712) 청나라와 국경선을 획정할 때 왜 이 비석을 기준으로 삼지 않고 두만강의 원류만을 찾아서 토문(土門)이라고 했느냐는 비판이다. 이덕일, 「천고사설」, 『한국일보』, 2015년 10월 30일.

231 『黃帝內經』, 「灵枢·海论」. "脑为髓之海, 其输上在于其盖, 下在风府."

232 『周易參同契』, 47章, '鼎器歌.'

실로 빈말이 아니다.

『신원경』에서 자신의 수양의 근거를 『주역참동계』의 '섬리·뇌정·승현'에서 찾고 있다. 유염(兪琰)은 "뇌는 상단전이고 원신이 거주하는 궁이다. 사람이 원신이 상단전에 깃들게 할 수 있으면 진기가 저절로 오르고 진식이 저절로 안정되어, 이른바 상단전이 열리면 모든 구멍이 일제히 열리고 상단전이 통하면 모든 관이 통하는 것이다"[233]라고 했다. 유일명은 섬은 기르는 것이고, 리는 본성이라고 보고 본성을 길러 뇌까지 이르고 반드시 지극한 경지를 성취한다고 한다.[234] 어느 것이든 하단전에서 수련하여 상단전까지 이르면 양신에까지 이르게 된다고 한다. 이는 전형적인 하단전에서 시작하는 올림공부인 것이다.

『환단고기』「태백일사」에서는 뇌를 천지의 정기가 모인 것으로 설명한다.

> 신시에서 개천한 도는 신을 가르친 것이다. 내가 도를 구하는 법을 아니 나를 비우고 사물을 보존한 다음에 인간의 세상을 복되게 할 따름이다. 천신을 대신하여 천하에 왕 노릇 하고 도를 넓히고 무리를 이롭게 하고 한 사람이라도 본성을 잃지 않도록 하고 모든 왕을 대신하여 인간 세계를 주재하고 병을 없애고 원한을 풀어주며 하나의 사물도 목숨을 해치지 않고 나라 안의 백성들로 하여금 잘못을 고쳐서 참된 것으로 돌아감을 알게 하는 것이다. 그래서 21일을 기한으로 모든 사람이 모여 계율을 준수하니 여기에서부터 궁정에는 종훈이 있고 백성에는 전계가

233 『周易參同契三十四家注釋集萃』, 397쪽. "腦爲上田, 乃元神所居之宮, 人能握元神棲于本宮, 則眞氣自昇, 眞息自定, 所謂一竅開而百竅齊開, 大關通而百關盡通也."

234 『周易參同契三十四家注釋集萃』. "贍理腦者, 贍養也. 理卽性也. 腦, 在一身之最上處, 頭之后, 系耳目視聽不及之處. 此言養性, 必至于聲色俱化, 空無所空, 至靜之境, 方爲極功, 盖修道不到極靜之境, 不但陽神不得出, 卽陰神也不得出. 果養性至于極靜, 則性命皆了, 形神俱妙, 時至脫化, 定升玄都, 卽佛祖所云吾爲汝保任此事, 決定成就之意."

> 있어 우주의 정기는 해가 돋는 부상에 순수하게 무치고 삼광과 오정은 뇌해에 뭉쳐서 현묘한 도를 터득하고 광명을 함께 하게 되었다. 이를 거발한이라 이르면 온 세상에 두루 펼치니 온 세상의 백성들이 모두 교화하는 데 귀일했다.[235]

여기서 삼광은 해·달·별, 오정은 오행의 정기를 뜻한다. 해·달·별과 오행의 정기 즉 천지의 정기가 뇌해 속에 있다는 것이다.[236]

이러한 뇌의 이해에서 한 걸음 더 나아간 것이 근대의 전병훈[237]이다.

> 근대 서양에서 나온 심리철학에 의하면 오직 대뇌와 소뇌의 신경을 위주로 말한다. 금단의 법은 또한 정을 돌려 뇌를 보충하는 환정보뇌를 오로지 다루는데, 뇌 속의 원신이 이를 주관한다. 오호라 중국과 한국과 서양의 철학이 모두 다 뇌수가 정신으로 작용한다고 보니 참으로 신성하고 현명한 견해가 아니겠는가? 다만 그 운용이 다르게 귀착되는 것은 이제부터 이후로 합치하여 원만함을 이룬다면 또한 좋지 않겠는가.[238]

---

235 『桓檀古記』, 「檀君世記」. "神市開天之道, 亦以神施教, 知我求獨, 空我存物, 能爲福於人世而已, 代天神而王天下, 弘道益衆, 無一人失性, 代萬王而主人間, 去病解怨, 無一物害命. 使國中之人, 知改妄卽眞, 而三七計日, 會全人執戒. 自是朝有倧訓野有佺戒, 宇宙精氣, 粹鍾日域, 三光五精凝結腦海, 玄妙自得, 光明共濟, 是爲居發桓也, 施之九桓, 九桓之民, 咸率歸一于化."

236 윤창대, 「전병훈 정신철학통편연구」, 국제뇌교육종합대학원대학교 박사학위논문, 2015, 83쪽.

237 全秉薰(1857~1927). 자는 서우(曙宇), 호는 성암(成庵)·취당(醉堂)·서우(曙宇), 도호는 현빈도인(玄牝道人), 본관은 정선이다. 평안남도에서 출생했다. 조선 철종 9년(1857)에 태어나, 고종 29년(1892)에 의금부 도사, 대한제국 광무 3년(1899)에 중추원 의관을 지냈으며, 순종이 즉위하던 해(1907)에 관직을 버리고 중국 광동 나부산에서 도교 수련을 했다. 1920년에 『정신철학통편(精神哲學通編)』을 출판했다.

238 『精神哲學通編』. "按近世西哲心理學, 專主大小腦神經而言, 金丹之法, 亦專於還精補腦. 腦中元神主之也. 噫中韓西哲學, 俱以腦髓爲心神之作用者, 詎非神聖之見耶? 但其運用殊歸者, 從今以後, 可就合致以圓滿, 不亦喜哉!"

전병훈은 서양과 중국 한국의 철학과 심리학이 모두 뇌를 중심으로 하는 점에서는 같지만 운용이 다르다고 한다. 서양은 뇌의 신경을 중심으로 논의를 하고, 중국과 한국은 뇌 안의 원신을 주로 한다. 즉 서양은 인지작용, 중국과 한국은 생리작용에 중점을 둔다.

> 대뇌는 신경 계통에서 주춧돌에 해당하는 부분이다. 그 위치가 대뇌가 가까워지면 질수록 그 관계는 더욱 복잡해지니 거기에 포함되어 있는 신경세포와 섬유도 점점 많아지게 된다. 감각작용이 대뇌의 여러 부분들에 있는 것은 무엇 때문일까? 일찍이 학자들에 의해 연구한 바에 의거해보자면 고상한 정신작용은 대뇌의 한 부분에 속박된다는 사실은 저들도 함께 인정하고 있다. 대뇌는 신경 중심 아래 위치해 있는데 여러 중심의 활동을 제어하는 것이 바로 그것이다. 삼가 살펴보건대, 뇌신경이 심리의 체용이 되는 것이 이와 같이 명백하며 대뇌·소뇌·연수 등이 서로 연결되며 척수에 미치고 척수의 양측에는 신경이 31짝이 있어 전신에 실처럼 분포되었다. 이에 신경계통이 정신활동의 중앙기관이 되어 뇌신경에 대한 논의는 그 복잡함을 다하였기에 다만 가장 중요한 것을 가려 취할 따름이다.[239]

전병훈은 대뇌의 역할을 뇌신경과 관련해서 설명하고 있다. 그러나 현재의 뇌과학에서는 대뇌에서 전두엽의 역할이 중시되고 있다. 전두엽은 총사령부와 같은 역할을 하는 것이다.

---

239 『精神哲學通編』. "大腦者 神經繫統之建築之樞石也. 其位置愈近於大腦者, 則其關係愈複雜, 而所含之神經細胞及纖維愈多, 感覺作用之存於大腦各部分者, 如何? 尙爲學者所硏究, 高尙之精神作用之下縛於大腦一定之部分, 彼等之所同認也. 大腦對低神經中心之位置也. 禁制諸中心之活動是也. 謹按腦神經爲心理之體用者, 如是明白, 有大腦小腦延髓相連結, 以及於脊髓, 脊髓兩側, 有神經三十一對分布於周身如絲."

> 뇌수(腦髓)는 심신(心神)이 조화하는 근원이 되는 것을 가리킨다.…… 뇌(腦) 가운데 신(神)이 응집한 것을 심(心)이라 하고, 변화하여 출신(出神)하는 것을 단(丹)이라고 하며, 신(神)이 통하여 하늘에 합치함을 도(道)가 이루어졌다고 한다.[240]

여기서 뇌수(腦髓)는 보통 뇌(腦)와 같은 의미로 통칭할 수 있다. 뇌수가 심신(心神) 조화를 이루는 근원이라는 것은 정(精)·기(氣)·신(神) 중에서 인간의 생명과 정신활동을 주재하는 신(神)의 작용 부위로 설명한 말이다.[241]

전병훈은 당시 서양 과학의 뇌에 대한 이해를 바탕으로 한국과 중국의 내단이론을 접목하고 있다. 그런 점에서 대종교에서 말하는 뇌에 대한 설명보다는 가장 선진적인 이해라고 할 수 있다. 다만 뇌신경만을 중시하고 대뇌피질을 등한시하고 있다. 대뇌피질 중에서 전전두엽은 모든 신체를 제어하는 총사령부의 역할을 하고 있다. 현대 뇌과학에서는 뇌와 몸의 관계만을 인정하고 마음의 자율성을 인정하지 않는다. 전병훈은 뇌와 마음의 관계를 인정하고 있다.

---

240 『精神哲學通編』. "謹按此乃指腦髓 以爲心神造化之原.……腦中神凝曰心 變化出神曰丹 神通合天曰道成也."

241 박진규, 「현대단학의 뇌수련법에 관한 한국선도적 고찰」, 국제뇌교육대학원 박사학위논문, 2012, 38쪽.

3장
문화적 3론

1. 삼신할머니

우리 전통 문화에는 임신과 출산은 삼신할머니가 담당한다는 이야기가 있다. 그런데 대부분의 학자들은 이러한 기능을 남성 삼신이라고 보고 있고, 다만 안재홍만이 여성으로 보고 있다.

대종교의 강우는 삼신과 관련된 댕기·동정·섬줄을 단군과 관련된 것임을 주장한다. "일반적으로는 아기가 날 때에 '삼신(三神)'을 위함과, 어린이의 머리에 댕기(檀祈)를 드리움과, '웃옷'에는 반드시 흰 '동정(東旌)'을 붙이는 풍속이 있다. 삼신님을 대개 '삼시랑님'이라 부르나, 이것은 잘 몰랐던 부녀들의 와칭(訛稱)인가 한다."

아기가 날 때 삼신을 위하는 것은 "정한 볏짚[도초(稻草)] 한단을 산실(産室) 한편에 세우고 '입쌀밥(白米飯)·미역국(甘藿湯) '그릇'씩을 반에 차려놓음은 아기의 명과 복(命福)을 비는 것이요, 또 금기(禁忌)하는 일도 있다." 금기는 "산실문 밖에 '검줄(神索)'을 치고 '삼칠(三七日. 즉 二十一日)' 동안은 무슨 물건이나 밖으로 내보내지 않고, 또 부정(不精)한 사람이나 물건을 들이지 아니한다." 검줄은 "볏짚으로 '왼새끼(左淘索)'를 꼬아서 그 가운데 숯(木炭)과 고추(苦草)[생남시용(生男時用)]와 미역[생녀시용(生女時用)]을 드문드문 꽂은 것을 문 위에 가로 걸어 놓는다." 댕기(檀旗)는 "아기가 난 지 사흘이면 목욕을 시키고 새 옷을 입히며 머리털에 '빛 있는 실(色絲)'로써 맺는 것이 곧 한배검께 명과 복을 비는 것이라 하며 댕기라고 부른다." 단기에서 댕기가 왔다고 하는 것이다. 웃옷에 흰 동정을 붙이는 뜻은 "한배검께서 나리신 '한울메' 곧 백두산을 기념코져 하여 우리 인간은 남녀노소를 물론하고 웃옷의 깃(領) 위에 반드시 흰 동정을 붙이는 것이다"라고 하여 백두산의 흰 색깔에서 흰 동정이 왔다고 한다.[242]

최남선은 삼신이 임신·출산과 관련되어 있음을 밝힌다.

> 우리나라 말(震語)에 포태(胞胎)를 '삼'이라 함이 '삼줄', '삼불', '삼가르다' 등에서 봄과 같으니, '삼신'은 우선 포태신(胞胎神)의 의미를 가졌다. 그러나 산달(産期) 부녀에 있는 '삼신' 숭배는 포태(胞胎) 중에서뿐 아니라 수태(受胎)치 못하는 부녀는 '삼신받는다' 하여 무당이 있는 곳(巫處)에 가서 '제석(帝釋)풀이'의 신사(神事)를 젓숩고, 전대형(纏帶形)의 주머니(囊)를 중간을 막아 한쪽(一方)에 도정한 쌀(精米)을 담고 그것을 걸어 접어 두 입(兩口)을 잡아매고 거기 고깔을 씌우고 꼭대기에 끈을 달아서 이것을 신체(神體)로 집에 모셔다가 거실의 문(門戶) 마주보이지 않는 구석에 높이 달고, 시시로 제사(獻祀)하여 자녀 점지를 기원(祈祝)하는 일이 있으니, 이로써 보건대 삼신을 본래 자손을 내리는 신(授嗣神)이었을 것이다. 그뿐 아니라 이미 태어난(産誕) 후에는 평소에 '삼신'을 받지 아니하였던 집에도 반드시 산실 내에서 허위(虛位)로 '삼신'께 '점심 바침'의 제사(享)를 올리며, 혹 산모 생아(生兒) 간에 무슨 변상(變狀)이 있는 족족 '삼신'제사(享

242 강우, 「종리문답」, 국학연구소 홈페이지.

祀)를 열심히 공경하게(恪勤) 행함이 통례이니, 이렇게 보면 삼신은 또 산육의 수호신임을 알 것이다.[243]

최남선은 삼신은 포태의 신인 산신(産神)을 의미하고, 삼이란 태(胎)를 일컫는다고 한다. 발음으로는 삼신이지만, 산에 관련하여 이 기능은 포태(胞胎)·수사(授嗣)·산육(産育)의 세 가지 신의 뜻을 종합하여 명신(命神)이라고 한다. 명신은 고신도(古神道)에서 중대한 위치를 차지하고 있지만 후세에 와서는 근본적 실체가 숨겨지고 산육의 방면이 드러나 유아 수호적인 일변이 가정생활에 교섭하게 되었다고 한다.[244] 이는 삼신할머니와 연관이 된다.

정인보는 삼신이 수명 관장과 곡식 관장을 했다고 한다. 수명 관장은 삼신을 아이를 점지해주는 신으로 신봉하면서 삼신의 점지로 태어나지 않은 사람이 없다고 여겨 그들에게 자녀를 점지해주기를 빌고 무사한 출산을 감사드리는가 하면 심지어 아이가 10세가 되기 전까지는 삼신이 보호해준다고 믿는 것이다. 곡식 관장은 집집마다 삼신을 위하여 궤짝·부대·독에 곡식을 비치하고 해마다 햇것으로 교체하는 것은 모든 집안의 주부들이 지키던 풍습이라고 한다.[245] 삼신 신앙이 민간에 내려와서 가지게 되는 역할을 설명하고 있는데 이것도 삼신할머니와 같은 역할이다.

안재홍은 아사달에 성모시대[246]가 있고 그 할머니를 아씨라 했는데, 그 아씨가 삼신할머니라고 한다. 단군 이전의 시대이다. "아씨에서 원종(原種.

243 최남선, 『조선상식문답』, 『육당최남선전집』 3, 현암사, 1974, 241쪽.

244 최남선, 『조선상식문답』, 241쪽.

245 정인보, 『조선사연구(하)』, 우리역사연구재단, 2012, 557쪽.

246 안재홍은 성모시대 즉 원시적 모계사회가 단군뿐만 아니라 신라에도 있음을 주장한다. 『삼국유사』와 『삼국사기』에 선도산의 성모를 말한 것이나, 남해왕의 비가 운제부인으로 운산성모가 신령한 행적을 보인 것이라고 한다. 『삼국유사』에 아진의선이 나오는데 아진은 아지의 한자식 표기이고, 의선은 오모의 표음표기라고 한다. 아진의선은 아지오모로 숙모라는 뜻이라고 한다. 안재홍, 『조선상고사감』, 우리역사연구재단, 2013, 202쪽.

원래의 첫 씨) 즉 원모(原母. 원래의 어머니)의 의미를 발견할 수 있다는 것이다. 고대 사회에서 이미 씨 즉 종자의 철학적인 이치를 파악하였음을 알 수 있다."[247]

> '아씨'는 原母요, 聖母요, 神女니, 그 原義인즉 原種이라. 群生萬民의 大母이시니, 大母는 '한어머니' 즉 '할머니'이시라. 아사달 성모천왕은 '붉한'인 檀帝보다도 앞서서 '삼신할머니' 되신 이유이다.[248]

『부도지』에는 삼신을 마고·궁희·소희라고 본다. 이들은 모두 여성이다. 삼신할머니를 뜻하기도 한다. 반면에 『환단고기』에서는 남신으로 본다. 『환단고기』「태백일사—삼신오제본기」에서는 아이를 낳는 것을 축하하며 삼신(祝兒之生曰三神)이라고 했다.

2. 삼신제석

정약용은 「풍속고」에서 "지금 민간에서 베주머니를 만들어 정성스럽게 쌀을 담아 박달나무로 못을 만들어 벽 위에 걸고 공경하여 받들어 쇠하지 않는 것을 삼신제석이라고 일컬으니 생산을 맡은 신이라고 한다. 어린아이가 열 살 전에 지혜가 부족하거나 혹은 위험한 처지에 이르면 삼신제석이 보호한다고 한다"[249]고 했다. 정인보는 환인·환웅·단군을 천왕으로 받들었던 당시의 제천의식에서 비롯된 사고가 현재의 삼신제를 지낼 때 삼신을 제석이라고 부르는 것이 나온다고 한다.[250]

247 안재홍, 『조선상고사감』, 125쪽.

248 안재홍선집간행위원회 편, 『민세안재홍선집』 4, 지식산업사, 1992, 115쪽.

249 김교헌·박은식·유근, 『단조사고』, 김동환 해제, 훈뿌리, 2006, 18쪽.

『규원사화』에서는 "온 나라의 남녀가 여전히 은연중에 받들어 믿고 있는 것으로서, 곧 사람의 삶에서 나고 죽고 하는 것은 반드시 삼신이 주관한다고 말하며, 열 살 이전 어린아이의 신변과 목숨의 안위 및 슬기롭고 어리석음과 못나고 뛰어남 등을 모두 삼신제석(三神帝釋)에게 의탁한다"[251]고 기술했다. 이는 앞에서 말한 삼신할머니와 같은 내용이다.

3. 삼신주머니

『규원사화』에서는 삼신주머니(삼신랑)를 다음과 같이 설명한다.

> 지금 심신 제석을 숭상하는 풍속이 자못 왕성해져서 매 사람의 집의 안방 벽 위에 박달나무로 못을 만들고 종이 주머니에 깨끗한 백미를 가득 담아서 걸어 놓고 이름하여 말하기를 삼신주머니 혹은 제석주머니라고도 하면서 매년 10월에 새 곡식이 이루어지면 주부들이 깨끗한 손으로 새 곡식과 바꾸어 놓고 시루에다 떡을 쪄서 그 신에 치성을 드려 큰 복을 빌었다. 이것은 이미 단군조선의 유제에서 나와 백성들이 다투어 무당이 박수를 서로 숭상하고, 화나 복, 오래 살고 일찍 주는 것을 오로지 그 무당이나 박수에게 맡기었으니, 이것은 옛날 풍속의 말단의 폐단이라고 말할 수 있다.[252]

---

250 정인보, 『조선사연구(하)』, 551쪽.

251 『揆園史話』, 「檀君記」. "擧國男女, 猶崇信於潛默之中, 卽人生生死, 必日三神所主, [小兒]十歲以內, 身命安危及智愚庸俊, 多托於三神帝釋."

252 『揆園史話』, 「檀君紀」. "今, 崇三神帝釋之風頗盛, 每人家正寢壁上, 以檀木爲釘, 紙囊盛純白米而掛之, 名日三神囊或帝釋囊. 每十月, 新穀肇成, 則主婦必淨手, 換新甑, 蒸爲餠, 以賽其神而祝景福. 此, 旣出於檀朝之遺制, 而俗民競以巫覡相尙, 或至禍福壽夭, 專托巫祝而云爲之, 此乃古俗末流之弊也."

가을에 햇곡식을 거두면 삼신주머니, 제석주머니, 부루단지,[253] 업주가리 등으로 불리는 단지에 담아 마루에 정성스럽게 모셔놓는 풍습이다. 이를 신줏단지라고 한다.

김교헌은 주머니 속에 쌀을 넣는 것은 주곡(主穀)에게 보답한다는 뜻이고, 단군의 아들 부루가 신스러운 덕이 있어 백성을 생업을 주관하니 집집마다 존경하여 받드는 것이라고 한다.[254] 한영우는 신줏단지가 위패가 아니라고 한다. 신주를 단지에 담는 경우는 없다고 한다.[255] 부루단지 안에는 햅쌀을 채우고 위에는 창호지를 대고 끈으로 묶었으며 먼지가 푹 쌓여도 청소를 안 하고 신곡을 갈아 넣는 날만 만지고, 매년 추수 때마다 햅쌀로 새로 교체를 하는데 지난해 쌀로는 밥을 지어 식구들끼리만 나누어 먹고 손님이 와도 새 밥을 지어줄지언정 절대 나누어 주지 않고 머슴도 안 주었고, 심지어 단지가 깨져도 바꾸지 않고 천을 대어 유지했다고 한다.[256]

전남에서는 장손 집에서 부루단지를 모셔 '제석오가리'란 이름으로 불렀다. 오가리란 오지그릇의 단지나 항아리를 가리키는 사투리이다. 전북과 경남 내륙에서는 조상단지, 경남 도서지역에서는 부루독, 경북에서는 세존단지, 서울·경기에서는 제석주머니라고 부른다.[257]

업주가리(業主嘉利)와 관련하여 「태백일사—삼신오제본기」에 "벼 익은 것을 축하하여 업이라고 했고, 산은 뭇 생명이 삶을 영위하는 곳이고, 업은 생산 작업의 신을 의미하여 업주가리라고 불렀다(祝禾之熟曰業, 山爲群生通力之所, 業爲生産作業之神, 故亦稱業主嘉利)"고 되어 있다.

253 부루단지는 안방 윗목의 시렁 위에 오른 작은 단지를 말한다. 『무당내력』에는 "부루는 어질고 복이 많아 인민이 존경하고 신임하여 후일 터를 골라 단을 쌓고 토기에 벼 곡식을 담아 풀을 엮어 가려놓으니, 이를 가리켜 '부루단지' 또는 '업주가리'라고 했다"고 한다.

254 김교헌, 『신단실기』, 흔뿌리, 1987, 44-45쪽.

255 한영우, 『한국선비지성사』, 지식산업사, 2010, 110쪽.

256 「부루단지」, 『울소리』 3, 2006, 14쪽.

257 같은 글.

4. 삼신밥

> 우리 풍속에 부녀의 산후에는 반드시 백반과 미역국을 먹이나니 미역은 藿 海苔라 그 성질이 破血을 하는고로 산부에게는 가장 적당하다는 것이다. 가정에 잉태한 부녀가 잇서 産月이 將近하면 곳 藁席 산부의 所藉과 糞布(속담에 기저구)는 물론이거니와 백미와 미역을 미리 준비하여 두었다가 급기 분만하야 아이를 씻은 후에 백반과 미역국을 먹게 하는 것이다. 그런데 산부가 먹기 전에 밥 세 그릇, 미역국 세 그릇을 소반에 바쳐 산실에 놓고 삼신 제양님께 치성을 한다. 첫 일에 두 일에 세 일 및 백 일에 다 이와 같이 하는데, 속에 護産하는 신이 셋이 잇는 고로 삼신이라고 한다는 말도 있고 혹은 胎가 셋인 때문에 삼신이란 것은 곳 胎神이라고도 한다는 말도 있다.[258]

삼신이 생명을 주셨다는 믿음에서 아이를 갖기 원하면 삼신께 치성을 드리고 아이를 낳을 때 삼신에 대한 고마움으로 삼신밥을 만들어 놓는 풍습이다.[259]

5. 삼신반점

삼신이 생명을 점지하면서 기념으로 엉덩이를 때려 멍이 생기는데 이를 삼신반점이라고 하고 또는 몽골반점이라고 부르기도 한다.[260]

---

258 김병곤, 「朝鮮女俗小考六」, 『동아일보』, 1931년 12월 11일.

259 한영우, 『한국선비지성사』, 110쪽.

260 같은 책, 110쪽.

6. 삼족오

삼족오는 『환단고기』[261]와 고구려 고분벽화에도 많이 나오고 있다. 그래서 삼족오가 우리의 고유한 문화라는 주장도 있다. 그런데 『산해경』에는 "양목 위에 부목이 있다. 한 개의 태양이 거기에 이르게 되면 다른 한 개의 태양이 떠오르며 모든 태양은 까마귀가 실어 나른다"[262]고 한다. 『동명기』에는 "삼족오가 신선초를 먹는데 동북에 지일초가 있고 서남에 춘생초가 있으니, 삼족오가 내려와 여러 차례 이 풀을 뜯어 먹었다. 복희가 새를 잡으려고 손으로 새눈을 가리자 다시는 오지 않았다. 사람이 이 풀을 먹으면 늙지 않고 새나 짐승이 먹으면 멍하니 움직이지 않는다"[263]고 한다. 또한 아메리카 인디언에게도 까마귀는 태양새로 간주되고 있다.[264]

삼족오는 천·지·인을 상징하는 의미를 가진다. 한영우는 삼족오가 천·지·인 합일사상 즉 삼신일체사상이 표현이라고 한다. 까마귀는 태양 속에서도 살고 인간사회에도 사는 새로서 천·지·인을 매개한다는 뜻에서 세 개의 다리를 가졌다고 본 것이다. 까마귀가 울면 동네에서 사람이 하늘로 돌아가셨다, 즉 죽었다고 생각하는 관념도 여기서 나온 것이다.[265]

김주미는 삼족오 문양이 나오는 원-0, 태양-1, 까마귀는 검은색-2, 삼족-3이어서 천·지·인 합일을 의미한다고 한다. 그런데 김주미는 까마귀를 태양새로만 보지 않고, 현조(玄鳥)로 보고 있다. 이는 까마귀의 검은색과 새에 주목한 것이다. 그래서 현조로 설명하는데 그러면 검은 새 모두를 포괄하는

---

261 『桓檀古記』, 「檀君世紀」. "甲寅七年(347)三足烏飛入苑中, 其翼廣三尺."

262 『山海經』, 「大荒東經」. "湯穀上有扶木, 一日方至, 一日方出, 皆載於烏."

263 『洞冥記』 卷四. "漢武帝日: '朕所好甚者不老, 其可得乎?' 朔日: '東北有地日之草, 西南有春生之草.' 帝日: '何以知之?' 朔日: '三足烏數下地食此草, 羲和欲馭, 以手掩烏目, 不聽下也. 食草能不老, 他鳥獸食此草則美悶不能動矣.'"

264 김현자, 『천자의 우주와 신화』, 민음사, 2013, 213-214쪽.

265 한영우, 『한국선비지성사』, 92-93쪽.

것이 되기 때문에 대상이 너무 넓게 되어서 주제를 까마귀로 좁힐 필요가 있다.[266]

고구려 고분벽화에는 삼족오만이 아니라 두꺼비도 나온다. 삼족오와 두꺼비의 관계에 대한 설명이 없다. 김현자는 천문과 관련해서 삼족오를 해석한다. 삼족오는 태양의 새라는 관념이다. 천문 서적(『甘氏星經』)에는 태양 속의 새는 세 닭이었고, 까마귀는 해의 운행을 이끄는 춘분 직전에 떠오르는 해의 별이었고, 네발 달린 토끼는 달 속의 동물이고, 두꺼비는 추분 직후에 지는 달의 별이었다.

> 일성은 방의 서쪽 저의 동쪽에 있는 별이다.
> 해는 양의 근원의 정수이다.
> 닭은 다리가 셋이고 까마귀는 다리가 둘이라, 닭은 해 속에 있고, 까마귀의 정수는 별이 되어 태양의 행도를 주관한다.
> 해는 동쪽에 생겨나므로 일성이 거기에 있다.
> 월성은 묘의 남쪽 필의 북쪽에 있다.
> 달은 음의 근원의 정수이다.
> 토끼는 다리가 넷이고 두꺼비는 다리가 셋이라, 토끼는 달 속에 있고, 두꺼비의 정수는 별이 되어 태음의 행도를 주관한다.
> 달은 서쪽에서 생겨나므로 월성이 거기에 있다.[267]

수탉이 세 번 울면 하늘이 밝아온다는 그것의 표현이었다. 여기서 하늘-1, 땅-2, 해-3, 달-4의 체계를 눈여겨볼 필요가 있다. 수탉-해, 까마귀-해

266 김주미, 『한민족과 해속의 삼족오—한국의 일상문연구』, 학연문화사, 2010.

267 "甘氏星經雲日一星在房之西氐之東, 日者陽宗之精也. 爲雞三足, 爲鳥二足, 雞在日中, 而鳥之精爲星, 以司太陽之行度. 日生於東, 故於是在焉, 月一星在昴之南畢之北, 月者陰宗之精也. 爲兔四足, 蟾蜍三足, 兔在月中, 而 蟾蜍之精爲星, 以司太陰之行度. 月生於西, 故於是焉." 김현자, 『천자의 우주와 신화』, 214-215쪽 재인용.

의 별, 토끼-달, 두꺼비-달의 대응관계가 해와 해의 별이 모두 일로 표현되고, 달과 달의 별이 모두 월로 표현되어, 전자는 태양, 후자는 닭이 되었다. 어쨌든 까마귀가 닭을 밀어내고 두꺼비는 토끼를 밀어낸 것이다.[268] 태양새 한 마리가 한 달에 세 순의 해 중 세 번 해를 실어 나르게 되고, 이것이 어느 시기에 까마귀의 세 발로 표현되었다고 할 수 있다.[269]

이은상은 해 속의 삼족오를 영원성의 상징으로 보고 있다.

> 옛 사람이 해 속 삼족오(日中三足烏)를 불러 구만리 창공(九萬里蒼穹)을 허위허위 다님이 무삼 일이냐 하고 백년에 한 번씩이나마 쉬엄쉬엄 다녀라 한 것도 해의 넘우나 엄격함을 보는 남아지에 자신의 무상을 탄한 것이다.[270]

이은상은 삼족오가 구만리를 다니는 것과 옛 사람을 영원성과 무상함에 비교하고 있다. 정재서는 삼족오가 태양신의 상징이라고 보고, 고구려 벽화에도 보이며, 태양신격을 지닌 동명왕 주몽, 조류 숭배와 상관된 난생 신화, 모자에 새깃을 꽂는 조우삽관(鳥羽插冠) 풍습 등에서 확인된다고 한다.[271]

7. 삼재(三才)

삼재(三才)는 천·지·인을 삼재라고 부른 『주역』 「계사전」에서 연유한다.

---

268 같은 책, 214-215쪽.

269 같은 책, 220쪽. 김현자는 수탉이 세 번 울면 새날이 밝아온다는 것, 수탉의 세 번 울음과 삼족오가 해와 연관되는 것에 주목하여 해-3을 강조한다.

270 이은상, 「십장생송」, 『동아일보』, 1930년 4월 13일.

271 정재서, 『동양적인 것의 슬픔』, 살림, 1996, 131쪽.

『설문해자』에서는 왕(王)자의 뜻을 풀이하여 "일이 삼을 관통한다"고 말했으니, 사람이 삼재를 관통하여 주관한다는 말이다.[272] 『천부경』[273]에는 이를 '일석삼극(一析三極)'이라고 한다. 권덕규는 『천부경』의 '일시무시일(一始無始一)'을 "一은 곧 알의 天一과 地一과 人一과의 一이니 一이 本來엔 分別이 無함으로 다만 一이라 이름이요, 無始한 一은 곧 알의 心本을 이름이니 이 一써 前에는 다시 始될 者가 無함으로 無始라 함이니 이는 三才가 다 이 心本으로 始를 함이니라"[274]라고 해석한다. 여기서 일(一)은 분별이 없는 것인데 일이라고 이름붙인 것이고, 한글로는 알, 의미로는 심본(心本)이라고 한다. 얼이 머리라면 알은 마음이다. 알이라고 한 표현은 그가 대종교인이면서 한글을 주창한 학자임을 보여준다. 천·지·인 삼재가 모두 일에서 시작된 것이고 이는 모두 심본으로 귀결되는 것이다. 일을 심본으로 설명하는 것은 『천부경』의 '본심본태양앙명(本心本太陽仰明)'의 심본을 고려한 것이다. 그의 이러한 천·지·인 정신은 곧 나와 우주가 하나가 되는 마음인 것이다.[275]

나는 宇宙에 하나이라. 거긔서 나를 떼어낼수도 업스며 區別하기도

---

272 안정복, 『순암 안정복의 만물유취』, 박지현 역, 사람의 무늬, 2014, 130쪽 재인용.

273 『천부경』의 발견 역사는 1916년 계연수가 묘향산 석벽에서 발견했고, 1920년 전병훈이 『정신철학통편』을 지으면서 첫 부분에서 『천부경』에 대해 주석했다. 1921년 단군교 기관지인 『단탁』에 『천부경』이 소개되었고, 1925년 최치원의 후손인 최국술이 『최문창후전집』에 실었다. 1934년 이시영은 『감시만어』에 『천부경』 원문을 소개했다. 1957년 기정진 계열의 金炯鐸이 『단군철학석의』를 내면서 『천부경』을 소개했다(송호수, 『한민족의 뿌리 사상』, 기린원, 1989, 48쪽 참조. 송호수는 『천부경』의 전래가 奇正鎭-李承鶴-李𤢖-김형탁으로 이어진다고 한다). 그러다가 대종교에서는 1976년에 와서야 『천부경』을 인정했고, 1979년 계연수의 제자 리유립에 의해 『환단고기』가 나왔는데 그 속에 「태백일사—소도경전본훈편」에 『천부경』이 실려 있다. 「태백일사」에서는 『천부경』이 환인천제가 다스리던 환국에 전해진 책인데, 이것을 환웅이 혁덕에게 명하여 鹿圖文으로 썼다고 한다.

274 권덕규, 「檀君天符經解」, 『계명』 4, 1921, 28-29쪽.

275 육구연은 "공간을 주라고 하고, 시간을 우라고 하니 곧 내마음이고, 내마음은 우주(四方上下曰宇, 往古來今曰宙. 便是吾心. 吾心卽是宇宙)"라고 한다. 깨달음의 과정에서 나타나는 동일한 광경이라고 할 수 있다.

어렵도다. 果然 나는 나의 나가 아니다. 우주의 나이다. 내가 업스면 宇宙가 업는것 가타. 宇宙가 업스면 내가 업슬것이다. 얼른 말하면 서로 도움으로 宇宙가 잇서간다 한다. 더욱 사람끼리는 말할 것도 업다. 내이 갈돕이 이뜻을 봄바다 사람이라는 나의 나를 기르려는 줄 안다. 이런 쪽으로 갈돕을 爲하고 視한다. 宇宙의 나, 나의 나.[276]

삼재는 『천부경』의 '인중천지일(人中天地一)'에서 잘 드러난다. 먼저 『천부경』에서 천(天)자를 보자. 첫 번째 일(一)은 하늘이고, 두 번째 밑에 그은 일(一)은 땅이고, 그다음에 세 번째는 사람(人)이다. 그래서 하늘과 땅과 사람이 다 모여서 하늘 천(天)자가 된다.

그래서 하늘 천(天)이라는 것은 하늘과 땅과 사람이 모였을 때 진정한 하늘이 된다. 땅이 없는 하늘은 하늘이 아니고 사람이 없는 하늘 또한 하늘이 아니다. 그래서 하늘 천(天)이라는 것을 잘 알게 되면 이것은 바로 하늘과 땅과 사람이 다 합칠 때 진정한 하늘이 된다는 것이다.

『천부경』에서 천은 우리의 감각기관에 들어오는 하늘이 아니라 하늘·땅·사람을 포괄하는 것이고, 부는 징표로, 하늘·땅·사람을 포괄하는 징표를 나타내는 경전이란 뜻이다. 『천부경』의 '인중천지일'은 마음의 근본과 우주만물의 근본이 하나로 통할 때 일체가 밝아진다. 이렇게 마음을 밝힌 사람에게는 하늘과 땅과 사람이 하나로 녹아들어가 있다.

이는 천지자연의 근원적인 것과 하나가 된다는 뜻이다. 인간의 무의식에는 천지와 하나가 되는 사고가 존재한다. 이러한 영성을 추구하는 것이 삼재사상이다. 인간은 자기 안에 신성을 자각함으로써 신과 인간, 하늘과 땅, 물질과 정신이라는 이분법을 넘어서고, 분리된 개체로서의 육체라는 자신의 한계를 넘어선다.

---

276 권덕규, 「갈돕會로 갈돕解까지」, 『갈돕』 1, 갈돕사, 1922년, 6쪽.

그런데 이 삼재사상은 중국의 『주역』에도 나타난 것처럼 도교에도 이미 존재한다. 그렇지만 『천부경』처럼 그렇게 명확하게 표현하지는 않는다. 예를 들면 '천·지·인'에서 '인'의 자리를 정확하게 파악하면 우리는 천·지·인이라는 역동적 관계가 함축하는 논리를 파악할 수 있다는 것이다. 그렇다고 해도 삼재가 우리에게만 있는 고유한 사상이라고 할 수 없다. 다만 중국과 한국에 공통되는 사고라고 하는 것이 적절하다.

8. 삼산(三山)

『삼국유사』 미추왕 죽엽군조에서 "왕이 국가를 보호하려는 노력이 끄지 않다고 할 수 없다. 그러므로 나라의 사람들이 그 덕을 기리면 삼산과 함께 제사지내기를 게을리 하지 않고, 서열을 오릉의 위에 두었다"고 한다. 여기서 삼산은 씨족의 시조 탄생지를 가리킨다. 씨족의 탄생지는 김씨·박씨·석씨를 말한다. 오릉은 박씨의 왕릉이다. 미추왕은 김씨이다. 김씨가 박씨보다 우위에 있음을 주장하는 글이지만, 세 씨족의 탄생지를 받는 곳이 있음을 알 수 있다.[277]

『삼국사기』「잡지」 제사조에서 "입추가 지난 후에 맞이하는 진일에는 보피부의 유촌에서 영성 삼산오악에 제사를 지냈으며 그 이하의 명산대천에 지내는 제사는 대사·중사·소사로 나누었다"고 한다. 신라 때 명산대천에 대사·중사·소사를 지냈는데, 대사를 지내던 삼산은 경주의 낭산과 영천의 골화산, 청도의 혈례산인데 당시 신라의 성지였다. 백제에도 부여의 일산(日山)·오산(吳山)·부산(浮山)이 있다고 한다.[278] 정인보는 영성 삼산에 주목하여

277 박남수, 『신라화백제도와 화랑도』, 주류성, 2013, 25-26쪽.

278 노승대, 『바위로 배우는 우리 문화』, 무한, 1997, 292쪽. 일산은 정확하지 않다고 한다.

영성 삼산은 삼신을 지칭한다고 한다.[279] 『삼국지』 「동이전」에는 "영성과 사직에게 제사를 지낸다"나 『후한서』 「동이전」 고구려조에는 "귀신과 사직과 영성에 제사지내기를 좋아한다"고 한다. 이러한 측면에서 영성은 삼신에 대한 제사이고, 삼산도 마찬가지라는 것이다.

9. 삼위태백

삼위태백은 『삼국유사』에 나온다. "아버지는 아들의 뜻을 알고 아래로 삼위태백을 내려다보니 널리 인간을 이롭게 할 만하다고 생각했다." 『산해경』에는 삼위산에 파랑새 세 마리가 있고 산 둘레는 100리로 조서산 서쪽에 있다고 한다. 『상서표주(尙書表註)』에는 융인이 봉우리가 셋이 있는 산을 삼위라고 한다. 『동국여지승람』에서는 태백을 묘향산이라고 하고, 삼위는 구월산이라고 한다.

이에 대한 대종교 학자들의 주장은 크게 셋으로 나눌 수 있다. 하나는 삼위태백이 한반도에 있다는 주장, 다른 하나는 중국에 있다는 주장, 또 다른 하나는 한국 중국을 넘어서는 입장이다.

첫 번째로, 장도빈은 삼위가 구월산이라고 한다.

> 구월산의 옛날 이름은 백악(白岳)이요, 혹은 아사달(阿斯達)이요 혹은 삼위(三危)요 혹은 금미달(今彌達)이요 또는 궁홀산(弓忽山)이라고 역대 역사책에 기재되야 있다. 또 고려조를 중심으로 한 기록에는 증성악(甑城岳) 곧 증산(甑山)이라고 한 것도 있다. 그러면 지금 불으는 구월산이라는 명칭은 곧 궁홀산의 전칭(轉稱)임을 알 수 있다. 그런데 백악이란 명칭은

279 정인보, 『조선사연구(하)』, 565-566쪽.

『삼국유사』에 갈으되 단군이 아사달 곳 백악에 도읍하였고 『동국사략』에 갈으되 단군이 처음에 평양에 도읍하엿다가 후에 백악에 도읍하였다 한다. 동시에 『고려사』「지리지」, 『동국여지승람』 등에 단군의 도읍을 옮김 백악이 곧 구월산임을 명기한 것을 보아 구월산의 고명이 백악임을 알 수 있고 『삼국유사』에 환인 환웅이 삼위(三危)를 내려다보았다 하였고 또 『삼국유사』에 아사달의 일명은 궁홀산이오 일명은 금미달이라 한 동시에 『고려사』「지리지」와 『동국여지승람』에 궁홀산을 기록하야 갈으되 고명이 아사달이라 하야 삼위 궁홀산의 명칭이 다 아사달의 일명인 것을 인하였음을 보아 고대 구월산의 일명이 삼위 혹은 아사달 혹은 궁홀산임을 알 수 있다.[280]

둘째로, 신채호는 삼위는 아사달의 별명이고, 지금의 내외(대소) 흥안령을 뜻한다고 한다. 그는 단군조선에 세 개의 수도가 있었고, 그것이 『신지비사』에 나오는 부소량, 오덕지, 백아강이라고 한다. 이들 모두가 흥안령 근처(산맥)에 있다고 한다. 태백은 백두산이라고 한다.[281] 안확은 삼위와 태백을 둘로 보아, 삼위는 서쪽 지역이고 태백은 동쪽 지역이라고 한다. 삼위는 서왕모 선인이 숨은 곳이고, 태백은 동방의 신선 지역을 말한다고 한다. 환웅천왕이 태백에 강림하여 동방을 다스린 것은 조선 지방의 위치에 응하는 것만 아니라 동방 태백 선인 환웅으로 서방 즉 삼위의 선인 서왕모에 대치하는 관념이라는 것이다.[282] 정인보도 삼위와 태백을 나누어서 보고 있다. 삼위는 중국 감숙성 돈황현 남쪽에 있는 삼위산이고, 태백은 장백산을 지칭한다고 한다.[283] 하지만 정인보는 최남선의 붉산에 대해서는 부정적인 사고를 가지

280 장도빈, 「구월산사화」, 『신동아』 7, 1934, 13쪽.

281 신채호, 『조선상고문화사』, 96-97쪽.

282 안확, 「檀君傳說に取での管見上」, 『자산안확논국학논저집』 4, 여강출판사, 1994, 53쪽.

283 정인보, 『조선사연구』, 「부언」, 785쪽.

고 있다.

> 단군 숭배의 자취를 그가 즉위하거나 탄생한 터인 것으로 착각하여 백두산의 옛 땅이 엄연히 존재하고 있음에도 불구하고 굳이 백산이라는 이름에만 집착하여 이리저리 뛰어다니고 그래도 단서를 찾지 못하면 천도설까지 갖다 붙이는 것은 실없는 짓이다.[284]

셋째로, 최남선은 삼위는 생활세계, 태백은 밝산을 뜻한다고 한다.

> 삼위는 고어 '사뮈'의 對字요, 사뮈는 생활계를 의미하는 것으로 곧 上의 '桓'계와 하의 '긋'계에 대한 조선 민족의 인간계를 부른 명칭입니다.[285]

삼위는 사뮈로 삼계 즉 신계·인간계·악계 중 인간계를 뜻한다고 한다. 그래서 그는 중국 서적에 나오는 삼위는 『삼국유사』의 삼위와 다르다고 한다.

> 자의에는 본디 관계없고, 다만 유서 도서 등에 전설적으로 나오는 산명에 삼위가 있으므로 이 문자를 잉용하였을 따름입니다. 이렇게 고기에 나오는 문자 중에는 국어를 음역하면서 전고 있는 어문을 모용한 것이 많아서 자칫하면 정신이 빗나가기 쉬운 것을 주의해야 합니다.[286]

태백은 밝산을 뜻한다. 먼저 밝에 대해서 알아보자. 그는 태백산에 '백'자에 주목한다.[287] 그는 조선에는 백(白)이란 글자를 가진 산이 많다고 한다.

---

284 같은 책, 593쪽.

285 최남선, 「단군신전의 고의」, 『육당최남선전집』 2, 현암사, 1974, 193쪽.

286 같은 글, 193쪽.

조선에는 백자 또는 그와 유사한 음 또는 훈을 그 명칭을 가지고 있는 산이 매우 많다. 현재 한반도 안으로만 보더라도 가장 북쪽에 있으며 가장 유명한 백두산을 위시하여 장백, 조백, 태백, 소백, 비백, 기백, 부백 혹은 백운, 백암, 백마, 백학, 백화 등과 같은 명칭을 가진 산을 도처에서 볼 수 있다.[288]

태백산의 백은 붉(park)에 온 것이다. park에서 paek으로 전환된다. a가 ae로 된다는 것이다. 붉산이 백산이 되는 것이다. 여기서 붉은 광명을 의미하는 것이기보다는 천과 신을 뜻하고, 이는 태양을 의미하는 것이라고 한다. 백산은 신산(神山)이고, 신산은 천계의 인간적 존재 또는 태양의 화신 혹은 그 궁궐을 뜻한다고 한다. 이는 『삼일신고』의 천궁과도 연관이 된다. 그러나 최남선은 광명과의 직접적인 관계를 생략하고 있다. 광명은 본성광명(本性光明)이란 말에서도 나타나듯이 내면의 신과의 합일된 체험을 통해 나타나는 현상이다.[289]

이러한 주장은 최남선이 처음 주장한 것이 아니라 시라토리 구라키지가 이미 주장한 것이다.[290] 시라토리는 서양 학자인 클라프로트나 레뮈자가 비

287 태백산(붉산)을 백두산과 묘향산으로 시성하는 문제에 대해서 최남선은 분명하게 주장하지 않지만 무게중심은 백두산에 가 있다. 백두산은 붉산을 어원적으로 증명해준다. 그런데 백두산과 묘향산 어느 것이 태백산인가에 대해서 두 종파끼리 알력이 있었다. 묘향산은 단군교의 계연수가 『천부경』을 발견한 곳이고, 백두산은 대종교에서 환웅이 내려온 것으로 설명하고 있다. 최남선이 백두산을 태백산으로 정하는 것은 대종교의 영향 때문이다. 대종교의 2대 교주인 김교헌은 최남선에게 영향을 주었다. 최남선은 『백두산근참기』라는 기행문을 썼다.

288 최남선, 『불함문화론』, 정재승·이주현 역주, 우리역사연구재단, 2008, 37쪽.

289 최남선은 신라의 혁거세는 개인의 이름이 아니라 단군 신화에서 보이는 광명이세, 일본 신화에서 光華明彩가 육합에 두루 비추는 내용과 같은 것이라고 주장한다(같은 책, 94쪽).

290 이것은 원래 도쿄대 언어학자 우에다 가즈토시(上田萬年)가 주장한 것이다. 이를 시라토리, 가나자와, 최남선이 인용하고 있다. 이들이 언어학 특히 어원론적 분석에 주목한 것은 언어가 사상이나 감정의 표상물이라고 하는 생각에 입각한 것이다. 민속학적인 접근보다는 언어학적 접근이 좀 더 근원적이라고 생각한 것이다. 三ツ井崇, 「日本語朝鮮語同系論の政治性をめぐる諸様相」, 『조선사연구회논

교언어학을 통해 동양 언어의 유사성을 밝히고자 한 것에 주목하고 있다. 이들 서양 학자가 주로 키르기스어·그리스어·달달어·야쿠트어·핀란드어와 비교하고 있는데 비해, 시라토리는 한국어와 일본어를 비교하고 있다. 그는 한국어 어휘 중 p음 단어와 b음 단어의 관련성에 주안점을 둔다. 예를 들면 불과 히(ひ), 빛과 히까리(ひかり), 바람과 후우(ふう), 불다와 후구(ふぐ), 봄과 하루(はる), 부리와 부리(ぶり), 벌과 하츠(はず) 등등이다.[291] p음과 하행(ハ行)의 연관성에 특히 주목하고 있다. 또한 가나자와 쇼사부로(金澤庄三郎)[292]도 p음이 하라(はら)·하레(はれ)가 된다고 한다. 이러한 예를 통해 이들은 한국어와 일본어가 모두 우랄알타이어 계통임을 주장한다.[293] 반면에 최남선은 우랄알타이어 계통을 주장하기보다는 붉문화의 동일성을 주장한다. 그런데 문제는 백은 p음보다는 b음에 가깝다.[294] p음과 일본어의 유사성에 맞추고자 하는 시도라고 볼 수 있다.

시라토리는 우랄알타이어의 어원론적 분석을 중시할 뿐만 아니라 영산의 의미도 부각시키고 있다. 불함산이 장백산의 옛 명칭이고, 그것이 청조 이래로 사람들에게 존중을 받고 있었다고 한다. 그것이 일본에서 산악의 신성성을 강조하는 것과 연결된다고 한다.[295] 최남선은 규슈 지역의 히코산(英彦山)도 태양의 자손으로 신령스럽다는 뜻이라고 한다. 다시 말하자면 신의

문집』 37집, 1999, 142-143쪽.

291 전성곤, 『근대 '조선'의 아이덴티티와 최남선』, 제이앤씨, 2008, 118쪽.

292 가나자와는 처음에 한국어가 본가이고 일본어는 분가로 설명한다. 그의 이러한 주장도 나중에는 일본어를 우선에 놓는 것으로 바뀐다. 일선동조론에 입각한 것이다. 그러나 小倉進平을 비롯한 일본의 주류학계에서는 일본어와 한국어의 동계론을 인정하지 않았다. 조선총독부를 비롯한 일련의 관방 지식인들이 끊임없이 동계론을 주장했다. 三ツ井崇, 「日本語朝鮮語同系論の政治性をめぐる諸様相」, 145-157쪽.

293 한국어가 우랄알타이어족에 속하는가에 대해서 학계는 의문을 표시한다. 우랄어와 알타이어가 같은 것이라는 전제도 문제가 된다.

294 전성곤, 『근대 '조선'의 아이덴티티와 최남선』, 139쪽.

295 같은 책, 336-337쪽.

산이다. 최남선에 따르면 일본의 규슈 지역 외에도 붉산과 관련된 곳이 많다. 가나가와현, 시마네현에서도 보인다고 한다.

그런데 최남선은 중국에 대해서는 일본처럼 지명을 언급하지 않고, 다만 태산 지역만 언급한다. 아마도 필자가 보기에 중국 전체가 한국·일본과는 다른 문명권이기 때문이라고 생각된다. 그는 중국에서 일부분인 태산 지역은 한국·일본과 같은 문명권에 속한다고 본다. 이곳은 동이족이 살았던 곳이다. 최남선은 태산 지역에 있었던 방사(方士)도 남자 무당을 뜻하는 박수, 키르기스어에서 남자 무당을 뜻하는 박사(Baksa)의 중국식 번역 형태라고 한다. 그리고 진시황 때 불로초를 찾아 떠났던 서불 또는 서복도 붉(Park)에서 k가 생략될 때 불(Pul)이 된 것이고, r이 생략될 때 복(Pok)이 된다고 한다.

최남선은 "이러한 차이를 포함하는 점이 붉이 아니면 확증될 수 없다"고 한다. 그리하여 붉산은 첫째로 그 지역에서 사람과 사물을 포함하는 만물이 창조되는 신화의 무대이고, 둘째로 가장 높은 곳이고, 강의 발원점이고, 셋째로 국경선을 따라 막고 있는 역할을 하고, 넷째로 신령의 봉사자이고 태양신이다. 사람과 하늘의 접촉 지점이라고 한다. 하늘의 분신이고, 문화의 계통을 형성한다고 한다.

최남선은 이를 동북아를 넘어 동유럽에까지 확장한다. 동쪽으로는 카스피해, 서쪽으로는 에게해, 남쪽으로는 카스피해까지라고 한다. 카스피해 주변의 발칸산과 볼가강, 다게스탄과 바쿠항, 발하슈시 등을, 메소포타미아에서는 바그다드와 비루 등을, 시리아에서는 부카, 소아시아에서는 바리키세리, 발칸반도에서는 발틱, 봐르나, 불가스, 부카레스트, 벨그라드, 푸라그 등등의 이름에서 그 증거를 찾을 수 있다고 한다. 그중에서 발칸은 터키로 산맥이라는 뜻이라고 한다. 발칸은 신산을 의미하는 붉은에서 유래하고, 로마신화의 볼카노에서 나왔다고 한다. 붉은이 로마에 들어가서 화산의 신으로 전화했다고 한다.[296]

최남선은 한 걸음 더 나아가 신화에까지 확장한다. 인도의 브라흐마, 셈족의 바알, 바빌로니아의 벨, 그리스의 아폴로, 로마의 불칸, 북유럽의 프리그 등은 붉의 옛날 형태인 발(par)이나 불(pul)과 깊은 관련을 갖는다고 한다. 또한 인도의 푸루샤·파르자냐·바르나·바가, 북유럽의 프리그·바두르·발키르·비그리드 등은 발과 관련성이 있다고 한다. 그리스의 프로메테우스·박커스·프로테우스·헬리우스·헤르메스·헤라클레스·아테나·헤카테·프르카 등은 발의 명칭을 가진 신들인데, 이들은 창조신·지상신·천신·광명신·태양신·화신 같은 인문적·예언적·종교적 신격이라고 한다.[297] 그리고 지명에서도 서아시아의 파르스·포에니키아·파르티아·베르세바·필리스티아·페르가몬·프리기아·방베크, 그리스의 파르나소스·헬리콘·파라다이스·바루나 등의 낙원은 발의 명칭을 취한다고 한다.

최남선은 발과 같은 비슷한 종류의 언어적·민속적 연구가 일면에 있어서나 인류사에 있어서 붉 온문화가 얼마나 오래된 문화유산인가를 명확히 알려준다고 한다. 붉 온을 통해 이루어진 동서 문화의 교감이 인류생활의 원시적 세계성이라는 사상에 도달케 하는 하나의 연줄이라고 보는 것이다. 붉에 대한 연구는 동아시아 문화에 국한된 것이 아닌 것이다. 그러나 필자가 볼 때 이런 사고는 어원론적 사고도 아니고 단순한 분류에 불과하다. 학문적 엄밀성이 떨어진다.

최남선은 붉사상의 시발지가 카스피해와 흑해 지역이라고 한다.[298] 이는 붉사상의 근원을 한반도로 보는 사고와 배치된다. 최남선에 따르면 "불함문화는 첫째는 성질에 의해 둘째는 민족의 역사적 불운과 이동 때문에 계통이 불분명하다"고 한다. 그래서 그 이동을 새롭게 구성한다. 불함문화는 흑해에서 카스피해를 거쳐 파미르의 북동 갈래인 천산산맥으로 하여, 알타이산맥·사얀산맥·야블로노이산맥을 따라 남으로 흥안령산맥과 태항산맥, 동으

296 최남선, 『불함문화론』, 123-127쪽.

297 같은 책, 129-142쪽.

298 같은 책, 125쪽.

로 조선·일본·유구로 전해졌다고 한다. 이는 불함문화의 시작을 파미르고원이나 바이칼호수로 보는 사고와 대비된다. 파미르고원이나 바이칼호수는 샤머니즘 등의 의미론적 사유를 갖고 있지만, 카스피해나 흑해는 단순히 어원적인 사고에서 나온 것이다. 어원론적인 사고를 가지고는 기원을 인정하기 힘든 문제[299]가 발생한다.[300]

붉[301]과 산에 대해서 최남선은 하나라고 주장한다.

> 우리의 고신앙에 있어서는 산악과 천계(天界)는 하나면서 둘이 아님(一而不二)의 관계가 있어서 천이 인간으로 온 산악이요, 산의 최대한인 것이 천이며, 줄잡아 말하여도 산악은 천에의 사다리(梯子) 관문이요, 사람과 하늘(人天)의 교회점(交會點)·연락점인 것이며, 또 인간에 있는 하늘의 최고 실재가 산악이며 높다는 심리적 관계로 산 그대로에 천의 표상을 보았었습니다. 그리하여 산과 천은 동일한 붉으로써 호칭되니 뒤집어 말하면 붉이란 이름을 통하여 산과 천은 동일한 관념의 대상이 되어 있었음이요, 얼른 말하면 하늘인 자-성인인 자-최고물-신앙적 최고 대상의 의를 포함시킨 것이 붉산의 어의입니다. 붉산이란 곧 천산이란 말입니다.[302]

299 서영채는 이러한 최남선의 사고가 "우리의 진짜 아버지는 망국의 무력했던 지배자들이 아니다. 저 굉장한 불함문화권을 보라. 동쪽으로는 일본을 경계로 하고, 남쪽으로는 유구, 서쪽으로는 중앙아시아를 가로질러 발칸반도에 이르는 거대한 영역이 있고, 우리의 진짜 아버지는 위대한 단군이다"라는 가족 로맨스에 입각하고 있다고 한다. 서영채, 「최남선과 이광수의 금강산 기행문에 대하여」, 『민족문학사연구』 24, 2004, 129쪽. 조현설은 일본에 들어온 막스 뮐러의 태양신화학의 개량종이고, 이러한 신화해석 방법론은 19세기 말에 유행했지만 폐기되었다고 한다. 조현설, 「근대의 어문학자 최남선」, 『한국 근대 초기의 어문학자』, 태학사, 2013, 287쪽.

300 조남호, 「최남선의 불함문화론」, 『선도문화』 11, 2011.

301 붉의 의미에 대해서는 삼신 부분 참조.

302 최남선, 『불함문화론』, 196쪽.

ᄇᆞᆰ산으로 변형인 '박(朴)'·'복(伏)'·'북(北. 白雲·白馬·白華·白頭 등을 포함)', 한문적 변형인 풍류(風流)·풍로(風爐)·봉황(鳳凰), 불교적 변형인 비로(毘盧)·반야(般若)·법기(法起)·불현(佛見)·성불(成佛), 도교적 변형인 백운(白雲)·태평(太平), 이두적 변형인 정견(正見)·정명(正明)·불함(不咸)·분려(分黎)·평로(平虜) 등이 있다고 한다.[303] 최남선은 구체적으로 북에서는 백두산, 동에서는 금강산, 서에서는 마니산을 삼신(三神)의 영장(靈場)인 백산이라고 말한다.[304]

이광수도 최남선의 입장과 같다. 태백과 소백을 나누어 설명하는 점이 좀 더 구체적이다.

> 모란봉(牧丹峯)이라는 명칭은 태백(太白)에서 온 것이 분명합니다. 고조선에서는 나라에는 나라의 태백(太白)·소백(小白)이 있고 고을에는 고을의 태백(太白)·소백(小白)이 있습은 현재의 지명을 보아서 분명한 것이니 백두산은 나라의 태백으로 백산의 머리로서 박머리 또는 박마리라고 불럿던 것이오 지금 묘향산도 본래는 태백이어니와 평양·서울의 지형으로 보면 모란봉이 태백이오 을밀대가 소백임은 의심할 여지도 없는 것입니다. 태백이라는 한자를 붙인 산을 지금도 우리말로는 함박(한박의 音便일 것)이라 하고 소백을 쪽박이라고 부르는 것은 강동 사람은 다 아는 바이어니와 함박이라는 이름이 함박꽃을 연상하야 모란으로 변한 것도 당연한 일일 것입니다. 강동의 태백·소백이나 길림의 소백산맥이나 또 서울의 부악(負兒岳)·백악(白岳)이나 다 같은 계통의 생각에서 나온 산명일 것입니다.[305]

우리나라 대부분에는 태백과 소백이 있으며, 구체적으로는 평양의 모란

---

303 같은 책, 196쪽.

304 최남선, 「조선상식」, 『육당최남선전집』 3, 현암사, 1974, 242쪽.

305 이광수, 「단군릉」, 『삼천리』 8-4, 1936, 70-76쪽.

봉은 태백이고, 을밀대는 소백이다. 태백은 한글로 함박이고, 소백은 쪽박이다. 백두산·묘향산은 모두 태백이다.

권덕규는 홍유하의 삼위태백과 백두산을 하나로 보는 것에 대해서 소개를 하면서, 결정을 하지는 않는다.[306]

> 태백산에 대증산(大甑山)·소증산(小甑山)이 잇고 증(甑)은 우리나라 말에 '시루'니 이것이 삼위(三危)라 하는데 홍유하(洪柳下)의 「백두산기(白頭山記)」에 "소백산 마루(小白山脊)에 올라 멀리서 바라보면 굉후박대(宏厚博大)한 백산(白山)이 천리가 한결같이 푸르른(千里一蒼) 한가운데에 홀로 그 산꼭대기(山頂)가 흰시루(白甑)를 높은 도마 위(高俎上)에 엎어 놓은(覆置) 것 같으니 그 백두(白頭)라 이름함이 이 까닭이라" 하얏스니 이 흰시루설(白甑說)과 삼위설(三危說)이 거의 부합함은 참으로 자미잇는 문제나 아즉 차치하고……[307]

안재홍은 삼위태백이 태백산으로 서쪽의 곤륜에 비길 만하다고 한다. 삼위태백은 삼위곤륜과 같은 말로, 진인의 자존의식이 신화를 통해 나타난 것이라고 한다. 삼위는 삼뫼로 태산(胎山) 즉 잉산(孕山)이라는 뜻이다. 백산과 의미가 유사한 것으로 백산의 선행어이다.[308]

10. 삼랑성

삼랑성에 대한 해석은 둘로 나눈다. 하나는 단군의 세 아들이 쌓았다는

306 권덕규는 다른 곳에서 백두산을 태백산이라고 한다.

307 권덕규, 「백두산 2」, 『동아일보』, 1921년 10월 15일.

308 안재홍, 『조선상고사감』, 363쪽.

것이고, 둘은 그렇지 않다는 것이다.

첫째로, 김윤식은 단군의 세 아들이 내려와 참성단도 쌓았다고 한다.

> 삼가 아룁니다. 혈구(강화)의 바다와 마니산은 우리 신조께서 하늘에 제사지내신 곳입니다. 옛날 여기에서 신령스런 조상께서 사방을 순행하여 교화를 행하시고 하늘에 제사하여 성취를 아뢰셨고 또한 세 아들이 좌우에 늘어서서 구름 깃발과 무지개 깃발을 펄럭이며 하강했던 곳입니다. 참성단의 유지에 신령스런 자취가 없어지지 않았으니, 우리 후손들이 어찌 감히 옛 법도를 무너뜨려 이 백성들에게 신조의 은택을 입지 못하게 할 수 있겠습니까?……자른 듯 반듯한 저 참성단은/삼랑께서 쌓으셨는데/ 사방을 순행하고 교화 이룸 고하시니/해마다 올리는 제사 어김이 없네/신령스런 자취 밝고 밝으니/천년이 어제 같아/감히 옛 법도 따라/맑은 술은 올리네.[309]

김교헌은 단군이 세 아들로 하여금 강화도에 성을 쌓게 했고, 그것이 삼면을 둘러싸서 삼랑성이라고 했다고 한다.[310] 신태윤도 삼랑성이 세 아들이 쌓았다고 한다.[311] 이는 『동국문헌비고』, 『동국여지승람』 등에 있는 것을 계승한 것이다. 현진건도 같은 입장을 취한다.

> 아득한 반만년 전에 단군께서도 이 점(요충지-필자)을 벌써 보시고 三子로 하여금 성을 쌓게 했다 하여 삼랑성이라고 하고 시방도 전하는데 이들 한 분이 성 하나씩 맡아 쌓아서 지금도 三峯이 완연한데, 현존한 城周는 五里 남아요 雉堞은 705며 성문은 동서남북 사문이 있었는데 동

309 김윤식, 「摩尼山祭天禱告文」, 『운양집』 8, 혜안, 2014, 369-370쪽.

310 김교헌, 『신단민사』, 한뿌리, 2006, 32쪽.

311 신태윤, 『대한민국정사』, 신현동 역, 이담북스, 2011, 29쪽.

> 서북 삼문은 본래 樓가 없었고 남문에만 樓가 있었는데 이 樓가 몇 천 년 풍우에 毁廢되고 성곽도 퇴락된 데가 많아 英墓 己未에 留守 權福이 개수하고 南樓를 이름지어 京海樓라 했다 하였으나 이금에 그 樓마저 흔적조차 없어지고 전등사 입구에 門口만 뚜렷이 남았을 뿐. 이 삼랑성은 鼎足의 형을 지었다 하여 일명은 정족산성이라고도 일컫는데 벌써 바라보면 성벽의 殘砌가 창울한 수림 사이에 거뭇거뭇하게 隱現할 뿐 아니라 城上에 짙은 솔 들이 거침없이 자라나 一字로 長林을 지은 것이 청수한 정취를 보태는 듯하다.[312]

현진건은 여러 단군 유적을 답사하는 중 강화 삼랑성이 단군의 유적이고, 아들이 한 분씩 맡아서 지었다고 해서 삼랑성이고, 솥발처럼 생겼다고 해서 정족산성이라고 한다.

이동휘도 삼랑성이 단군과 관련이 있는 유적이고, 이는 세계에 자랑할 만한 기술이라고 한다.

> 상고사로 말하면 대황조 단군에서 나라를 세우시고 강화에 삼랑성을 쌓음은 세계에 자랑할 말한 기술이 아닌가. 이스라엘 민족이 하늘에 제사한 것같이 그때에 하늘에 제사하던 우리의 조상 유적 곧 단군께서 건축한 제천단이 지금까지 그 터가 강화에 있어, 이것은 세계에 가장 오래고 가장 영특한 일이 아닌가.[313]

둘째로, 나철·장지연·신채호·최남선·정인보는 세 아들과 관련이 없다고 한다.

나철은 부루왕·부소씨·부우씨·부여왕 이외가 쌓은 성이 삼랑성이라고

312 현진건, 『단군성적순례』, 온이퍼브, 2014, 104쪽.

313 이동휘, 「이성재선생의 연설」, 『권업신문』, 1913년 10월 26일.

한다. 여기서 삼랑이 누구인가는 분명하지 않다.

> 대종교 문하의 성인과 철인(倧門聖哲) 세어라 무리무리 한배빛/신덕(神德) 가진 서갑후(西岬后), 가르침에 대한 정통성(教統) 이은 부루왕(扶婁王)/짐승과 벌래(獸虫) 없엔 부소씨(扶蘇氏), 의약(醫藥) 내은 부우씨(扶虞氏)/천하를 평정한(天下平) 부여왕(扶餘王), 혈구성(穴口城) 쌓은 삼랑(三郞).[314]

나철이 백두산을 답사할 때, 편지를 보낼 정도로 깊은 관계를 맺고 있었던 장지연은 삼랑성이 단군의 세아들이 쌓은 것이 아니라고 한다. 밀양의 삼랑진과 삼랑루는 강과 천이 합류하는 곳의 지명이라고 하고, 삼랑이란 단어의 출처는 『후한서』「서남이전」에 무제가 서남쪽의 오랑캐의 왕을 죽이고 세 아들을 제후로 삼아 아버지를 제사지내어, 야량현에 죽왕삼랑신이 있다고 한다.[315] 『수서』목왕전, 『오대사』민왕심지전에도 삼랑이란 말이 있고, 당 현종은 자신을 삼랑이라고 했다[316]고 한다.[317]

신채호는 초기 『독사신론』에서는 삼랑성과 평양성을 단군이 야만인을 치려고 원정가서 머물러 쌓은 성으로 이해하고 있다. (『독사신론』 1910.4) 후기에는 기이한 일라고 한다. "삼랑성과 제천단이 조그만 하나의 성으로서 4000년을 지내오면 그렇게 전하여 옴은 기이한 일이다. 이 적막하고 외진곳을 천경이라고 하고 존모하였음은 또한 기이하며, 삼랑의 역사는 오직 이 성 하나 쌓은 것 뿐인데, 신라때나 고려때나 다 삼랑시를 지어 삼랑을 숭배하였으니, 더욱 기이하다. 삼랑이 이름으로 전함이 아니라 성으로 전하였다하면

---

314 나철, 〈중광가〉.

315 귀주지역의 민간 전설로, 『화양국지』에는 한 여자가 떠 내려 오는 대나무 속에서 아이를 발견하고 그를 길렀는데 나중에 죽왕이 되었다고 한다. 『후한서』에는 한 무제때 야랑왕을 죽이고, 한 성제때 야랑왕을 죽왕으로 봉해 제사지내고, 세아들을 제후로 삼은 것을 말한다.

316 당현종은 당예종의 세 번째 아들이기 때문에 이삼랑이라고 했다.

317 김성환, 『강화의 단군자료전승해제』, 인천대 인천학연구원, 2012, 439쪽.

어찌 이같은 숭봉을 받겠는가? 신라의 화랑이나 고구려의 선인이 다 삼랑에서 연유한다."(『조선상고문화사』, 376-377쪽) 제천단과 삼랑성에 대해서 기인한 일이라고 하고, 이것을 부정적으로 평가하지는 않는다. 다만 삼랑과 제천단이 화랑이나 선인이 삼랑에서 연유한 것의 의미를 부각시키고자 한다.

신채호는 단군의 세 아들이 삼랑성을 쌓은 것이 아니라 고구려 조의선인들이 쌓은 것이라고 한다.

> 삼랑도 고구려 이전에는 반드시 '삼선(三仙)'이나 '삼선인'이라 부르고 '삼랑'이라 부르지 않았을 터인데, 신라에서 '선인(先人)'을 '랑'이라 부르면서 드디어 '삼랑'으로 고치고 '삼랑사'를 지어서 받들어 섬겼던 것이다. 그러므로 단군은 '선사' 가운데 등장하는 '선비'이고 삼랑은 선사 가운데 등장하는 첫 '도령'이다. 그리고 삼랑성은 고구려의 조의들이 국토순례의 길에 국방의 요충지가 될 만한 곳이라고 생각하여 쌓았던 성곽이다.[318]

신채호에 따르면 삼랑이 원래는 선인이었고, 선인은 중국의 신선사상과는 다른 우리의 수두 전통에 있는 사람들이고, 이는 고구려의 조의선인, 신라의 화랑과 맥을 같이한다고 한다. 이들은 서긍의 『고려도경』에 소개되어 있는데, 무혼(武魂)으로 국가에 대한 굳은 신앙으로 생사를 가벼이 여겼으며 세속의 일과 세상 인정에 구애받지 않고 몸을 공익에 잘 바쳤으며, 평일의 노고를 통해 신체를 잘 단련했는데, 몸을 기름에 있어서는 건강하고 용감함을 위주로 했으므로 전란에 나아가서는 용감했다고 한다. 이들이 쌓은 성이 삼랑성이라고 한다.[319]

최남선은 삼랑성이 단군의 아들과 관련된 것이 아니라 솔과 관련된 것이

318 신채호, 『조선상고문화사』, 비봉출판사, 2007, 69쪽.

319 같은 책, 62-69쪽.

라고 한다. "상랑은 무론 솔안의 대자요, 단군의 삼자 운운은 망문부회의 담일 따름인 것이다."[320] 여기서 앞서도 본 것처럼 솔은 최남선의 독특한 학설이다. 그는 우리나라 고신도의 솔이란 명칭이 많고, 그 높은 곳에는 선인 전설이 지금까지도 전해져 내려오고, 그 선인은 대개 춤을 즐기고 수련을 하고 예에 힘쓰는 자이며, 솔의 산은 불교의 이름으로 변화했다고 한다. 솔의 수련은 기도적 측면에서 높은 산에 올라 산신 내지 천신을 경건히 섬기는 것이고, 실천적 측면에서는 심산유곡을 도량으로 하여 마음을 닦아 천지의 생명과 합일하는 것이라고 하고, 솔이 한자로 仙이 된 것이라고 한다.[321] 결국 삼랑은 선도의 도량이라는 것이다.

최남선의 강화도 참성단에 대한 견해는 대종교인과 달리 지리적인 의미와 문화사적인 의미를 주장한다. 그는 강화를 비롯한 조선의 서부해안을 조선반도의 아틀란티스라고 한다. 꽃처럼 만개한 신악, 꽃받침같은 영구(靈丘)는 한반도에서 홀로 빼어난 경승의 조건을 갖추고 영험한 자태를 갖추었다는 것이다. 그러나 신화의 자취는 없어졌다. 강화는 단군의 이름으로 오랫동안 드러난 유일한 곳이다. 고진인(古震人)에게 신령시되었다.

최남선은 마니산보다는 마리산이라고 한다. 마리(摩利)는 천에 유연한 산으로 지상에 있는 것을 'ᄃᆞ골'이라고 부르고, 머리도 ᄃᆞ골이라고 부른다, 머리나 하늘이나 둥그런 원형을 두루라고 하니, 같은 어원이다. 마리가 산정을 의미하는 마루가 되고, 둥글게 뭉치는 것은 마르가 된다. 마리산은 수산(首山) 천산(天山)의 뜻이고, 두륜산(頭輪山) 원산(圓山)의 뜻이니 하늘인 산을 직접적으로 이름한 것이다. 마니도 원산 즉 천산의 의미를 담고 있다고 한다.[322]

최남선에 따르면 강화는 신의 영역이고, 마니는 선악(仙嶽)이다. 정족산성

---

320 최남선, 「단군론」, 『육당최남선전집』 2, 현암사, 1974, 142쪽.

321 같은 글, 126쪽.

322 최남선, 「단군론」, 동아일보, 1926.7.15. 최남선, 진성곤 허용호 옮김, 『단군론』, 경인문화사, 2013, 203-206쪽.

은 새발 즉 신읍의 아역이다. 삼랑성의 남쪽 주산은 길상이고 길상의 원명은 성(聖)은 혹은 선(仙)이다. 마니산에 천제암이 있는 것은 조계산에 천자암이 있는 것과 같다. 강화의 봉천 봉두는 모두 봉천의 전화이고, 석축을 쌓은 것은 천제단이다. 개성으로부터 강화에 이르는 지역의 풍덕에는 백마산, 무당의 강령지인 덕적산, 삼성당산, 당두산이 있다. 신산 및 신사가 모두 모여있는 곳, 선풍의 중심도량이다.[323]

정인보도 강화도에 있는 삼랑성이 단군의 세 아들이 쌓은 것이 아니라고 한다. 랑은 해모수를 천왕랑이라고 한 데서 유래한 것이라고 한다. 그러면서 랑은 마누라를 줄인 말로 극히 존귀한 이를 부르던 호칭이라고 한다. 삼신마누라가 바로 삼랑의 원래 뜻이라고 한다.[324] 정인보는 삼신마누라라는 개념을 쓰는데 이는 삼신할머니와 같은 의미를 지닌다고 할 수 있다.

윤내현은 삼랑성이 『고려사』에 단군의 전설로 나와 있다는 사실은 이미 고려 이전부터 전해지고 있었고, 이는 고조선의 강역이 남쪽으로 강화도지역을 포괄하고 있다는 것을 뜻한다고 한다.[325]

11. 세 개의 천부인

『삼국유사』에서 천부인은 환웅이 3천을 거느리고 지상에 내려올 때 환인으로부터 받은 것이라고 한다. 이것에 대해서는 첫째는 구체적인 물건으로 보는 것이고, 둘째는 추상적인 것으로 보는 것이다.

첫째는 구체적인 물건으로 보는 견해로 최남선·안확 등이 이에 속한다. 최남선은 이것을 민속학에서 말하는 주술적인 의미를 가진 것으로 해

323 최남선, 「단군론」 동아일보, 1926.7.16.
324 정인보, 『조선사연구(상)』, 우리역사연구재단, 2012, 204쪽.
325 윤내현, 『고조선연구』, 일지사, 1995, 258쪽.

석한다.

> 천부인 三箇란 것은 要하대, 천상으로서 인간으로 禍亂을 평정하고, 大任을 가지고 하강하는 天帝子가 그 護符로, 또 靈能의 원천으로 천계의 神物 三種을 가지고 왔다 하는 意요, 이것은 동시에 주술의 기원이 天上과 國初에 있음을 설명하려 한 것으로 볼 것이다.[326]

그런데 최남선은 이것이 무엇인지는 자료가 없어 억측할 수 없으며, 다만 일본의 3종 신기인 거울·칼·옥으로 보는 견해를 제시한다.

안확은 천부인을 귀신을 부리는 특권을 징표 혹은 부물(符物)이라고 한다. 다른 한편으로는 왕자의 서징(瑞徵)이라고도 한다. 제왕으로서 부록을 받는 것은 선가의 항상 된 말이라고 한다.[327] 이병도는 바람·비·구름의 신을 거느릴 수 있는 징표로 보았고, 조현설은 거울·칼·북으로 본다. 북은 시베리아 샤먼에게서 탈혼된 영혼이 타고 가는 도구인 측면이 있고, 왕권을 상징하는 기물로도 볼 수 있다고 한다. 주몽이 비류국에서 북을 훔쳐오게 하는 모습은 그것을 상징한다고 한다.[328]

둘째는 추상적인 것으로 보는 견해로, 정인보·장도빈·개벽·김기전 등이 주장한다. 정인보는 구체적으로 천부인 세 개에 대한 설명 없이 "하느님이 지니는 물건으로 인간 세상을 다스린다는 것을 의미할 뿐만 아니라 사람들의 임금이면서 하늘의 임금 즉 천왕임을 보여주는 상징물"[329]이라고 한다. 그는 홍익인간의 정신으로 보고 있다.

---

326 최남선, 「단군신전의 고의」, 『육당 최남선전집』 2, 198쪽.

327 안확, 「檀君傳說に取ての管見上」, 52-53쪽.

328 조현설, 『우리 신화의 수수께끼』, 한겨레출판, 2006, 275쪽.

329 정인보, 『조선사연구(하)』, 548쪽.

홍익인간이 단군의 심인(心印)인 동시에 이른바 천부인 삼개라 함이 환인·환웅·단군 삼위의 일심(一心)이 한 가지에 잇슴이 인(印)침 갓다 함을 화전(化傳)함이리니 그 심인(心印)의 잇는 곳을 차지려 할진대 홍익인간이시오.[330]

장도빈은 천부삼인을 천·지·인으로 보고 있다.

환인은 하느님을 이르는 것이고, 환웅은 땅을 발견한 어른을 말한다. 그리고 단군은 우리 인간의 임금이다. 천부인 3개는 곧 환인·환웅·단군 등의 인을 말하는데, 즉 환인은 하늘을 맡고 환웅은 땅을 맡으며 단군을 사람을 맡았다는 것을 의미한다. 다시 말해 환인은 아들 환웅을 땅에 보내 인간에 널리 이익을 주게 하였는데, 이는 곧 모든 사람에게 이익을 골고루 나누어 줄 수 있도록 널리 펴게 한 것이고 천부인 3개를 주었다는 것은 하늘과 땅과 사람의 일을 모두 맡겼다는 것을 의미한다.[331]

천부삼인은 천·지·인 모두를 맡겼다는 것을 의미한다고 한다. 그런데 『개벽』에서는 천부삼인을 과거·현재·미래로 보고 있다.

檀君 教說에 일럿스되 동방에 처음 군장이 업고 인종이 희소하야 朝鮮·支那·蒙古 간 구천리 지방에 森森茫茫의 間에 巢居穴處의 原人이 裸體食實하야 彝倫이 無함으로 금수와 無異한지라. 是時에 檀君이 天符三印(과거·현재·미래)를 持하고 胚胎法을 行하고 靈覺性을 賦與하엿다 하니라.[332]

330 정인보, 「단군개천과 시월」, 『동아일보』, 1935년 10월 29일.

331 장도빈, 『한국의 혼』, 경학사, 1998, 161쪽.

332 『개벽』 1호, 1920년 6월.

천부삼인을 과거·현재·미래로 보는 해석은 삼신을 해석하는 점에서도 같은 견해이다. "朝鮮 풍습에 古來로 三神을 祭하는 풍속이 잇나니 三神이라 함은 卽 桓雄·桓因·王儉이니 이는 마치 기독교의 三位一體說과 같이 된 것이다. 桓雄·桓因·王儉은 一體의 三位를 桓雄은 과거를 대표한 神, 桓因은 현재를 대표한 神, 王儉은 미래를 대표한 神이라는 의미인 듯하다." 천도교의 김기전은 삼인을 시간·공간·물질로 보고 있다. "아버지는 天符三個(지금 말로 時間, 空間, 物質이라 함)를 주면서, 네의 마음대로 하라."[333]

12. 삼천의 무리

『삼국유사』에 따르면, 환웅이 하늘에서 내려올 때 거느린 무리가 3000명이다. 최남선은 무리(도)를 메 또는 동무라고 보고, 이것이 신라의 낭도·향도와 같은 것이라고 한다. 천제의 이주가 개인적인 것이 아니라 단체적인 것이고 이는 사회적 세력으로 포부를 실현하는 것이라고 볼 수 있다고 한다. 3000은 유례가 없는 큰 수이긴 하지만, 수의 극한이라고 볼 수 없다고 한다. 다만 몽골의 신화 가운데 용사 33인과 전사 3000명을 달라고 하는 게실 뽁도의 말을 인용하여 유사한 점이 있다고 한다.[334] 이에 비해 김교헌은 『신단민사』에서 삼천단부(三千團部)[335]라고 하고, 『단조사고』에서는 신시씨의 사방 구역 안에 존재한다고 한다.[336] 그는 〈삼천단부 단군강역〉이라는 그림으로 표시한다.[337]

---

333 김기전, 「朝鮮民族만이 가진 優越性」, 『개벽』 61호, 1925년 7월.

334 최남선, 『단군고전의 고의』, 200-201쪽.

335 '3000 행정구역을 설정한다'는 말이다. 부는 촌을 의미하고 단은 부가 모인 조직이다. 조직 책임자가 3000명이라는 뜻이다.

336 김교헌·박은식·유근 ,『단조사고』, 27쪽.

「단군교종지서」에는 삼천단부를 영토적으로 이해하는 사고가 잘 나타나 있다.

> 지난날 삼천단부의 옛 땅은 우리 천조께서 하늘로부터 나누어 받아 친히 개척하시니, 자손들이 지역을 다투지 않고, 삼천단부가 합하여 세울 적에 함께 더불어 사는 땅이라 본시 네 땅 내 땅이 없었거늘, 몇 천 년이 흘러 중국 땅의 도적들이 침입하여 각 단부가 여러 번 빼앗기고 분열되니, 오늘 흩어진 단부를 합하여 삼한 관경을 다시 참음이 단군조 대황조의 영광이라.

이는 삼천단부를 영토적으로 이해하고 이것을 상실했기 때문에 회복해야 한다고 한다.[338]

안확은 삼천단부 혹은 삼천의 무리는 제도적인 문제로 봉건적인 관계를 뜻한다고 한다.

> 그 무리가 3000이라 함은 희랍 고대 산상 원로원같이 각 부장의 회의인지 또는 제일 교화자의 장로인지 불분명하나 삼천인과 삼천단부는 봉건적 관계가 유한 줄로 생각할 새, 그 봉건 수는 불란서 고대에 있든

337 같은 책, 10쪽.

338 김동완, 「선도사서에 나타나는 고구려 다물주의에 대한 연구」, 『선도문화』 1집, 235쪽 재인용. 김동환은 단군-고구려-구한말의 관계를 삼천단부와 다물주의를 연결하여 이해하고 있다.

내용 \ 시대 변화	단군시대	고구려시대	구한말 (중광 당시)
종지 변화	守團部	完基土	安固基土
당대 성역	삼천단부(삼위태백) 지역 보존	삼천단부 지역 많이 상실	완전히 상실
성역 관념	守(성역을 지킴)	多勿(성역 회복)	배달국 이상향 건설(성역 회복)
교세 상황	융성	쇠퇴	침체(단절)

삼천봉토와 동하니라.[339]

여기서 봉건적 관계란 서양의 외적 침입을 막기 위한 것이나, 중국의 대관 봉급을 주던 것과 달리 민의를 순응하고 국무를 통일하는 정책으로 나온 것으로, 혈족 관념에서부터 자치적 정치에 기초하여 국가를 건설하려고 한 것이다.[340]

그런데 그 3000단부는 각기 경우를 따라 피차 연합하여 몇 개의 대방(大邦)으로 나뉘어 소속되니, 부여와 삼한 등 여러 나라가 이것이다. 다시 말하면 그 원인은 그 단부가 군주에 대하여 서양 고례와 같이 적대한 것에서 나온 것이 아니라 지리 즉 산수의 상호 간격, 관습과 경제가 서로 다름으로 인하여 지역적으로 이루어진 것이니, 비유하자면 늙은 아버지가 그 재산을 여러 아들에게 나누어 주면 그 여러 아들은 각자 몫의 유산을 받아서 독립생활을 각각 이루는 것과 같은 것이다.[341]

안확은 삼천단부가 각각의 나라로 나누어졌다고 한다.
신명균[342]도 서에서 동으로 온 한민족의 부락이 3000이라고 한다.

이 동방에도 아득한 옛날에는 구멍을 집으로 하고 사냥질을 해서 의식을 하는 야만인들이 사니 지금으로부터 대개 오천년쯤 전에 한이란

339 안확, 『조선문명사』, 송강호 역주, 우리역사연구재단, 2015, 22-23쪽.

340 같은 책, 23쪽.

341 안확, 『조선문명사』, 59쪽.

342 신명균에 대해 이재유는 다음과 같이 평한다. "이때 동덕여학교에는 일제의 모욕적인 창씨개명에 반항하여 자살해버린 신명균 선생이 있었다. 그는 일생을 양심적 민족주의자로서 마쳤거니와 또 내가 안 단 하나의 철저한 반일적 민족주의자이었다 해도 과언이 아니다. 맹휴투쟁에 있어서 신 선생은 사상의 차이를 조금도 느낄 수 없는 진정한 협동자였고 열렬한 반일투쟁의 지도자였다." 공산주의자인 이재유도 신명균을 높이 평가한다. 안재성 엮음, 『옛 잡지 속의 역사 읽기』, 돌베개, 2012, 251-252쪽.

> 하나의 민족이 먼 서쪽으로부터 동방에 와서 태백산(지금 백두산)하 송화 강변에다 자리를 잡고 사방에 흩어져 살게 되니 그 부락이 삼천이나 되었다.[343]

임영재는 단군천존을 찬미하는 노래[344]를 지으면서 "三千團(一團部는 現一郡과 동일함)部의 愛戴로 位를 정하오사 國을 建하옵시던 檀君天尊"라고 한다.[345]

다음의 지도는 1905년 「단군교포명서」에 나오는 것이고, 흥안령은 지금의 소흥안령이고, 흑령은 지금의 대흥안령이다. 황해는 산동반도 위쪽으로 가야 하고, 지금은 서해로 써야 한다.

343 신명균, 『조선역사』, 상식보급회, 1931, 1쪽.

344 1. 道의 根源 한배검(儉)을/崇奉하여노피일때/天地開闢鴻濛한대/檀木아래나시사/天符寶印造化機로/胚胎法을 행하시며/八理로셔주신 도리/恒常崇奉함니다

2. 德의 根源 한배검을/崇奉하야노피일때/初無君長하올때에/愚昧生靈사사러/誠信愛濟德義心을/마암속에늘주시며/厥初生民하신 덕/恒常崇奉합내다

3. 福의 根源 한배검을/崇奉하야노피이때/衣食宮室創造하여/우리血族가라치며/子子孫孫兄弟들이/育養生息하야스니/지금까지사라온 복/恒常崇奉함내다

345 임영재, 「단군천존께」(사조), 『조선일보』, 1923년 1월 27일.

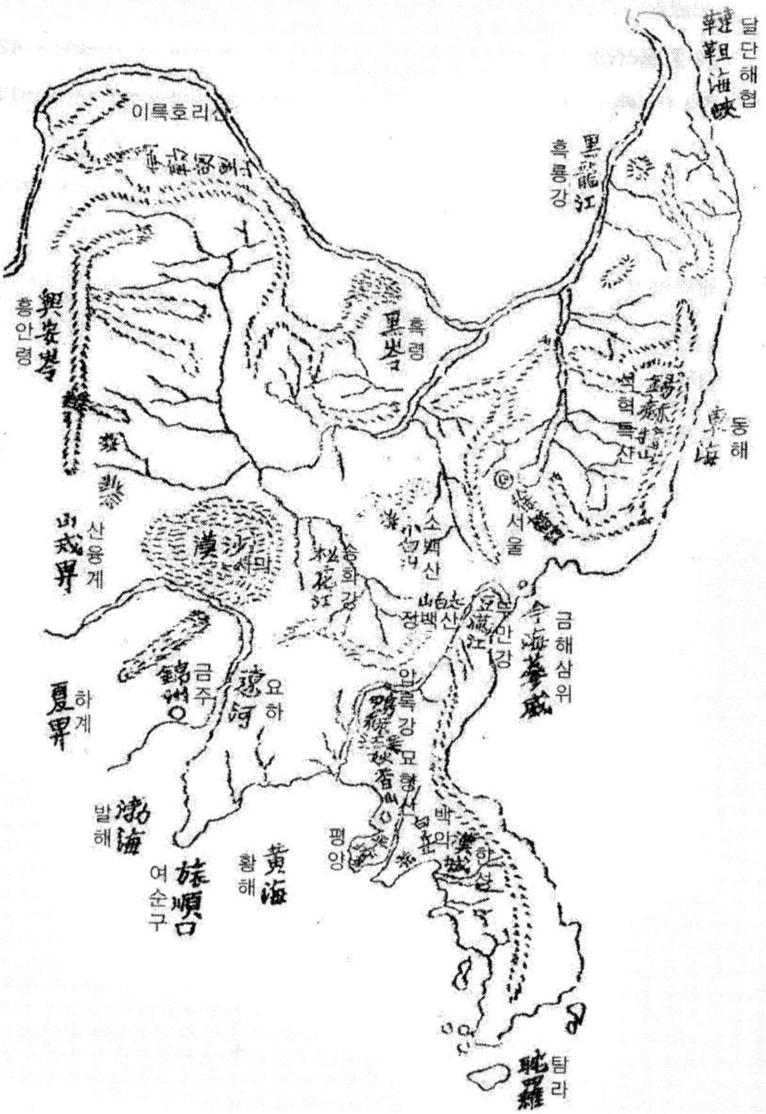
달단해협
이륵호리산
흑룡강
흥안령
흑령
동해
서울
소백산
산융계
사막
송화강
금해삼위
두만강
금주
요하
하계
압록강
묘향산
발해
평양
황해
한성
여순구
탐라

13. 삼신산

삼신산은 원래 사마천의 『사기』와 『열자』에 나온다.

> 봉래·방장·영주 이 삼신산은 전하는 말에 의하면 발해 한가운데에 있는데 속세로부터 그리 멀지 않다. 금방 다다랐다 생각하면 배가 바람에 불러 멀어진다. 옛날에 가본 사람이 있었는데 여러 신선들과 불사약이 모두 그곳에 있고 모든 사물과 짐승들이 다 희고 황금과 은으로 궁궐을 지었다고 한다. 이르기 전에 멀리서 바라보면 마치 그름과 같은데 막상 도착해보면 삼신산은 도리어 물 아래에 있다. 배를 대려 하면 바람이 문득 끌어가버려 끝내 아무도 도달할 수 없다고 한다.[346]

> 발해의 동쪽, 몇 억만 리인지 모를 곳에 커다란 골짜기가 있다.……골짜기 속에는 다섯 개의 산이 있어서 대여(岱輿)·원교(員嶠)·방호(方壺. 혹은 方丈)·영주(瀛洲)·봉래(蓬萊)라고 한다. 옥돌나무가 있어 무리로 자라는데, 꽃의 열매가 맛있어 그것을 먹으면 늙지도 않고 죽지도 않는다. 거기에 거주하는 사람은 신선이다. 하루 밤낮에 날아서 왕래하는 것이 셀 수가 없다. 다섯 산은 뿌리가 연결되어 있지 않아서, 늘 물결을 따라서 솟아났다가 내려갔다가 하면서 떠돌아서 잠시도 가만히 있지를 않았다. 선인들은 이것을 괴롭게 여겨 이 사실을 천제에게 호소했다. 즉각 우강(북극을 관장하는 신)에게 명령하여 커다란 거북 15마리에게 머리를 들어 그 산들을 머리 위에 싣도록 했다. 용백 나라에 거인이 있어……한 번 낚싯줄을 드리워서 여섯 마리의 거북을 낚아 한데 꿰어서 전부 다 메고 갔다.……이에 대여와 원교의 두 산이 북쪽 끝으로 흘러가버려 큰 바

---

346 『史記』, 「封禪書」. "蓬萊, 方太, 瀛州. 此三神山者. 其傳在勃海中, 去人不遠, 患且至, 則船風引而去. 蓋嘗有至者, 諸仙人及不死之藥皆在焉. 其物禽獸盡白, 而黃金銀爲宮闕. 未至, 望之如雲 ; 及到, 三神山反居水下. 臨之, 風輒引去, 終莫能至雲."

> 다에 가라앉고 말았다.[347]

『사기』에서는 삼신산만 이야기하는데, 『열자』에서는 다섯 개의 산이 있다가 두 개는 북쪽으로 흘러가서 없어지고 세 개의 산만 남았다고 한다.

김교헌은 중국의 산이 아니라 우리나라의 금강산·지리산·한라산이라고 한다.

> 삼신산은 곧 태백산이니 지금에 말하는 삼성산이 곧 이것이다. 단군이 곧 삼신이기 때문에 그 시조의 산을 이름하여 삼신이라 한 것이다. 217년(단기 93)에 신으로 변화하여 다시 하늘로 올라갔기 때문에 후세 사람들이 천선이라 불렀다. 연나라·제나라 선비들이 괴상한 말을 더하여 삼신산이 동해 가운데에 있다고 했다. 이는 곧 봉래·방장·영주이다. 산 위에 신선의 집이 있고, 또한 불사약이 있다고 하여 진시황과 한 무제가 여기에 미치다시피 되었던 것이며 우리나라 선비들도 또한 봉래는 금강, 방장은 지리, 영주는 한라라고 한다.[348]

이병기[349]는 삼신산이 한반도에 있음을 고증했다.

---

347 『列子』, 「湯問」. "渤海之東, 不知幾億萬里有大壑焉.…其中有五山焉. 一日岱輿, 二日員嶠, 三日方壺, 四日瀛洲, 五日蓬萊. 珠玕之樹皆叢生,華實皆有滋味,食之皆不老不死. 所居之人皆仙聖之種; 一日一夕飛相往來者,不可數焉. 五山之根, 無所連著, 常隨潮波, 上下往還, 不得 峙焉. 仙聖毒之, 訴之於帝.…乃命?彊, 使巨鼇十五, 擧首而戴之. 龍伯之國有大人……一釣而連六鼇合負……於是, 岱輿員嶠二山, 流於北極, 沈於大海.."

348 김교헌, 『신단실기』, 43-44쪽.

349 李秉岐(1891~1968). 호는 가람, 본관은 연안, 전북 익산 출생이다. 그의 생애는 한글운동과 학교 재직으로 나뉜다. 1912년 주시경의 조선어강습원 1기로 졸업. 1921년 조선어연구회 간사. 1930년 맞춤법통일안 제정위원. 1931년 표준말 사정위원. 1942년 조선어학회사건으로 1년간 복역. 주시경의 제자로 조선어학회의 핵심멤버였다. 1913년 한성사범학교 졸업. 1922년 동광학교·휘문고보 교원. 1945년 광복 후 미군정청 편수관. 1946년 서울대학교 교수. 1951년 서울대학교에서 해직, 전주 명륜대학 교수. 1952년 전북대학교 문리과 대학장. 1958년 중앙대학교 교수. 1957년 예술원 추천회

종래 삼신산에 대하여 여러 가지 말들이 있어왔는데 말하자면 『사기』 「진시황본기」에는 "제나라 사람(齊人) 서시(徐市) 등이 상소(上書)하여 말하되 바다 가운데 삼신산이 있는데 봉래(蓬萊)·방장(方丈)·영주(瀛洲)라 이름하고 선인(仙人)이 사니 재계(齋戒)하여 남녀를 데리고 가 구하겠다 하여 서시와 동남동녀 수천인을 보내어 바다에 들어 선인을 구했다" '하고 『한서』 「교사지」에는 "이 삼신산이란 건 그 전하기를 발해 가운데에 있다고 하고 여러 선인과 불사의 약이 다 있으며 황금과 흰 구름(白雲)으로 궁궐을 지었다" 하고, 『괄지지(括地志)』에는 "단주(亶州)는 동해 가운데에 있는데 진시황이 서복으로 하여 어린 남녀를 데리고 바다에 들어가 선인을 구했다" 하였으니, 물론 봉래·방장·영주 이 삼신산이란 산이 있고 거기에는 여러 선인과 불사의 약이 있다 하여 진시황이 서시(혹은 서복이라 함)를 보내어 구했다는 것 사실인데, 이 삼신산이 과연 어데 있는 것인가. 혹은 발해 혹은 그저 바다 가운데 있다고 하였으나, 지금 경상남도 남해2동 양하리(良河里)에 전하는 서시가 이름붙인 석각(徐市題名石刻)이라든지 "方丈三韓外"라는 杜甫의 詩라든지,[350] "파도가 잔잔하니 삼신산이 바다 속에서 올라오는구나(潮淨三山出海心)"라는 장효표(章孝標)의 「송김가기귀신라(送金可紀歸新羅)」의 시라든지,[351] "천 년 전 자취를

원. 1960년 학술원 공로상. 학술원 회원 역임. 그의 생애 중에 중요한 것은 1951년 좌익 교수를 도와주었다는 혐의로 서울대학교 교수에서 해직된 일이다. 그는 민족주의정신을 가지고 좌익과 우익을 모두 아우르는 학자였다. 그런데도 그를 해직시킨 것은 서울대학교가 그를 인정하지 않았던 것이다. 그 이후 대종교의 민족주의 정신을 가진 교수는 국립 서울대학교에서 재직한 적이 없다.

350 『杜少陵詩集』 卷3, 奉贈太常張卿垍 二十韻. "방장산은 삼한 밖에 있고 곤륜산은 만국 서쪽에 있네(方丈三韓外 崑崙萬國西)." 여기서 방장산을 삼한 밖에 있다고 한 것을 이병기는 중국 밖 삼한에 있다고 해석하고 있다.

351 『前唐志』 卷4. "당 과거에 급제하고 당나라 말 말하는데(登唐科第語唐音), 해를 보자 고국을 그리는 맘 생겨나네 (望日初生憶故林), 음습한 땅에서 잠을 자니 도깨비불이 싸늘하고(鮫室夜眠陰火冷), 신루에 배를 대니 새벽 노을 짙구나(蜃樓朝泊曉霞深), 바람 거세 일엽편주 물고기 위 날아가고(風高一葉飛魚背), 파도 자자 삼신산이 바다 속서 올라오네(潮淨三山出海心), 생각건대 문장 지어 고국의 선율에 맞추고는(想把文章合夷樂), 반도화 핀 속에서 인삼주에 취하리라(蟠桃花裏醉人蔘)."

생각하니 삼신산 불사약이 여전하네(千載追貫跡, 三山藥可仍)"라는 이인로(李仁老)의 시[352]라든지를 보드라도 이 삼신산이 우리 조선에 있다 함은 자타가 같이 인정하는 것임을 알 것이다. 그러면 조선의 삼신산이란 무엇인가. 곧 금강·지이·한라 이 세 산인데 금강은 봉래, 지이는 방장, 한라는 영주라 한다.[353]

서복은 진시황 28년부터 10년 동안 사내와 계집아이 수천 명을 이끌고 발해로 들어가 삼신산과 불사약을 찾았지만, 마지막 항해에서 돌아오지 않았다. 이는 발해 넘어 산동반도와 발해 연안의 주민들이 바라던 불사의 이상세계가 있었음을 보여주는 것이다.[354]

이윤재는 삼신산을 지리산·금강산·한라산이라고 한다.

지이산은 녯 이름이 지리산이요, 또 두류산이며 방장산이란 별명이 잇다. 방장산이라 함은 삼산신 가운데 하나로 금강산을 봉래라 하고, 한라산을 영주라 하고, 지이산을 방장이라 하는 것이다. 이 삼신산에는 장생불사하는 신선이 잇고 불사약과 불로초가 잇다하여 옛적에 진시황이 불사약을 구하려고 동남동녀 오백인을 삼신산으로 보냈다는 것이 곧 여기다.[355]

이은상은 삼신산 가운데 방장산은 지리산이 아니라 묘향산이라고 한다.

---

352 『海東異蹟』. "사선은 신라의 나그네, 한낮에 신선되어 하늘로 올랐네. 천 년 전 자취를 생각하니 삼신산 불사약의 효험이런가(四仙羅代客 白日化飛昇 千載追貫跡 三山藥可仍)."

353 이병기, 「한라산사화」, 『신동아』 7, 1934, 25-26쪽.

354 김성환은 이를 '삼신산 판타지'라고 한다. 한 무제의 고조선 정벌 이후 삼신산 탐사대가 없어지고, 대신에 중국 내부에서 불사약을 제조하는 방향으로 선회했다고 한다. 김성환, 「삼신산 판타지와 동아시아 고대의 문화교류」, 『중국학보』 56, 2007, 443-461쪽.

355 이윤재, 「지리산의 추억」, 『신여성』 7.6, 1933, 112쪽.

이 산명(묘향산)은 방장산이라고도 했다. 『異蹟記』의 초두에 "東海上有三神山, 曰蓬萊, 曰方丈, 曰瀛洲也. 金剛山爲蓬萊, 妙香山爲方丈, 漢拏山爲瀛洲"라 한 것이 있다. 방장이란 이름이 지리산의 異名이라 함이 보편적으로 되어 있음은 물론이나 여기에도 이러한 異名이 붙여져 있다는 것만 참고로 볼 것이다.[356]

이은상은 삼신산의 불로초는 존재하지 않고 오히려 장생하는 방법을 찾아야 한다고 주장한다.

오래 살고 싶은 것은 이 세상 사람치고 누구나의 소원이려만 아직것 별 좋은 비방이 발견되지 못하였습니다. 옛 어른 중에는 삼신산 불로초를 얻어 자시려고 별의별 짓을 다하신 분도 없지 않습니다만은 그런 신령스러운 풀은 아마 없는 것이 사실입니다. 그러면 어떻게 해야 오래 산다는 도리는 조금도 없습니까? 이렇게 문명한 오늘날 그런 도리를 모른다는 것은 섭섭한 노릇이 아닙니까? 팔십 구십 중수하시는 노인들은 어떻게 지내시는지 그것을 알아보는 것도 무의미한 일은 아닙니다. 거기서 혹 장수 비법이 발견되지 말란 법도 없을 것입니다.[357]

『부도지』에서는 방장·봉래·영주의 삼신산을 다음과 같이 설명한다.

여러 민족이 방장 방호산의 굴에서 칠보 가운데 옥을 채굴하여 옥에다 천부를 새기어 '방장산에서 얻은 해인'이라고 하고, 칠난을 무릅쓰고 돌아갔다. 이로부터 매 10년마다 반드시 신시를 여니 이에 어문이 같아지고 천하가 하나로 되어 인간세상이 태화했다.[358]

---

356 이노산, 「묘향산사화」, 『신동아』 7, 1934, 10쪽.

357 이은상, 「알고 보면 용이한 불로장생의 비법 삼신산 불로초는 맹낭한 전설 언제나 정신을 가볍게」, 『조선일보』, 1937년 1월 10일.

여러 민족이 봉래산 원교봉에서 오서의 열매를 얻으니 즉 잣나무 열매였다. 봉래 해송이라 하여 은혜롭게 오행을 얻고 돌아갔다. 이로부터 사해가 산업이 일어나서 교역이 왕성하게 되므로 천하가 넉넉했다.[359]

신시에 온 사람들은 영주와 대여산 계곡에서 삼영근을 얻으니 곧 인삼이었다. 그것을 영주 해삼이라 하였으며 능히 삼덕을 보전하고 돌아갔다.[360]

『부도지』에서 이야기하는 삼신산은 범인이 접근할 수 없는 중국의 삼신산과 달리 누구에게나 개방되고, 상상의 불사약이 아니라 인삼·잣·옥이 있는 실물의 약이 존재하는 것이다. 이는 중국의 삼신산이 타자로서의 상상과 거리가 있는 것이다.[361]

14. 삼성사

구월산에 있는 사당을 말한다. 현진건은 『단군성적순례』에서 구월산 삼성사를 돌아보고 현황을 소개한다. 현진건에 따르면 삼성사는 삼성리를 지

358 『符都志』. "諸族 採七寶之玉於方丈方壺之堀, 刻天符而謂之方丈海印, 辟除七難而歸, 自此每十歲必開神市, 於是 語文同軌, 一準天下 人世太和."

359 『符都志』. "諸族 取五瑞之實於蓬萊圓嶠之峰, 卽栢子也, 謂之蓬萊海松, 惠得五幸而歸, 自此四海興産,交易殷盛 天下裕足."

360 『符都志』. "來市者 又取三靈之根於瀛州岱與之谷 卽人蔘也, 謂之瀛州海蔘 能保三德而歸, 盖人蔘 具其數格 生於磁朔之方者 必長生, 以四十歲謂(爲) 一期休眠, 以一三期爲一朔而蓄精, 經四朔而結子乃化, 如是者 非符都之域卽(則)不得也, 故 日方朔草 世謂之不死藥 是也, 其或小根 産於符都之域者 皆有靈效, 故來市者 泌求之也, 大抵三根靈草之人蔘, 五葉瑞實之栢子, 七色寶玉之符印, 眞是不咸三域之特産, 四海諸族之天惠."

361 정재서, 『동아시아의 상상력과 민족서사』, 이화여자대학출판부, 2014, 264-266쪽.

나 전동(殿洞)이란 마을에 있다고 한다. 그 마을에는 삼성봉(三聖峯)이 있다.

삼성사 사적에 대해서는 고려시대 『제왕운기』에서부터 나온다. 『제왕운기』에서는 "단군이 아사달산에 들어가 신이 되었다. 아사달산은 지금의 구월산이다. 한편으로는 궁홀 다른 한편으로는 삼위라고 한다. 사당이 지금도 있다(入阿斯達山爲神. 今九月山也 一名弓忽 又名三危祠堂猶在)"고 하여 이승휴가 살았던 고려시대에도 구월산에 사당 즉 삼성사가 있었음을 증명하고 있다.

다음은 『조선왕조실록』을 살펴보자. 유관(柳寬)이 세종 10년(1428)에 올린 글을 보면, 황해도 문화현 구월산 아래 아사달에 신당(神堂)이 있는데, 신당 안에 북쪽 벽에는 환웅천왕, 동쪽 벽에는 환인천왕, 서쪽 벽에는 단군천왕을 모셨고 그래서 삼신(三神)을 모시는 삼성당(三聖堂)이라고 했다.

> 산의 이름의 '궐'자를 느린 소리로 발음하여 구월산(九月山)이라고 했다고 합니다. 이 산의 동쪽 재(嶺)는 높고 크고 길어서 일식 정도 가야 안악군(安岳郡)에 이르러 끝납니다. 재의 중허리에 신당(神堂)이 있는데 어느 시대에 처음 세웠는지 알지 못합니다. 북쪽 벽에는 단웅천왕(檀雄天王), 동쪽 벽에는 단인천왕(檀因天王), 서쪽 벽에는 단군천왕(檀君天王)을 문화현 사람들은 삼성당(三聖堂)이라고 항상 부르며, 그 산 아래에 있는 동리를 또한 성당리(聖堂里)라고 일컫습니다.[362]

여기서 주목할 것은 세종 때에는 북쪽에 있어 남면하고 있는 주신에 단웅을 놓았다가 단종 때에는 단인으로 바꾸었고, 이들을 모두 천왕으로 부른다는 점이다. 『삼국유사』에서는 환웅만 천왕이고 환인과 단군은 천왕으로 부르지 않았다.

362 『朝鮮王朝實錄』, 世宗 10年(1428) 戊申. "山名闕字, 緩聲呼爲九月山. 山之東嶺, 高大而長, 至一息安岳郡而止. 嶺之腰有神堂焉, 不知創於何代, 北壁檀雄天王, 東壁檀因天王, 西壁檀君天王, 文化之人常稱三聖堂, 其山下居人, 亦稱曰聖堂里."

부로(父老)들이 "구월산(九月山)은 이 고을의 주산(主山)인데 단군 때에는 아사달산(阿斯達山)이라 이름했다"고 하였습니다. 산의 동쪽 재(嶺)가 높고 커서 연접하였는데 그 산 허리에는 신당(神堂)이 있습니다. 어느 시대에 창건하였는지 알지 못하나, 북쪽 벽에 단인천왕(檀因天王)이 있고 동쪽 벽에는 단웅천왕(檀雄天王)이 있고 서쪽 벽에는 단군천왕(檀君天王)이 있는데, 고을 사람들이 삼성당(三聖堂)이라고 칭하고 그 산 아래에 사람이 사는 곳도 또한 성당리(聖堂里)라 칭합니다.[363]

삼성당에서 삼신께 해마다 제사를 올렸고 날씨가 가물 때에도 제사를 올리면 비가 내려서 효험이 있다고 한다. 태종 13년(1413) 11월에 구월산 삼성당에서 단군 신위를 평양에 옮겨서 기자와 함께 제사를 지냈고, 이때부터 삼신께 올리던 제사가 끊어졌다고 한다.

단군 입장에서 보면, 첫째, 할아버지 환인과 아버지 환웅의 신을 모시지 못하고, 둘째, 기자를 미워하여 아사달로 물러났는데 기자와 함께 제사를 받으라니, 모두 옳지 못한 것이다. 그래서 황해도 문화현 사람들이 단군 신위를 평양으로 옮기는 것을 끝까지 반대했다. 결국 조선의 관원들과 문화현 사람들의 끊임없는 청원운동에 힘입어 삼성당 제사가 회복되었다.[364]

성종 때 이예(李芮)는 역병이 돌자 상소문을 올린다.

신이 전번의 하유(下諭)로 인하여, 문화현(文化縣)의 옛 노인 전 사직(司直) 최지(崔池), 전 전직(殿直) 최득강(崔得江)을 방문하고 『삼성당사적(三聖堂事跡)』을 얻어 그것을 조목으로 기록하여 아뢰옵니다.

---

363 『朝鮮王朝實錄』, 端宗 卽位年(1452 壬申) 6月 28日(己丑). "父老云: '九月山, 是縣之主山, 在檀君時, 名阿斯達山.' 山之東嶺高大邐迤, 其山之腰, 有神堂, 不知創於何代. 北壁有檀因天王, 東壁有檀雄天王, 西壁有檀君天王, 縣人稱之曰: '三聖堂.' 其山下人居, 亦稱曰: '聖堂里'."

364 이경룡, 「개천절제사의 격하내력」(http://cafe.daum.net/hagokacademy).

1. 속언(俗諺)에 전하기는 단군(檀君)이 처음 신이 되어 구월산(九月山)에 들어갔다고 합니다. 사우(祠宇)는 패엽사(貝葉寺)의 서쪽 대증산(大甑山)의 불교 사찰에 임하여 있었다가 그 뒤에 절 아래 작은 봉우리(小峯)로 옮겼고, 또 다시 소증산(小甑山)으로 옮겼다 하는데, 곧 지금의 삼성당(三聖堂)입니다. 대증산과 패엽사 아래의 작은 봉우리에 지금은 당기(堂基)가 없고, 따라서 그때 치제(致祭)한 것과 또 삼성(三聖)도 아울러 제사지냈는지 그것은 알 수가 없습니다.

1. 단군(檀君)과 아버지 환웅(桓雄), 할아버지 환인(桓因)을 일컬어 삼성(三聖)이라 하고 사우를 세워 제사를 지내다가, 제사를 폐한 뒤로부터 당우(堂宇)가 기울어져 무너졌었는데, 경태(景泰) 경오년(1450, 세종 32)에 이르러 현령(縣令) 신효원(申孝源)이 중창(重創)하고, 무인년(1458, 세조 4)에 현령 매좌(梅佐)가 단청(丹靑)을 베풀었습니다.

1. 삼성당(三聖堂)에 환인천왕(桓因天王)은 남향(南向)하고, 환웅천왕(桓雄天王)은 서향(西向)하고, 단군천왕(檀君天王)은 동향(東向)하여 다 위패가 있습니다. 속설에 전하기를, 옛날에는 모두 목상(木像)이 있었는데, 태종조에 하륜(河崙)이 제사(諸祠)의 목상을 혁파할 것을 건의하여 삼성(三聖)의 목상 또한 예(例)에 따라 파했다 하며, 의물(儀物)의 설치 여부는 알 수 없습니다.

1. 삼성당의 서쪽 협실(夾室)에는 구월산대왕(九月山大王)이 가운데 있고, 왼쪽에 토지정신(土地精神)이, 오른쪽에 사직사자(四直使者)가 있는데, 그 위판(位板)은 모두 남향하여 있습니다.

1. 예전에는 전사청(典祀廳)이 없었는데, 매좌(梅佐)가 삼성당 아래에 초옥(草屋) 수 칸을 지어 승려로 하여금 거주하게 하고, 제사 때는 여기에서 재숙(齋宿)하고 제물(祭物)도 또한 여기에서 장만하였습니다.

1. 삼성당의 서북쪽 3리쯤에 두 절이 있고, 5리쯤에 한 절이 있고, 동북쪽 4리쯤에 한 절이 있습니다.

1. 패엽사(貝葉寺)도 또한 삼성당 서쪽 6리쯤에 한 고개와 한 시내를 사이에 두고 있습니다.

1. 삼성당의 제기(祭器)는 옛적에는 금은(金銀)을 사용하였는데, (고려

말) 왜란(倭亂) 이후 사기(沙器)를 쓰다가 매좌가 비로소 유기(鍮器)를 만들었습니다.

1. 묘우(廟宇)를 평양(平壤)으로 이전한 뒤로는 이 당(堂)의 제사를 폐지한 것이 벌써 60여 년이 되었다 하고, 혹은 태종조 경진년·신사년·임오년 사이라고도 하니, 어떤 것이 옳은지 알 수 없으며, 향(香)을 내려 치제(致祭)한 의궤(儀軌)도 또한 상고할 수 없습니다.

1. 구월산 상봉(上峯)에는 천왕당(天王堂)이 아니고 이름을 사왕봉(四王峯)이라 하며, 또한 예전에 향(香)을 내려 치제(致祭)하던 곳이 있었는데, 태종 을미년 사이에 처음 혁파했다 하나 그 당기(堂基)를 일찍이 본 사람이 없고, 이제 또한 얼음이 얼어 위험하여 사람이 올라갈 수도 없습니다.

1. 『관서승람(關西勝覽)』에 문화현(文化縣) 고적(古跡)을 기재하기를, "구월산 아래 성당리(聖堂里)에 소증산(小甑山)이 있는데 환인(桓因)·환웅(桓雄)·단군(檀君)의 삼성사(三聖祠)가 있고, 구월산 마루(頂)에는 사왕사(四王寺)가 있는데, 옛적에 성수(星宿)에 초례(醮禮)하던 곳이다" 하였습니다.

1. 삼성당을 평양으로 옮긴 뒤로부터 비록 국가에서는 치제(致祭)하지 않았으나, 기우(祈雨)·기청(祈晴)을 할 때는 현관(縣官)이 조복(朝服)을 갖추고 친히 제사지내며, 제사에는 흰떡(白餠)·흰밥(白飯)·폐백(幣帛)·과일(實果)을 쓰고 이 밖에 다른 제사는 행할 수가 없는데, 고을의 풍속에는 영험이 있다고 일컬어 사람들이 감히 와서 제사하지 못합니다.

1. 기우용단(祈雨龍壇)은 삼성당 아래 백여 보에 있으나, 설치한 날짜는 알지 못하고, 현(縣)에 소장된 송(宋)나라 경덕(景德) 3년 병오년 5월(1006) 의주(儀注)에는 "떡(餠)·밥(飯)·술(酒)과 흰거위(白鵝)를 사용하여 제사를 행했다"고 기재되었으나, 지금은 흰닭(白雞)을 대신 쓰고 돼지는 쓰지 않습니다.

1. 삼성당 아래 근처에는 인가가 조밀하였는데, 제사를 파한 뒤로부터 악병(惡病)이 발생하기 시작하여 인가가 텅 비었습니다. 그러나 닭·돼지를 도살하여 신령이 싫어했다는 말은 듣지 못하였습니다.

예조(禮曹)에서 이것을 근거하여 아뢰기를, "백성이 모두 삼성당을 평양부(平壤府)에 옮기고 치제(致祭)하지 않자 그 뒤로부터 악병이 일어났다고 하니, 이는 비록 괴탄무계(怪誕無稽)한 말이나, 그러나 옛 기록에, '단군이 아사달에 들어가 화하여 신이 되었다' 하였고, 지금 본도 문화현(文化縣) 구월산에 그 묘당(廟堂)이 있으며, 또 전에는 향(香)을 내려 치제하였으니, 청컨대 백성의 원하는 바에 따라 평양의 단군묘(檀君廟)의 예(例)에 의하여 해마다 봄·가을로 향(香)과 축문(祝文)을 내려 제사를 행하소서" 하니, 그대로 따랐다.[365]

삼성사는 대증산-소봉-소증산으로 옮겨졌다고 한다. 그리고 1429년 평양에 단군사가 만들어지고 나서 하륜에 의해서 구월산의 제사가 폐해졌지만, 문화현 구월산 주민들의 노력으로 계속 이어져왔다고 한다. 하륜은 정도

365 『朝鮮王朝實錄』, 成宗 3년 2월 6일. "黃海道觀察使李芮馳啓曰: "臣因前下諭, 訪問文化縣古老人前司直崔池, 前殿直崔得江, 得三聖堂事跡, 條錄以聞. 一, 諺傳檀君初爲神, 入九月山, 祠宇在貝葉寺西大甑山, 臨佛刹. 後自移于寺下小峯, 又移于小甑山, 卽今之三聖堂也. 大甑山及貝葉寺下小峯, 今無堂基, 其時致祭與否及幷祭三聖, 未可知. 一, 檀君及父檀雄, 祖桓因, 稱爲三聖, 建祠宇祭之, 自祀廢後, 堂宇傾頹. 逮景泰庚午, 縣令申孝源重創, 戊寅縣令梅佐施丹靑. 一, 三聖堂桓因天王南向, 檀雄天王西向, 檀君天王東向, 幷板位. 俗傳古皆木像, 我太宗朝河崙建議, 革諸祠木像, 三聖木像亦例罷, 儀物設置與否未可知. 一, 三聖堂西夾室, 九月山大王居中, 左土地精神, 右四直使者, 竝位板南向. 一, 古無典祀廳, 梅佐乃於三聖堂下作草屋數間, 令緇徒居之, 祭祀時則齋宿于此, 祭物亦於此辦設. 一, 三聖堂西北三里許有二寺, 五里許有一寺, 東北四里許有一寺. 一, 貝葉寺亦在三聖堂西六里許, 隔一嶺, 一澗. 一, 三聖堂祭器, 古用金銀, 自倭亂後, 用沙器, 梅佐始造鍮器. 一, 廟宇移平壤後, 罷此堂之祭, 今已六十餘年. 或云我太宗朝庚辰, 辛巳, 壬午年間也, 未知是否, 其降香致祭儀軌亦不可考. 一, 九月山上峯非天王堂, 乃名爲四王峯, 亦古降香致祭處, 我太宗乙未年間始革之, 其堂基曾無見者, 今亦氷凍危險, 人不得上. 一, 『關西勝覽』載文化縣古跡云: '九月山下聖堂里, 有小甑山, 有桓因, 檀雄, 檀君三聖祠; 九月山頂有四王寺, 古之星宿醮禮處.' 一, 自三聖堂移平壤後, 雖國家不致祭, 若祈雨, 祈晴, 縣官具朝服親祭, 祭用白餠, 白飯, 幣帛, 實果, 此外不得行他祭, 邑俗稱爲靈驗, 人不敢來祭. 一, 祈雨龍壇在三聖堂下百餘步, 未知設置日月. 縣所藏宋景德三年丙午五月儀注載: '用餠, 飯, 酒及白鵝, 行祭.' 今代用白雞, 不用豚. 一, 三聖堂下近處人家稠密, 自罷祭後, 惡病始發, 人家一空, 其雞, 豚宰殺, 爲神所厭之語則未聞." 禮曹據此啓: "百姓皆謂: '三聖堂移設于平壤府, 不致祭, 其後惡病乃興.' 是雖怪誕, 無稽之說, 然古記: '檀君入阿斯達山, 化爲神.' 卽今本道文化縣九月山其廟存焉, 且前此降香致祭. 請從民願, 依平壤檀君廟例, 每年春秋降香祝行祭." 從之.

전과 함께 조선의 개국공신으로 성리학을 국가 지도이념으로 세웠고, 따라서 단군과 불교는 배척될 수 밖에 없었던 것이다. 패엽사는 신라 말부터 대증산에 있었고 그곳에 삼성사가 있었던 것으로 보아, 조선시대 이전 고려·삼국시대부터 존재했을 것이다.[366] 그 이후 삼성사는 선조, 숙종, 영조, 정조 때 수리를 하고 제사를 지냈다는 기록이 있다.

현진건은 삼성사를 언급하면서 나철에 대해서 이야기하고 있다. 이곳은 나철이 죽음을 택한 곳이다. 나철은 당시 일본 제국주의에 의해 대종교가 종교로 인정받지 못하고 유사종교로 격하되자 이를 항의하는 차원에서 죽음을 결심한다. 서울에서 구월산까지 가는 과정은 다음의 표와 같다.[367]

날짜	행선지	비고
1916. 8. 4	서울 남대문역 발→황해도 사리원역 도착	사리원역 여관에서 1박
8월 5일	역 앞 大崎사진관에서 기념촬영→信川邑 행	신천 읍에서 1박
8월 6일	柳川場→殿洞→삼성사	
8월 7일	삼성사 중수, 원도식	김두봉 귀환
8월 8일	삼신 신위 바꿈	
8월 9일	경배식 행함	
8월 10일	천진 봉안	
8월 11일	柱聯 씀	"천하의 다섯 괴로운 누리에서 벗어남을 널리 구하고저, 오로지 세 참된 진리를 닦고 연마한다(普救離五苦界, 專修研三眞理)."

366 김성환, 「고려시대 삼성사의 단군숭배」, 『백산학보』 46호, 276쪽.

367 허태근, 「홍암 나철의 대종교 중광과 조천 연구」, 부경대학교 박사학위논문, 2015, 100쪽.

8월 12일	새 교인들과 경배식 행함	
8월 13일	경배식 및 선의식 준비	
8월 14일	선의식 준비	
8월 15일	새벽 1시에 선의식 행함 오후 11시경 조천	8월 16일 오전 5시에 시봉자들이 확인함.

그때 나철을 모신 시봉자는 사촌동생 나주영(羅宙永)[368]와 조카 나정수(羅正綬),[369] 김두봉(金枓奉),[370] 엄주천(嚴柱天),[371] 안영중(安英中),[372] 김서종(金書鍾)[373] 등 총 6명이었다.

나철은 죽기 앞서서 「순명 3조」의 유언서를 남겼다.

368 1878~1927. 전남 벌교출신으로 나승집(羅升集)의 둘째아들로 태어났으나 나봉집의 양자로 들어갔다.

369 1887~?. 전남 벌교출신으로 나철의 형 나태영의 장자이다. 나철에게 집안의 후사를 부탁받았다. 1924년 조선노농총동맹에 순천농민회연맹회대표로 참여하였고, 이후 시대일보와 중외일보 벌교 기자로 활동하였다.

370 1889~1960. 호는 백연(白淵). 경남 동래 출신으로, 기호소학교(중앙고보전신), 보성고등보통학교를 졸업하고, 배재학당을 다녔다. 이때 주시경으로부터 한글의 문법을 배웠다. 이후 한편으로 한글 운동에 투신하면서 『조선말본』을 펴냈고, 다른 한편으로 독립운동에 투신하여 상해에 망명하여 임시정부 의정원 의원, 고려공산당 총무부 간부, 한국민족혁명당 중앙집행위원, 조선독립동맹 주석등을 역임하였고, 해방후에는 평양으로 돌아와 북조선노동당 위원장, 김일성대학 총장, 북조선인민회의 의장을 맡았다가 숙청되었다.

371 1897~1975. 본명은 엄주동(嚴柱東). 1912년 보성중학교 2년 재학 중 나철을 찾아뵙고 대종교에 봉교했다. 나철이 이름을 주천(柱天), 경북 장기 출신이다. 호를 보본(普本)으로 지어 주었는데, '항일구국하라'는 뜻이었다고 한다. 1917년 조선식산장려계임원으로 활동하다가 보안법에 걸려 상해로 망명하여 신규식의 참모로 활동하였다. 1920년 경성의 사회혁명당에 참여하였고, 1921년 상해고려공산당 중앙총감부를 조직할 때 참여하였다. 해방후에는 민주당 발기인으로 참여하였다.

372 1899~1929. 호는 해산(海山), 경남 함안 출신. 계축년에 상해로 건너가 신규식의 도움으로 배달학원에서 수학. 병진년에 홍암 나철을 구월산 삼성사까지 수행. 기미년 3·1운동 때 활동하다가 다시 압록강을 건너 중국으로 갔다가 질병으로 돌아옴(『동아일보』. 1929년 4월 29일).

373 1893~1943. 김두종의 친형이다. 호는 설도(雪島)이다. 경남 함안출신이다. 보성전문법과를 졸업하고, 대종교에 입교하였다. 나철이 순교할 때 전보로 남도본사에 알렸다. 후에 만주로 건너가 농장을 경영하고, 하얼빈에서 대종교선도회활동을 하였다. 임오교변때 액하감옥에서 돌아가셨다.

一. 나는 죄가 무겁고 덕이 없어서 능히 한배님의 큰 도를 빛내지 못하며 능히 한겨레의 망(亡)케 됨을 건지지 못하고 도리어 오늘의 업신여김을 받는지라. 이에 한 올의 목숨을 끊음은 대종교를 위하여 죽는 것이다.

一. 내가 대종교를 받든지 여덟 해에 빌고 원하는 대로 한얼의 사랑과 도움을 여러 번 입어서 장차 뭇사람을 구원할 듯하더니 마침내 정성이 적어서 갸륵하신 은혜를 만에 하나도 갚지 못할지라. 이에 한 오리 목숨을 끊음은 한배검을 위하여 죽는 것이다.

一. 내가 이제 온 천하에 많은 동포가 가달길에서 괴로움에 떨어지는 이들의 죄를 대신으로 받을지라. 이에 한 오리 목숨을 끊음은 천하를 위하여 죽는 것이다.

단제강세 4373년 병진 8월 15일 대종교 도사교 나철[374]

그리고 조선총독에게도 보내는 유서가 있다.

을묘(乙卯) 10월1일에 貴府令에 제83호로 신교·불교·기독교의 포교규칙을 발포한지라. 그해 12월 21일에 본교가 신교규칙에 의지하야 신청하니 귀부로서 퇴각해 가로대 "대종교는 신교가 아니니 가히 받을 수 없다" 했다. 庚戌 8월 30일에 貴府發 제1호 告示에 "각 종교를 보호하야 신고를 자유롭게 한다" 하더니 및 금년 3월에 교주된 자가 수도의 길을 떠나려고 한즉 소관 경찰서로 하여금 막아 가로대 "대종교인에게는 자유를 허락지 않는다" 하며 또 5월10일에 각하에게 글월을 베퍼서 去就

374 「神兄遺訓」, 『大倧教經典』, 837쪽. "殉命三條 一. 喆, 罪惡深重, 才德菲簿, 不能普光天祖之大道, 不能弘濟神族之胥淪, 反致有今日之侮辱, 玆決一縷之命, 以殉于倧教者. 一. 喆, 敬奉八載, 禱輒靈應, 屢蒙神眷神慈, 黙契黙佑, 若將溥救衆生, 而精誠微賤, 不能報答萬一之恩, 玆決一縷之命, 殉于天祖者. 一. 喆, 今代溥天下, 同胞兄弟姊妹, 迷眞沉妄, 竟墮苦暗者之罪, 玆決一縷之命, 以殉于天下者. 檀帝降世, 四千三百七十三年, 丙辰, 嘉俳節, 大倧教都司教, 羅喆."

의 결단을 청한즉 또 경찰서로 하여금 설유하야 가로대 "글로 번거함이 옳지 않다" 하고 서약서를 받지 않았다.

일본은 1915년 10월 1일 조선총독부령 제83호 「포교규칙」을 발표하여 신도·불교·기독교를 제외한 나머지 종교를 유사종교 혹은 비종교로 분류했다. 1915년 음력 12월 21일 나철은 「포교규칙」에 의한 신청서를 제출하지만, 총독부에서는 신교(神教)가 아니라는 이유로 신청서를 각하했다. 대종교는 유사종교가 되었고 게다가 1916년 3월 나철의 수도를 막고 탄압했다. 이는 종교의 자유를 인정하지 않는 것이다. 나철은 죽음으로써 이러한 일본의 정책을 비판한다.

슬프다! 각하가 우리 대종교문을 닫고 없이 하려 하는가! 나의 몸을 가히 가루를 만들지언정 4300年의 한님-한길을 가히 멸하지 못할 것이오. 각하가 우리 대종교인을 학대하려 하는가. 나의 머리는 가히 끊을지언정 30여만 무리의 믿는 마음을 가히 빼앗지 못할 것이다. 우리 한님은 한우님이시다. 사람이 되시어 처음 한울을 열으사 끝없는 대교를 드리우시고 한얼이 되시어 다시 한울로 오르사 위없는 한자리에 계시나니 태백산의 강신궁과 마니산의 제천단과 구월산의 수도대·어천석이 사기에 빛나며 우주에 환하다. 한울에 절하고 한얼을 높이는 도리가 처음 행하야 종교가 세상에 비로소 열리었나니 대종은 온갖 교문의 마루이요, 더욱이 여러 신교의 鼻祖됨이 밝거늘 만일 신교 아님으로써 배척하면 한얼께서 반드시 노여워하시리니 또한 두렵지 않은가!

나철은 대종교가 신교 즉 하느님을 믿는 종교이고, 여러 신교의 비조이기 때문에 배척하면 안 된다고 한다.

내가 일찍이 일·러 강화와 한일조약의 때에 있어서 일본 내각에 힐

문하고 한국 대신을 죽이려 하였으나 이것은 당시 국민 되는 자의 한 가지 의무이라. 혹시 짐작도 할 것이오. 이미 대세가 이룹지 못하야 조국이 빈터 됨을 보아서 생각을 정계에 끊고 몸을 종문에 바쳐서 스스로 천하를 건짐으로써 자기의 책임을 삼고 백산 남북에서 분주한 지 10년 동안에 도타운 정성으로 널리 펴며 괴로운 행위로 오로지 닦아서 수십만의 믿는 무리를 얻었노라. 만일 내가 지난 일로써 의심하고 구속한다면 아는 이는 반드시 웃을 것이니 또한 그릇됨이 아닌가! 유태가 망하되 예수의 도는 점점 떨치고 인도가 쇠잔하되 석가의 도는 더욱 일어났다. 만일 한국의 옛 교로써 자유를 허락지 않는다면 공법이 반드시 항거하리니 또한 애답지 않은가. 오직 크신 한님께서 밝으시게 아래에 다달아 한얼께 공경하면 경사로써 나리시고 한얼께 게을리 하면 재앙으로써 나리시나니 원컨대 각하는 한얼의 죄인이 되지 말고 오직 이 세상의 행복을 구하시오.

자신이 이완용을 처단하려고 한 것은 국민 된 도리이고 대종교에 헌신한 것은 천하를 구제하려고 한 것이어서, 그것을 이유로 대종교를 없애려고 한다면 재앙이 내릴 것이라고 하였다.

나의 불초함을 인하야 우리 한님께 욕되며 우리 종문을 더럽힘이 여기에 이르렀나니 내가 한님 교화를 위하야 한 번 죽음은 진실로 그곳에 죽음이로다. 철이 장차 한님 한배의 곁에 모시어서 반드시 중생의 선악부를 살피고 또 만세의 공정 논을 기다리노니 오직 각하는 짐작하라. 인하야 훈안을 기리노라.[375]

자신이 일본의 인정을 받지 못한 것에 대한 책임을 지고 죽겠다고 결의를

375 김교원·윤세복, 『홍암신형조천기』, 대종교출판사, 2002, 84-85쪽.

한다. 그는 일본에게 대종교의 인정을 구걸하지 않고 죽음으로 항거했다. 그로써 독립운동은 시작되었다. 어쨌든 나철은 삼성사에서 자결함으로써 단군의 전통을 계승하여 조천을 했던 것이다.

나철 이후 삼성사의 위패는 대종교인 심금이 대종교로 가져갔다고 한다.

> 대종교인 심근이란 이가 찾아왔습니다. 성신의 위패를 이리저리 구을리는 것이 도리가 아니니 차라리 나를 주면 대종교로써 봉안해가기에 그대로 내어 주었습니다.[376]

삼성사의 건물은 1911년에 훼철되었다고 한다.

> 삼성사에는 殿監 1인, 守僕 1인, 掌儀 2인, 監官 2인을 두었었고 달마다 朔望에 奉審하면 춘추로 연 2회의 제향을 올렸다. 춘에는 2월, 추에는 8월로 달은 정해 있었으며 날짜만은 일정하지 않아 나라에서 택일하여 奠物을 나리는 것이 恒禮이었다고 한다.[377]

그리고 그 건물은 공매에 붙여져서, 천도교인 박관하(朴寬河)에게 넘겨지게 되었다고 한다.

박은식은 삼성사를 소개하는 글에서 환인·환웅·단군을 모신 사당이라고 한다.

> 三聖祠는 文化郡 九月山에 있으니 桓因氏와 神市氏와 檀君의 祠라. 대개 우리 동방이 아주 오랫 옛날에 桓因氏는 처음에 나신 神人이오 신시씨의 이름은 환웅이니 환인씨의 세자라 천부삼인을 받아서 무리 삼천

376 현진건, 『단군성적순례』(영인본), 1949, 94쪽.

377 같은 책, 91쪽.

을 이끌고 태백산에 내려오셨으니 이는 환웅천왕이오 단군의 이름은 왕검이니 태백산 단목하에 내리시어 중국 요임금 무진년에 세워서 임금이 되시니 신이면서 지혜가 있으시고 국호를 조선이라 하다. 처음 도읍지를 평양이었다가 후에 백악으로 옮기니 국내의 산천을 다스리고 백성의 주거지에 터를 잡아주시고 풀로 옷을 해입고 나무열매를 먹고, 여름에는 둥지에 있고 겨울에는 동국에 거주하던 백성들에게 비로소 가르쳐 편발개수(編髮蓋首)하며 의복과 음식의 제도가 있게 되고 세명의 아들로 하여금 삼성을 건축하여 삼랑성이라고 이름하고(지금 강화에 있다), 아사달산에 들어가 신이 되셨으니 향년 1418년이다. 강화의 참성단은 단군의 제천하던 곳이니 돌을 쌓아서 건축하여 높이가 10척이고 위는 네모나고 아래는 둥글다. 권근의 시에 "세상에 전하기는 몇 년이지 알지 못하지만 역임한 해는 천년을 넘었다." 송양 서쪽에 (지금의 강동) 단군묘가 있고 태백 아사달에 모두 祠가 있고 당장경은 한편 장장평(藏藏坪)이라. 文化郡 九月山下에 있다.[378]

북한에서는 1994년 10월 평양에 단군릉을 준공하고, 2000년에 삼성사를 복원했다.[379] 복원된 삼성사의 총건평은 165.2㎡이며, 기본 건물인 삼성

---

378 박은식, 「삼성사」, 『서우』 1, 1906.

379 현재 북한의 구월산 단군 유적지는 세 곳이다. 내외통신에 따르면 구월산 주봉인 사황봉마루, 대중산, 그리고 소중산에 단군사터가 각각 위치하고 있다는 것이다. 제1단군사터는 사황봉 봉우리 밑에 있는 집터를 말하는데, 현재 이곳에는 기와조각과 주춧돌이 남아 있다. 제2단군사터는 구월산에서 세 번째로 높은 오봉줄기인 대중산 동남쪽 돌출부에 자리 잡고 있는 것으로 돌출부의 동·남·북쪽에는 사당의 축대로 추정되는 돌이 쌓여 있다. 돌출부는 너비가 약 13m, 길이가 약 9m로 대중산 정상에서 30m 아래쪽에 위치하고 있다. 돌축대에서 북동쪽으로 70여m 떨어진 곳에는 사당지기가 거주하던 곳으로 추정되는 집터가 있다. 이 집터에서는 기와도기, 자기조각, 그리고 집못 등의 유물(유적)이 발견됐다. 제3단군사터는 대중산에서 4㎞ 정도 떨어진 소중산에 위치하고 있다. 소중산 남쪽 경사면 중턱에 축대가 동서로 10.4m, 남북으로 9.2m가 남아 있다. 축대 위에는 주춧돌이 동서로 4줄, 남북으로 4줄씩 각각 놓여 있다. 이를 토대로 추정해보면 제3단군사는 정면 3칸, 측면 3칸 건물인 것으로 보이는데 이곳에서 기와, 벽돌 등이 출토됐다고 북한 측은 밝히고 있다. 연합뉴스, 1995년 2월 18일.

전을 축으로 하여 좌우측에 영빈당과 양현당, 그 아래에 마주 서 있는 전사청과 숙사, 배집지붕 형식의 대문으로 이루어져 있다.[380]

15. 삼일포

최남선은 금강산 삼일포의 삼이 삼이란 숫자보다는 숣에서 온 것으로 신과 관련된 말임을 주장한다. "삼일포의 옛명은 필시 고어로 종교적 수행을 의미하는 숣이요, 숣은 사흘=삼일에 통하는고로 삼일포란 이름이 생기고"[381] 하여 영랑·술랑·남석행·안상이라는 네 명의 신선이 노닐다가 돌아오지 않은 것이라는 『동국여지승람』의 서술을 인정하지 않는다. 이들 네 명의 신선도 화랑이지만, 화랑은 한 기간에 하나의 사람을 추대하는 것이기 때문에 네 명의 신선이 동시에 왔다고 하는 것은 실제상 있을 수 없다고 한다.

16. 10월 3일 개천절

1) 개천철의 유래

언제부터 개천절이 10월 3일로 정해진 것은 분명하지 않다.

> 조선에서 10월은 '상ㅅ달'이라 하여 고래로 고사 지내는 날, '굿'하는 날, '치성'드리는 날로 일반이 신에게 보새(報賽)하는 시기로 생각하니,

380 「숭령전과 삼성사」, 『얼소리』 5, 2007, 139쪽.
381 최남선, 「금강예찬」, 『육당최남선전집』 6, 현암사, 1974, 249쪽.

말하자면 10월은 사람이 신에게 향한 정성을 물건으로 표하는 달이요, 신과 인이 실물상으로 교제하는 시기입니다. 1년 내 선홍에 노작(勞作)해 얻은 곡식과 함께 가꾼 과실과 손때 묻혀 기른 목축 중에서 가장 일찍 되고 살찌고 아름다운 것을 택하여 하늘-神에게 맛보아 줍시사 하는 동시에 이렇게 풍성하게 총사(寵賜)하신 것을 감사하는 뜻이 거기 들었습니다. 8월 추석이란 것도 秋成에 대한 감축을 위하는 명절이요, 굉장한 名日이지오마는 이날은 사람을 주체로 하여 연악(宴樂)함이 본의임에 대하여 마찬가지 秋成을 감축하는 의미라도 10월은 신을 주체로 하여 사람의 고마워하는 뜻과 즐거워하는 모양을 나타내려하는 것이 특점이라고 할 수도 있습니다. 그러나 수성감사뿐으로 유명하게 날이 아닙니다.[382]

최남선은 10월이 신에게 제사를 지내기 좋은 날로 설명하고 있다. 다만 왜 3일로 하는지에 대해서는 설명이 없다.

김윤식의 생일을 기념해서 모인 날이 개천절이고 그날을 기념해서 단군교를 만들었다는 주장이 있다.[383] 이에 대해서 『무당내력』과 「단군교포명서」, 김두봉 등이 반론을 피력하고 있다. 10월 3일에 대해서는 19세기 문헌인 『무당내력』 서문에 처음 나온다.[384]

---

382 최남선, 「상ㅅ달과 개천절의 종교적 의의」, 『육당최남선전집』 9, 현암사, 1974.

383 김은호, 『서화백년』, 중앙일보사, 1977, 232쪽. "어느 핸가는 운양 김윤식의 생일잔치에 여러 사람이 모여 의논을 벌였다. 이 자리에는 성재 이시영과 조소앙도 있었다. 운양의 생일이 10월 3일이어서 단군의 개천일과 같은지라 단군교를 설립하자는 제안이 나왔다. 운양도 집 한 채를 내놓을 터이니 그렇게 하자고 했다. 운양이 권농동에 조금만 집을 희사해서 단군을 모시기로 결정했다. 이 방에 모실 단군의 초상은 심전(안중식) 선생이 맡아서 그렸다. 심전 선생은 매일같이 어두컴컴한 방에서 단군의 초상을 그리느라고 두문불출하고 있었다. 이때 백련(지운영)은 단군교의 교리 삼일신고(백봉신형) 등을 짓느라고 운양이 단군교에 내놓은 집 안채에 심전과 함께 붙박여 있었다."

384 『무당내력』의 출판은 1825년 혹은 1865년 둘 중 하나이다. 정영훈, 「단기 연호, 개천절 국경일, 홍익인간 교육이념」, 『올소리』 10, 38쪽.

상원 갑자년 (요임금 재위 시절) 시월 삼일에 신인이 태백산 박달나무 아래에 강림하니 이가 바로 단군님이시다. 이에 신교를 열어 백성들을 가르쳤다. 장자인 부루(扶婁)는 어질고 복이 많기 때문에[385] 인민이 존경하고 신임하여 후일 터를 골라 단을 쌓고 그릇에 벼 곡식을 담아 풀을 엮어 가려놓으니, 이를 가리켜 '부루단지' 또는 '업주가리'라고 했다. 매년 시월에 새 곡식으로 시루떡, 술, 과실을 올려 치성 기도했다. 기도할 때에는 반드시 나이 많은 성숙한 여자를 쓰는데 세상에서는 이 사람을 무인이라고 불렀다. 그 후 무인의 수효가 증가하여 무당이라고 이르게 되었는데, 그 이래로 백 가지 폐단이 겹쳐 나타나서 한당 이래로 무당으로 인한 옥사가 빈번했다. 근일 불가에서 이르되 신라 중엽 함양 등지에 법우화상이란 사람이 딸 여덟을 낳아 팔도에 나누어 보내 무당이 되었다고 말하고 있는데 이는 근거가 없는 말로서 이에 더 심한 것이 없다.[386]

단군 때에는 매해 10월, 무녀로 하여금 집을 지은 것을 축하하여 주도록 하였는데 그 의미는 사람들이 그 근본을 잊지 않도록 하는 데 있다. 치성 시에 의례로 행한다. 속칭 성주풀이라고도 한다고 했다.[387]

무당과 단군의 관계를 설명하고 있다. 조선시대에 단군에 제사지낸 사람은 무당이다. 대종교가 나오면서 단군과 무당을 분리한다.

「단군교포명서」[388]에서는 단군교의 역사, 유산, 조선의 상황, 종교적 의

385 요임금 자식은 어리석은데 비해 단군의 아들은 현명하다는 뜻이다.

386 『巫黨來歷』, 「序文」. "上元甲子 (唐堯時), 十月三日, 神人降于太白山 (白頭山 或云 妙香山), 檀木下, 是爲檀君乃設神敎而敎之, 長子扶婁賢而多福, 故人民尊信, 後日擇地等壇土, 器盛禾穀, 編草掩之, 稱日, 扶婁壇地, 業主嘉利. 每歲十月, 新穀既登, 以甑餠酒果, 致誠祈禱, 祈禱時, 必用老成女子, 世稱巫人. 其後數爻增加, 謂之巫黨, 邇來百弊端疊出, 漢唐以來, 巫獄頻繁. 近日佛家謂之新羅中葉, 咸陽等地, 有法雨和尙, 生八女分遣八路, 爲巫云, 無據訛言, 莫此爲甚, 時乙酉仲春, 蘭谷破寂耳."

387 『巫黨來歷』, 「成造巨里」.

388 「단군교포명서」에서는 1904년 음력 10월 3일(양력 11월 9일) 백봉은 단군교를 널리 알리고

미로 구성되어 있다.[389] 먼저 단군교의 역사를 서술한다. 여기서는 단군이 우리 민족의 뿌리임을 주장하고 있지만, 단군만을 말하고 있기 때문에 환인·환웅·단군의 삼신일체로 보는 대종교와도 차이가 난다.

> 오호라! 물을 마시면서 그 원천을 생각하고, 나무를 심으면서 그 뿌리를 북돋아주어야 하나니, 이는 본교 신봉자들이 당연히 해야 할 도리이며 당연히 행하여야 할 일이요, 쉽게 알게 되는 이치이며, 쉽게 행할 일이라. 믿는 마음을 독실히 가지고 행하여 오직 한 정성으로 대황조님을 숭봉하소서![390]

김두봉은 개천절 날짜에 대해서 고찰한다.

> 月日로 말하면, 三韓, 穢, 高句麗, 遼 等 모든 나라는 十月로 하엿고, 百濟는 四仲祭로, 高麗, 朝鮮은 春秋로 하엿고, 그남아 멧 나라는 어느 달에 하엿는지 아직 잘 알 수 업스나, 歷代에 十月로 함이 가장 만히 들어난 事實이요, 또 우리나라 最近까지 傳來하는 風俗을 보면, 全國이 共通하여 十月달이라 하야, 이달에 初一日이나 或 初三日에 三神祭, 帝釋祭 等 여러 名目으로 紀念하는데, 그 由來를 考察하면 三神은 桓因桓雄桓險(卽檀君)이오 帝釋은 三神을 佛家에서 부르는 別稱인즉, 其實은 다 檀君

자 백두산 대숭전 고경각에서 13인이 회합하여 「포명본교대지서」를 반포하고, 파견인 20인에게 만주·몽골·일본 등지의 포교를 담당시켰다고 한다. 백봉은 백전을 통해 나철에게 『삼일신고』를 전해준 인물이다. 백봉의 생몰 연대는 알 수 없고, 백두산에서 수련한 인물이다. 그는 1904년 백두산에서 『삼일신고』를 얻고서 단군교를 밝히고자 했다. 「포명본교대지서(佈明本敎大旨書)」가 「단군교포명서(檀君敎佈明書)」이다. 단군교에서는 단군이 내려온 시기를 B.C. 2333년으로 보고 있지만, 대종교에서는 B.C. 2457년으로 보는 있는 점에서 차이가 난다.

389 정영훈, 「단군교 포명서와 그 사상적 의의」, 『단군교포명서 선포 100주년 기념 학술회의 자료집』, 국학원, 2009, 65-71쪽.

390 「단군교포명서」, 『올소리』 5, 2007, 183쪽.

을 紀念함인데, 옛적에는 國祖敎祖라 하야 紀念하던 國慶日이 近世에 와서는 한 귀신 섬기는 淫祀같이 되고 말앗습니다.[391]

달로는 삼한·예·고구려·요 등의 나라는 10월로 했지만, 백제는 사중제, 고려·조선은 봄가을로 했다고 한다. 그중에서 10월이 공통적인 달이라고 한다. 일로는 1일과 3일이라고 한다. 그런데 이날은 삼신제·제석제라고 하는데, 모두 단군을 기념하는 날이 당시에는 귀신 섬기는 날로 변했다고 한다.

十月一日과 三日中 何日이 的確한 日인가? 저 생각에는 一日보다 三日이 그날인 듯함니다. 初一은 어느 달에던지 月日로 定하는 일의 잇스나, 初三日은 特히 三月 말고는 紀念할 날이 아니면 祭지 나이는 일이 업슴이요, 또 十月을 開月이라 하야 開天한 月인 意를 包含하엿다 함을 저가 某書籍에셔 본 일이 잇습니다. '열'이란 名稱이 數를 새일 적에 손가락을 다 폄으로 말미압아 생긴 것으로 밋는데, 이것이 여긔 偶合함인지 或後人이 付會함인지 알 수 업스나, '十'의 '開'의 뜻이 잇다 하면 '三'의 訓에도 或 開의 뜻이 업는가 함이올시다. 卽 '날이 샌다' 는 '새'는 確實히 '開'의 뜻이 잇는데 '三'의 訓이 '세'인즉 '새'의 소리는 '세'에 소리와 가갑지 아이한가 함이올시다. 이것이 確實한 證據는 못 되드래도 이날을 紀元慶節日로 定함은 無妨할 줄로 압니다. 國家의 紀念日을 둘 必要가 업따면 모르겟지오. 만들 必要가 잇다면 一年中 아모달 아모날이라 定하여 共同紀念만 하엿오면 그 目的은 이룬 줄로 압니다. 그런데 이十月三日은 철수로 말하드래도 여러 가지 穀粟과 果實을 다 거둔 뒤에 經濟狀態가 一年中 第一 조흔 때라 一般國民이 比較的 心理도 편안한 때요 또 日氣도 그리 춥지 아니하여 生氣나기 조흘 만한 때인즉 歷代로 이 十月三日을 國慶日로 지난 일이 업섯드래도 우리가 이날을 定하는 것이 無

391 김두봉, 「개천절력」, 『독립신문』, 1921년 11월 11일.

> 妨하겟는데 하물며 歷史에 그만한 證據가 잇슴이겟슴니까? 그러나 다만 曆學上으로 陰曆日字는 해마다 그 差異가 甚함으로 이것은 陽曆으로 據算改定할 必要가 잇습니다. 여긔 關한 말슴은 다음 다른 機會를 기다림니라.[392]

10월 1일과 10월 3일 중에서 10월 3일은 특별히 정해진 날이라고 한다. 그래서 10월 3일을 개천절로 정한 것이라고 추론한다. 개천절로 하는 이유에 대해서 김두봉은 한글학자답게 10은 손가락을 모두 연다는 뜻이 있고, 3은 세 혹은 새로, 마찬가지로 연다는 뜻이라고 한다. 새로 여는 날이라는 뜻이다. 10월 3일 정도가 되면 추수가 된 이후라 경제상황이 안정되어 심리도 편안하고 날씨도 춥지 않고 기운이 날 좋은 때라고 한다. 그렇지만 김두봉은 이날이 음력이기 때문에 날짜가 고정되지 않아서 개정할 필요가 있다고 한다. 현재 양력으로 개천절을 10월 3일로 하는 것은 이러한 이유 때문이다.[393]

김두봉은 개천절의 명칭·의식을 분석한다. 먼저 명칭에 대해서 살펴보자.

> 名稱으로 말하면 三韓의 天君祭라던지, 夫餘의 迎鼓會, 穢의 舞天會, 箕氏의 報本祭, 高句麗의 東(盟)會, 新羅의 太日山祠, 百濟의 四仲祭, 渤海의 檀戒祝, 遼의 君樹祭, 金의 長白山冊, 高麗의 三聖詞祭, 朝鮮의 崇靈殿祭 等이 異名同體의 紀念이올시다.[394]

392 같은 글.

393 임시정부에서는 1920년에 개천절을 거행하였고 1942년에는 양력으로 하자는 조소앙의 안이 논의되었지만 시행되지 않았다. 1949년 10월 1일에 공포된 '국경일에 관한 법률'에 의거, 음력 10월 3일을 양력 10월 3일로 바꾸어 거행하게 되었다. 서영대, 「개천철의 역사」, 『단기 4350년 개천절 기념 학술회의 발표 자료집』, 2017, 16-20쪽.

394 김두봉, 「개천절력」.

김두봉은 삼한의 천군제, 부여의 영고회, 예의 무천회, 기자의 보본제, 고구려의 동맹, 신라의 태일산사, 백제의 사중제, 발해의 단계축, 요의 군수제, 금의 장백산책, 고려의 삼성사제, 조선의 숭령전제가 모두 단군의 건국을 기념하는 행사였다고 한다. 요와 금의 행사까지도 단군의 전통을 이은 것이라고 보고 있는 것이다.

다음은 의식에 대한 분석이다.

> 儀式으로 말하면, 三韓, 夫餘, 穢, 高句麗 等 모든 나라에서는 全國의 共同擧行으로 三韓은 代表者를 選出하여 國邑에 祭하고, 그 남아 세 나라는 民衆이 會集頌祝하엿으며, 箕氏, 新羅, 渤海, 遼, 金, 高麗, 朝鮮 等 모든 나라는 國君이 親祭하거나 或 降香代祭하엿습니다.[395]

절차로 말하면 삼한·부여·예·고구려는 전국적인 행사인데, 삼한은 대표자를 선출하여 제사했고, 부여·예·고구려는 민중이 모여서, 기자·신라·발해·요·금·고려·조선은 임금이 직접 제사를 드리거나 대신 제사를 드리게 했다고 한다.

『신단민사』는 "開天 甲子年 상달(10月) 초사흔날(3日)에 天神이 一符와 三印을 가지고 風伯과 雨師와 雲師와 雷公을 거느리고 사람으로 화하여 太白山 神檀樹 아래에 내려왔다"[396]고 하여 개천절의 기원을 뚜렷이 밝히고 있다. 개천절은 단군(檀君)이 조선(朝鮮)을 개국한 때를 기준으로 한 것이 아니라, 환웅(桓雄)이 신시(神市)를 시작한 때를 기준으로 했다. 또 "戊辰년 10월에 백성들이 神人을 추대하여 大君主로 삼고 나라 이름을 檀이라 했다. 도읍을 태백산 아래에 정했다가 23년 지나서 庚寅년에 도읍을 평양으로 옮겼으며 국호를 朝鮮으로 고쳤다"[397]라고 하여 단군이 왕으로 추대된 때를 10월로 잡고

395 같은 글.

396 김교헌, 『신단민사』, 29-30쪽.

있다. 이는 뒤에 모두 10월 3일로 통일하는 계기가 된다.

2) 개천절의 역사성

「단군교포명서」에서는 단군에 대한 존숭과 제사가 면면히 이어져 내려왔음을 밝히고 있다.

> 본교의 한줄기 광명이 대황조님을 숭봉하는 본류 중 한 지파의 혈통을 이은 후손인 부여 집안에 귀하게 전해져 고구려가 새로 일어날 때, 동명성왕이 7세에 단목 한 가지를 꺾어들고 말하기를, "이는 성조께서 강림하신 신령스러운 나무라" 하고 활을 만들어 과녁을 겨냥하여 쏘니 백발백중하고, 만대자손에 미치도록 대황조님 숭봉의 법을 특별히 세우며, 그 교화를 널리 펴는 방도를 크게 행하니, 을지문덕 형제 같으신 영웅도 아침저녁으로 빠짐없이 배례하였으며, 광개토왕 같으신 영명하신 임금도 매사를 대황조태묘에 고한 후에 행하시어 천하가 단단히 얽어 매인 듯하게 이끌려 따르게 되었으며, 신라·백제도 또한 하나같이 대황조님을 높이 우러러 믿게 됨으로써 2천년간 번성하던 모습을 다시 보게 되었는데……[398]

단군에 대한 존숭과 제사를 부여, 고구려의 동명성왕·을지문덕·광개토왕, 그리고 신라와 백제가 계승했다고 한다.

> 우연히 불교가 흘러들어와 백제가 제일 먼저 물들여지다가 나라가 먼저 망하고, 고구려도 또한 한나라 남북조에 성행된 불법의 침입을 당

397 같은 책, 31쪽.

398 「단군교포명서」, 176쪽.

하여 모든 사상, 모든 신앙의 종가인 본교를 점점 잃어버리다가 쇠멸에 이르니 그 유신 대조영이 분개한 마음을 이기지 못하여 교문경전을 품에 안고 말갈 땅으로 도피하시어 발해국 3백년의 터와 공적을 세워 일으키셨으며, 신라의 춘추왕과 김유신 시대에는 본교가 동남쪽에 왕성한 까닭에 영마루의 왼편 산 이름을 태백으로까지 바꾸었으나 오래지 않아 불교의 설법과 유교의 설론들이 함께 행해져 신라가 역시 망하게 되고……399

그러나 불교가 들어와 고구려가 망하고, 신라도 태백산의 이름을 옮기었지만 불교와 유교로 망했고, 발해의 대조영이 다시 단군의 가르침을 이었다.

고려 태조 왕건은 그 선조(父祖)가 본교를 독실하게 믿는 까닭에 그 가풍에 의하여 보고들은 것을 그대로 이어받으시어 대황조님의 성휘 두 자로 씨를 삼고 그 숭경하고 사모하는 지성을 다하시며, 본교 종손의 나라 고구려를 잊지 못하시어 국호를 고려라 부르시고 묘향산에 신령스러운 제단을 세우시며 강동 대박산에 선도 수행의 자리를 만들기까지 하셨으나, 그 자손이 남긴 뜻을 계승하지 못할 뿐 아니라 오히려 불교를 존숭함이 전대(前代)보다 심해져 온 나라가 본교를 전폐하다시피 한고로 원나라의 침략을 받는 환난을 당하여 백성들은 도탄에 빠졌고……400

고려 태조 왕건의 이름은 단군의 왕검에서 온 것이고 묘향산에 단군을 모시는 단을 세웠지만, 이후 고려에서는 불교를 받들어 단군교가 폐지되고 원나라에게 백성들이 고통을 당했다.

---

399 같은 글.

400 같은 글.

> 우리 조선 태조 고황제께서는 대황조님 성신 강림하신 태백산 남쪽에서 발상하시어 높이 받들고 공경하고 흠모하신(崇峯敬慕)하신 그 정성스러운 마음(誠心)이 전대의 여러 왕들보다 탁월하시어 압록강 회군 시에 꿈속에서 금척(金尺)을 대황조님으로부터 친히 받으시고, 보위에 오르신 뒤 대황조님의 제사(祀典)를 우러러 받드시고 본교를 위하여 불법을 엄하게 물리치셨으나, 성스러운 것은 아득하고 참다운 말씀은 꽉 막힌바 되어 하루아침에 불꽃처럼 다시 환하게 밝히지 못한 것은 시운(時運)에 이르러 유교가 점점 왕성해지며 본교를 높이 권장하는 말씀들은 이행되지 못하니 식견 있는 사람이면 모두 다 걱정하고 탄식하는 바이었다. 이런 까닭으로 남효온(南孝溫)의 시에서 "단군께서 우리 청구의 무리를 낳으시고, 패수(浿水)가에서 우리에게 인륜을 가르치셨네"라고 한 것은, 이 역시 대황조님을 우러러 공경하고 흠모하는 뜻이오, 세조 조에 이르러 대황조님 위판에다 특별히 글로 써서 이르기를 "조선시조단군지위(朝鮮始祖檀君之位)"라 하셨으며, 또한 친히 마니산에 가셔서 제천하시어 근본에 보답하시는 성의를 특별히 나타내시었으나……401

조선의 태조 이성계는 단군을 존숭했고 대황조로부터 금척을 받고 보위에 올랐으며 등극 후에는 대황조의 제사를 존중하고 불법을 물리쳤고 세조 때 마니산에 제천하여 보본의 성의를 표했지만, 후대에 유교가 중심이 되어 단군을 존숭하지 않게 되었다. 당시 조선의 상황은 단군보다는 유교의 공맹을 높였다.

> 나라와 조정의 모든 유생과 유신들이 대황조님의 신성한 사적을 말로써는 하되, 공자·맹자·정자·주자의 서책에 묶여 주저앉은 채 대황조님의 신성하신 가르침은 연구하지 못하였으며, 공·맹·정·주는 그 위상

401 같은 글.

> 이 나중은 물론이고 앞서서도 있었던 것같이 생각하되 대황조님의 신성이 그 위에서 위엄 있는 모습으로 만방에 떨치신 줄은 알지 못하니, 나라를 건국하신 성조를 숭봉하지 아니하며, 자신을 낳아 길러주신 성신을 불경하며, 자기의 가문을 닦아 지키게 하신 성스러운 종교를 받들어 모시지 않고, 다른 조상을 이같이 숭상하며, 다른 신을 이같이 공경하며, 다른 종교를 이같이 받들어 모시니 어찌 이것이 하늘의 이치를 거스르고 부동의 윤리에 어그러지는 일이 아니리요![402]

단군을 모시지 않고 중국의 학자들을 받드는 것은 이치에 거스르고 상도에 어긋나는 것이다.

> 만주 철령 등지에서 왕왕 수림 중에 옛 사당의 남은 흔적들이 있는데, 그 곳 주민(土人)이 서로 전하는 말로는 아주 먼 옛날의 단신제(壇神祭) 남은 터라 하니 '단(壇)'자는 '단(檀)'자의 잘못이요 이는 고구려조에서 본교가 성행할 때에 대황조님을 받들어 모시던 확실한 증거이며, 임진왜란 때 왜장 시마즈 요시히로(道津義弘)가 우리나라 도자기공 열여덟 집안의 가족 모두를 잡아 옮겨가서 일본의 가고시마(鹿兒島) 이쥬잉(伊集院)에 살게 하였는데, 그 18집안이 본국의 옛 풍속을 그대로 이어 지켜서 대황조성신을 받들어 모셔 지금까지 집집마다 그 제사를 정성껏 모시고 있으니 오랜 옛적 본교의 번성했었음을 여기서도 가히 미루어 알 수 있는 바이다.[403]

단군에 대한 제사는 만주나 일본에서도 보인다고 한다. 임진왜란 때 시마즈가 조선의 도공 18성을 납치하여 가고시마에 거주하게 하였는데, 이들

402 같은 글.

403 같은 글.

은 단군을 모셨다고 한다.

「오대종지포명서」에서는 단군부터 근대까지 7대 비운을 맞이했다고 한다.

> 1회 비운(B.C. 1209년). 서울 천도 문제를 두고 삼천단부 간에 극한 분열과 대립이 나타나 단부의 일체감이 급속히 약화된 사태.
>
> 2회 비운(B.C. 1104년). 기자의 팔조 허용 이후 여러 종교가 들어와 분열이 심해져 단부의 우두머리 중 단군에게 내조하는 자가 전무한 상태.
>
> 3회 비운(B.C. 232년). 기자왕조(번조선) 말 기준 재위기 서북 단부가 궤멸하여 동남 단부들과 언어 풍속이 점차 달라져버린 사태.
>
> 4회 비운(B.C. 108년). 위만조선 말 한나라의 침범으로 단군조의 거점이 유린당하고 한사군이 설치된 사태.
>
> 5회 비운(668년). 고구려 말 영류왕 이후 불교가 퍼지고 보장왕 재위기 당나라가 그에 항거하던 신교 세력 만여 명을 중국 가지로 이주 해산시킨 사태.
>
> 6회 비운. 고려 말 몽골 침입 이후 신교 제례를 소홀하고 명칭마저 사라진 사태.
>
> 7회 비운. 조선 말 교문의 제가 없어지고 만주 고묘 고적이 황량한 폐허로 남은 사태.[404]

정윤은 한검을 모신 사당을 수두라고 하고 이것이 한자화된 것이 소도라고 했다. 수두는 유교에서 향교와 같은 곳, 즉 제사와 공부를 하는 곳이다. 이곳에는 긴 나무를 세워두고 있어 수두간(蘇塗桿)이라고 한다.

> '한검'은 천신(天神)이면서 대종(大倧)이오, '수두'는 교당(敎堂)이니 『후한서』와 『삼국지』와 『진서』에 다 말하였으되 삼한의 여러 읍(三韓諸國

404 조준희, 『우리역사 우리영웅』, 한뿌리, 2008, 73쪽.

邑)에서 각각 한 사람을 세워서 천신께 제사하여 이름을 천군(天君)이라 하고 또 별읍(別邑)을 두고 명을 '수두(蘇塗)'라 하엿다 하니 별읍(別邑)이라 함은 읍(邑)의 성곽(城垣)과 공청(公廳)을 세운 것 외에 따로 하나의 읍의 청사같이 건축하고 그(邑倣別邑) 명칭을 수두(蘇塗)라 하엿으니 이것이 즉 신당(神堂) 또는 교당(教堂)이라. 후에 유교를 숭상하야 읍마다 따로 향교(鄕校)라는 청사를 세우고 공자의 위패를 받들고 춘추에 석전하며 그곳에서 경전의 뜻을 토론하는 것과 동일하니 그때에 천신교(天神教)를 숭신(崇信)하야 읍마다 '수두(蘇塗)'를 세운 것이며, 수두는 중국사람(漢人)들이 '수두'를 음역한 것이니 수두신(蘇塗神), 수두간(蘇塗桿),[405] 신수두(臣蘇塗) 등이 이것이라. 수두신(蘇塗神)은 교당 내에 성대하게 있는 것 같은(洋洋如在) 한검(一神)을 말함이오 수두간(蘇塗桿)은 교당 앞에 세운 긴 나무를 일컫음이니 혹은 신간(神桿)이라고 하고 신(臣)은 대(大)니 신수두(臣蘇塗)는 즉 대교당(大教堂)이니 서울(國都)에 건립한 것이며 농가에 새로운 곡식이 들어오면 처음에 먼저 저장하며 왈 "수두를 남아둔다" 하나니, 이것은 수두교당에서 한검이 세상에 내려오신 10월 3일에 정성을 들여 제사를 드리고자 하는 것이오. 우리 종족이 수두에서 큰 인물이 나온다 하엿으니 이것은 팔관오계(八關五戒)와 구서삼법(九誓三法) 등의 절실한 도균정독(陶均亭毒)[406]중에서 불세출의 인걸이 아울러 나옴을 일컫음이니

---

405 『滿洲源流考』 卷18. "『후한서』 삼한에서는 모든 국읍에서 각각 한 사람이 천지에 지내는 제사를 주관토록 하였으며 이를 천군이라 불렀다. 또 소도를 건립하여 큰 나무를 세우고 방울과 북을 매달고 귀신을 섬겼다. 내 생각에 『만주제사전례』에는 집집마다 각각 사사를 세운다고 하였는데, 여기에서 한 사람이 제사를 주관하다고 말한 것과 서로 부합한다. 큰 나무를 세우는 의식은 만주의 입간제사 의식과 서로 부합한다. 만주어로 신간을 색마라고 하는데 소도와 발음이 비슷하다. 또 만주에서 제사를 지낼 때에 신령과 요령과 수고들이 있으며 여기에서 말한 방울·북과 또한 부합한다. 단 모두 신간에 매달지는 않는다. 저녁 제사 때 대소 방울 7개를 벚나무 막대에 매달아 대들보의 서쪽에 걸어 놓는데 역사서에 실린 것과는 다르다(『後漢書』 三韓諸國邑, 各以一人主祭天地號為天君. 又立蘇塗, 建大木以懸鈴鼓事鬼神. 按『滿洲祭祀典禮』家各設立司祀, 與此所云以一人主祭者相合, 建大木之儀, 又與滿洲立桿祭祀之儀相合, 滿洲語稱神桿為索摩, 與蘇塗音亦相近. 又滿洲祭祀, 有神鈴及腰鈴手鼓等, 與此所云鈴鼓亦合, 但並不懸於神桿. 惟夕祭儀有大小鈴七枚, 系於樺木桿稍, 懸於架梁之西, 與史所載有不同耳)."

향교에서 유학의 거자(巨子)가 나오는 것과 갓고 수두에서 천인(天人) 일리(一理)의 진제(眞諦)도 배우며 최치원 선생이 말한바 삼교를 포함한 현묘한 도도 깨우치며 신(神)이 뇌(腦)에 강재(降在)하시대 소소영영(昭昭靈靈)하야 감히 헤아리지 못할 것과 삼진귀일(三眞歸一)과 통성공완(通性完功)의 현기(玄機)도 이해할 것이니 대인물이 여기서 나오는 까닭이로다.[407]

이윤재는 개천절의 의의가 10월 상달에 조선 민족의 공동화합을 도모하는 자리라고 한다.

오늘(음력 시월 삼일)은 우리 한배 단군께서 강탄하신 제 사천삼백팔십류회의 개천절입니다. 말하자면 조선인의 생활 및 문화의 생일이라 할 것입니다. 이날에 우리의 감모가 어떠하며 우리의 환희가 어떠한가. 우리는 이때에 마땅히 보본의 정성과 추원의 생각으로 우리 각자가 반성과 자각이 있어야 할 것입니다. 개천절이란 것이 조선 인민의 전통적 관념으로 전 민족적 신앙 중심사상이 굳엇든 것은 말할 것도 없습니다. 곳 부여에서 영고라 하고 예맥에서 무천이라 하고 마한에서 천군이라 하고 고구려에서 동맹이라 하고 신라에서 답지라 하고 고려에서 팔관회라 하는 것이 그 명칭은 때를 따라 다 각기 달랐을지언정 일년에 일차씩 곳 시월로서 전국 국민이 대회하여 천신에게 제사하는 전례는 같았습니다. 고려 이후로는 우리가 너무 중국(지나)사상에 침렴한 바 되어 국민 신앙의 근본적 정신이 점점 타락하여져서 근세에 이르러는 다만 '터주', '서낭당(선앙당)'의 굿 같은 것 이외에는 그것을 찾아볼 수도 없게 되엇습니다. 그러나 아직도 시월을 '상딸(상월)'이라 하며 모든 고사와 시제와 굿 같은 것을 많이 이때에 행하는 것을 볼 수 잇습니다. 하여간 이 시월

406 『三一神誥』「序」에 나온다. 우주 만물을 만들고, 고르게 하고, 조절하고, 기르는 분을 뜻한다.
407 정윤, 『史誌通俗攷』, 『국학연구』 15, 2011, 44-45쪽.

상딸하고 조선 민족하고는 오랜 인연과 깊은 관계가 잇음을 알 것입니다. 대저 사람이 군거생활을 경영하는 데는 여러 가지가 형식으로써 그의 사상과 감정을 집중시켜 공동화합을 도모하는 것이 자연한 리치일 것이매 그러므로 어느 나라에든지 반듯이 국민 전체가 공동으로 행하는 기념과 경절이 잇는 것입니다. 끄리시아 민족의 '올림픽'이라든가 또 서양의 '크리스마쓰'와 동양의 '석가탄일'이 얼마나 보편화하얏습니까. 이 개천절이야말로 오로지 조선 민족이 가진 오직 하나의 개천절을 개인으로는 정성으로 원도하여 공동으로는 기쁨으로 경축할 조선 사람의 공통하는 대명절입을 절실히 느끼어야 할 것입니다. 그리하여 떡과 과실을 식구마다 나누고 노래와 춤을 사람마다 한 가지 하는 가장 의미잇는 놀이로써 진정한 개천절의 본뜻을 나타내고 순수한 조선 민족의 리상을 발휘할 것입니다.[408]

이윤재는 고려 이전에는 전 국민이 함께하는 자리였지만, 고려 이후에는 무속신앙으로 전락하게 되었다고 한다. 국민의 경축절로 만들어야 함을 역설한다. 이는 국민국가를 정체성을 형성하게 하는 계기가 되는 것이다.

3) 개천절의 문화적 성격과 한글

「단군교포명서」에서는 단군교의 유산인 풍속을 한글과 관련해서 기술하고 있다.

단군조 중엽에 '배달국(倍達國)'이라 불렀던 말이 한자의 글 뜻과 음으로 바꾸어 변하여 '조선(朝鮮)'이 되었으니 고어에 '조(祖)'를 일러 '배(倍)'라 부르고, '부(父)'를 일러 '비(比)'라고 부르고, 모든 사물의 '광휘(光輝)'를

408 이윤재, 「개천절 단군강탄 4386회의 긔념」, 『동아일보』, 1930년 11월 23일.

가리켜 '위(違)'라 하니, '조상의 광휘를 받은 흙으로 덮인 땅'이라 하여 국호를 정한바 즉 '배달(倍達)'은 곧 '조광(祖光)'을 뜻하는지라. 한토(중국)의 역사 기록들이 외국의 국명에 관한 사특스럽고 좋지 않은 글자들만 가려서 쓰던 것이 관례였기에, 하물며 '조(祖)'자를 제대로 쓸 까닭이 있을 것인가. '조(祖)'를 음으로써 바꿔 '조(朝)'자가 되고, '광휘(光輝)'를 그 뜻으로써 바꿔 '선(鮮)'자가 되었으나, 지금까지 혁혁한 옛 이름이 우리들 입술에 아직도 머물고 있는 것은 '배달목(倍達木)'이라 하는 것인데 이는 대황조님의 '광휘목(光輝木)'이며, '태백산(太白山)'이라 함은 대황조님 산이며[배(倍)가 한자로는 함께 통하는 음인 백(白)이 됨], '패강(浿江)'이라 함은 대황조님 강이오[압록강의 옛말인 패강의 패(浿)자 역시 배(倍)자와 통하는 음이다] ……409

조선이라는 명칭은 배달이라는 말이 전변한 것이라고 한다. 배는 조상의 뜻이고 달은 빛나는 것을 의미하기 때문에 배달은 조상의 빛이 비치는 땅이다. 배달국은 단군조선, 배달목은 단군의 나무, 태백산은 단군의 산이라고 한다. 패강은 단군의 강인데, 패는 배와 같은 음이라고 한다.

일국의 주군(主君)을 이르되 '임검(任儉)'이라 함은 대황조님의 성휘(聖諱)에서 나온 바이니, 오랜 옛적에 사람을 높여 불러 이르기를 '임(任)'이라 하며, 신(神)을 높여 불러 이르기를 '검(儉)'이라 하여 인간과 신을 한데 일컬어 존경했던 말이오, 신라왕을 '이사금(伊斯今)'이라 함과 백제왕을 '이니금(理尼今)'이라 했던 '금'자도 역시 '검'자였으니 '백의의 신'이라서 존경하는 말이요……410

409 「단군교포명서」, 179쪽.

410 같은 글.

군주를 임검이라 하는데, 임은 사람을 검은 신을 높여 부른 말이고, 사람과 신을 합하여 존경한 표현이다. 신라의 왕 이사금과 백제의 왕 이니금도 검에서 나온 것이다.

> 방국(邦國)을 '나라(那羅)'라 부름은 기씨들이 관장하던 곳인 평양의 한 구역을 통치하여 부른 옛 호칭이었다. 본교의 옛 기록 가운데에 "나라(那羅) 사람들은 최고의 정성과 믿음으로 착함에 용감하고 악함에 겁내어서 대황조님께서 이를 기뻐하시니 곡식이 풍년들고 백성들이 병이 없도다"고 이른 것이 있으니 이는 기씨의 조정을 가리킨 말이요, 수도를 '서울(西鬱)'이라 이름은 단군조 말엽에 천도한 부여국 안에 있던 지명이니, 본교 옛 기록 중에 말한 바 '서울교변(西鬱教變)'이라 하는 대사안(大事案)이 발생한 부읍(府邑)이요……411

'나라'는 기씨들이 관할하던 평양을 통치하던 옛 이름이고, '서울'은 단군조 말기 천도한 부여국의 지명에서 유래한다. 단군교에서는 기자조선을 인정하지만, 대종교에서는 기자조선을 인정하지 않는다.

> 견고하고 완전한 물건을 가리켜 '단단(檀檀)'이라 부르고, 재앙과 실패를 불러올 만큼 위태로운 물건을 가리켜 '탈(脫)'이라 부른 것은 삼국시대 불교가 처음 들어올 적에 본교의 사람들이 불상을 '탈탈(脫脫)'이라 말하여, 당시에 '단단탈탈'의 노래곡이 본교 안에 있었으며……412

'단단'은 견고하고 완전한 물건을 말하고, '탈탈'은 불상을 말하는 것이다.

---

411 같은 글.

412 같은 글.

의복 위에 있는 옷깃 기장의 흰색과 초록의 단은 고구려 때 본교에서 대황조님을 애모하던 태백산 표장이오, 어린애들의 가운데 머리카락을 길게 늘여 땋는데 쓴 긴 베조각을 '단계(壇戒)'라 함은 발해국에서 어린애를 처음 낳았을 때에 그 부모가 대황조님 사당에 몸소 가서 찾아뵙고 고하면서 '보수명(保壽命. 명이 길게 지켜주옵소서)'과 '거질병(祛疾病. 질병을 물리쳐 주옵소서)' 등 글자를 오색(五色)의 긴 베 조각에 써서 어린애 머리카락에 매어 달아두고 영계(靈戒)를 받았다고 하던 옛 풍습이고……[413]

'흰 기장'과 '초록색 단'은 백두산을 나타내는 것이고, '댕기'는 단계이다.

풍속상 민간에서 치성제를 올리는 '성조(成造)'라고 하는 신(神)은 바로 옛날에 집집마다 받들어 모시던, 집 안에 봉토한 제단을 만들어 쌓고 그 위에 모셨던 대황조님의 신의 자리였거늘, 오늘날 사람들이 알지 못하고 가옥을 지어 이루게 한 신이라 하니 그 거짓된 망녕이 너무도 크게 심하도다. 그러나 이 까닭으로 하여 그 제(祭)가 10월 초하루에 많이 행함은 곧 대황조님의 경절에 응한 바이고……[414]

성조신은 단군을 말하는 것인데 후대에 가옥을 성조하는 신으로 잘못 알려졌고 성조신을 모시는 제사가 10월에 행하지는 것은 대황조 경절에 응한 것이라고 한다.

영동지방의 옛 절에 신라의 솔거가 그려서 전한 대황조님의 어진에 대해 고려의 평장사(平章事) 이규보가 제찬(題贊)한 시에 "고갯마루 밖의 집집마다 있는 신조상(神祖像)은 그 무렵 거의 절반이 저 더없이 뛰어난

413 같은 글.
414 같은 글.

명인의 작품(공덕)이다"라 하였으니, 이를 가만히 바라본즉 집집마다 그 신조상을 받들어 모셨음을 가히 알 수 있음이로다. "예(禮)가 무너짐에 거침을 구하고 악(樂)이 없어짐에 조야만 있더라!" 하더니 오늘날 산마루 고갯길에 '선령당(仙靈堂)'이라 부르는 신은 대황조님의 명을 받들어 고산대천(高山大川)을 고귀하게 하던 '팽오'의 사당이오, 논과 밭 사이에서 농부가 점심을 먹으려 할 때 한 숟가락을 먼저 공손하게 떠서 뿌리며 큰 소리로 '고시례' 하고 마음속의 염을 외치는 것은 대황조님의 명을 받들어 곡식을 심고 거두고 하는 것을 가르쳤던 고시님께 향한 제(祭)이고……[415]

이규보의 시를 통해 집집마다 단군을 받들고, 선영당은 단군의 신하인 팽우의 사당이고, 농부가 고시레 하는 풍속은 단군의 신하인 고시를 제사지내는 것이다.

정열모는 시월상달에 시골에서 가을에 떡을 하고 하늘에 제사지내는 것이 단군이 내려온 것을 기리는 것이라고 한다.

그래 여러 사람들은 한배임의 나려오신 때를 기림하기 위하여 시월을 상달이라 하여 떡을 하고 하늘께 제사하였으니 ㄱ 유풍이 오늘까지 내려와서 시골서 가을에 떡을 하여 먹는 것이 모두 그 까닭이올시다.[416]

4) 개천절 의례

개천절 의례를 먼저 한국, 러시아, 미국, 중국 순으로 살펴보고자 한다.

김윤식은 「삼신전에서 개천절에 하늘에 제사를 드리는 주유문」을 짓는

415 같은 글.

416 정열모, 「우리의 자랑」, 『조선일보』, 1927년 3월 18일.

데, 이때는 대종교가 성립되기 이전의 단군교 시절이다.

높디높은 태백산
신단수 그늘 무성한데
갑자년 10월
오늘은 3일일세
성인이 처음 나오시니
만백성 모두 우러러 보았는데
손에는 천부인을 잡으시고
이 세상에 강림하셨네
원보에게 명하여
국가에 지역을 나누고
오사를 분장하고
단부 삼천 조직을 거느리셨네
덕을 펼치고 교화 행하시니
풍속이 후하고 순박하여
하는 일 없이도 다스려지니
허공에 구름이 지나간 듯하였네
대대로 숭배하고 받드니
경축일의 기원이라
해마다 이달이면
인사를 밝게 올리네
옛 법도 따라
제주를 진설하니
높이 계시다고 말하지 말라
정성을 쏟으면 강림하시네
상서로운 구름 수레를 호위하고

상서로운 폭풍 자리를 쓸어내니
향불 연기 자욱하고
하늘나라 음악 은은하네
신께서 조용히 강림하셔서
향기로운 제물 흠향하시고
우리나라 어루만지시니
사방 끝까지 미치네
재해를 모두 없애시고
복을 내려주시니
기쁨을 감당할 수 없어
재계하고 기도드리네[417]

여기서 갑자년은 B.C. 2457년이고 단군의 개국한 날이다. 음력 10월 3일에 김윤식은 삼성사에서 제사 드리는 글에서 복을 주실 것을 믿고 있다.

대종교 남도 본사의 개천절 축하의 순서를 보면 다음과 같다.

> 작일은 조선 민족의 시조되시는 단군께서 세상에 강림하신 지 4378회의 개천경절이라 시내 계동 일백번지에 있는 대종교 남도본사에 성대하게 기념식을 거행하였는데 먼저 지석영(池錫永) 씨의 사회로 식이 열림에 씨의 간단한 식사가 있고 정삼(鄭森) 씨의 개식원도(開式願禱)가 있은 후 내회한 사람 일동이 '한배님나리심'이라는 개천가를 부른 후 유진찬(兪鎭贊) 씨의 경하사(慶賀詞) 봉독이 있은 후, 박일병(朴一秉) 씨가 "금일은

---

417 金允植, 『雲養集』 卷4, 「三神殿開天節天祭奏由文」. "巖巖太白. 鬱鬱檀陰. 甲子孟冬. 其日維三. 聖人首出. 萬物咸覩. 手握印符. 監臨區宇. 乃命元輔. 奠厥山川. 分掌五事. 團部三千. 布德行化. 民俗厖淳. 無爲而治. 太虛過雲. 歷代崇奉. 慶節是紀. 年年是月. 明享禋祀. 爰追古典. 載陳泂酌. 无日高高. 有孚斯格. 靄雲擁駕. 祥飇拂席. 霏霏香烟. 依依天樂. 神降祁祁. 庶歆芬苾. 撫玆東土. 爰及四極. 无有災害. 敷錫厥福. 不任歡忭. 齋誠禱祝."

단군께서 강세하신 지 4380회의 기념일 뿐 아니라, 강세하신 후 125년 무진년에 삼천단부 중에서 추대를 받아 님군의 위에 나가신 날인즉 이 날은 조선 사람된 자는 누구를 물론하고 모두 깊히 기념하여야 할 것인데 이날이 무슨 날인지 알지 못하고 가로에 다니는 사람들은 모다 무심히 지내는 것은 심히 개탄할 일이라"는 말로 축사가 마쳤으며, 그다음은 모두 '검노래'라는 신가를 일제히 제창한 후 최익채(崔益采) 씨의 원도로 식이 마치었는데 당일에는 내회한 사람이 400여 명이나 됨으로 집이 협착하여 회생들은 모두 마당에서 비를 맞으며 식을 치렀으며 들어가는 문 어구에는 붉은 깁으로 금색이 찬란한 글씨로 '온누리의 빛', '캄캄한 속의 별' 등의 문구를 써 붙혀서 내회자에게 많은 감흥을 주게 했다더라.[418]

1921년	1922년
사회-지석영[419]	식사-趙承鎬[420]
개식원도-정삼	원도-韓相羲[421]

418 『동아일보』, 1921년 11월 4일.

419 池錫永(1855~1935). 1895년 4월 29일 任東萊府使 敍奏任, 5월 29일 任東萊府視察使 陞敍奏任二等. 1896년 1월 18일 兼任釜山港裁判所判事, 8월 6일 依願免本官. 1897년 10월 13일 任中樞院二等議官 敍奏任三等. 1898년 3월 26일 免本官 承嚴譴, 28일 流配豐川郡椒島 承嚴譴, 11월 29일 免懲戒 因恩宥. 1899년 3월 28일 任醫學校長 敍奏任二等. 1900년 4월 3일 陞敍奏任一等. 1902년 5월 13일 譴責 職務疏忽, 12월 20일 敍勳五等賜八卦章 創明痘□蒙養有勞. 1903년 8월 21일 兼任平式院總務課長, 9월 25일 依願免兼任. 1905년 7월 1일 四級, 『大韓國文說』 간행. 1906년 7월 1일 陞敍 三級. 1907년 3월 15일 任大韓醫院教官 敍奏任一等三級, 5월 31일 동 學監 敍奏任二等三級. 1907년 大韓醫院學監正三品勳五等. 1908년 기호학회, 기호흥학회설립에 참여. 1915년 대한의학회 회장.

420 1913년 4월 30일 李王職 祭監, 洪陵 永徽園 勤務. 1921년 4월 13일 參奉으로 東陵 勤務. 1935년 2월 6일 溫陵 勤務, 조선총독부시정25주년기념표창자(한국사데이터베이스). 『개벽』 29에는 신규식의 추도회 사회를 본 것으로 되어 있다. "1922년 10월 1일 오후 1시부터 京城 桂洞 大倧教 南道本司 안에 故 申圭植 씨의 追悼會가 열리엇는데 趙承鎬 씨의 司會미테서 姜鐵求 씨의 祚願과 金順圭, 朴勝益, 申龜永, 李鍾遠 씨의 申氏에 대한 哀然凄切한 吊詞裏에서 式을 終하다."

개천가-일동 개천가
경하사봉독-유진찬[422]
축사-박일병[423]
신가-일동 신고봉독
원도-최익채[424]

경하사봉독-조승호
강도-宋範度

이병기는 1921년 『신단실기』의 교열을 보았고, 개천절 행사에 적극적

421 『대한흥학보』 1호에는 한상희가 일본 유학한 것으로 나온다. "隆熙 三年 一月 十日 上午 十時에 東京에 在ᄒᆞᆫ 大韓, 太極, 共修, 研學, 諸學會 會員과 其他 一般留學生이 麴町區中 六番町 四十九番地 駐在 大韓留學生 監督部 內에 會集ᄒᆞ야 各會 聯合全權 委員席長 韓鎔氏가 登席 開會ᄒᆞ고 趣旨을 說明ᄒᆞᆫ 后 韓相羲氏 特請으로 臨時會長은 韓溶氏가 被選 登席ᄒᆞ다."

422 兪鎭贊(1866~1947). 1885년 進士. 1888년 3월 應製文科. 1894년 7월19일 內務衙門主事, 8월11일 內務衙門參議, 10월 承宣院右副承宣. 1895년 7월5일 內閣秘書官兼任參書官 敍奏任四等. 1896년 2월28일 堤川郡守未赴任. 1900년 5월10일 祕書院丞. 1902년 3월29일 內部參書官, 4월14일 外部參書官, 7월28일 法部司理局長, 7월 30일 法律起草委員, 12월 漢城裁判所檢事. 1903년 8월21일 安邊郡守. 1904년 7월 28일 外部交涉局長 敍勅任四等(한국사데이터베이스).

423 朴一秉(1893~?). 1907년 길림성 연길 용정촌의 瑞甸書塾 졸업. 1913년 普成專門學校 졸업. 1916년 早稻田大學 문과에 입학하여 일본 역사 등과 철학을 연구함. 1913년 柳瑾의 斡施에 의해 大倧教라는 불온한 언동이 있고 국권회복이라는 목적을 가진 단체를 조직. 1916년 간도로 가서 도중 子爵 閔永徽에게 협박장을 보내 검거되었으나 석방. 그 이후 각지에서 배일적 언동을 일삼음. 1918년 會寧검사국에 구인된 일이 있음. 1919년 3월 경성에서 소요가 일어났을 때 학생을 선동. 1919년 4월 동경으로 가서 物理學校에 적을 두고 급진주의적 학생과 교제하고 사회주의를 가진 학생을 규합하여 同友會를 조직하여 그 회장이 됨. 東亞日報가 발간되자 조선에 돌아와 논설부장이 되어 배일 및 주의의 선전에 노력. 大倧教青年會長, 朝鮮青年聯合會 집행위원, 苦學生갈돕會(鐵鋸會) 고문, 曙光雜誌社 촉탁, 朝鮮教育會 이사가 되어 활발하게 배일 고취를 했으나 社員에게 배척을 당하여 東亞日報를 퇴사. 1922년 8월 金翰 등과 無産者同盟會를 조직한 이래 서울청년회, 노동공제회, 조선교육회 등과 관계하고, 內外의 주의자와 연락하여 막후 인물이 되어 밤낮으로 주의 선전에 몰두(한국사데이터베이스).

424 최익한의 아우이다. 『울진군지』에는 "최익채(崔益采) 호(號)는 고원(高原)이며, 강릉인(江陵人) 참판(參判) 수헌공(睡軒公)의 후손으로 소초(素樵) 대순(大淳)의 아들로 1899년에 나곡리(羅谷里)에서 출생하니 천성(天性)이 뛰어나고 인정이 두터웠다. 제동학교(濟東學校) 교사로 재임하여 향학열(向學熱)을 높였다. 지행(知行)과 견문(見聞) 또한 필법(筆法)이 뛰어나고 말솜씨가 누구라도 감동시켜 세인을 놀라게 한 다능다재(多能多才)한 문사(文士)이다. 지병(持病)으로 일찌기 세상을 떠나니 향인들이 슬퍼했다"고 기술되어 있다.

으로 참여했다.

> 대종교회에 갔었다. 낡은 초가에 마루 한간 방 네 칸이다. 한 방에는 한배님의 영정을 모셨고, 한 방에는 학생 두엇이 붙어 있고, 마루는 비어 있다. 다만 맞은 벽에 노래 두 마디가 씌어 있어 보는 사람을 마음 깊이 느끼게 한다. 또 한 방에는 참다운 강 선생님(강우-필자)께서 홀로 차지하시고 계시다. 들어가 '참'이라는 것을 이야기했다. 옆에 있는 하롯불도 뜨거운 힘을 돋구어 그릇에 담긴 약물을 끓여 보글보글하는 소리가 우리 이야기 소리와 어울린다.(1921년 1월 17일)[425]

대종교 남도본사의 책임자는 강우이다. 강우를 통해 대종교의 '참(眞)'을 이해하고 있다. 여기서 참이란 『삼일신고』에서 말하는 성(性)·명(命)·정(精) 삼진의 진(眞)이다.

> 상달 초사흘이다. 우리네가 누구든지 느끼고 생각할 한배님 내리신 날이다. 대종교당에 갔다. 모인 이가 400여인. 그 가운데는 윤덕영, 민병석, 이재곤 등 귀족도 있고, 귀족부인도 있고, 또한 모르는 이도 많이 있다. 나는 가만히 한배님께 이 형제 자매들을 다 사람다운 사람이 되게 해 주옵소서 하고 빌었다.(11월 2일)[426]

1921년 11월 2일 남도 본사 개천절 행사에 400여 명 정도가 모였다. 일제의 탄압이 있던 시대를 염두에 두면 상당한 정도이다. 그중에 윤덕영, 민병석, 이재곤 같은 친일파도 참석을 했다. 이병기는 이들을 배척하지 않고 사람다운 사람이 되라고 빌고 있다.

---

425 이병기, 『가람일기』 신구문고, 1976, 76쪽.

426 같은 책, 157쪽.

> 어천절이다. 한배검께서 환으로 돌아가신 날이다. 중앙교당에서 저녁에 기념식이 있기에 한충군을 데리고 가 보았다. 갑자기 나더러 축하사를 하라기에 어쩔 수가 없어 나섰더니 잘 생각이 아니 나므로 말이 막히어 겨푸 말만 하다 말았다.(1923년 4월 20일)[427]

이병기는 개천절 행사뿐만 아니라 어천절 행사에도 나가서 축사를 했다. 그가 대중 앞에 나서기 꺼려하는 성격임이 드러난다.

> 주인하고 낙원동 개천절 경하식에 갔다. 사람이 꽤 많이 모였다. 나는 몇 사람의 말을 너무 거절할 수 없어 하는 수 없이 부끄러움을 무릅쓰고 단에 나서 말했다. 절제 생활에 대하여 말했다.(11월 11일)[428]

러시아에서도 개천절에 축사를 했다.

> 지나간 음력 십월 초삼일에 권업회 종람소 안에서 단군 대황조 경축예식을 거행하였는데 예식에 참여할 인원이 수백여 명에 달하여 성심으로 경축하였으며……[429]

이때의 기념식 순서는 다음과 같았다.

> 1. 개식-단군 송축가
> 2. 식사-조장원

427 같은 책, 183쪽.

428 같은 책, 225쪽.

429 『권업신문』, 1912년 11월 17일.

3. 단군 대황조 성적 설명-이상설

4. 연사-황공도

5. 호만세

6. 폐식- 국가[430]

미국 디뉴바[431]에서 열린 개천절 기념식 순서는 다음과 같다.

1. 개회-회장
2. 애국가-일동
3. 개식사-주석
4. 합창(배달한배 오신 날)-남녀 학생
5. 기도-사병순 목사
6. 독창(산지조종 태백산)-장경애
7. 역사담-김탁
8. 독창(화락원 한반도야)-김세라 여사
9. 연설(혈전으로 독립을 성공)-송현주
10. 독창(의롭다 용구나)-김덕세
11. 연설-아무나
12. 애국가-일동
13. 만세삼창-일동[432]

미국의 개천절 행사는 다른 곳과 달리 기도와 같이 기독교식으로 진행된 것이 눈에 띈다. 미국에서 발행된 『신한민보』는 개천절 기념식에 대하여 봉축 가사를 쓰고 있다.

---

430 같은 글.

431 Dinuba. 미국 캘리포니아 주 중부에 있는 도시.

432 『신한민보』, 1921년 10월 13일.

1. 한ᄇᆡ님 오늘 날에/누리에 오셧고/ᄇᆡ달나라 우리짜에/오늘 날 나셧네
   ‘ㅊ’달 ‘ㄷ’날 ᄉᆡ김/ 깁고깁퍼/ ᄇᆡ달나라 우리짜(땅)에/오늘 날 나셧네
2. 한ᄇᆡ님 참사랑에/우리 겨레 살고/ᄇᆡ달나라 발ㄱ은 빗에/한집살님 힛네
3. 한ᄇᆡ님의 ᄂᆡ리신 뜻/ᄇᆡ달나라 참 빗/우리들이 ‘다물’하여/골잘ᄒᆡ로 살세

‘한ᄇᆡ님’은 대황조니 녯됴션말(옛조선말)의 조샹(조상)이오, ‘누리’는 세계 혹 세상이오, ‘ㅊ’는 국문의 열ᄌᆡ(열째)쥴이니 곳 십월이오, ‘ㄷ’는 국문의 셋ᄌᆡ(셋째)쥴이니 곳 삼일이오, ‘ᄉᆡ김’은 긔념(기념)이오, ‘다물’은 회복이란 말이니, 고구려가 피한 후에 그 씨친 신하 대조영씌셔(께서) 잔민을 거두어 고구려 다물쥬의를 실현하시고 현금 만쥬짜(만주땅)에 한 큰 나라를 세우니 길온 ‘발ᄒᆡ국’(발해국)이오, ‘골잘’은 슈목(數目)이니, ‘골’은 ᄇᆡᆨ(백)만이오, ‘잘’은 천만이라, 이 노래는 순쳔히(순전히) 우리네 쇼션(조선)말로 지은 노ᄅᆡ(노래)니라.[433]

여기서도 대황조란 개념을 쓰고 있고, 개천절 풀이를 하면서 ‘ㅊ’·‘ㄷ’을 아라비아 숫자 대신 쓰고 있는 것이 주목된다. 그리고 ‘다물’의 고토 회복이란 말을 써서 단군과 대조영을 연결하고 있는 점도 특징이다.

중국에서의 개천절 행사는 둘로 나누어 설명하겠다. 하나는 상해와 중경 남경이고, 다른 하나는 간도지방이다. 먼저 상해와 중경, 남경의 행사를 살펴보자. 상해 임시정부가 서기 전에 개천절 행사를 주도한 인물은 신규식이다. 신규식은 매년 개천절 행사를 하였다.[434] 신규식이 발행한 『진단』 6호

---

433 「대황조단군하라버님의 셩탄을 봉츅ᄒᆞᆷ」, 『신한민보』, 1917년 11월 29일

434 “당시 이 대종교를 이끈 분은 선생을 제외하고 조완구, 김백연, 백순, 박찬익, 정신 등이었고, 매년 3월 15일 어천절과 10월 3일 개천절 및 8월 29일 국치기념일에는 선생께서 반드시 상하이에 있는 모든 한국 교포를 모아 성대한 기념회를 열어 침통한 기념을 하셨다.”(『예관 신규식선생 전집 1』) 1919년 개천절 기념사가 독립신문에 실렸는데 “우리 同志가 八年前붓터 此上海에 旅寓하야 每年 開天節과

에는 1920년 개천절에 '대한개국시조 단군성상,' '태백산천지' 사진과, '한국국경개천절송사'(韓國國慶開天節頌辭), '한국국경개천절약사'(韓國國慶開天節略史), 당일 오후 2시에 개천절 기념식이 정안사로 올림픽영화관(夏令配克影戲館)에서 열렸다는 기사를 실었다.[435] 7호에는 '한국시조단군약사'(韓國始祖檀君略史), '부대종교지유래 홍암나씨소사'(附大倧教之由來, 弘巖羅氏小史), 이동휘의 '개천철축사', 8년전(1912) 동제사 동인이 상해 밀실에서 열린 기념식 사진, 6년전(1914) 동제사 배달학회 동인 등이 상해 환구학생회실에서 열린 경축 기념회 사진, 1920년 개천절 한국정부 및 민단에서 거행한 경축 전례 사진, '한인국경기념성황'(韓人國慶紀念盛況), '유호대종교인국경기념'(留滬大倧教人國慶紀念)기사를 싣고 있다.[436] 그밖에 신규식을 따랐던 정원택의 『지산외유일지』에 따르면 1911년, 1913년, 1914년, 1920년 행사가 거행되었다.[437]

임시정부는 1919년 국무회의와 임시 의정원 회의를 거쳐 국경일을 제정하였는데, 독립선언일(3.1절)과 건국기원절(개천절)이 그것이다.[438] 1919년 11월 24일 개천절 행사는 국무원 주최로 400명이 참여하였고, 국무총리 이동휘의 사회로, 국가로 개회, 이동휘의 식사, 조완구의 역사진술, 이숙화(李淑和)의 독창, 이동녕, 손정도, 유정근(兪政根), 신병호(申秉浩), 이광수의 축사, 애국부인회의 병창, 만세삼창으로 진행되었다. (『독립신문』 1919.11.27)

1920년 개천절 행사는 국무총리 이동휘의 개회사, 신규식의 치경사(賀辭), 정혜원(鄭蕙園)의 신곡독창, 조완구의 개천역사, 이동휘의 폐회사, 이후

御天節의 慶祝을 擧行하야 紀念不忘하기로 서로 勸勉한 바 有하더니"(『독립신문』1919.11.27)라고 하는데 여기서 1911년부터 개천절 어천절을 거행한 동지는 신규식을 가리킨다.

435 『예관 신규식선생 전집 2권』, 『진단』 6, 1920.11.11

436 같은 책, 『진단』 7.1920.11.21

437 정원택, 홍순각 편, 『지산외유일지』, 탐구당, 1983.

438 건국기원절은 대종교의 개천절과 구분짓기 위해서 만들어졌지만, 나중에는 개천절로 통일되었다. 이에 대한 논의는 정영훈, 「개천절, 그 '만들어진 전통'의 유래와 추이 그리고 배경」, 『고조선단군학』 23, 2010, 413쪽.

손정도 주관의 연설회, 신익희, 최창식, 안창호, 중국인 농징순(農頸蓀),[439] 우산(吳山)[440]의 연설이 있었다.[441] 중국인 2명이 참여한 것이 눈에 띈다.

1921년 11월 11일(독립신문) 개천절 행사는 서장로 영파회관(西藏路 寧波會館)[442]에서 오후2시에 3-4백명[443]이 기념식을 거행하였다. 신규식 국무총리를 대신하여 노백린 군무처장이 대독을 하였다. 안창호는 단군을 기리는 송축사를 한다. 이어서 김원식의 신가독창과 김두봉의 개천절의 역사 봉술, 그리고 노백린의 만세삼창의 식순이 거행되었다.

1922년 11월 21일(조선일보 12.2)에 열린 개천절 행사는 상해 프랑스 조계 삼일당(三一堂)에서 800여명이 참가하였다. 사회는 상해대한교민단장[444] 여

---

439 農勁蓀(1862~1953)의 이름은 竹, 자는 勁蓀(일설에는 農勁蓀은 가명이라고 한다.) 호북성 출신이다. 일본에 유학하여 동맹회에 가입하였고, 중국으로 돌아와 懷慶藥棧을 경영하면서 혁명당을 도왔고, 무술인 곽원갑의 친구로 中國精武體操會를 만들었다.

440 吳山(1884~1936) 자는 岫农이고, 안휘성출신이다. 일본에 유학하여 동맹회에 가입하였고, 안복 국회의원, 광동사법차장, 중화건설도로협회 총간사, 화교구국경제위원회 총간사를 역임하였고, 중한호조사 회장을 맡았다.

441 『예관 신규식선생 전집 2권』, 『진단』 6, 1920.11.11

442 영파회관은 1797년 이래로 영파사람들의 상해 공동 조계에 있는 회관으로 四明公所로 부른다. 薛理勇, 『老上海會館公所』, 上海書店出版社, 2015年, 21쪽. 공소는 동향의 친목모임을 넘어서 경제적 이익을 확대하기 위한 조직으로 발전하였다.

443 일본 측 기록에는 500명이 모였고, 먼저 양헌(梁憲)의 사회, 애국가, 국기에 대한 경례, 건강이 좋지 않은 신규식 국무총리를 대신하여 노백린 군무처장 대독, 안창호의 경하사 봉독, 김원식의 신가독창, 김두봉의 개천역사 봉술, 오후5시 폐회를 하였다. (국사편찬위원회 한국학데이타베이스 「不逞團關係雜件-鮮人의 部-在上海地方 3」, 不逞鮮人의 開天節 慶祝會에 관한 件.) 다른 기록에는 참석자가 300명이고, 광동에 갔던 신규식이 당일 돌아오는 것이 늦어져 노백린이 대신하였다고 한다. 노백린의 식사에도 본문의 글 이외에 "이후 한성에서 해마다 이러한 성대한 의식을 행하는 것을 희망한다"고 되어 있다.(「不逞團關係雜件-鮮人의 部-在上海地方 3」, 高警 제28987호) 양헌(1876-1949)은 평북 선천출신으로 1912년 데라우치 암살음모사건에 연루된 후 新星中學校 학생의 3.1운동거사를 주도하고 上海로 망명하여 임시정부 수립에 참여 議政院 議員, 安東交通局 事務局長 등을 역임하였다.

444 상해지역의 거류민 단체로, 1919년 3월3일에 정안사에서 모여 교민친목회로 출발하였고, 1919년 9월22일 대한인민단이라고 명칭을 바꾸었다가, 1920년 1월9일 상해 거류민단이라 하였고, 임시정부 내무부의 감독을 받는 기관이 되었다. (『독립운동사』 권4) 임시정부 교민단 단장은 1920년

운형이 보았고, 축하연설은 명사제[445]가 하였다.[446] 여운형은 개천절 행사뿐만 아니라 3.1절, 국치일, 어천절 등을 개최하는데 주도적인 역할을 하였다.[447] 삼일당은 홀리 트리니티 처치(Holy Trinity Church)이고 영국의 유명한 건축사(George Gilbert Scott 1811-187)가 붉은 벽돌로 짓고 1869년에 준공한 영국성공회 성당이고 이 당시에는 상해에서 가장 크고 화려한 건물이었다. 사실상 서양인들의 기독교의 종교적 경건함을 잘 나타낸 건물이다. 이런 점에서 개천절 행사에 적합하였기에 장소로 선택한 까닭을 알 수 있다. 다시 말해 상해에 거주하는 한국인 기독교도들은 기독교의 경건함과 대종교의 경건함 및 독립운동의 신성함을 동일하게 느낄 수 있다.

1923년 11월 10일(독립신문, 조선일보)에 열린 개천절 행사는 대종교인은 오전 10시에 서이도본사에서, 일반인은 오후 2시에 삼일당에서 개최하였다. 특별히 동경대지진의 영향으로 일본에서 상해로 온 유학생들이 행사에 많이 참여하였다.

1924년 11월9일에 개최된 개천절 행사는 오전에는 임시정부와 인성학교에서, 오후에는 삼일당에서 거행하였다(동아일보). 인성학교 행사는 아마도 임시정부 차원에서 이루어진 행사였다.[448] 오후 행사는 여운형이 개식사

9월 22부터 여운형이 맡고 있다.

445 1922년 12월 19일 기독교광문회가 발기하였는데, 이 때 발기인 명단에 있다.(매일신보)

446 일본측 기록에는 11월 21일, 참석자가 200명, 사회는 교민단총무 揚濟憲(양헌-필자), 애국가 합창, 개식사, 박은식의 단군역사 강연, 조완구의 布衍, 안창호의 연설이 있었다고 한다. (국사편찬위원회 한국학데이터베이스, 「不逞團關係雜件-鮮人의 部-在上海地方 5」, 高警 제4071)

447 강덕상, 『여운형과 상해임시정부』, 선인, 2019, 33쪽.

448 1916년 9월 1일 상하이에 위치한 교회 소속이자 상해한인기독교소학이라는 이름의 사립학교로 개교했으나 1917년 2월 쿤밍로 75번지로 옮겨 이름을 인성학교로 이름을 고쳤다. 1919년 6월 상해고려교민친목회에서 인수하여 임시정부에서 정한 교육 방침의 인성학교로 개편되었다. 초대 교장은 여운형이었다. 1919년 상하이의 대한민국 임시정부가 수립된 이후 거류민단에 소속되었다. 임시정부의 교민친목회에서 학교를 인수한 이후인 1920년 여운형의 동생인 여운홍이 교장으로 취임하고 학교 유지, 발전을 위한 기금을 모금했었다. 1924년에는 보습과가 강습소로 이름이 바뀌었으며 학교 건물

를 하였고, 조완구의 역사설명이 있었다.(조선일보)

1925년 11월 18일에 개최된 개천절 행사는 상해에서(동아일보), 1926년 11월 7일에 개최된 개천절 행사는 삼일당에서, 개최하였다 (독립신문). 최석순[449]의 식사, 조소앙의 단군 건국역사 강연, 홍진(최창식의 대리)의 기념사가 있었다. 1929년 11월 3일 민국로 침례교당에서 개최되었다(민국일보).[450]

그 이후 임시정부 행사는 보이지 않다가, 1938년 11월 24일 광저우에서 류저우로 피난가는 배위에서 거행되었다. 200명정도가 참석하였다.[451] 1942년 11월 10일 개천절 행사는 중경에서 개최되었다(신화일보). 김구의 치사, 안훈[452]의 단군 역사 강연, 홍진의 축사, 조소앙의 기념사, 황학수[453]

건축을 위해 성금을 모금하고 이를 한국 국내외의 인사들에게 전달하였다. 1926년에는 이렇게 모인 건축비로 건물을 이전했으며 1932년에는 유치원과 야간 학교도 설치되었다가, 일본측의 요구로 1935년 문을 닫았다. 나우위키 인성학교

449 호는 우강(友江)이다. 1889년 평안북도 출생으로, 보성전문학교 상업학과를 졸업하였다. 왜경 형사로 위장해 안동현을 거점으로 상해와 국내의 독립운동을 이어주던 임시정부의 비밀조직원이었고, 이후 상해에서 독립운동의 대열에 합류하여, 대한민국임시의정원 의원, 조선민족혁명당 중앙감찰위원장 등을 역임하였다. 그의 딸이 김원봉과 결혼하였다. 해방 후 임정 요인들과 함께 남한으로 귀국했지만 뒤에 가족들과 함께 고향인 평안북도로 이주하였다.(한국민족문화대백과)

450 조덕천, 「대한민국 임시정부의 국경일제정과 건국기원절 기념」, 『한국근대사연구』 82, 2017, 208쪽.

451 양우조, 최선화 지음, 김현주 정리, 「1938년 11월 249일 리행선선상에서」, 『제시의 일기』, 혜움, 1938, 47-48쪽.

452 원명은 조경한(1900~1993)이다. 조경한은 일제강점기 신한독립당 대표, 임시정부 의정원 의원, 한국광복군 총사령부 총무처장 대리 등을 역임한 독립운동가이다. 1919년 3·1운동 이후 만주로 망명하여 독립단과 배달청년회 등에 참여하였다. 1930년 한국독립당 창당에 참여하였고 한국독립군으로 활약하였다. 중국의 구국군 등과 연합하여 대일항전을 전개하다가 김구의 제안으로 중국 관내로 이동하여 낙양군관학교에서 군사간부를 양성하였다. 한국독립당과 한국혁명당을 합당하여 신한독립당을 창당하는 등 정당단체의 통합운동에 주력하였다.(한국민족문화대백과)

453 1877~1953. 한평생을 군인으로 최전선에서 활동한 독립운동가. 대한제국의 육군무관학교를 졸업하고, 대한제국 군인으로, 임시정부의 육군무관학교 교관으로, 서간도에서 서로군정서를 재건하고 참모장과 군무부장으로, 신민부의 참모부 위원장으로, 북만주에서 한국독립군 부사령으로, 광복군 총사령 대리로 활동하였다. 임시정부 국무위원, 생계부장, 중앙감찰위원장을 역임하였다. 1962년 독립

이두산[454]의 연설이 있었다. 1943년 10월 31일 개천절 행사는 중경에서 거행하였다(대공보). 상오 9시 중앙문화운동회당(중앙문화운동위원회, 문화회당)에서 조소앙이 주지하였다. 1944년 11월 17일 개천절 행사는 중경에서 거행하였다(신화일보).[455]

다음은 천진과 남경을 살펴보자. 천진에서 1921년 11월 19일 오전10시부터 2시까지 천진의 교민단인 한민회[456]에서 포고문 3000장을 자동차로 각 조계에 뿌리고, 오후 1시부터 30여인이 모회관에 모여서 개천절 기념식

장을 수여받았다(공훈전자사료관).

454 1896~?. 1917년 9월에 숭실전문학교를 중퇴하고 상해로 건너간 뒤 여러 곳을 돌아다니며 독립운동가들과 만났다. 모친상을 당하여 잠시 귀국하였다가 대한민국임시정부가 조직되자 다시 중국으로 건너갔다. 1920년 8월에는 국내로 몰래 들어와 밀양의 집성학교(集成學校)에서 교편을 잡으면서 군자금을 모집하였다. 하지만 일제가 포위망을 좁히자 1923년 1월에 자수하였고 1924년 5월에 석방되었다. 그 뒤 1년여 동안 밀양에 머물다가 1925년 4월에 상해로 건너가 대한민국임시정부에서 활동하였다. 1926년 출범한 의열투쟁 겸 임시정부 외곽단체인 병인의용대(丙寅義勇隊)에서 활동하였다. 1928년 1월에는 복건성 하문(厦門)으로 이주하여 인삼 행상을 하면서 독립운동가들과 교유하였다. 1930년대에는 한국독립당 광동지부에서 기관지 「한성(韓聲)」을 발행하였고, 혁신사(革新社)라는 출판사를 운영하면서 『최근한국의사열전』을 출판하였다. 1937년 중일전쟁 이후에는 민족혁명당에서 활동하면서 1939년 1월에 「동방전우(東方戰友)」 제1기를 간행하였으며 조선의용대와도 관계를 맺었다. 조선의용대의 기관지 편집위원회 주임으로「조선의용대통신」편집에 참여하며 시와 논설을 발표하기도 하였다. 1942년 전후에는 민족혁명당과 조선의용대가 대한민국임시정부와 한국광복군에 참여하기로 결정하자 중경으로 옮겨, 1943년 3월부터 1년 동안 법무부 차장을 맡았다. 1946년 환국한 뒤에 조선대중당을 조직하였고 동방문화협진사를 설립하여 사장으로 재임하였다. 6·25전쟁 당시 납북되었거나 월북하였다고 전한다. 이두산은 문필에 뛰어나 독립운동 단체의 기관지를 맡아 운영하였을 뿐 아니라, 독립운동계에서 널리 불려진 '선봉대가'와 '광복군행진곡'을 작사·작곡한 것으로 알려져 있다.(한국민족문화대백과)

455 조덕천, 앞의 논문, 209쪽.

456 국사편찬위원회, 한국학데이터베이스, 不逞團關係雜件-朝鮮人의 部-在支那各地 2, 機密 제151호, 不逞鮮人 取締方에 관한 佛國領事와 交涉의 件. 일제 정보보고자료에 "한민회(韓民會)는 그 본부를 프랑스조계(佛國租界)에 두고, 동조계(同租界) 대길리(大吉里) 사무소 김응순(金應淳) 집에서 『한민성』등사판 인쇄물 약 400부를 인쇄하여 북경·상해·각 방면의 선인(鮮人)들에게 발송하였다."는 내용과 함께 제2호가 일본어로 번역·첨부되어 있다. 제2호의 발행일자는 1921년 12월 10일이고, 국한문혼용의 등사판으로 8면이었다고 한다.

을 거행하였다(독립신문 1921.11.19.).

남경에서 개천절 행사는 1924년 11월 18일에 남경 동포 학우회[457]가 개최를 하였다. 이일림(李逸林)458이 사회를 보았고, 김종욱(金宗昱)[459] 역사담을 이야기하였고, 박창모(朴昌模)가 축하사를 하였다. 오후 1시에 청량사에서 안창호가 연설을 하였다.(동아일보) 여기서 남경의 청량사는 법안문익선사(法眼文益禪師, 885-958)가 법안종(法眼宗)을 세운 곳이며 법안종은 중국 선종 5가 가운데 하나이다. 청량사는 규모가 크고 건물이 많았다. 특히 대웅전은 청나라 말기에 중건하였다. 청량사에서 개천절 행사 개최는 한국인 불교도들이 불교의 경건함과 대종교의 경건함을 함께 느낄 수 있는 곳이라고 이해할 수 있다.

다음은 간도지역의 행사를 살펴보자, 간도는 북간도와 서간도로 나누어 설명하겠다. 북간도 지역에서 우선 언급되어야 한 것은 대종교와 관련된 개천절 행사이다. 화룡지역에서 대종교본사는 1912년 11월11일 개천절날

457 국사편찬위원회, 한국학데이터베이스, 「不逞團關係雜件-朝鮮人의 部-在支那各地 2」, 「送 제171호」, 「南京에서의 朝鮮學生團體에 관한 件 1」에 따르면, 남경학생자치회(南京學生自治會)는 1921년 5월에 설립되었다. 조선인 학생의 단결 제휴를 도모하여 상호부조를 위주로 한다. 상해임시정부의 지휘를 받고 있다. 금릉대학의 경우 미국인이 후원을 하는 태도를 표시하고 있고, 임시정부 여운형이 자주 왕래하여 회유책을 이야기하고 있다. 회장은 박순옥(朴淳玉)이다. 과격파와 온건파가 있는데, 대다수 학생들은 온건파라고 한다. 이러한 논의를 보면 온건파와 안창호의 연결이 주목된다.

458 1895년 생으로, 龍川출신이다. 1921년 12월 28일 상해에서 이일림은 朴殷植, 安昌浩와 이승만의 환영사를 한다. 1921.4.21. 시국선언문에 참여하였고, 1925년에 동남대학 재학시 남경학우회의 회장이 된다.

459 이름은 김산(金山), 이명은 金鍾郁(1899~1984) 함경북도 종성(鍾城) 출신이다. 1919년 3월 1일 선천의 사립 신성(信聖) 학교 학생으로 독립만세시위에 참여하였다. 이해 7월 12일 고등법원에서 소위 보안법 위반 혐의로 실형을 받고 옥고를 치르던 중, 10월 6일 보석으로 출옥하였으나 계속 항일운동을 전개하다가 이듬해 11월 26일 다시 체포되어 잔여 형기를 다 치른 뒤 1920년 12월 6일 출옥하였다. 출옥 후 그는 중국으로 망명, 유학하여 1921년 남경(南京)의 금릉대학(金陵大學) 재학 시는 남경유학생회장직을 맡기도 하였다. 이후 귀국하여 1927년 마산교회(馬山敎會)를 설립, 기독교를 통한 항일의식을 고취시켰으며, 특히 마산, 사리원(沙里院) 등지를 순회하며 강연회를 통해 민족정신을 고양하였다. 1990년에 건국훈장 애족장(1982년 대통령표창)을 받았다.

천진궁을 완성하고, 개천절 행사를 하였다. 나철이 개식원도, 현천묵[460]이 경하사, 백순[461]이 폐식원도를 하였다.[462] 참석인원은 1000여명이었고, 저녁까지 여흥을 즐겼다. 상해에는 임시정부이기 때문에 태극기를 걸었고, 이곳은 그 이전이라 대종교깃발만 걸었다.

> 바람이 불고 날이 참. 이날은 개천대경절일(開天大慶節日)이다. 일찍이 시교당에 머물렀는데, 천궁(天宮)은 건축을 수리하여 새로워졌다. 각처의 대종교 형제자매 700여 명이 모였고, 먼 곳에서 와서 머무는 사람도 300여 명이었다. 대종교 깃발이 높이 걸려 바람에 날렸다. 각각의 집례관(禮員)들을 배치한 뒤에 천진전(天眞殿)으로 단군어진을 옮겼다. 첫째는 천진전, 둘째는 천궁(天宮), 셋째는 수도실(修道室), 넷째는 경배당(敬拜堂), 다섯째는 자매경배당(姊妹敬拜堂), 여섯째는 학도창가실(學徒唱歌室), 일곱째는 경전강의실(經典講議室), 여덟째는 전무사무실(典務事務室), 아홉째는 외교교접실(外交交接室)이었는데, 교궁이 매우 넓

---

460 현천묵(?~1928)의 호는 白醉이고, 함북 경성 출신이다. 庚戌國恥後 東滿으로 망명, 1919년 軍政府 중심인물이고, 3.1운동후 徐一과 함께 北路軍政署를 조직하고 副總裁에 취임하여 橋胞啓蒙과 사관양성에 전력하고, 1920년 靑山里전투에서 큰 성과를 거두고, 1920년 10월 墾北北部 總辦部 副總辦이 되고, 1923년 大韓獨立團의 金佐鎭이 寧古塔에서 독립국의 大會를 개최하는데 각지에서 五百余名이 모였는데 大韓獨立軍政署의 首領으로 참가하였고, 1925년 10월 10일 臨時議政院에서 國務員으로 임명되었으나, 就任하지 않고 자퇴하였고, 延吉韓敎育會 주요 멤버이고. 寧安縣에서 病死하였다. 1960년 독립장을 받았다.(공훈전자사료관)

461 백순(1863~1937)의 호는 隱溪이고, 충남 논산 출신이다. 大倧敎 敎人으로 1914년 中國 吉林省 延吉縣 局子街 墾民會 總務會長 및 總會長으로 활동하였고, 1919년 파리강화회의에 在東淸鐵道沿線地方 鮮人 代表者로 선임되었으며 1921년 12월 中國 吉林省 和龍縣에서 36개의 獨立軍團을 統一하여 組織된 大韓獨立軍團에 顧問으로 활동하였으며, 1925년 김좌진 등과 新民府를 조직하였다. 2009년 애국장을 받았다.(공훈전자사료관)

462 조남호, 「일제강점기 어천절 기념식과 독립운동」, 『선도문화』 제29집, 2020. “나철은 1910년 10월 18일 「의식규례발포안」을 제정하여, 어천절 개천절 예식을 경하식이라고 하고, 식순은 설비, 회집, 원도(願禱), 신가, 하사 봉독, 송가, 포고, 천악, 원도, 공향, 여흥 순으로 하였다. 이에 따라 국내외 각지에서 이러한 순서에 따라 행사를 거행하였다.”

고 탁 트였다. 하나하나 의식을 정숙하게 한 뒤 학생들이 줄을 바르게 하여 앞쪽에 서고, 여러 형제들이 섬돌 아래에 줄지어 서고, 자매들은 서쪽에 줄지어 서고, 각각의 집례관들은 당 위에 나누어 섰다. 개식 원도는 나철(羅喆)이 하였다. 그가 피눈물을 흘리며 지극한 정성으로 애닯은 말을 하자 여러 형제들이 듣고서 모두 일시에 눈물을 닦으며 감읍하였다. 경하사(慶賀辭)는 현천묵(玄天默)이 봉독하였고, 폐식 원도는 백순(白純)이 하였다. 오락을 담당하는 학생들이 노래하고서 중국의 음악을 연주하였는데, 그 곡조가 매우 아름다웠다. 술과 차를 마심으로 인하여 그날의 광경 중에서 기뻐하며 박수친 것을 헤아릴 수 없었다. 곧바로 봉교한 사람이 100여 명이었다. 밤에 꽃등 천여 개가 높이 걸리고 학생들이 노래를 불렀다. 예원들이 서로 놀이를 하고 즐겁게 놀면서 밤을 새웠다.[463]

국내에서 만주 화룡현 청파호로 본사를 옮긴 대종교 교단은 1912년 9월부터 시작하여, 개천절 행사에 맞추어 천진전, 천궁, 수도실, 경배당, 자매경배당, 학도창가실, 경전강의실, 전무사무실, 외교교접실을 만들어서 본사다운 건물을 배치하였다.

음10월초3일 개천절에 몇명의 동지가 역사간행회를 발기하야 약간 수금으로 우선 배달사를 인쇄하야 오래지 않아 준공되짓오. 우리나라 역사와 지지(地誌)가 겨우 시작되다가 폐지함으로 진정한 체재와 사실

463 이 글은 趙昌容(1875~1948)이 북간도를 시찰한 내용으로 『白農實記』에 나온다. 조창용은 경북영양출신으로 1906년 사립국민사법학교를 졸업하고, 황성국민교육회 간사원으로 참여하였고, 이후 블라디보스톡 신한촌의 계동학교 교사가 되었다. 1908년 상해로 건너가 대동회관 서기로 근무하였고, 1909년 경남일보 사원이 되었다가, 1918년 일제의 고문을 받아 정신착란증으로 병사하였고, 1990년 애국장을 받았다. 백농실기는 1912년 3월 24일 진주를 출발하여 만주의 대종교본사를 를 갔다가 11월 3일 진주로 돌아오기까지의 여정을 적은 책이다.

이 하나도 완비함이 없어 가르치고 배우는데 곤난이 막심이라. 김교헌 씨는 우리나라 역사가 종장(宗匠)이라. 고등교과로 만한통일(滿韓統一)하야 역사(『倍達史』), 지지(『倍達地誌』)가 탈고되얏고 『단조사고』(檀祖事考)를 완전이 교정되야 차 3종을 계속 인쇄하기로 결정하얏난듸 경비예산이 걱정이오. 『배달사』가 출판되면 몇백부를 우송할 터이니 여러사람에게 위탁하야 정가대로 발매하게 하시고 각처에 권고하야 혹 보조를 먼저 주시면 계속 개판하야 지면과 자호(字号)를 선명케 하고자 하나이다.(백순이 이승만에게 보낸 서한, 1921.12.29.)

간도의 대종교는 나철 이후에 김교헌이 도사교에 취임하면서, 본사를 화룡현 청파호에서 밀산현 영안현으로 옮긴다. 김교헌은 대종교 부흥운동을 주도하면서 역사책을 저술하는데 힘을 쓴다. 이 글은 1921년 11월 2일 개천절에 김교헌이 『배달사』, 『배달지지』, 『단조사고』를 썼는데, 우선 출판하고자 하였고, 이승만에게 다음번 출판의 경비를 부탁하는 백순의 편지이다. 『배달사』는 『배달족역사』이고, 이 책은 초등학교 역사교육을 위하여 편찬된 책이다.[464] 『배달지지』는 무슨 책인지 알 수 없고, 현재 그 책도 남아 있지 않다. 다만 김교헌의 책으로 『신단민사』가 있는데 이는 단군과 후예의 역사를 기술하여, 지지라고 보기에는 적절하지 않다. 『단조사고』는 내편과 외편으로 이루어져 있는데, 내편은 단군의 탄생부터 승천까지 외편은 단군을 숭상하는 풍속들을 기술하고 있다. 현재 『단조사고』는 김교헌의 단독저작이기 보다는 김교헌, 박은식, 유근의 공동집필로 파악되고 있고, 김교헌은 여기서 주도적인 역할을 하였다고 보고 있다.[465]

1923년 11월 11일 간도 용정촌에서 수백명의 대종교인이 오전11시반 중일(中一)시교당에 모이어 개천절 경하례식을 거행하였다.(조선일보

464 김동환 이숙화, 『배달의 역사 새길을 열다』, 화성시 독립운동 자료총서19, 화성시청, 2020.
465 김동환 해제, 『단조사고』, 한뿌리, 2006

1923.11.17.) 대종교는 1922년 동도본사를 총본사로 하고, 이곳에 동일도 지사에 소속한 시교당으로 제일(第一)과 중일(中一)시교당을 두었다.[466]

1934년 11월 9일 대종교 선도회(宣道會)가 하얼빈 도외구도가(道外九道街)에서 개천절 경하식 개최예정이라고 한다. (동아일보 1934.11.8.) 여기서 대종교 선도회는 1934년 3월 2일 김영숙[467]과 김서종(金書鍾)이 만든 단체이다. 일본의 만주국이 1932년 설립되자 대종교인들은 만주국에서 합법적으로 활동하는 것을 채택하고, 윤세복이 직접 하얼빈시 일본 당국자를 만나 충성을 다짐하고 포교를 허가받은 이후에 선도회가 만들어진 것이다. 김교헌이 1923년 돌아가시고, 도사교를 이은 윤세복이 외부와의 접촉을 끊고 연구에 몰두한 뒤 나온 결론이었다.[468] 이러한 허가도 잠시 대종교는 임오교변을 만나 철저하게 탄압을 받는다.

1942년 11월 11일 영안현 동경성 대종교 본사에서 대종교 간부들이 모여서 개천절 행사를 거하였고 목단강 지역의 일본인 고위관리도 참석하였다. 그의 참석은 대종교의 동향을 살피기 위한 것이었다.(『대종교중광육십년사』) 그 뒤에 19일 만주와 국내의 대종교 최고지도자 윤세복을 비롯한 25인이 체포되었고 600여종의 많은 자료도 압수되었다. 이것이 임오교변이다. 감옥에서 이중 10인이 돌아가셨다. 해방되기 전의 마지막 개천절 행사였던 것이다.

훈춘지역에서 황병길[469]은 천장절에 일본천황의 사진에 사격을 가하고,

---

466 이숙화, 「대종교의 민족운동연구」, 외국어대 박사학위논문, 2017, 216쪽

467 1886~1955. 충남 홍성출신. 주시경의 제자로 이극로에게 영향을 주었다. 대종교 경전들에 대하여 한글 번역을 주도하였다. 1911년 중앙고보 사범과를 졸업하고, 1912년 8월 만주로 망명하여 동창학교에서 교편을 잡았다가 일제의 탄압에 의해 1914년 화룡현 청일학교로 옮겼고, 송화학교 여명학교에서 교편을 잡았다. 이후 북로군정서에서 무기를 구입하는데 역할을 하였고, 1924년 공산당 독립운동가 모임에 참여, 1925년 대한독립군단에 참여하였다. 1942년 임오교변 당시 액하감옥에 갇혔다가 풀려나, 한국전쟁때 대구에서 사망하였다.

468 이숙화, 같은 논문, 249-250쪽

훈춘부근의 조선인은 개천절 즈음 음력10월1일(1913.10.29)부터 3일간 함께 휴업하고 학교도 휴과하였다.[470]

영안현 영고탑에서 열린 1922년 11월 21일 개천절 행사는 최계화(崔桂華)[471]의 발기로 사립 여명의숙(黎明義塾)[472]에서 오후3시에 기원경절축화회를 개최하였다. 100여명 참석하였고, 정각에 수십발 화포에 응하여 국가를 선창하였다. 최계화가 개회사를 하였고, 학생이 창가를 하였으며, 이명혁(李明赫)이 축사를 하였고, 예포소리에 따라 배달민족 만세삼창을 하였고, 뒤에 여흥을 즐기었다(조선일보 1922.12.8.).

1927년 10월 28일 안도현(中東線 安林) 청년회가 주최하였고, 신창학교(新彰學校)[473] 대강당에서 이백수십명이 참석하였다. 하오6시에 전3막 투쟁생활이란 희극을 공연하였고, 아름다운 음악과 어린이의 댄스가 있었으며, 참가자 300여인으로, 해림(海林)뿐만 아니라 일본의 직접간접 지배를 받지 않는 만주 각처의 백의민족이 왔다.(동아일보 1927.11.4, 중외일보 1927.11.4.) 이 해

469 훈춘지방에서 중국관령의 신용을 얻어 지방경찰 상총순 직무를 띄고, 동포를 밝은 곳으로 인도하고 박애사업을 많이 주장하였다.(「신한민보』1913.9.12) 황병길로 인해 훈춘에서 독립단이 크게 활동하는데 역할을 하였다.(『신한민보』1919.6.17) 독립단이 병기를 갖춘 군대로 편재하였고, 황병길은 사령관이 되었다.(『신한민보』1919.7.10) 황병길은 독립단은 훈춘대한국민회라고 불린다. 1919년 3월 11일에 설립되었으며, 기독교 장로파의 신자들이 주축이 되어 조직하였고, 대한신민단과 더불어 훈춘 지방 항일 독립운동의 중심적 역할을 하였다. (재외동포사총서13, 중국한인의 역사 상)

470 국사편찬위원회 한국사데이타베이스, 不逞團關係雜件-朝鮮人의 部-在滿洲의 部 2, 排日鮮人의 行動에 관한 報告

471 구영필(具榮佖, 1891~1926) 가명은 최계화(崔桂華). 의열단원으로 영고탑에 정착해 '최계화'로 개명하고 1920년 학교 여명의숙, 1921년 입적간민호회를 설립했다. 이 시기에 본격적으로 사회주의자가 되어 김사국 등과 함께 무산자 중등교육기관 운영 등 수많은 독립운동 활동을 했다. 그러나 밀정혐의로 서훈을 받지 못하고 있다. 대종교와 관련성은 1923년 4월에 만몽산업회에 참여하였고, 일제의 기록에 의하면 1925년에 대종교 중심인물로 설명하고 있다.

472 일본인 기록에 의하면 "教師 1名 生徒 18名이 있으며 教授科目은 韓國語 韓國史 算術 中國語 등이며 經費는 一切 父兄의 負擔이다."

473 1927년 4월 18일 烏珠河縣 부근 小亮子河 지방(지금의 흑룡강성 尙志市)에 신민부가 건설한 학교이다.(조선일보 1927.4.30)

개천절 기념식에 배일 연설대회를 개최하기도 하였다. 모박명(?)에 근거를 둔 북만한족회[474]는 간도 각회에 매우 과격한 문구를 쓴 선전문을 산포하고, 단군성탄절을 개최하고 간도에 사는 조선사람은 일제로 궐기하여 배일 선전연설대회를 대대적으로 하자고 하여 일본 경찰은 그것의 출처를 찾아 눈코 뜰사이가 없었다고 한다.(조선일보 1927.10.29)

1930년 11월 22일 용정의 사립중학교와 연변 농촌 학교는 개천절 휴회를 하였다.(동아일보 1930.11.27, 신한민보 1930.12.8)

다음은 서간도이다. 서간도 지역에서 처음 개천절 행사를 한 단체는 동창학교이다. 1914년 11월 20일 동창학교는 개천절 행사를 개최하고 이극로는 거기에 참여한다.[475] 동창학교는 윤세복이 1911년 음력 5월에 회인현 항도체에 세운 학교이다. 대종교는 윤세복을 중심으로 서간도 포교에 힘을 기울였다.

통화지역에서는 통화현 배달학교가 주목된다. 배달학교 교장은 조용석(趙庸錫)[476]이고 배달민족을 만드는 곳이라는 목표를 두었다. 1918년 11월6일 제4250회의 건국기념절에 본동 본교 및 청년회 연합하여 넉넉히 술과 고기, 떡을 준비하고 오후 1시에 경하회를 본교 내에서 열었다. 회중은 250인. 식은 대단히 성대하였고, 밤에는 여러 막의 연극 및 학생들의 제등회가 있었다.[477]

흥경(興京), 본계(本溪), 개원(開原)을 중심으로 활동한 대한 통의부 의용군

---

474 1929년에 만주의 유일한 조선인 자치기관으로 만들어진 한족총연합회를 1931년 2월에 '북만한족자치연합회'를 조직하였다. 한국민족문화대백과사전

475 이극로, 조준희 옮김,『고투40년』, 아라, 2014, 51쪽

476 조용석은 간도사변이 일어난 1920년 9월 23일 직원 2명 자치회원 4명과 함께 참살당하였다.(『신한민보』 1921.3.10.)

477 국사편찬위원회 한국사데이이타베이스, 不逞團關係雜件-朝鮮人의 部-在滿洲의 部 25, 機密제386호, 在奉天赤塚總領事로부터의 報告書. 조준희, 「이시열의 민족운동과 대종교」, 『숭실사학』 28, 2012, 190쪽

의 1923년 11월 11일 개천절 축하식 관련 상황이다.

> 오는 11월10일(음력10월3일)[478] 즉 배달씨족의 비조인 단군성군이 강탄한 국경일에 부쳐 연말의 경과의 시찰함에 국내국외를 불문하고 악마가 압박하여 경축의 뜻을 표시할 수 없고, 그 황송하여 죄가 깊은 마음은 그 자손임은 누구나 같고, 금년은 4256회의 건국을 봉영한다. 우리 일반민중은 남녀노소를 불문하고 아침일찍 정돈하고 혹은 봉축하고, 일반 업무를 쉬고, 집집마다 국기를 내걸고, 곳곳마다 충심으로 경축하는 뜻을 표시하고, 일반은 누설됨이 없이 시달하라. 요컨대 이와 같이 통첩한다. 이어서 외인이 항거하여 국기를 게양할 수 있을 때는 게양하고 살펴서 혼자 휴업 봉축한다. 또 형세에 의거해서 중국기를 교차하여 미치지 못하는 것을 인정한다. 또 많이 먹거나 술에 취하여 제멋대로 행동하고 불손하여 경건하지 못하는 일에 부쳐서 주의를 한다. 기원4256년 10월27일 대한의용군 제5중대장 정위 김명봉(金鳴鳳)[479, 480]

여기서 주목되는 것은 개천절 개인생활 준칙에 관한 내용이다. 개천절 날 각자는 일반업무를 쉬고, 국기를 내걸고, 그렇지 못한 경우 중국기와 함께 내걸고, 경건한 행동을 하라고 주의를 주는 내용이다.

---

478 1923년 개천절은 11월11일이다. 그런데 10일로 기록한 것은 잘못이지만, 1926년 기록을 보면, 전날에 축하식을 하고, 당일에 기념식을 하였다.

479 1893-1924. 강원도 홍천출신이다. 1907年 咸南 永興에서 盧熙泰와 함께 起義하여 활동하다가 1910년 渡滿하여 1919年 3.1運動 이후 寬甸에서 大韓獨立團에 참가하여 活動하던 중 1920年 趙大能 등과 함께 海龍, 通化, 興京, 撫順 등지에서 일제 走狗機關인 保民會를 습격, 숙청하였고 1922. 8月 統義府가 조직되자 의용군 제5중대장에 선임되어 활발히 활동하다가 1923年 參議府 설립에 참여하였고 1924. 3月 부하에게 奉天의 保民會 會長代理 崔晶圭를 처단하게 하였고 1924년 獨立運動線上의 알력으로 被殺 殉國하였다. 1995년 애국장을 받았다.(공훈전자사료관)

480 국사편찬위원회 한국사데이타베이스, 1923.11.4. 不逞團關係雜件-朝鮮人의 部-在滿洲의 部 37, 管內 不逞鮮人 狀況에 關한 件, 개천절 경축에 관한 건

관동총관좌하

개천절 축하에 관한 건

오는 11월10일 (음력10월3일)즉 국경일 개천절에 첨부된 본대에 직원을 회합하여 총관이하 검무감(檢務監), 재무참사, 대위사(代議士) 제위(諸位), 지방직원은 11월9일까지 본대 주둔지에 올 것을 요한다.

당시 통의부 대한의용군이 관할하는 지역의 편재를 알 수 있는 자료이다. 편재는 지방의 총관, 검무감, 재무참사, 대의원으로 구성되어 있다.

1926년 11월 7일 개천절 조선인 일동은 전일(6일) 하오 7시에 흥경의 삼성중학(三聖中學)[481]학생회 주최로 동교강당에서 축하식을 거행하였고, 남녀동포400여명과 중국인 참관자 100여명이 참석하여 공전의 대성황을 이루었다. 정각에 애국가 제창, 10여개의 프로그램을 진행, 3-4종의 연극을 상연하였고, 11시경에 폐회하였다. 다음날 하오 3시에 흥경교민회(僑居)시민주최로 민립제일소학교 구내에서 동포400여명이 참가하였고, 먼저 통쾌하면서도 단장의 개천절 감상담을 이야기 한 뒤에 고국을 향하여 대황조의 영령과 이천만 자손인 동포를 2분간 추념하고, 대황조만세삼창을 하였다. (조선일보 1926.11.16),

1927년 10월 28일 개천절 기념식은 흥경의 왕청문 화흥(化興)고등학교[482]에서 200여명이 참석했고, 야간에는 혁명극을 공연하였다. (중외일보 1927.11.7.)

1928년 11월 14일 개천절을 기념하기 위하여 장백소년회[483]가 소년소

481 "기독교인 2600여호의 부담으로 세워진 만주지역의 유일한 교육기관이다."(『중외일보』 1927.11.22.) 1928년 3월 8일자에 삼성중학은 폐교되었다.

482 정의부에서 1925년에 세운 화흥중학교이다. 학제는 소학 초등부 4년 고등부 2년, 중학 예비반 1년 중학부 4년이다. 1931년에 소학부만 남아 화흥학교가 되었다.(세계한민족문화대전)

483 장백소년회는 천도교소년회와 함께 어린이날을 기념행사를 하였다.(조선일보, 1929,5,18)

녀웅변대회 개최를 하고자 하였으나, 장백현지사가 금지하였다.(시대일보 1928. 11.20, 중외일보 1928.11.18.)

1930년 11월 22일 오후4시 개천절 기념식을 장백현 이십도구(二十道溝)에서 장백농민사[484]가 야학교에서 개최하였다.(동아일보 1930.12.4.)

간도 지역의 개천절 행사는 크게 대종교 본사와 관련된 행사와 기타 지역의 행사로 나눌 수 있다. 대종교 본사는 개천절 행사를 중요시하였고, 그에 따라 매년 행사를 치루었지만 남은 기록을 별로 없지만 중요사건 때의 기록을 알 수 있다. 화룡현에 처음 기공식을 했을 때거나, 하얼빈에서 일본에게 포교를 허락받고 했을 때, 임오교변이 일어나기 직전에 기념식을 했던 것을 알 수 있다. 개천절 행사를 통해 대종교의 흥망성쇠를 알 수 있다. 다른 지역의 행사는 주로 학교행사를 통해 이루어졌고, 특히 많은 독립운동가와 교민, 학생들이 참여하였고, 혁명극 공연을 통해 민족의식을 고취시켰다.

일시	장소	주최	주요참석자	출처
1911	상해			지산외유일지
1912.11.11	북간도 화룡현 대종교본사	대종교	나철, 현천묵, 백순	백농실기
	서간도 회인현 동창학교	대종교	이극로	고투40년
	상해	동제사 배달학회		진단
1913	상해			지산외유일지
	훈춘		황병길	일본측자료
1914	상해			지산외유일지

484 장백농민사는 장백현립십분교학생회와 함께 梁泉의 인솔로 순회강연를 조직하고 하였다.(동아일보, 1930.12.6.) 양천은 동아일보 혜산지국 기자이다.

1918.11.6	통화현 배달학교		조용석	
1919	상해	임시정부 국무원	이동휘, 이동휘, 조완구, 이숙화, 이동녕, 손정도, 유정근, 신병호, 이광수	독립신문
1920	상해 정안사로 夏令配克影戲館	임시정부 국무원	이동휘, 신규식, 정혜원, 조완구, 이동휘, 손정도, 신익희, 최창식, 안창호, 農頸蓀, 吳山.	진단, 지산외유일지
1921.11.11	상해 서장로 영파회관	대한교민단	양헌, 노백린, 안창호, 김원식, 김두봉	독립신문, 일본측자료
	천진	한민회		독립신문
	간도 용정 중일시교당	대종교		조선일보
1922.11.21	상해 삼일당	대한교민단 국무원	여운형 명사제	조선일보
	영안현 영고탑 여명의숙	여명의숙	최계화, 이명혁	소선일보
1923.11.10	상해 이도본사, 삼일당, 인성학교	대한교민단 국무원	상해유학생	조선일보
	서간도 흥경 통의부	통의부	김명봉	일본측자료
1924.11.9	상해 임시정부, 인성학교, 삼일당	대한교민단	여운형, 조완구	동아일보, 조선일보
	남경 청량사	남경학우회	이일림, 김종욱, 박창모, 안창호	동아일보

1925.11.18		대한교민단		동아일보
1926.11.7	상해 삼일당	대한교민단	최석순, 조소앙, 홍진	독립신문
	서간도 흥경 삼성중학	삼성중학학생회 흥경교거 시민회		조선일보
1927.10.28	안도현 신창학교	안도현 청년회		동아일보, 중외일보, 조선일보
	서간도 흥경 화흥고등학교			중외일보
192911.3	상해 민국로 침례교당	대한교민단		민국일보, 신보
1930.11.20	장백현 이십도구	장백농민사		동아일보
1934.11.9	하얼빈 도외구도가	대종교 선도회		동아일보
1938.11.24	유주로 가는 배	한국임시정부		제시의 일기
1942.11.11	중경	한국임시정부	김구, 안훈, 홍진, 조소앙, 황학수, 이두산	신화일보
	영안현 동경성 대종교본사	대종교	윤세복	대종교중광 육십년사
1943.10.31	중경 중앙문화운동 회당	임시정부	조소앙	대공보
1944.11.17	중경	임시정부		신화일보

1919년 11월 27일 『독립신문』의 개천절에 대한 논설문에서 알 수 있다.

이는 누가 쓴 것인지는 모르지만, 대종교인이 쓴 것으로 짐작된다.

> 음력 10월 3일은 우리 대한민족의 초조(初祖)이신 천제 단군의 개천경절(開天慶節)이라 오늘 우리 2000만 형제자매가 다 신성광명(神聖光明)한 충의의 피로써 무도한 악마를 배척하고 독립만세의 기초를 건축하려 함은 실로 우리 초조의 남기고 전하하신 영혼의 위력으로 활동함이니 우리들이 이날을 맞이하여 더욱 홍은(洪恩)을 기념하고 송축함을 그만두지 못할 것이다.[485]

이는 1911년부터 어천절과 개천절 기념식을 하고자 했던 열망이 반영된 것이라고 한다. 그해에 의정원과 임시정부가 상해에서 설립된 것은 단군의 보살핌 때문이라고 한다.

> 다만 우리 형제자매를 위하여 기도하고 면려할 것은 우리 초조(단군)의 남기고 전하신 영혼을 존중하여 독립 지위에 고상한 자격을 회복함이 필요할지며 또 우리 동지가 8년 전부터 이 상해에 거처하여 매년 개천절과 어천절의 경축을 거행하야 잊지 않기로 서로 권면한 바 있더니 오늘에 우리 의정원과 임시정부가 이곳에서 설립되어 국민의 신앙과 외국의 교제가 점차 진보되는 것이 실로 우리 초조의 도우심이 있는 줄로 생각하노라.[486]

개천절 행사는 한국뿐만이 아니라 중국·미국·러시아에서도 함께 시행되어 민족의식으로 고취했던 것이다. 특히 미국에서의 행사에 기독교인들도 참여했다고 하는 것은 주목할 만하다.

---

485 『독립신문』, 1919년 11월 27일.

486 『독립신문』, 1921년 11월 19일.

5) 개천절의 의의

러시아에서 발행된 『권업신문』에서는 단군의 덕을 여섯 가지로 정리한다. 이것에 맞추어 대종교 학자들의 주장도 함께 살펴본다.

첫째는 국가를 건설한 것이다. 단군이 국가를 건설하고 신하 팽오와 여수기로 하여금 강토를 넓혔다고 한다. 이들이 숙신과 예맥을 쳤다고 하는데 이는 숙신과 예맥을 배달족의 한 갈래로 여기는 것과 다른 사고이다.

> 제일은 단군 대황조가 국가를 건설하여 우리에게 줌이니 상고에는 우리 민족이 처음 번식할 때에 사람을 해치는 범과 표범들은 산림에 가득하고 오늘 일본과 같이 우리를 침노하는 원수에 숙신이니 예맥이니 하는 종족은 사면에 벌어져 있었나니 이때에 조금만 잘못하면 우리가 짐승의 밥이 될지며 조금만 잘못하면 우리가 다른 종족의 어육이 되었을 뿐인데 다행히 거룩하신 대황조가 나서서 팽오란 사람으로 산림을 개척하여 범과 표범같은 적을 쫓으며 여수기란 사람으로 장수를 삼아 숙신과 예맥을 쳐서 항복하고 북에서 흑룡강 연안부터 남으로 삼남에까지 우리 땅을 만들고 다른 종족은 이에 범치 못케 하시고 공고케 나라의 기초를 세우사, 사천이백사십여 번까지 오도록 우리 대한사람이노라 하게 하니라.

둘째는 종교를 만든 것이다. 하느님을 믿는 일신교는 기독교만이 아니라 단군이 이미 만든 것이라고 한다.

> 단군 대황조께서 종교를 창립하여 우리에게 줌이니 상고에는 동서양 황백인종을 물론하고 다 금수보다 얼마 낫지 못하게 살아남고 무지하던 것이라. 그러하더니 거룩하고 신령한 사람이 종교를 창립하고 이 세상의 무지한 사람들을 인도하여 완전한 사람을 만들었는데 혹은 불

을 위하며 혹은 소나 뱀 같은 것을 위하며 혹은 잡귀를 위하였나니 이는 다 다신교(多神教)요, 가장 고상한 종교는 하느님 하나만 믿었나니 이는 일신교(一神教)라. 회부루(히브리) 민족이 일신교는 저희들이 홀로 창립한 것이라고 세상에 자랑하나 우리 역사를 상고하면 부여도 하늘만 믿고 삼한도 하늘만 믿고 고구려 신라도 하늘만 믿어 일신교의 행한지가 오래였는데 그 최초의 창립하신 이는 대황조시라. 『여지승람(與地勝覽)』에 마니산 제천단이 그 사실을 공포하며 이숙첨(李叔詹) 시(詩)에 태백산 천궁이 그 자체를 증명하였을 뿐더러[487] 또 공경과 정성으로만 하늘에 제하여 회부루 민족의 희생으로 하늘에 제함보다 더욱 고상순결하며, 고구려의 팔관(八關)과 신라의 오계(五戒)가 어느 때부터 그 이름이 있었던지 알 수 없으나 삼국사와 고려사를 자세히 훑어보면 국선향도(國仙香徒)의 유물로 단군 때부터 잉태하여 옴은 명백하도다. 팔관은 심정 수양의 묘결이라 불교의 참선이며, 오계는 처세 윤리의 요지라 유교의 오륜인데, 또 그중에 용감전진하는 정신을 장려함은 회회교(이슬람교)와 방불하도다. 회라 예수교도 한 종교며 불교도 한 종교며 유교도 한 종교며 회회교도 한 종교라. 오늘 세계에 있어 장단을 다투지만 이에 집의 장처와 특점은 거금 사천년 백산 단목 아래서 한 풀무에 녹여서 써 본 나머지인 들을 아는 자가 뉘뇨. 근세 우유가 삼국 이상의 고지를 산삭하여 오늘날에 다시 단군의 면목을 보기가 어려우나, 단군 당시에 벌써 문명한 종교를 창립하여 우리로 하여금 세계 각국 민족 중에 제일 먼저 사람 되게 함을 우리가 절하며 찬미하지 안 할 수 없느니라.

단군의 종교에서 팔관과 오계를 들면서, 팔관이 정신 수양이라고 하면서

487 『新增輿地勝覽』 卷12, 「江華都護府」에 魚樵猶說舊天京 고려 허금(許錦)의 시에 "옥연(玉輦)이 기구(崎嶇)하게 이 성(城)에 거둥했더니, 어부와 초부들은 아직까지 옛 서울을 말하네. 골에 잠긴 구름 쓸쓸하게 찬 빛이 엉겼는데, 궁(宮)에서 흐르는 물 쫄쫄거리며 옛 소리에 목메이네" 했다. 태백산 천궁이 아니라 강화도를 말한 것이고, 이숙첨이 아니라 허금의 시다.

고려가 아니라 고구려의 행사라고 하고 있는 것과 화랑 오계에서 임전무퇴를 이슬람교의 정신과 같다고 보는 점이다.

「단군교포명서」에서 단군은 선악을 주재하여 선한 자에게는 복을 주고 악한 자에게는 화를 내린다고 한다. 이는 전형적인 권선징악 사고이다.

> 본교는 대황조성신의 지극하신 인과 대덕을 근본으로 하여, 성심성의로 우러러 경모하고 받들어 행함이 오로지 한 생각과 정성으로 시작과 끝이 동일하면 백가지의 고통과 백가지의 재앙이 앞에 닥쳐도 대황조님께서 능히 그것을 풀어 없애줄 것이나 일념일성이 그 모든 시작과 끝이 차이가 있으면, 백가지의 재리(財利)와 백가지의 복락이 바로 앞에 닥쳐도 대황조님께서 능히 물리쳐 거두어들이시니, 한 집안의 부모도 어질고 정숙한 자녀에게는 사랑하여 돌보고 상을 주며 칭찬하고, 무례하고 악한 자녀에게는 그 잘못을 꾸짖고 회초리로 종아리를 때리는 법이거늘, 하물며 상천에 계시어 밝고 환하신 대황조님께서 천자만손을 내려다보시고 살피실 때 착함과 악함을 따라 재앙과 복을 내리시니, 자손 가운데 한 사람이 착한 생각과 착한 일을 하게 되면 곧 먼저 밝혀 아시며, 자손 가운데 한 사람이 나쁜 생각과 나쁜 일을 하게 되어도 곧 먼저 밝혀 아시니, 대황조님께서는 천자만손들이 다 함께 착한 생각과 착한 일만 하면 복록을 내려주시기에 바쁜 시간을 가짐이 최상의 즐거움으로 바라시나 불초한 자손들이 어리석게도 미혹되고 난폭스럽게 어긋나고, 거칠고 게으르며 교활하고 음탕하여 근본을 잊어버리고, 그 샘물이 솟는 원줄기를 등지고서 공경치도 않고, 도리에 어긋나고 변함없는 윤리에 반하고 하늘의 이치를 거역하여 행함으로써 알참도 없고 참다움도 없이, 서로 간에 싸우고 빼앗으며, 서로 간에 물리쳐 배척하고, 함정에 빠뜨리며, 서로 간에 거짓으로 속이며, 서로가 서로를 무찔러 죽임으로써, 그 죄악이 수없이 많음에 스스로 재앙을 불러들여 당하니, 대황조님께서 가엾어 마음 상하시고 애석하여 탄식하시며, 당신

께 있는 아픔같이 여기시는 그 지극하신 뜻이 과연 어떤 것과 같다 하겠는가?

「단군교포명서」에서는 개인-가족-국가-세대가 모두 연결되어 있다고 한다. 개인의 선악에 따라 가족·국가·세대가 그에 따라 결정된다.

> 오로지 우리 대황조님의 자손된 형제자매들이여! 형은 아우를 권하며, 윗누이는 아랫누이를 권하여 한 사람으로 열 사람, 열 사람으로 백천 사람, 백천 사람으로 만억 사람까지, 한 마음, 한 가지 덕이 되어 형의 경사가 아우의 기쁨이 되며, 아랫누이의 멸망이 윗누이의 슬픔이니, 한 아우의 멸망으로 하여 뭇형의 슬픔을 갖도록 말고 한 아랫누이의 경사로 하여 뭇 윗누이의 기쁨을 이루게 하소서!
>
> 지극히 자애롭고, 지극히 은혜로우신 대황조성신께서 천자만손을 그 근본에 있어서는 한결같이 어진 것으로 보시고, 착함을 권하고 악함을 벌함에 있어서 한 사람이 착하면 뭇 사람의 권함에 의해 이루어졌다 하여 그 복을 균등하게 내리시며, 한 사람이 악하면 뭇 사람이 그 악을 막는 일을 권하지 못했다 하시어 그 벌을 동일하게 내리시니, 이 까닭으로 사람의 착함을 보거든 미옴을 다하여 돕도록 할지어다. 그것은 곧 우리들의 착함이며, 우리들의 복이다. 사람의 악함을 보거든 수수방관하여 내버려두지 말지어다. 그것은 곧 우리들의 악함이며 우리들의 벌이니, 이 까닭으로 한 몸에 하나의 일이 착하면 그 몸이 편안하며, 하나의 일이 악하면 그 몸이 위태하고, 한 집안에 한 사람이 착하면 그 집안 모두가 지켜지며, 한 사람이 악하면 그 집안 모두가 패망하고, 한 나라에 한 세대가 착하면 그 나라 모두가 흥왕하며, 한 세대가 악하면 그 나라 모두가 패망하니, 한 나라는 바로 한 집안이요, 한 집안은 바로 한 몸으로, 형이 곧 아우요 윗누이가 곧 아랫누이이니, 나누어서 각각으로 말한다면 비록 오늘날의 형과 아우와 윗누이와 아랫누이의 몸이고, 집안이

고 나라일지라도, 합하여서 하나로 통하여 말한다면 옛날로 거슬러 올라가 모두 대황조님의 오직 한 근원의 뼈와 살이요 오직 한 근본의 바탕인 것이다.

신규식은 대종교 종리부장을 역임할 정도로 단군에 대한 이해가 깊었다.

> 개천 경축일에 천궁에 경배하고, 開天慶日拜天宮,
> 마음속에서 향을 살라 저의 충심을 아룁니다. 一炷心香告血衷.
> 이렇게 떠나는 길에 삼신께서 교화의 힘을 내려주시지 않으시면, 此去如非神化力,
> 어리석은 제가 나중에 어떻게 작은 성공이라도 아뢸 수 있겠습니까? 頑冥何以奏微功?」(「拜退天宮」)

1구의 천궁 경배는 「대종교 홍범」에 "한배께서 陟降하시는 處이니 教人은 宮內에 入하거든 必히 威儀를 敬愼할지니라."라는 天宮을 말한다. 대종교 교당의 중심건물이다. 『신규식전집1』에서는 이 시를 1911년 11월 23일로 보고 있고 이 시를 근거로 이 때 서울을 떠나 상해로 출발하였다고 한다. 윤세복도 1911년 겨울에 상해로 갔다고 한다. 『동명』에는 신규식이 신해혁명이 일어난 뒤에 중국으로 떠났다고 한다. 2구의 충심은 자신이 중국 상해로 떠나는 목적이다. 자기가 하느님에게 바라는 조선 독립과 대종교 선교라는 목적을 알리는 것이라면 4구의 미약한 공은 결과이다. 자기가 실천하여 얻은 결과를 하느님에게 알리는 것이다. 신규식은 일일이 하느님에게 보고하여 자신 행동의 정당성을 찾고 있다.

> 느릿하게 꿈틀대고 어리석은 중생들이 슬픈데, 于于蠢蠢衆生悲.
> 단군의 덕택과 은혜를 입고도 알지 못하네. 被澤叨光自不知.

고금동서의 역사를 누가 아는가? 誰見東西古今史?

단군은 신사와 군부를 모두 겸하였네. 神師君父總兼之.((開天紀元節追慕)

1구의 중생을 슬프게 여기는 주인공은 나 자신이다. 그 이유는 2구의 단군의 덕택과 은혜를 입고도 알지 못하는 것과 상응하기 때문이다. 4구의 신사군부(神師君父)를 『신규식전집1』에서는 비범한 군사부라고 풀었는데, 신사와 군부로 해석해야 한다. 신사(神師)는 종교적인 의미[488]이고 군부(君父)는 국가적인 의미이다. 신사는 신적인 스승을 의미하고 군부는 임금이면서 아버지임을 뜻하며 단군을 말한다.

(1)

4천3백년 뒤에, 四千三百載

위대하신 옛날 신인(神人)의 대종교를 중광하였습니다. 重闢大倧門.

모든 사람들이 옛날 신인의 대종교에 돌아왔는데, 萬象皆歸化,

대종교의 삼신(三神)만이 가장 존귀하십니다. 三神獨至尊.

대종교 교도들은 모두 서로 형제이니, 仁棣皆兄弟,

대종교 교단에 교도들이 생겼습니다. 靈檀有子孫.

대종교가 모든 사람들의 고통을 널리 구제하면서, 普救蒼生苦,

가장 먼저 배달얼(倍達魂)부터 찾으라고 가르칩니다. 先招倍達魂

1구의 사천삼백년은 1910+2457=4367년이다. 2구는 대종교가 새로 창건된 것이 아니라 중광된 것임을 밝힌 것이다. 3구의 만상은 삼라만상을 말할 수도 있지만 만민을 뜻한다. 4구는 삼신은 환인, 환웅, 환검을 말한다.

488 이미 나철은 자신에게 『삼일신고』를 전해준 백봉(伯峯)을 신사라고 칭한 적이 있다. 나철은 백봉을 신형대종사(神兄大宗師)라고 불렀는데 이를 줄여서 신사라고 하였다.

다음 구절에서 설명하겠다.[489] 3구의 만민과 4구의 삼신을 대비하고 있다. 5구와 6구는 삼신 아래에서 만민이 형제와 자손인 것을 말한다. 7구와 8구는 백성의 괴로움을 구원하려면 배달의 혼을 깨우치자고 한다.

(2)

아주 먼 옛날에 천지개벽한 뒤 얼마 안되어 황량한 시기에, 奧昔鴻荒世,
신인이 하늘에서 내려오셨습니다. 神人降自天.
오계와 종강을 가르쳐 주셨으니, 五戒宗綱在,
삼신의 지극한 공리가 전해옵니다. 三神至理傳.
상원의 초사흘(10월 3일)날에 내려오셨는데, 上元初三日,
동방의 반만년이 되었습니다. 東方半萬年.
단군의 후손은 제사 지내고 추모할 수 있으니, 遺民能報本,
조선의 밝은 빛은 또다시 회복할 것입니다. 朝旭復光鮮.

1구의 홍황세를 『전집1』은 태고적 세상이라고 해석하는데, 필자의 생각으로는 천지개벽한 뒤에 얼마 안되어 황량한 시기라고 번역하는 것이 맞다. 3구의 오계는 원광법사의 세속오계를 말한다. 신규식은 『한국혼』에서 대대로 내려오는 종법이라고 한다[490] 종강은 종지라고 하는데 단군교와 대종교의 오대 종지가 약간 다르다.[491] 4구의 대종교에서는 나철 이래로 한배(임)-한배님:조화주, 웅-한배웅:치화주, 검-한배검:교화주를 기본 구조로 한다.

489 이에 대한 자세한 논의는 조남호, 「대종교의 삼신일체론」, 『선도문화』 21, 2016.

490 『전집1』 441쪽. 忠於國, 孝於家, 信於友, 臨陣(戰)無退, 殺生有擇之五條敎, 我世守之宗法也.

491

교단 \ 종지	敬奉祖神	感通靈誠	愛合族友	安固基土	勤務産業
대종교	敬奉天神	誠修靈誠	愛合種族	静求利福	勤務産業
단군교	敬奉祖神	感通靈誠	愛睦族友	安居基土	勤務産業

조준희, 「1911년 대종교 공주시교당 사건 연구」, 제56회 전국역사학대회 발표문, 2013

『삼국유사』에서는 환인·환웅·단군의 삼신을 조, 부, 손의 관계로 설명하고 있는 반면 대종교에서는 삼신이 셋이 아니라 하나라고 주장한다. 대종교에서 말하는 삼신일체는 기독교의 삼위일체와 다른 사고이다. 삼위일체는 하나의 신이 성부, 성자, 성령이라는 다른 위격을 가진다고 하는데 비해, 삼신일체는 세 명의 신이 하나라고 하는 사고이다. 또한 기독교의 신은 인간과 단절되어 오로지 기도와 은총만으로 연결되는데 비해, 대종교의 신은 인간과 분리되지 않고, 연결되어 있기에 누구나 신과 합일할 수 있다. 5구의 보본을 『전집1』에서는 단순히 보답으로 해석하는데, 단군을 제사지내고 추모하는 것을 뜻한다.

(3)
하늘에 계신 상제께서, 在天惟上帝,
세상에 내려오셔서 사람의 우리머리가 되셨습니다. 降世是人宗.
신인으로부터 유·불·선·기의 성인들도 나왔습니다. 生仙儒佛倻
신인의 하강과 어천은 시작과 끝의 단서도 없습니다. 無端倪初終.
삼진은 신의 하나 이치로 귀결되니, 三眞歸一理,
모든 사람들은 삼신의 도움을 입습니다. 萬有被神功.
신인은 또한 우리나라의 시조이시니, 又是邦家祖,
어느 민족인들 같은 혈족이 아니겠습니까? 誰非血族同?

2구의 사람의 우두머리는 "대종교의 종(倧)자는 상고 신인이며 인(人)의 종(宗)이라는 의(義)니 즉 아(我) 천신단군이오"[492]이다. 3구의 선유불야는 『회삼경』에 따르면 신인의 조화로운 시대가 가면서 원래의 가르침이 사라지게 되는 즉 말법시대가 되어 유·불·선 삼교가 있게 되었다고 한다. 신규식은 여기에 기독교까지 포함한다. 3구가 유·불·선·기는 후천의 시대라면

492 대종교종경종사편수위원회, 『대종교중광육십년사』 1, 「대종교의식교례발포안」, 2000.

4구는 단군이 하늘에 있을 때는 선천의 시대이기 때문에 시작과 끝이 없다는 것이다. 6구의 삼진은 진은 본성(性) 목숨(命) 생명력(精)이고 이것이 궁극적으로 하나의 신으로 귀결한다고 한다. 본성은 느낌(感), 목숨은 호흡(息), 생명력은 접족(觸)의 근원이 된다. 따라서 느낌을 그치고(止感), 호흡을 조절하며(調息), 접촉을 차단하는 것(禁觸)에 의해서 본성, 목숨, 생명력을 깨닫게 되고 이것이 하나의 신의 이치임을 알게 되는 것이다.

(4)

아주 먼 옛날에 황조께서 처음 천지를 열으셨고, 緬惟皇祖首開天,

뒤를 이어 신형(나철)께서 나셨으니 어찌 우연이겠습니까? 繼降神兄豈偶然?

사람들은 모두 10월 3일 대종교가 중광한 날을 축하하는데, 人皆相賀重生日,

나도 내가 영생한 해(1910년)를 잊지 못합니다. 我亦難忘不死年.

1구에서 황조는 대종교에서는 단군을 황조 또는 대황조라고 한다. 2구의 신형은 모두가 형제라서 나철을 신형이라고 한다. (『전집1』) 1구가 단군이 천지를 연 것이라면 2구는 나철이 이 세상에 태어난 것, 3구는 사람들이 단군의 생일을 축하하는 것이라면 4구는 자신이 죽지 않고 영생을 얻은 해를 기억한다고 한다.

(5)

빛나는 궁전을 지으니 삼심 신령이 내려오시고, 金花玉殿靈明現,

아침 저녁으로 삼신의 큰 도리를 전도합니다. 暮鼓晨鍾大道傳.

모든 백성이 어디에 살고있든지, 萬姓一家何處是,

대종교는 이들 가까이에서 삼신의 거룩한 빛을 비추십니다. 宗門咫

尺放光線.(倧門題感)

1구의 금화옥전을 『전집1』에서는 나철이 구월산 삼성사에서 순명하는 것을 가리킨다고 해석하는데 필자가 보기에는 대종교 교당으로 보는 것이 좋을 듯하다. 2구의 모고신종을 저녁 북소리 새벽 종소리로 글자 그대로 해석하기보다는 아침저녁으로 푸는 것이 낫다고 본다. 3구가 인간이 거주하는 어느 곳이든지 공간적인 확장을 설명한다면 4구는 가까이에 있는 대종교 교당이 가르침을 전파한다고 본다.

신규식이 단군을 국조로 내세우는 것은 민족 자주를 말한다. "주자에 두 무릎을 꿇고 감히 한 발자국도 옮기지 못하는 것은 겨우 남이 뱉은 침을 핥는 것이며 온 몸을 서구 사조에 적시는 것은 그 껍데기를 알기도 전에 먼저 나의 정신부터 장사지내는 것이다."(『신규식전집1』)고 비판하고 반대하였다. 과거에는 주자학, 현재는 서양학문에 빠져드는 것은 자신의 정신부터 장례를 치는 것이라고 비판한다. 그리하여 그는 배달의 혼을 먼저 깨우치자고 한다. "창생의 괴로움을 널리 구원하려면(普救蒼生苦) 배달의 혼을 먼저 깨우치자(先招倍達魂)."(「倧門題感」) 정신이 살아야 나라를 구할 수 있다는 것이고, 그것은 바른 주체적 역사 인식으로 나아간다.

이윤재는 단군의 종교성이 실재임을 들어 자연물 숭배나 추상적인 존재가 아니라고 주장한다.

> 그 본원으로 말하면, 남에게서와 같이 자연물 숭배의 그것도 아니요 추상적의 신을 숭앙하는 그것도 아니니, 과연 대존재요 대실상이며 또 남의 것 아니요 내 것인 것입니다. 태초 홍몽의 세에 단군 왕검께서 인간을 홍익하시려고 태백산 영장에 나리사, 건방설도하고 신교를 베풀어 민물을 리화하셧스니, 이 곧 천지의 대주재시오 국가의 건조자시며 일체 생명의 원천이요 모든 문화의 출발입니다. 전 인류적, 전 세계적으로

> 반듯이 이를 추구하여 향모하여야 할 이어든 그의 직손이요 적파인 조선이로서야 이에 귀의하여 귀성함이 더욱 당연하지 아니하리까. 이는 결코 국수적·정치적 어떤 의미에서 말하는 것이 아니라 이론상으로는 사람치고 반듯이 없지 못할 조선을 봉사하는 보본의 성이 있어야 할 것임과 역사상으로는 진작부터 근저가 깊이 박인 국민제천회가 흘러온 실재 사실임에야 어찌 하겠습니까.[493]

이러한 이윤재의 주장은 다분히 호교론적인 사고이다. 모든 종교에서는 자신이 모시는 신을 최고의 실재라고 여기고 있다. 오히려 여기서 단군이 최고의 실재라고 여기는 이윤재의 사상을 알 수 있다.

이병기는 단군에 대한 종교적 열정을 시로 표현한다.

> 임이 보시던 산과 물은 우리도 보며
> 임이 밟으시던 흙과 물은 우리도 밟으련마는
> 임의 얼굴과 자취를 못 보니 그를 서러워하노라
> 임의 집은 하늘 계시어 곧 잘해 끝이 없어
> 온 누리 뭇 우리를 내려다보시련마는
> 하도나 높고 멀어 아니 보이니
> 그리워 미칠 듯하노라
> 날이 지나고 지날수록 임의 생각 더하고 더하는데
> 임께서 내리신 그 날이 여린 가슴에
> 더구나 작히나 그리워하라[494]

여기서 임은 한배임이다. 한배임이 우리를 굽어보고 계시고 그에 대한

---

493 이윤재, 「대종교와 조선인」, 『삼천리』, 1936년 4월호, 132쪽.

494 이병기, 『가람일기』 1, 신구문화사, 1976, 100쪽, 1919년 11월 25일.

그리워하는 마음을 잘 표현하고 있다. 한배임에 대한 깊은 종교적 체험에서 이러한 글이 나오는 것이다.

『독립신문』에서는 세계 민족의 시조는 모두 같은 사상에 근거하고 있음을 밝히고 있다. 중국인·인도인·유대인은 모두 하늘로부터 나왔다고 한다. 하늘에 근거하지 않고 어느 종족의 분파나 옮겨왔다고 하면 자존감이 부족하여 동화나 굴복당하게 된다고 주장한다.

> 무릇 세계 민족이 다 그 육체와 영혼이 초조의 유전으로 인정하고 초조는 천제가 낳은 바로 인정하는 것은 대동적 사상이라, 중국의 옛날 경전에는 상제가 충(衷)을 아래 백성(下民)에 내렸다 하니 충(衷)은 영(靈)을 가리키는 것이고, 인도 경전에는 인도 사종(四種)이 다 범천(梵天)으로부터 낳았다 하니 그 대범천왕(大梵天王)은 상제를 칭함이오, 유대의 옛날 기록에는 천주가 6일의 공으로써 천지만물을 만듦에 흙을 두드려 사람을 만드니 남자는 아담(亞當)이고 여자는 이브(夏娃)라 하였으며, 기타 각 종족의 세기(世紀)도 이와 같은 것이 많고 또 그 정신이 영원히 마멸치 않는 위력이 있도다. 만일 그 민족의 초조가 아무 종족으로 분파(分派)한 자라 하거나 아무 지방으로 옮긴(遷徙) 자라 하면 자존의 사상이 부족하야 타족에게 동화와 굴복되기가 쉬우리라.[495]

여기서 주목되는 것은 삼신이 사람을 낳았다고 것을, 동서양의 다른 종교와 비교하고 있다. 경교·불교·유교에서 하느님이 사람을 낳고 내려온 것과 대종교에서 삼신이 사람을 낳은 것은 서로 유사한 점이 있다.

> 정치와 교화(政教)의 대강으로 말하면 상고시대에 인위적인 작위가 없지만 다스려지고(無爲而治) 말이 없지만 믿음이 있는(不言而信) 성신(聖神)

495 같은 글.

의 덕화(德化)를 추측하고 이름짓기 어려우나 단순히 교화로써 말할진대 삼신이 사람의 생산을 주관하신다 함이 각 종교의 이상과 부합하지 않음이 없으니, 경교(景教)에는 천주(天主)가 만물을 만들고 사람에게 영혼을 부여한다 하였으며, 불교에는 천주의 이름은 석제환인(釋提桓因)이니 도리천(忉利天)에 있으면서 이 세계를 주로 다스린다 하였으며, 유교에는 하늘이 백성에게 내려오니 하늘은 조화의 주재(天爲造化之主宰)라 하였으니 이것을 종합하여 보면 근본적으로 큰 도달점(大致)이 서로 비슷한 것이다.[496]

최현배[497]는 기독교와 차이점을 주장한다. 기독교의 창세기 신화가 천국

---

496 같은 글.

497 崔鉉培(1894~1970). 호는 외솔이고 경남 울산출신이며 본관은 경주이다. 한성고등학교와 교토제국대학을 졸업하였고 연희전문교수, 교육부 편수국장을 역임했다. 주시경의 한글강습원에서 한글을 익혔고 나철을 따라 대종교의 행사에 참여했으며 대종교 경전을 읽었다. "이때(경성고보 2학년 때인 1911년) 선생님은 학교에 열심히 다니시는 외에 다른 학생이 안 하는 두 가지 일을 하셨으니, 하나는 주시경 선생님의 한글강습원에 나가셔서 우리말 공부에 열중하시는 일이요, 다른 하나는 나철 대종사를 따라 그가 주관하는 대종교에 다니며, 단군 한배의 가르침과 은덕을 받는 일이었습니다.…선생님(최현배)이 이 학교(경성고보) 3학년 때(1912년)의 일입니다. 하루는 담임선생인 다카하시(高橋亨)가 선생님을 불러 앞에 세우고 '대종교에 다니는 것은 부당하니 그만두라'고 하였습니다. 그러나 선생님은 그 뒤에도 몰래 계속하여 다니시며 『신단실기(神檀實記)』, 『삼일신고(三一神誥)』 등 문헌을 손수 베껴서 읽으셨습니다"(최근학, 「외솔 최현배 선생님의 전기」, 『나라사랑』 1, 외솔회). 최현배는 주시경의 한글강습원 1기 졸업생이다. 그는 이때부터 한글을 연구하여 문법적으로 체계화하는 데 공헌을 했다. 여기서 다카하시(1878~1967)와 최현배의 만남이 인상적이다. 다카하시는 누구인가? 다카하시는 당시 도쿄제국대학을 나와서 경성교보 교유(敎諭)를 하고 있었다. 지금의 경기고등학교 선생님이었던 것이다. 그는 대종교를 인정하지 않았다. 그것은 곧 한민족의 민족정신을 부정하는 것이다. 다카하시가 남긴 해악은 몇 가지가 있다. 그중 하나는 정신적으로 조선의 유학에서 퇴계학파와 율곡학파를 주리파(主理派)와 주기파(主氣派)로 규정하는 것이다. 사단은 이성적인 사고이고 주리론, 칠정은 감성적인 사고이면서 주기론으로 분류하면서, 사단과 칠정은 모두 이성적인 사고가 될 수도 있고, 감성적인 사고가 될 수도 있는데 도 불구하고 어느 하나로 규정하는 이론적 문제를 낳는다. 그것이 고질적인 당파싸움을 불러일으키게 되고, 이것이 조선 민족이 진보·발전하지 못하게 되는 이유라고 주장한다. 이러한 다카하시의 도식은 필자와 여러 학자들의 노력으로 대부분 쓰고 있지 않지만, 과거에 국사나 국민윤리교과서에 실려 있기 때문에 답습하고 있는 경우가 많다. 다른 하나는 사판적인 그의 활동이다. 그는 뒤에 대구고등보통학

에서 지상에서 추락한 데 비하여 우리 신화는 홍익인간을 통해 인류를 구제하려고 지상에 강림한 것이라고 한다.

> 이 世界에 許多한 民族의 神話傳說을 보건대 그 民族의 始祖가 天國에서 地上으로 降臨하엿다는 것은 적지 아니하다. 그러나 人類의 福利를 增進하며 세계의 文化를 發達식힘으로써 理想을 삼고 이 地上으로 降臨한 神話는 실로 우리 朝鮮民族만이 가진 것이로다. 耶蘇教 創世記에서 人類의 始祖 '아담'과 '이브'가 天上樂園에서 罪를 짓고서 이 世上으로 墜落한 것이라 함에 대하야 우리 民族은 이 地上의 人類를 救濟할 理想을 가지고 이 地上에 降臨한 것이다. 이러케도 高遠하며 이러케도 貴重한 理想을 天賦的으로 가지고 나온 우리 民族은 實로 人類界의 光榮이라 아니할 수 업도다.[498]

그는 태백산이 아시아의 중심이기 때문에 그것이 서양의 암흑세계에 빛을 준다고 한다.

> 그러하면 엇던 이유로 그 탄강의 처를 태백이란 산으로 택정하엿나? 이는 다름이 아니다. 태백산이 아시아 대륙 동방에 용치하여 동으로 멀리 해양을 공하여 가장 먼저 여명의 서기를 영하면 가장 먼저 욱일의 채광을 수하여 이를 서방 암계에 투여하나니 이것이 정히 인문의 발달, 인류의 복지, 이상의 기를 서기영롱한 아시아 동방 백두산상에 오게 하고 차지에 내주한 것이다.[499]

교 교장, 경성제국대학교수, 혜화전문교장, 명륜연성소 소장 등을 역임한다. 지금의 경북고, 서울대학교, 동국대학교, 성균관대학교이다. 거기에 경기고까지 합치면 한국의 명문 고등학교와 대학교 선생이었던 것이다. 그는 이들 대학에서 조선의 인재를 양성하면서 일본 제국주의의 식민사관을 교육한 것이다. 최현배는 이러한 다카하시의 식민주의 교육에 민족적인 정신을 가진 대종교로 맞서고자 했다.

498 최현배, 「조선민족갱생의 도」, 『동아일보』, 1926년 11월 11일.

이윤재는 개천절과 러시아 혁명 기념일이 11월에 일어난 일이고,[500] 근본적인 의의에서는 다르지만 새로운 삶을 얻는 것에서 같다고 하는 것을 강조한다. 민족주의와 사회주의 연결이라고 할 수 있다.[501]

舊로 十月 三日이 朝鮮의 開天節, 朝鮮 사람으로 잊지 못할 날이며 新으로 十一月 十七일이 러시아의 혁명 기념일 또한 러시아 사람으로서 잊지 못할 날이다. 하나는 구력(舊曆)으로 하나는 신력(新曆)으로 물론 그 날수(日數)를 계산하는대야 각각 다르지마는 올해는 이상하게도 그 날짜(日字)가 우연히 서로 맞게 되어(偶然相符) 동서(東西)로 다 함께 한날을 경축하게 됨을 우리는 더욱 기뻐하다 아니할 수 없도다. 개천이고 혁명이고 그 근본의의는 조금 다를망정 한번 새 살음을 얻자 하는 의미에 있어서는 다 마찬가지의 뜻일 것이라 한다.[502]

안창호와 이동휘는 개신교도이지만, 개신교와 단군의 관계에 대해서는 언급하지 않는다. 안창호는 개천절 행사에 참석해 기념사를 행한다.[503]

---

499 같은 글, 1926년 11월 7일. 최현배의 『조선민족갱생의 도』가 일제에 의해 우량도서로 형무소의 조선인 죄수들에게 추천됐으며, 이는 조선인의 국민성에 문제가 있다고 해 민족패배주의를 조장했다고 하는 주장도 있다. 일제강점기 우리 민족이 궁박 상태에 빠지게 된 원인을 민족 내부에서 찾고 이를 고치는 방식으로 해결해야 한다는 접근 방식으로서 일본 제국주의 구조적 착취를 은폐하고 지배 이데올로기를 세뇌하는 데 기여하고 침략을 정당화하려는 일제에 의해 악용됐다는 것이다(「일제치하 한글학자 외솔선생 비판논평…'명예훼손 아니다'」, 『경향신문』, 2014년 1월 6일). 그러나 최현배의 『조선민족의 갱생의 도』에는 다른 측면이 있다. 앞부분에서는 이광수의 민족개조론과 같은 사고에 입각하고 있지만, 뒷부분에서는 단군의 홍익인간정신과 우리말을 가지고 인류의 보편적 이상에 기여할 수 있다는 미래에 대한 비전을 제시했고 그것을 통해 일제의 억압이라는 현실을 극복할 수 있는 계기를 마련했다.

500 지금은 개천절이 양력으로 10월 3일지만, 일제시대에는 음력을 사용했다.

501 민족주의는 우파이고 사회주의는 좌파이기 때문에 노선이 다르다고 하는 것은 일종의 편견이다. 이윤재는 이 둘의 연결을 모색하는 점에서 새로운 길을 가고자 했다.

502 이윤재, 「개천일의 추감」, 『동광』 7, 106쪽.

503 일제시대 개천절에는 개신교를 포함한 종교단체가 참여했다는 것을 알 수 있다.

> 오늘에 대한 남녀노소 다 일어나 가즉한 마음으로 태백산 단목 아래에 탄생하사 건국하신 시조 단군을 송축하는도다. 거룩하다. 우리 시조 단군- 그 덕이 높고 업이 빛나도다. 그 열어주신 남은 땅은 삼천리의 꽃다운 한반도이오, 그 오천년 동안 길러 오신 남은 자손은 2000만의 용장한 대한 사람이로다. 황막한 세상에 나라를 여시고 먹고 입고 사는 법도를 가르치시며 도를 세우고 교를 베푸시어 뭇 백성으로 생존과 안녕의 행복을 누리게 하셨도다. 곧음과 굳셈과 어짐과 밝음으로 그 몸을 가지시어 자손만대에 모범을 지으셨도다. 아아 그의 자손 우리 대한 형제자매 그 높고 깊은 덕을 길이 사모하고 느끼는 도다. 아아 오늘에 가즉히 일어나 조상의 은덕을 찬송하는 우리 형제자매 서로서로 사랑하여 마음을 합하고 힘을 같이하니 우리 조상의 존엄이 더욱 드러나고 우리 민족의 번영이 무궁하리로다.[504]

안창호는 단군이 우리 민족의 건국 시조이고 문명국가를 만들었다고 하는 것이다. 안창호가 지은 단군의 높은 덕을 칭송하는 가사에서도 이것이 드러난다.

1. 우리 황조 단군께서/태백산에 강림하사/나라 집을 건설하여/자손 우리에게 전하셧네/거룩하다 의의탕탕/대황조의 성덕 거룩하다.
2. 모든 곤란 무릅쓰고/황무지를 개척하사/의식 거쳐 편케하여/자손 우리들을 기르셨네/영원무궁 잊지 마세
3. 모든 위험 무릅쓰고/악한 짐승 몰아내사/자손 우리들을 보호했네/공덕무량 기념하세/대황조의 큰 공덕 기념하세
4. 착한 도를 세우시고/어진 정사 베풀으사/윤리 도덕 가르쳐서/자손 우리들을 화하셨네/전지무궁 빛내보세/대황조의 높은 교화 빛내보세

---

504 안창호, 「개천절 송축사」, 『독립신문』, 1921년 11월 11일.

5. 형제들아 자매들아/대황조의 자손된 자/우리형제 자매들아/천 번 죽고 만 번 죽어도/변치마세 변치마세/대황조께 향한 충성 변치마세

그는 대황조의 공덕과 교화를 잊지 말고 그에 대한 충성도 변치 말자고 한다. 여기서 대황조라고 하는 표현이 눈에 띈다. 이는 「단군교포명서」에서 언급된 이후에 대종교에서도 별로 언급이 되지 않는 용어다. 안창호는 대성학교 교장 시절 단군초상화를 늘상 걸어 놓고 있었다. "밥을 몇기 굶어도 수상하지만 담배는 몇시간이라도 끊으면 정신이 眩葷하고 육체까지 피로를 느끼게되는 고로 그의 거실에는 檀君의 肖像畵와 담배는 없지 못할 것이엇다."[505] 그는 또한 "방석 위에 끓어앉아서 아랫배에 힘을 주고 심호흡을 하면서 정신통일 즉 무아의 경에 들어가도록 힘쓰는"[506] 정좌공부를 한 점도 주목할 만하다.

기독교인 이동휘도 임시정부 국무총리의 자격으로 개천절 경축사를 한다.

> 대한민국 이년 음력 십월 삼일 국무총리 리동휘는 삼가 형제자매를 같이하여 한배님 개천하옵신 경사날을 즐기옵나니, 저의의 목숨과 터와 힘을 비롯 알아주심을 기뻐 기리오며, 또 거룩하신 영광과 한량없으신 은덕을 길이 사모하오며 이 날을 즐기옴이 참됨을 깨닫나이다. 캄캄한 누리에서 모진 비 눈보라 치는 가운데, 한배님의 힘줍을 붓잡고 모문앞에 겁이 끼고 가리온 것을 연약하나마 지키옵고, 기지엇던 보배를 목숨을 바꾸어서 인류가 없어질 때까지 배달의 환한 빛을 따뜻한 바람과 기쁨진 이슬 속에서 길이 노래하겠나이다.[507]

---

505 「洪箕疇, 安島山의 校長時代, 一學生의 메모란담」, 『동광』 40. 1933

506 주요한, 「도산선생의 추척」, 『안창호』, 창비, 2024, 23쪽.

507 이동휘, 「개텬절축사」, 『震檀』 7, 震檀報社, 1920년 11월.

단군을 통해 우리 민족이 목숨을 이어왔고, 인류가 없어지는 날까지 배달의 환한 빛을 노래하겠다고 맹세한다.

셋째는 좋은 지역을 고른 것이다. 한반도는 온대지역으로 화산이 적고, 바다가 적으며, 척박한 토양이 없어서 인재가 많이 나기 때문에 다시 태극기를 세울 날이 있을 것이다.

> 제삼은 단군 대황조께서 넓고 넓은 세계 중에 제일 좋은 땅을 골라서 우리에게 줌이니 팔만리 지구 위에 사람 사는 데가 많기는 하지만은 그 중에 사람 살만한 곳이 몇이나 되느뇨. 한데는 너무 차서 네발가진 짐승들도 살기가 구차하며, 열대는 너무 더워 무정한 풀과 나무들이나 잘 살 곳이라. 인류는 생활하기 어렵도다. 인류의 살기 적당한 곳은 중안의 온대뿐이라. 그러나 같은 온대로되 유럽에는 화산이 많고 아메리카에는 황지가 많음으로 이에 □양에 고르시며 같은 동양이로되 대륙에는 바다가 적으며 도국에는 육지가 멀기 때문에 이에 반도에 고르며 같은 반도로되 산동반도는 태반이나 척토이며 아라비아반도에는 전부가 사막인고로 이에 금이라 옥이라 할 만한 우리 한반도를 고르시도다. 그러므로 『고기』란 책에 단군의 사적을 써 있으되 삼위(지금 구월산)·태백(지금 묘향산)을 굽어보시고 인간에 세일 사랑스러운 땅이라 하사 이에 무리 삼천 명을 거느리시고 오셨다 함이로다. 삼면에 바다로 두르고 한 면에 대륙을 진 것은 우리 반도의 형세라. 해군을 양하면 이순신이 날만하며 육군을 양하면 을지문덕이 날만하고 곡식은 심으면 □어지게 되고 금은동철은 방석같이 깔린 것은 우리 반도의 물산이라. 농업을 하면 가까운 이웃의 중국을 누를 만하고 광업을 하면 먼 이웃에 미국을 웃을 만하고, 산악으로 기풍하고 강하로 뛰어남은 우리 반도의 경치라. 평양의 가려함은 청 태종이 시기하였으며 금강산의 기묘함은 당국 시인이 꿈꾸었으니 교통만 좀 편리케 하였으면 세계의 유람하는 손이 스위스로 향하지 안할 만하고 남방은 온난하고 북방이 혹한함은 우리 반도의 기후

이니 총명 민첩한 재사도 쏟아질지며 경강인래한 사업가도 끊이지 안할지니 교육이 얼만큼 확장되면 문예나 무예나 남에게 양보하지 안할 만하고 그 외에 곱고 아름답고 웅하고 장한 점을 창졸간에 쓰는 붓끝으로 만분의 일로다 말할 수 없도다. 거룩하다. 대황조의 공덕이여 이대로 우리에게 점지하였도다. 오호라 온 세계에 짝이 없이 혼자 내노라 할 땅이러니 오늘은 우리 것이 아니로다. 그러나 인걸은 지령이라고 이 중에서 나는 한국 인물이 어찌 항상 적막하리오. 어느 때던지 태극기를 다시 세울 날이 있도록 힘쓸지니라.

넷째는 공화정치를 창립한 것이다.

제사는 대황조께서 공화정치를 창립하여 우리에게 줌이니 수천년 이전에 국기를 건보한 자를 보면 혹은 주먹으로 함에 혹은 칼로 하여 위력을 정의보다 앞세우며 무기를 인도보다 먼저 하여 '제'라 '왕'이라 '간'이라 '징'이라 '찰'이라 하는 자리는 악과 불의와 무도와 흉도이란 여러 가지 구진 물건으로 쌓아 놓은 곳이라. 조촐하고 깨끗한 것은 반점도 없느니라. 그러하나 우리 단군 대황조의 임금대신 역사를 보면 그 제일장부터 끝장까지 오직 거룩하고 장엄한 것뿐이라. 고로 신인이 태백산 단목 아래에 내림에 백성들이 높혀서 임금을 삼았다 하였으니 대황조의 높은 도덕이 천하가 스스로 돌아옴을 가히 볼 것이며 말년에 승하하심에 백성이 구월산에 사탑을 짓고 수천년을 제사하였나니 이도 또 동서만고 제왕의 없는 바라. 대황조의 임금 되실 때에 이와 같이 국민공화의 선거에 맡기고 일호의 사의를 두지 안한 고로 그 여풍이 삼천년을 두고 상전되어 부여의 대신이 모두 공동의 선거로 되며 제왕의 계통전수도 백성의 뜻에 위반되게 하면 곧 위를 보지 못하였나니 해부루와 금와의 일이 그 한 전례요, 고구려도 이와 같고 해모수의 임금됨도 백성의 뜻이며, 온조의 임금 됨에는 십신(十臣)이 상의하였고,[508] 신라는 박·석·김

> 삼성이 서로 사양하여왔나니, 이는 다 단군 대황조의 하늘 같고 바다 같은 덕화 아래서 성질을 길러온 민족인 고로 폐(廢) 없고 해(害) 없이 이 아름다운 정치를 수천 년을 행함이라. 희랍과 로마가 귀족공화의 제도로 했다 하나 그 시기가 각기 수백 년뿐이라. 부여·고구려의 삼천 년에 비교할 수 없을뿐더러 장기간의 권리 싸움에 피로 강을 이루어 그 산생한 이름을 더럽혔으며, 지나 요순의 선위가 공화(共和)에 가깝다 하나 그 일이 겨우 두 대뿐이라. 신라 삼성의 구백 년에 비교할 수 없을뿐더러 "요임금은 감옥에 갇히고 순임금은 밤에 제사지냈다(堯幽囚舜夜祀)"509의 의안(疑案)이 역사에 전하여 맏대가리에 호피를 씌우지 안하였는가. □는 의심을 후인에게 주었도다. 이로 보라. 단군 대황조의 도덕이 과연 어떻게 높으며 가법이 과연 어떻게 엄정하뇨. 다만 애석한 것은 말세자손이 불초하여 나의 좋은 법을 버리고 지나의 전제정치를 수입함이니라. 지금 우리는 정치 무대에 명함도 못 들게 된 민족이라. 이런 이야기 하는 것이 묘직의 제사에 실팔대조 대광보국숭록부의 축문 읽는 것 한가지라. 남만 뜻뜻하지만은 그러나 남은 웃을지라도 우리 한인이야 어찌 안할 수 있으리오.

단군이 백성에 의해서 추대가 되는 전통이 부여·고구려·백제·신라로 이어져왔다고 한다. 오히려 중국은 요순의 선양도 2대에 지나지 않고 전제정치로 일관했고, 그리스·로마의 민주정치도 수백 년에 지나지 않기 때문에 우리의 수천 년 전통에 미치지 못한다고 한다.

앞의 인용문에서 신라의 박·석·김을 단군의 정신에 연관시키는데, 권덕규는 신라의 박·석·김이 모두 ᄇᆞᆰ에서 왔다고 한다. ᄇᆞᆰ은 환족의 신성과 명

---

508 『三國史記』. "溫祚都河南慰禮城, 以十臣爲輔翼, 國號十濟."

509 이백의 시 「遠別離」에 나오는 구절이다. 이는 『史记·五帝本纪』의 『正义』에서 『竹书纪年』의 기록 "요임금이 늙고 덕이 쇠해서 순임금에게 의해 감옥에 갇혔다(堯年老德衰为舜所囚)"와 『国语·鲁语』의 "순임금이 백성의 일에 힘써서 들판에서 죽었다(舜勤民事而野死)"에 전거를 두고 있다.

철함을 뜻한다고 한다.

> 박(朴)은 광명을 뜻한 밝 곧 환 곧 옛 환족(桓族)임을 표함이요, 석(石)은 석의 끝소리를 떼면 서니 서는 서나벌(徐羅伐)의 서로, 서곳새-사로(斯盧)-신라(新羅)의 첫 자 음(音) 혹 의미(意)의 같음으로 새-곧 일출처-동방을 표하는 서인데 서곳새-서를 석으로 음역(音譯)함을 중국화된(支那化) 음에 ㄱ(기역) 받침이 없으며 서를 석으로 표하여도 석이 아니라 서 그대로뿐임은 마치 가시(부인)를 가씨(加氏)로도 표하고 혹 각씨(閣氏)로도 표하되 각씨 역시 가씨 곧 가시임과 똑같은 예이며, 김(金)은 검 곧 검검하다의 검 곧 신성(神聖)-명철(明哲)을 표하는 검 혹 금으로 같이 환족의 광명신성을 표하는 말인즉 박·석·김이 같은 뜻의 다른 역일 뿐이다.[510]

신라의 박·석·김이 모두 ᄇᆞᆰ에서 왔다고 하는 권덕규의 주장은 최남선의 불함문화론을 가지고, 고구려나 백제는 고조선과 영향관계가 있고 신라는 고조선과 관계가 없다고 하는 다카하시 토루(高橋享) 같은 일본 제국주의 학자들의 입장을 정면으로 반박하기 위한 것이다. 다카하시는 북방과 남방을 분리하여 북방 즉 고구려나 백제는 단군을 조상으로 섬기지만, 남부 지역 즉 신라에서는 단군에 대한 언급이 없다고 주장한다. 『삼국사기』에서 신라조에는 단군에 대한 언급이 없다고 한다. 천제인 단군의 아들인 주몽에 대한 언급이 중국 문헌인 위서에 보이지만, 신라는 혁거세부터 시작하고 주몽에 대한 언급이 없다고 한다. 이를 통해 단군 전설이 고구려·백제에는 있지만 신라에는 없다고 주장한다.[511]

다섯째는 역사가 오랜 것이다.

---

510 권덕규, 「인물신라의 위관」, 『조광』 창간호, 조선일보사, 1935, 321쪽.

511 高橋亨, 「檀君傳說に就きて」, 『同源』 1, 1920.

제오는 단군 대황조께서 길고 긴 역사를 작만하여(만들어) 우리에게 줌이니 동서 각국 역사를 모두 쌓고 그 중에서 추려 놓아라. 사면팔방의 적국 가운데에서 홀로 산악같이 서서 동에서 도적이 오면 동을 막고 서에서 도적이 오면 서로 막고 남북에서 도적이 오면 남북으로 막아 어려운 가운데서 능력을 발휘하여 독립의 명예를 잃지 않고 사천여 년 길고긴 역사를 가진 나라가 몇몇인가. 지금 영국이니 덕국(독일)이니 하는 것들은 다 후진 소년이라 말할 것 없고, 사천년 이전부터 역사를 가졌노라 하는 민족이 지나, 인도, 메소포타미아, 애급 등 몇몇인데 인도, 메소포타미아, 애급 등은 그 문명의 꽃이 여윈 지가 이구하고(이미 오래되고) 또 이들은 종교 역사는 혹 자랑할 만한 이도 있으나 정작 정치 역사는 볼 것이 없으며, 지나가 가장 그 방면은 낫다 하나 중간에 민족 주권을 몽고에게 여진에게 내어주고 지나 민족은 한 조각 땅이 없이 살기를 몇 백 번씩 하였도다. 이에 우리 역사를 들고 보아라. 과연 어떠하뇨. 서파라가 퍼시아(페르시아)를 좇음으로 제치하며 잉글리(영국)가 나폴레옹을 이김으로 내노라 하나 사천년 간 우리나라에 왔던 도적에는 퍼시아 같은 나라가 몇이며 나폴레옹 같은 괴걸이 몇이던가. 제일에 십육세에 황제가 되어 진시황, 한 고조가 어찌하지 못하던 흉노를 토멸한 한 무제 유 철이며, 제이에 서한 말년에 군웅을 항복하고 지나를 통일하던 한 광무 유수이며, 제삼에 오호가 중국을 요란할 때에 제력이 가장 선하던 선비 모용씨며, 제사에 한 칼로 지나를 통일하며 돌궐을 정복하고 세력의 굉장함이 사방 열국을 놀래어 모두 와서 조공제 하던 수 양제 양광이며, 제오에 안으로 이밀, 유무주, 두건적 같은 영웅들을 토멸하며 밖으로 돌궐, 인도, 퍼시아 같은 대국을 정복하고 제왕의 도량에 장수의 지략을 가졌노라고 자랑하던 당 태종 이세민이며, 제육에 지나 북방을 웅거하여 동서 만리의 제국을 건설하던 요 태조 아보기의 조손이며, 제칠에 채찍을 한 번 두름에 지나 전국이 무릎을 꿇고 휘파람을 한 번 불매 구주(유럽) 각국이 열을 잃어 지금까지 코큰 종자로 하여금 노랑이의 화를 꿈꾸게 하는 몽고족이며, 일본 개국 삼천 년에 제나라로는 기껏 난 영웅 임진왜란의 풍신수길이며 이외에도 쥐도적·개도적의 침노한 자를 다 세려 하면 이 붓이 다 문질러질 뿐이로다. 이와 같이 하루에도 두 번씩이나 오는 강한 도적들이 있었지만 도적이 올 때마다 우리나라에 동명성제, 대무신대왕, 광개토대왕, 을지문덕, 연개소문, 신라 태종대왕, 문무대왕, 김유신, 대조영, 강감찬, 이순신 같은 영웅호걸들이 어디서 예비하여 둔 것처럼 쏟아져 나와서 막으면 □리하고 싸우면 승전하되 임진왜란 한 싸움 이외에는 안으로는 적국의 요행함을 탐도 아니며, 밖으로는 공수동맹의 힘도 입음 없이, 위 손바닥으로 하늘이 높다고 땅이 우는 큰 공업을 세워 명예와 영광으로 사천년 역사의 면목을 빛내어 오던 이는 세계에 우리 하나니라. 영웅이 이같이 때맞춰 행복이 같이 고통을 헤치고 왔나니 이를 누가 주심이뇨. 이는 우리 단군 대황조께서 태백산에서 삼천 도중을 가르칠 때에 끼치신 교훈이 우리 민족의 심리에 즉 때를 세우며 우수산에서 소시 무리를 토평하실 때[512] 주신 노래가 우리 민족의 앞길에 지남쇠를 지은지라. 정의와 용맹과 어짐과 나아감이 한민족의 목성을 이룸으로 이 광휘 찬란한 역사를 얻음이라. 이탈리 같이 이천 년 멸망하였던 민족이며 불가리아 같이 수십만 명 좌우되는 민족으로 오히려 그 조상의 역사를 잃어다가 뿌린 눈물로 없던 나라를 다시 재조하였나니 우리 동포는 어찌 생각이 없으리오.

중국의 한 무제, 광무제, 모용씨, 수 양제, 당 태종, 요 태조, 몽골족, 일본의 풍신수길 등이 모두 우리나라를 침략했지만, 많은 영웅호걸들이 있어 이들을 막아냈다. 이는 단군 대황조의 뜻을 이어서 민족을 수호한 것이다.

512 『桓檀古記』「檀君世紀」에 따르면 3세 단군 때 여수기로 하여금 두지주의 추장 소시모리를 처형했다고 한다. "戊申十年(161)豆只州濊邑叛, 命余守己, 斬其酋素尸毛犁, 自是稱其地日素尸毛犁, 今轉音爲牛首國也. 其後孫有陝野奴者, 逃於海上, 據三島, 僭稱天王."

『독립신문』에서는 부여의 해모수, 고구려의 고주몽, 부여의 아난불, 가락의 김수로, 신라 김유신 등은 모두 천제의 아들이거나 천제의 말과 명령을 받은 자라고 한 점에서 단군을 이은 것이고, 그 때문에 다른 민족에게 동화나 굴복되지 않았다.

> 그 후에 북부여왕 해모수가 천제의 자라 칭하며, 고구려 시조 주몽왕이 천제의 자라 단군의 자라 칭하며, 부여국상 아난불이 꿈에 천제의 말을 받았다[513] 하며, 가락시조 김수로는 천제의 명령을 받은 바라 하며, 신라 위인 김유신은 33천의 아들이라 하였으니 이는 우리 민족의 자존하는 사상에 제일원소가 되여 타족에게 동화와 굴복이 되지 않는 자격이 있는 바로다.[514]

1921년 11월 10일 천진에 있는 동포들이 개천절을 기념하며 일본 제국주의를 비판하는 포고문을 작성했다. 우리 민족은 언어·복식·음식을 가지고 있기 때문에 독립적이고, 따라서 일본의 지배를 받을 필요가 없고, 태평양회의가 군축회담뿐만이 아니라 세계평화를 하기 위해서는 한국이 독립해야 한다고 역설하고 있다.

> 천진에 거주하는 우리 동포들은 지난 음력 초삼일 개천절날을 맞이하여 한민선전부(韓民會宣傳部)의 명의로 포고문 3000장을 등사(謄寫)하

513 『東國李相國集』 卷3 「東明王」 編. 부여의 재상 아란불(阿蘭弗)이 말했다. "점치는 사람이 하늘이 나에게 내려와서 말하기를 '장차 나의 자손을 시켜 이곳에 나라를 세울 것이니 너는 그것을 피하여라' 하였는데 동해 바닷가에 땅이 있어 가섭원(迦葉原)이라 하는데 땅에 마땅히 오곡을 기르니 도읍을 할 만합니다." 아란불이 왕에게 권하여 도읍을 옮기고 동부여라 했으며 옛적 도읍에는 해모수가 천제자가 되어 와서 도읍했다(其相阿蘭弗日 日者天降我日 將使吾子孫 立國於此 汝其避之 東海之濱有地 號迦葉原土宜五穀 可都也 阿蘭弗勸王移都 號東夫余 於舊都 解慕漱爲天帝子來都).

514 『독립신문』, 1921년 11월 19일.

여 자동차를 타고 같은 날 상오 10시부터 12시까지 일본조계(日本租界)를 제외한 각 조계(租界)에 뿌렸는데 같은 자동차는 국기와 만국기로 장식하고 애국가를 높이 외치면서 돌아다니고, 하오 1시부터는 남녀 30여인이 어떤 집에서 모여서 성대한 축하식을 거행하고, 3시 반에 산회하였는데 당일 뿌린 포고문은 중국 각 신문에 게재되었다.

포고문

오늘 우리 민족이 인도신장(人道伸張)의 때를 당하야 우리나라는 기필코 광복되고, 일본은 단연코 패도(敗倒)하고, 세계는 반드시 평화될 줄을 믿노니, 고로 우리들은 이 기회를 타서 세계동포 앞에 고하노라. 대개 우리나라 대한은 반만년 국가생활의 경험이 있고, 충의도덕(忠義道德)의 근기가 깊고 두터우며, 종교문학의 창명(昌明)이 이미 오래되어, 우리 대한의 말을 말하며, 우리 대한의 옷을 입고, 예속(禮俗)과 음식(食飮)이 모두 다른 민족과 달라 우리의 국성(國性)이 되었다. 고로 국혼(國魂)을 생성함이 강고하야, 결코 다른 민족에 동화되지 않겠거늘 하물며 일본이 우리를 취함이 오로지 강포(强暴)와 사기(詐欺)로써 하고, 신의(信義)와 서약(誓約)을 폐기하야 병탄하며, 억압하니, 비록 한때의 제재를 받으나 종신토록 달게 굴복하겠는가. 이에 기미 3월 1일에 정의의 기치를 들고 독립의 만세를 불러 저들로 하여금 경각하게 하여 스스로 물러나게 하였거늘, 헤아리지 못함에 저 일본인은 더욱 독수(毒手)를 제멋대로 벌려 한 민족을 도륙할새, 유혈은 도랑을 이루고 시체를 쌓은 것은 산과 같아 처참함이 심했다. 그러나 우리 남녀노소는 충신(忠信)으로 갑옷을 삼고 붉은 피(赤血)로 포화를 저항하되, 용감함이 더욱 떨치고 기가 더욱 건장하여 죽음에 돌아가는 것 같이 하니, 고로 지금까지 3년 동안 독립의 사상은 날로 열기를 더해가니, 이 어찌 천명의 부린 바가 아니며, 민의의 자발이 아니리요. 이러므로 우리나라는 반드시 광복하고야 말 줄을 믿는 바라. 대개 선의(善誼)로써 이웃나라를 대하는 자는 반드시 선정(善政)으로써 국민을 대하고, 폭행으로써 외부 사람을 대하는 자는 반드시 폭정으로써 국민을 대함은 정해진 이치다. 유래로 일본은 무력 전제로써 하여 여론이 불평하고, 밖으로 힘쓰는 것이 너무 빨리 하여 백성의 힘(民力)이 피폐하니, 그 안의 사정을 알 수 있다. 하물며 우리 한국 2천만과도 원수가 되고, 중국 4억과도 적이 되고, 러시아 2억과도 적이 되고, 또한 세계민의의 공적이 원수가 되어, 스스로 고립의 땅에 빠지니, 저들이 비록 강하나 어찌 장구하겠는가? 이러므로 일본은 반드시 패도(敗倒)할 줄을 믿는 바이다. 오늘 태평양회의를 창기(倡起)함은 다만 군비제한을 위함이 아니라, 세계의 평화와 인류의 평등을 꾀함이나 극동이 평화롭지 못하면 세계가 평화키 어려우니, 고로 극동문제를 중시하여 먼저 해결하지 않지는 못할 것이다. 또 우리 한국의 독립은 일찍 각국이 승인을 거치고 옛날의 조약을 취소한 적이 없으니, 오늘날도 마땅히 효력이 있을 것이다. 열강의 공심대덕(公心大德)으로 어찌 국제상 신의를 돌보지 않으며 정의적(正議的) 찬조(贊助)를 부여치 않으리오. 오직 우리 한국이 완전히 독립되면, 일본이 서로 침략하는 야심을 막을 수 있고, 중국 러시아 양국의 수모를 즉히 제거하야 열강 균등의 세력도 지탱할 수 있고, 극동평화의 보장도 유지하리니, 이러하면 세계가 엇지 편안치 못하리오. 이러므로 세계는 반드시 평화될 줄을 믿는 바이라. 이상의 여러 논의를 종합하면, 우리 대한은 광복되고 일본은 패도(敗倒)하며 세계는 화평할 것이 의심 업도다. 그러나 이번 태평양회의에서 열강이 만일 진실한 힘으로써 한국의 독립을 돕지 안코 일본이 끝내 뉘우쳐 우리의 강산을 반환치 안으면, 우리 민족의 유일한 정당 방법은 곳 생존의 권리를 위하야, 자유의 행동을 취하야, 최후일인(最後一人), 최후일각(最後一刻)까지 그 열혈을 뿌리고야 말지니, 이 엇지 세계가 능히 화평치 못할 화의 근원이 아니리오. 그 병력으로 논하면, 비록 일본의 강한 무력을 저항치 못할지나, 우리 민족의 자유를 위하야는 불득불 일본에 대하야 영원한 혈전(血戰)을 선포할지니, 그 참화를 발생한 책임과 화평을 위반한 죄는,

우리 민족에게 있치 안을지라. 열강은 용서할지어다.[515]

대종교인들은 이념적으로는 일본 제국주의와 맞서면서도 개천절이 가지는 보편적인 이상을 주장했다.

아아 반만년이란 기나긴 세월 동안 놀기야 잘도 놀았다. 별별 경험을 많이도 겪었다. 한창 시절에는 우리 한번 으악 소리칠 때 天地가 뒤집듯 덜석덜석 하였고 한번 침묵하면은 왼 누리가 괴교하여 다 죽는 듯했다. 힘센 놈과 판씨름하여 넘겨트려도 보았고 後進들을 어루만지어 이끌어도 보았었다. 욕심 사납게 남의 헤를 빼앗아 내 것 삼아도 보았고 인심 좋게 내 헤를 좋은 것 남 주어도 보았섯다. 大地 우에서 훨훨 띄기도 하였고 펄펄 날으기도 했다. 남하는 것이란 못하는 것이 없었다. 남 못하는 것을 나 혼자 하여도 보았다. 그러더니 웬걸 漢이 오고 唐이 오고 거란(契丹)이 오고 몽골(蒙)이 오고 淸이 오고 무엇이 오고 해서 이리 닥치고 저리 닥치고 살림이 아주 들판이 낫다. 그러거든 정신이나 좀 채렷스면? 아하 저마다 자기 잘 낫다는 것 서로 물고 찢는 것 빼앗기고도 아까운 줄 모르는 것 설음당코도 넝실넝실하는 것 내 것이라면 어찌도 그리 밉고 남의 것이라면 물고 빨고 싶은 것 이러구러 하는 사이에 祖先의 世業은 알뜰이도 蕩盡하고 말았다. 우리 오늘 와서 聖祖의 끼치신 뜻을 한 가지도 받들지 못했다. 그 무거운 맹서를 아주 저버리고 말았다. 이렇듯 우리는 넘우도 不孝요 不順이다. 우럴어선 聖祖께 莫大한 罪요 굽으러신 子孫에게 최고의 욕(無上의 辱)이다. 불초자손(不肖子孫)은 욕이 조상에게 미친다(辱及祖先)란 말이 실상 오늘의 우리를 두고 한 말이다. 우리 매년(每歲) 이날을 만날 적마다 미상불(未嘗不) 떨리고 두러(려)움을 이기지 못하나니 아아 이날! 우리 추모(追遠感慕)의 정이 더욱 심절(深切)하는 한

515 같은 글.

편(一方)으로 또한 자성자책(自省自責)을 말지 아니하는 바다.[516]

이윤재는 우리가 오랜 역사를 가졌지만 단군의 정신을 자손들이 이어받지 못하는 것을 반성해야 한다고 한다. 단군정신을 높이고 우리의 장점을 높이는 것도 중요하지만 과거와 현재의 잘못된 점을 비판하는 점도 의미가 있다.

여섯째는 문명을 준 것이다.

제육은 단군 대황조께서 모든 거룩한 것으로 우리에게 줌이니 이제 단군 대황조께서 우리에게 주신 보배를 세리라. 단군시대에 그리스니 로마니 하는 나라는 아직 이도 못나고 이집트니 유대니 하는 나라는 모두 손바닥만 할 뿐이요, 중국의 도당씨도 간신히 묘족과 회이의 틈에서 붙어사는데 단군 대황조는 벌써 흑룡강에서 동해에 가기까지 허다한 부락을 통일하여 모두 머리를 따고 묶는(編髮盖首) 제도를 시행케 하여 당시 세계에 제일 큰 나라를 세웠으니 이는 단군이 곰으로 우리에게 주심이며 흐르는 물이 썩지 않고 문찌도리가 좀먹지 않는다고 인생이란 것은 항상 동하여야(움직여야) 쓰는 법인 고로 동서 고대의 성현들은 누구든지 시간을 금쪽같이 아끼며 근면을 보배로 여겨 잘 서로 쉬지 안하였나니 단군 대황조도 이를 아셨느니라. 고로 대황조의 아침마다 활 쏘던 증거를 구월산 사황봉[517]에 그 자리가 있고 대황조의 삼랑이 대왕의 자제로서 친히 성 쌓은 소식은 전등산 삼랑성에 그 터가 있나니 이는 단군 대황조가 근으로 우리에게 주심이며 천하의 죄악의 본죄악은 거짓으로 세상을 속이는 것이라. 거짓하면 범같이 영특한 사람도 갈 곳은 지옥뿐이요 진실하면 곰같이 미련한 사람도 성인이 된다는 뜻으로 단군고기에 적혀 있으니 이는 단군 대황조가 참으로 우리에게 주심이며 우주에

516 이윤재, 「개천일의 추감」, 106쪽.

517 구월산의 주봉이다.

대하는 조심이요 인류에 대하던 사랑이요 나라에 대하던 충성으로 하여라 그리하면 믿음이 그 근본이니라. 그러므로 단군 대황조께서 하느님께 자상함에 가장 지성을 들여 백성이 본받케 하더니 부여와 삼한과 삼국이 모두 그 감화를 받어 전제에 치성함이 지극하였나니 이는 단군 대황조가 믿음으로 우리에게 주심이라. 오호라 깊이 말하자면 우리의 살과 뼈도 단군 대황조의 주심이라. 더 말할 것 없거니와 다만 명명 무형한 가운데서 우리의 정신을 관리하여 불에 넣어도 녹지 않으며 물에 던져도 잡히지 않으며 서양에 가도 희지 않으며 남양에 가도 붉지 않고 우리 코리아 사람은 어디를 가던지 어떤 때를 당하든지 항상 코리아 사람으로 있어 나의 특별한 점을 발휘하며 나의 우수한 바를 확장하여 넓은 세계 많은 사람 가운데서 내가 있음을 깨닫도록 모든 교훈으로 주신 것은 우리가 되로 먹을 대신하며 마음으로 조회를 대신하여 마디마다 쓰며 글귀마다 새겨 단군 대황조의 기념비를 가슴 안에 세우면 하늘이 다시 돌보고 영광이 다시 비추어 슬픈 노래 기린 눈물짓는 우리에게 기쁨이라는 골수를 대황조의 손으로 주시리다.[518]

단군이 우리에게 물질적으로는 머리를 묶는 방법, 화살을 쏘는 방법, 성을 쌓는 방법을 알려주고, 정신적으로는 진실을 행하면 곰과 같은 사람도 성인이 된다고 하는 것을 가르쳐주었다고 한다.

정열모가 보기에 단군은 신지를 통해 글, 고시를 통해 농사, 팽우를 통해 산천을 다스리게 했고 의식주를 정하게 했으며 문화생활을 영위하게 했다. 그것이 평화로운 홍익인간의 세계인 것이다.

여러 사람은 물러나서 그 앞에 가 엎드려서 그 하시는 말씀을 듣고는 기뻐하고 그 가르치시는 일을 듣고는 그대로 행하였습니다. 신지라는

518 『권업신문』, 1912년 11월 10일.

이로 글을 맡아 가르치게 하시고 고시라고 하는 이로 농사하는 법을 가르치게 하시고 팽우라고 하는 이로 산천을 다스리게 하였습니다. 그래 비로소 여러 사람은 집 지을 줄 알고 의복 입을 줄을 알고 머리 딸 줄을 알며 시집가고 장가가는 줄을 알았으며 부모와 자식의 관계를 알며 어른과 아이의 분별을 알고 사람은 서로 사랑할 줄 알며 내 것 남의 것을 알게 되었습니다. 그와 같이하여 한배임께서는 인간에 대한 일을 삼백 예순여섯 가지를 가지고 다스려서 사람들은 모두 태평한 세월에 즐겁게 지내었습니다.[519]

정열모는 문자를 발명했기 때문에 우리나라가 중국·인도·메소포타미아·이집트와 함께 5대 문명국의 하나라고 주장함으로써 민족적 자긍심을 고취했다.

아 세상이 넓다하지마는 오천년 전에 문자를 발명한 다섯 손가락 이상을 꼽을 수 없습니다. 그러면 그것이 어떠냐. 즉 태백산(백두산)을 중심으로 하고 조선반도와 만주평야에 열린 찬란한 문명이 그 하나요, 양양히 흐르는 황하수량 안에 일어난 한족의 문명이 그 둘이요, 도도한 항하수(갠지스강) 멀고 먼 근원 그윽한 숲속에서 생긴 인도 문명이 그 셋이요, 메소포타미아 기름진 땅에서 싹이 난 문명이 그 넷이요, 나일강 두 언덕 푹신한 땅에서 생긴 이집트(애급) 문명이 그 다섯이올시다. 이외에 아메리카 홍인종도 고대 문명을 가졌다 합니다.

이윤재는 동물·흑인·야만족과 달리 우리 민족이 문명국가를 이루게 된 데는 선조, 특히 단군의 노력 때문이라고 한다.

519 정열모, 「우리의 자랑」.

천지만엽이로되 그 근본은 오직 한 덩걸에서 남이요 대해장강이로되 그 시초는 다만 엽이 무성하다 하여 능히 그 덩걸을 떠날 수 있으며 해양이 광대하다 하여 능히 그 원천을 버릴 수 있을까. 한 한배의 혈계로 일윤 백자천손이 이같이 번영하다 하여 어찌 그 한배를 잊을 수 잇을 것이냐. 하등 동물 검수 같은 것은 제 아비가 누군지를 모른다. 심지어 그 잊어버리고 만다. 어찌 검수뿐이라오. 아프리카주의 흑인이나 남양군도의 야만족들은 역시 그 선조의 이름을 알지 못하여 자기의 내력조차 모른다. 그럼으로 그들은 문화상 기록도 없고 민주적 의식도 없다. 우리가 오늘날 질삼하여 입으며 농사하여 먹으며 집을 지어 살고 기타 일용에 편리한 온갖 기구들은 모도 우리 선조의 땀과 피를 적시어가면 노력하여 방명한신 공로가 아닌가. 또 우리는 이렇게 높은 도덕이 있어 인종으로 우등지위에 이르렀음도다. 우리 선철의 고심정력으로 교화를 베플으심이 아니가. 또 현금 사회에 갖갖이로 있는 모든 문화의 시설이란 것도 다 나의 전대의 유풍여속을 받음이 얼마나 많은고? 우리는 문명한 민족이라 결코 여전의 문명을 돌아보지 아니할 수 없을 것이다. 동시에 우리 겨레의 근본체인 우리 한배를 길이 생각하지 아니할 수 없을 것이다.[520]

이윤재는 우리가 6대 문명국가의 하나가 된 것은 단군의 홍익인간 재세이화의 정신에서 나온 것이라고 한다.

이 산하(山河)를 정하심이여 나라의 터전을 굳게 세우심이로다. 이 인민을 택하심이여 겨레의 덩이를 크게 일우어심이로다. 아아! 그이의 경륜이 얼마나 크심인가. 문화론 우리가 세계 육대문명개창자의 하나다. 무강(武强)으론 훌륭하게도 궁대인(弓大人)의 이름을 가지었다. 대인(大

520 이윤재, 「불강기본」, 『동광』 7, 5쪽.

人)·선인(仙人)·군자(君子) 불사(不死)란 것도 오직 우리에게만 잇게 됨을 자랑한다. 이 어찌 그이의 홍익인간의 원도(願禱)하심에서 된 것이 아닌가. 정교의 거룩함이며 예의의 밝음이며 문물의 빛남이며 제도의 갖춤이며 산업의 열림이며 학술의 나아감이며 무릇 인간 천백 가지의 어느 것 하나라도 다 그이의 재세리화하신 크신 힘을 입지 아니함이 없었음이다. 그 은혜 깊도다. 우리는 위하여 노래하자. 그 덕택이 크도다. 우리는 위하여 춤추자.[521]

최현배는 『삼국유사』의 단군의 홍익인간이 보편적 이상이라고 한다.

이 傳說은 實로 우리 民族的 理想을 말함이다. 弘益人間이라 함은 곳 人文의 發達을 圖하며 人類의 福祉를 增進함을 뜻함이니 이것이 우리 民族의 誕生의 理想이 아니고 무엇이냐.……그러하면 내가 압혜서 高唱絶叫한 우리의 民族的 理想은 결코 民族的 素質에는 可當치도 아니한 것을 空架虛設한 것이 아니라 天國에서부터 가저온 朝鮮 民族 固有의 理想이 久遠한 歲月로 더부터, 漸次로 民族的 意識에서 거의 살아지게 된 것을 다시 覺醒시김에 지나지 아니한 것이다. 다시 말하면 民族의 자는 意識을 깨워서 高遠한 誕生의 本意 人類救濟 人文 發達의 理想으로 돌아가라고 부르지짐에 지나지 아니한 것이다.[522]

그는 『삼국유사』 전문을 인용하면서 단군의 홍익인간정신이 우리 민족의 이상이고, 한걸음 더 나아가 인류를 구제하고 인문을 발달시키려고 하는 이상이라고 한다. 그는 홍익인간사상을 보편적인 사고로서 사유하고 있는 것이다.

521 이윤재, 「심은후덕」, 『동광』 7, 5쪽.

522 최현배, 「조선민족갱생의 도(39)」, 『동아일보』, 1926년 11월 7일.

6) 개천절과 독립운동

1920년 12월20일 내무부장 이동녕은 대통령 이승만에게 다음과 같이 보고한다.

> 개천절 경축을 거행하난 동시에 시위운동하기 위하야 남녀학생, 천주교신자, 적의 관공리, 동포에게 3종의 포고문(포고문은 별지에 있음) 및 차에 대한 계획과 방침을 주어 원년 8월 25일부터 내지 각처에 특파원을 파견하다(특파원 이름은 별지에 있음) 사전에 적에게 드러나게 되어 실행치 못하엿스나 경성부산철도 연변, 기타 수 20개소에셔 시위운동이 일어나고 각처 중요한 지방에셔난 당일에 실행치 못하고 그 후 계속하야 시위운동이 일어나다."(대한민국임시정부자료집 27권 내무부 상황보고)

1920년 개천절(11월13일)에 국내에 시위를 하려고 8월 25일부터 특파원을 파견하는 등의 계획을 수립했지만 실행되지 못하였고, 경부철도 연변에 20개소에서 시위운동이 일어났다고 보고하고 있다. 그런데 국내 개천절행사는 당일 서울에서 대종교와 단군교에서 개최하였고, 시위나 소요사태가 일어난 기록은 없지만 태천(9.11), 원산(9.25), 밀양(10.1), 창원(10.12) 독립만세 운동이 일어났다.

1921년 천진에서 발행한 포고문에는 개천절과 당시 태평양회의에 대한 대응자료가 있다. 태평양회의는 1921년 11월 11일부터 1922년 2월일까지, 미국 워싱턴에서 미국 대통령 하딩의 주재로, 미국 영국 일본 등 9개국이 참여하여 해군의 국비축소와 태평양 지역문제 해결을 위한 국제회의였다. 이에 천진의 교민사회에서는 개천절에 맞추어 한국독립의 정당성을 주장하였다. 태평양 회의가 군비축소를 위한 회의이지만, 세계평화와 인류평

등을 도모하기 위한 것이고 그러기 위해서는 극동문제를 먼저 중시해야 한다고 한다.

> 대개 우리 대한은 반만년국가생활의 경험이 잇고, 충의도덕의 근기가 매우 깊으며, 종교문학의 번창함이 이미 오래되어, 우리 대한의 말을 말하며, 우리 대한의 옷을 입고, 예속과 음식이 모다 타족과 매우 다른 우리의 국민의 본성이 되엿도다. 고로 국혼을 생성함이 강고하야, 결코 타족에 능히 동화되지 안켓거늘 하물며 일본이 우리를 취함이 전혀 강포와 사기로써 하고, 신의와 서약을 멸시하야 병탄하며, 억압하니, 비록 일시의 제재를 받으나, 능히 종신토록 달게 굴복하리요.

포고문에서 역사적으로 우리민족이 반만년의 문명국가였음을 밝히고 다음으로 일본이 폭력과 사기로 병탄하였지만, 한때의 수모이고 영원히 굴복할 수 없다고 한다. 일본은 한국을 병탄하고 무력으로 3·1운동을 무력을 진압하여, 사태를 악화시키고 있다. 일본의 이러한 행태는 자국민에게도 무력통치를 함으로써, 본질을 드러내었고, 이는 한국 일본 중국 러시아에게도 등을 돌리게 하는 이유이다. 이를 해결할 수 있는 방법은 한국이 독립되어야 일본의 야심을 막게 되고, 중국과 러시아도 이를 제거할 수 있어서, 극동의 평화와 세계의 평화가 이룩될 수 있다고 한다. 한국을 독립시키지 않으면, 무력에서는 일본에 대항이 되지 않지만, 영원히 피의 전쟁을 할 것이니, 그 책임은 우리에게 있지 않다고 한다.

1928년 11월 14일 재중국한인청년동맹[523] 상해지부에서 '개천절에 즈

523 한인청년동맹은 『獨立黨促成報』를 발행했으나 자금난으로 곧 중단한 뒤에 특별한 활동은 없었지만 중국 각지의 통일운동에 자극을 주어 1927년 4월 이후 上海·廣東·武漢·南京 각지에서 촉성회의 창립을 보았고, 이어서 中國本部 韓人青年同盟이 성립했으며, 만주의 통일촉성회 조직운동과 함께 중국거주 한인청년총동맹 조직 등의 도화선이 되어 그들의 이른바 민족총역량 집중의 일부를 달성(일시적이긴 하지만)하기에 이른 것이라 할 수 있다.

음하여'를 발표하였는데,[524] 남아 있는 것이 없어 내용은 알 수 없다.

1936년 11월 16일 민족혁명당[525] 중앙집행위원회는 '건국제4268주기념선언'라는 개천절기념선언서를 발표한다.

> 우리 민족은 지금으로부터 4268년전의 금일이 있음으로부터 우리의 역사와 문화와 社會的 생활을 가지게 된 것이다. 과거 우리 민족은 확실히 강건한 신체와 천재적 두뇌와 단결할 줄 아는 민족으로서 세계 대다수의 기타민족에 앞서서 먼저 국가를 창조하여 반만년의 찬란한 문화와 우미한 사회생활을 가지고서 이것을 타민족에게 전수하며 계도하여 인류역사발전에 위대한 지도적 공헌을 가진 것이다. 이와 같이 강건한 신체의 소유자로서 힘쎈 것을 도모 분투하든 민족이며 우월한 천재의 소질을 가진 자로서 찬란한 문화를 창조하든 민족이며 조직단결의 능력을 가진자로서 국가사회의 우미한 실생활을 개척발전하든 민족이었으나

과거 우리민족이 일찍이 국가를 건설하고, 문화와 사회를 다른 민족에게 전수하여, 인류역사발전에 기여하였고, 강건한 신체와 뛰어난 정신을 가진 민족이었지만, 근대 이후 조선의 당파싸움과 관료주의 영웅주의의 인습적 사고로 인해 내재적 단결을 저해하고 있다고 한다.

> 우리 민족은 확실히 강장한 힘의 소유자로서 세계운동경기에서 우수한 성적을 표현하고 있으며 우수한 천재의 소유자로서 세계문화에 대하여 경이적 공헌의 가능을 가지고 있으며 또한 조직 단결의 위대한

---

524 『대한민국임시정부자료집』 92권 조선민족운동연감

525 1935년 7월 5일 한국독립당·의열단·신한독립당(新韓獨立黨)·조선혁명당·미주대한인독립당(美洲大韓人獨立黨) 등 5당 대표가 난징에서 민족혁명당을 결성하였다.(『한국민족문화대백과』)

소질과 능력을 가진 민족으로 종래의 인습적 착오사상을 용감히 바로잡으로 때에 우리 민족의 앞에는 위대한 서광의 발전이 예기되어 있다. 지금 나날이 엄중하여 가는 국내외 정세와 우리의 혁명적 실천투쟁은 우리 민족의 강고한 단결을 급속히 촉진하고 있다. 우리의 동지 동포들은 우리 민족 전위의 통일적 당인 민족혁명당의 기치하에 민족역량을 단결 집중하여 내일의 혈전에 있어서 강도 일본을 박멸하고 조국을 광복하자!

여기서 '세계운동경기에서 우수한 성적'은 1936년 8월8일 손기정이 베를린 올림픽에서 1등, 남승룡이 3등으로 입상한 것이다. 이는 암담한 민족에게 새로운 희망의 가능성을 보여준 쾌거라고 할 수 있다.

4장

역사적 3론

1. 삼경(三京)

삼경에 대한 논의는 『신지비사』에 처음 나온다.

> 마치 저울대·저울추, 지극히 표준적인 기계와 같으니 눈금 그린 저울대는 부소량이며, 저울추는 오덕지이고, 지극히 표준적인 기계는 백아강에 해당한다. 조공을 바치는 나라가 70개국이었고 그 덕에 의지하여 전래된 정신을 지켜나갔다. 수도와 지방이 같은 위치에서 균형을 이루니 모든 나라가 흥성하여 태평을 누린다. 그러나 만약 이들 삼유의 땅을 폐지된다면 왕업은 쇠약해져 기울어질 것이다.[526]

이는 『고려사』 「열전 김위제」에 실린 글이다. 여기서 삼경 즉 부소량·오

526 『高麗史』 卷122, 「列傳 金謂磾」. "神誌祕詞曰 如秤錘極器, 秤幹扶疎樑, 錘者五德地, 極器百牙岡, 朝降七十國, 賴德護神精, 首尾均平位, 興邦保太平, 若廢三諭地, 王業有衰傾."

덕지·백아강이 어딘가에 대해서 논란이 많이 제기되었다.

『환단고기』에서는 삼경에 대해서 발리(發理)의 글로 나온다.

6세 단군 달문 임자 35년(서기전 2049)에 뭇 한(작은 왕)들이 상춘에 모여 구월산에서 삼신에게 제사지내며 신지 발리로 하여금 서효사를 짓게 하셨는데 그 사에 다음과 같이 말한다. "아침 햇빛을 먼저 받는 땅에 삼신이 밝게 세상에 임하셨고, 환인께서 상을 짓고 덕을 세우시니 넓고도 깊었도다. 뭇 신들이 환웅을 보내고자 의논하니 조서를 받으사 처음으로 개천하셨도다. 치우는 청구에서 일어나서 만고에 무력을 떨치시니 회와 대 지방까지 모두 왕에게 조회하였으며 천하가 침범하지 못했도다. 왕검이 대명을 받아 군사력을 일으켜 구환(온 지역의 환족)을 두렵게 하고 핍박받는 고기 잡는 백성과 물에 사는 백성들을 소생시키고, 풀 위에 바람 부는 것과 같이 덕화는 새로웠도다. 원한 있는 자는 먼저 원한을 풀고, 병 있는 자는 먼저 병을 없애어 오직 마음을 어짐과 효도에 두시니, 사해가 다 빛나고 밝았도다. 진한은 수도를 정하고 다스리는 도가 모두 새로워지고, 모한(마한)은 그 왼쪽(동남쪽)을 보필하고, 번한은 그 남쪽(서남쪽)을 제어하니 높은 바위가 사방의 벽을 에워쌈과 같도다. 성스러운 임금(聖主. 6세 단군 달문)께서 신경에 행차하심은 저울추와 저울그릇과 같도다. 저울그릇은 백아강이요, 저울대는 소밀랑이요, 저울추는 안덕향이라. 머리와 꼬리가 고르고 평평하게 자리 잡히니 덕에 의지하고 신정을 보호하고 나라를 일으켜 태평을 보존하리라. 70개국이 조공하여 항복하고 영원히 삼한의 뜻을 보전하리니 왕업은 융성하리로다. 흥폐를 말하지 말라. 정성은 천신을 모심에 있도다."[527]

527 "六世檀君達門, 壬子三十五年, 會諸汗于常春, 祭三神于九月山, 使神誌發理作誓效詞, 其詞曰. 朝光先受地, 三神赫世臨, 桓因出象先樹, 德宏且深, 諸神議, 遣雄承詔, 始開天, 蚩尤起靑邱, 萬古振武, 聲淮岱, 皆歸王, 天下莫能侵, 王儉受大命, 懼聲動九桓, 魚水民其蘇, 草風德化新, 怨者先解怨, 病者先去病, 一心存仁孝, 四海盡光明, 眞韓鎭國中, 治道咸維新, 慕韓保其左, 番韓控其南, 堪岩圍四

삼경을 『고려사』에는 부소량·오덕지·백아강으로 설명하고 있는데 반해, 『환단고기』에서는 백아강·소밀랑·안덕향이라고 한다.

나철은 "神公祕詞 풀어라 秤錘極器 한天下/百牙岡 均平位에 萬邦世世 保太平"[528]이라 하여 백아강만을 말하고, 부소량이나 오덕지는 언급하지 않는다. 신채호는 조선이 처음에는 수두라는 하나의 나라였다가, 신조선·불조선·말조선 셋이 되었다고 한다. 수두는 최고신을 뜻하고, 소도는 음역한 것이다. 신조선은 해씨이고 대단군 왕검의 자손이고, 지금의 길림·흑룡·연해주 일대이다. 불조선은 기씨이고 기자의 자손이고 요동반도를 관할했다. 말조선은 한씨이고 압록강 이남을 차지했다. 각각에 서울을 두니, 이것이 삼경(三京)이다. 이는 삼신을 역사적으로 이해한 것이다. 신채호는 한국의 고대역사를 삼신-삼조선-삼경이라는 도식으로 이해하고 있는 것이다.

안재홍은 삼경을 단군시대 세 명의 제왕이 다스리는 것으로 이해한다. 『신지비사』에 나오는 부소량·오덕지·백아강을 말한다고 한다. 이는 만주인의 제도가 세 명의 한(汗)이 작은 왕인 패륵을 다스린 실례에서도 알 수 있다고 한다. 『만주원류고』에서는 한(汗)이 와전되어 한(韓)이 되었다고 한다.[529] 부소량과 백아강은 모두 비아 혹은 백악의 표기로, 평양의 선행어라고 한다. 다만 오덕지는 무엇인지 알 수 없다고 한다.[530]

그러나 그는 신채호가 태일-신한, 천일-말한, 지일-불한이라고 단정한 것은 언어적으로는 수긍할 바이지만, 이를 근거로 삼한의 제도를 단군 초기 세 명의 우두머리가 공동으로 통치하는 유습을 모방한 것이라고 하면 전폭적으로 수긍하기 어렵다고 한다. 왜냐하면 삼신오재의 3과 5는 고대 사회

壁, 聖主幸新京, 如秤錘極器極器, 白牙岡秤幹蘇密浪, 錘者安德鄕, 首尾均平位, 賴德護神精, 興邦保太平, 朝降七十國, 永保三韓義, 王業有興隆, 興廢莫爲說, 誠在事天神."

528 나철, 〈중광가〉 41.

529 안재홍, 『조선상고사감』, 우리역사연구재단, 2013, 264-265쪽.

530 같은 책, 656쪽.

여러 민족에서 공통으로 발견되기 때문이다. 중국의 삼황오제과 삼공육경, 북미의 대신·태양·대지 등에는 삼신신앙이 있다.[531]

2. 삼조선

삼조선은 단군조선·기자조선·위만조선을 뜻한다. 먼저 단군조선을 살펴보자. 단군조선에 대해서는 고려나 조선시대에 별로 중시되지 않았다. 단지 단군이란 인물이 우리 역사의 시조 정도로만 인정되었던 것이다. 대종교가 등장함으로써 단군조선의 내용이 상세하게 언급되고 중시되었다.

1) 단군조선

(1) 단군의 개국

유근은 대한제국의 역사를 편찬했기 때문에 유근의 자료는 대한제국시대의 삼조선을 알 수 있다. 먼저 유근은 단군이 평양에 도읍하여 이름을 조선이라고 했다고 한다.

> 대한개국(大韓開國) 기원전 3724년에 단군이 건국ᄒᆞ시다. 단군의 명은 왕검이니 동방에 군장이 처음에는 없다가 인민이 풀로 옷해입고 나무열매(木實)를 먹으며 여름에는 둥지(巢)에 거ᄒᆞ고 겨울에ᄂᆞᆫ 동굴(穴)에 처ᄒᆞ더니 한 사람이 태백산(지금의 영변 묘향산) 단수아래(檀樹下)에 태어나 신명(神明)ᄒᆞᆷ이 있ᄒᆞ거ᄂᆞᆯ 국인(國人)이 추존(推尊)ᄒᆞ야 군(君)을 삼으니 즉 단군(檀君)이라. 평양(平壤)에 도읍을 정ᄒᆞ고 국호를 조선이라 ᄒᆞ다. 국내의 산천을 다스려 백성의 주거를 정(奠)ᄒᆞ며 백성을 가르쳐 머리를 따고

531 같은 책, 268쪽.

덮으며 군신과 남녀와 음식과 거처의 제도를 세웠다.[532]

그는 단군조선의 영역을 평양·구월산 영역으로 한정하고 있고, 뒤에 북부여로 천도했다고 한다.

주시경도 단군에 대해서 다음과 같이 파악한다.

> 죠션이 쳐음에 임군이 업고 사람이 풀로 옷을 만들어 입고 나무 열매를 먹으며 여름에는 나무에 올라가 살고 겨울에는 구멍에 들어 가 살더니 환인이라 하는 이가 있어 그 아들 웅이 태백산(지금 영변 묘향산) 향나무 알에 집을 짓고 살다가 아들 왕검을 나아서 자라매 거룩한 덕이 있음으로 온 나라 사람이 높혀 님군을 삼으니 이가 단군이라. 단군 원년(쳐음 임군 된 해) 무진은 당나라 요임군 이십오년이요 서력 기원전 이천삼백삼십삼년이더라.[533]

주시경은 삼신을 신이 아니라 철저하게 역사적인 인물로 파악한다. 환인·환웅도 하늘에서 내려온 것이 아니고, 단군도 환웅의 아들로 덕이 있어서 임금이 된 인물로 설명한다. 이는 신채호의 역사관과도 일치하는 사고방식이다. 다만 신채호가 환인·환웅을 인정하지 않고 단군만을 인정하는 것과 차이가 난다.

이윤재와 신명균,[534] 정윤은 우리 민족을 환 또는 한이라고 하고, 환의 부족은 천제의 자손이고 그 자손을 통일한 사람이 단군이라고 한다.

---

532 유근, 「신정동국역사」, 김명섭 편, 『석농 유근 자료총서』, 한국학술정보, 2007, 157쪽.

533 주시경, 「단군」, 김민수 편, 『주시경전서』 2, 탑출판사, 1992.

534 신명균, 『조선역사』, 1931, 90쪽. 신명균은 『조선역사』를 지었는데 황의돈의 『신편 중등조선역사』, 권덕규의 『조선유기』, 최남선의 『조선역사』, 김기전의 『조선최근사 13강』, 잡지 신민의 『순종실기』를 참고 적용했다고 부기하고 있다. 이는 독창적인 저술이기보다는 위 책들의 요약 형태임을 나타낸다.

'桓'이라 하는 족속이 이 중에 가장 진보된 문화를 가지었으니 天帝의 子孫이란 굳은 신념을 가지고 여러 부족을 통일하니 檀君이라 얼은이 있어 나라를 세우어 朝鮮이라 이름하고 神政으로 백성을 다스리어 자손이 천여년에 이르렀다.[535]

환민족 중에서 신성한 사람이 나시매 그때 백성들이 이 어른을 모시어 임금을 삼으니 곳 단군왕검이시라 백두산에다 서울을 정하고 나라 이름을 조선이라 일컬으며 또 농사짓고 옷입고 밥먹는 여러 가지 제도를 마련하셔서 교화가 널리 펴시니 이것은 지금으로부터 대략 4260년 전 일이다.[536]

정윤은 한이란 명칭을 가지고 단군조선을 설명한다.

'한'은 천(天)·일(一)·대(大)의 뜻이오, '나라'는 국(國)이니 우리 국호가 처음부터 '한나라'이어늘 '한'을 단(檀)·환(桓)·한(韓) 등의 글자로 번역하야 '한검'을 단군(檀君)으로 썻으니 이는 단군국(檀國君, 한나라 임검)이란 뜻이오 환검(桓儉)도 또한 그러하니 의미로 번역하면 '한나라'가 천국(天國)이나 대국(大國)이나 유일국(惟一國)이니라.……이는 '한나라'의 국호가 기준(箕準)의 마한 원년까지 2140년을 지나고 남부가 삼한에 分하야 200여년을 지냇나니라.[537]

정윤은 단군조선 대신에 한나라고 한다. 한나라는 단군부터 기준이 마한을 세우기 전까지 2140년이라고 한다. 단군조선을 그는 한나라라고 하는 명칭으로 쓴다. 여기서 한을 檀·桓·韓 등의 한자로 쓰인다. 중국 사서에서

535 이윤재, 「조선역사개설」, 『경신』 1, 1929.

536 신명균, 『조선역사』, 상식보급회, 1931, 1-2쪽.

537 정윤, 『사지통속고』, 『국학연구』 15집, 1쪽.

보이는 남한은 북쪽의 부여와 대칭되는 말이라고 한다. 남한은 단군조선의 일부분이라는 것을 뜻한다.

> 요임금때(唐堯時)에 나온 『산해경』에 曰 "한안(韓雁)이 도남주(都洲南)에 있다" 하엿으니[538] 此는 '한나라'를 한안(韓雁)으로 번역한 것이오 『周詩 韓奕章』에 '溥彼韓城'이라 하엿고[539] 『위지(魏誌)』에 曰 "한은 대방군 남쪽에 있다(韓在帶方之南)"이라 하고 『후한서』·『삼국지』·『통고(通考)』·『태평환우기(太平環宇記)』[540]·『송서(宋書)』·『양서(梁書)』·『남사(南史)』[541]·『북사(北史)』[542]·『위서(魏書)』·『후주서(後周書)』·『수서(隋書)』·『당서(唐書)』, 송·금·원·청 여러 역사(諸史)를 종횡으로 다 연구(竪窮橫覽)하면 남한(南韓)의 명칭이 많으니 이것은 북의 부여(夫餘)를 대치(對峙)하야 지금 개원(開原)[543] 이북은 부여가 있은 뒤에도 오히려 이남은 한(韓)의 칭호를 가진 것이라.[544]

> 한검께서 심양평야(瀋陽平野, 平壤)에 도읍을 옮기시고 '됴션'(번역 刀先 또는 朝鮮)이라 한 것은 지명에 因하야 된 것(됴션은 古語에 平壤의 總名)이오 지금 봉천성(奉天省) 조창도(洮昌道) 창도현(昌圖縣)[545]이 요국(遼國)의 한주(韓州)이며 『滿洲源流考』에 삼한 범위가 지금 봉천성 남반부(南半部)를 포

---

538 『山海經』 卷15, 「海東內經」. "韩雁在海中, 都州南"에서 바다가운데(海中)를 빼고 인용하고 있다.

539 『詩經』 「大雅 蕩之什」.

540 樂史(930~1007, 字 子正, 撫州宜黃)가 지은 책으로 200권이고, 송대의 강역 판도를 기술했다.

541 당대 李延壽가 지은 책으로, 24사 가운데 하나이다. 모두 81권이다. 위로는 宋 武帝 元年(420年)부터 아래로는 陳 後主三年(589年)까지 南朝의 宋·齊·梁·陳 4國 170년 역사를 기술했다.

542 당대 이연수와 그의 아버지가 함께 지은 책으로 24사 가운데 하나이고 모두 100권이다. 위로는 北魏 登国 元年(386年)부터 隋 义宁 二年(618年)까지 기술한 책이다.

543 지금의 요녕성 개원시.

544 정윤, 『사지통속고』, 37쪽.

545 지금의 요녕성 철령시.

함한 것을 증명하엿으니 한주(韓州)의 지명도 근거(根盤)가 있는 것이로다. 그러면 조선은 국호(國號)가 아니오 지명(地名)이며 '한나라'이 우리의 반만년 전래하는 국호인 것이 명백(瞭然)하도다.[546]

정윤은 조선이 지명이고 나라이름은 한나라라고 한다. 조선은 평양에서 나온 말이라고 한다. 그런데 평양과 조선의 관계는 분명하지 않다.

한검께서 한나라(檀君)를 통치하신 지 23년 만에 평양(지금의 심양이니 왕검성)에 이도하시엇고 이에서 33년 만에 지금의 평양 왕검성에 이도하시어 또 33년을 지나 당장경(지금의 문화지역)에 천도하시었다가 재위한 지 93년 만에 어천하시 후……[547]

정윤은 한나라가 심양-평양-당장경 순으로 천도했다고 한다. 평양은 둘인데, 전자의 평양은 심양이라는 것이다.

지금의 봉천성 심양현(遼陽縣)이 발해의 김덕현(金德縣)이라 하엿으니 이것은 검터 즉 '한검'의 나라터를 '검터(金德)'로 번역한 것이오 평양의 '한검터'는 왕검성(王儉城)이라고 번역하엿나니라.[548]

왕검성은 평양이고 그것은 한검의 나라터이고 이곳은 지금의 요녕성 요양현이다.

『산해경』에 曰 "제준(帝俊)이 우호(禺號)를 낳고 우호가 음양(淫梁)을 낳

546 정윤, 『사지통속고』, 37쪽.

547 같은 책, 37쪽.

548 같은 책, 42쪽.

고 음양이 번우(番禺)를 낳았는데 번우가 배(舟)를 비로소 만들고 번우가 해중(奚仲)을 낳고 해중이 길광(吉光)을 낳았는데 나무로 수레를 만들었다"[549] 하였으니……『산해경』에 말한바 제준 이후 제왕의 이름을 정밀히 연구하여 이에 거명하노라. 제준이 우호를 낳았다고 하엿으나 한검의 네 아들이 부여(扶餘)·부루(扶婁)·부소(扶蘇)·부우(扶虞)인 것은 밝은 역사(明史)가 있음으로 이에 우호로써 부여(한검의 자) 제의 후에 붙이노니 제준이 낳았다는 말도 구애가 없으니 제준은 한검이며 한검은 한나라의 임검(단군국)인즉 몇 십대 제왕(幾十大帝王)이다. 제준 또한 왕검(俊과 儉이 자체가 유사함으로 잘못 전용되어 서로 쓰인 것)일 것이며 준특용매(俊特勇邁)한 자를 '검지'다 하나니, '검'을 준(俊)으로 번역한 것이 이치에서도 무방하도다.[550]

원어	한검	부워	우허릐	이냥	빤워	씨즁	지쌍
音譯	桓儉	夫餘	禹號	淫梁	番禹	奚仲	吉光
意譯	帝俊	太子	總統者	明顯	優長	敎訓	嚴肅

여기서 원어는 만주어로 『만주원류고』에 나오는 이름이고, 음역은 『산해경』에 나오는 이름들이고, 환검·환인·제준·단군은 동일한 이름이라고 한다.[551] 정윤은 이들이 한검 뒤의 임금이라고 하는데 이들을 『산해경』과 『만주원류고』에서 찾아서 기록했다. 그러나 이러한 단군 이후의 임금 명칭은 계승되고 있지 않는다.

안확은 단군조선에 대해 종교적 해석보다는 정치적 해석을 한다.

549 『山海經』「海內經」. "帝俊生禺号, 禺号生淫梁, 淫梁生番禺, 是始为舟. 番禺生奚仲, 奚仲生吉光, 吉光是始以木为车." 정윤이 인용한 禹號와 『산해경』의 禺號는 다르다.

550 정윤, 『사지통속고』, 42쪽.

551 袁可는 제준이 발음상 舜과 동일인으로 추정된다고 한다. 은의 조상신으로 갑골문에 鳥頭人身, 猴身의 형상으로 나타난다고 한다. 정재서, 『동양적인 것의 슬픔』, 살림, 1996, 131쪽 재인용.

> 단군이 천굴(天窟)을 열고 신주대지(神州大地)의 중심되는 백두산 산림 가운데에 탄강(誕降)하여 도(道)를 베풀고 교(敎)를 반포하다. 인민은 이에 깊은 신앙을 느끼고 단군으로써 임금을 삼고 그 가르침에 복종하니 아 종교가 서고 국가가 세워지는니라.[552]

안확은 『조선문학사』에서 조선의 개국은 단군에 의한 것임을 주장한다. 이러한 주장은 『조선문명사』에서 변화를 보인다. 『조선문명사』에서 안확은 단군이 조선을 건국한 것은 한 개인이 창설한 것도 아니고 조물주의 명령에 의해서 대업을 성취한 것도 아니라고 한다. 전자는 인간의 자유 선택을 지나치게 중시한 것이고, 후자는 인간 고유의 본성을 지나치게 중시한 것이라고 한다.[553] 그리하여 단군이 조선을 세운 것은 개인이 아니라 민족의 뜻으로 선택한 것이라고 한다.

> 조선인의 건국은 결코 위대한 인물의 위엄에 복종하거나 신권에 맹종한 것이 아니다. 가족적 정치의 사상이 점차 발달하여 전 민족의 일치된 뜻으로 나라를 세우고 통치자를 선택한 것이니, 의지함은 처음부터 있었던 것이 아니고 마지막에 있게 된 것이다. 그러므로 역사에서 단군을 세워서 군장을 삼았다 하였으니 자세히 말하면 조선인의 건국은 조선인의 타산적인 행위의 결과인데, 그 타산적인 행위는 조선사람의 성격과 그 활동 범위가 되는 외부 세계 속에 자연적으로 심어진 여러 조건에 응하여 이루어진 것이다.[554]

『조선문학사』의 단군은 종교의 창시자로서 우월적인 존재로 나타나고

552 안확, 『조선문학사』, 여강출판사, 1994, 15-16쪽.

553 안확, 『조선문명사』, 송강호 역주, 우리역사연구재단, 2015, 52쪽.

554 같은 책, 52-53쪽.

있는데 반해 『조선문명사』의 단군은 통치자이면서 다수의 의사와 여론을 반영하는 존재로 그려지고 있다.[555] 그는 단군이 조선을 건국하게 된 동력을 민족과 종교에서 찾는다.

> 첫째는 혈족 관념, 즉 동일한 민족이라는 관념이다. 같은 혈족의 가족이 인간에게 고유한 사회성의 결과로 발생하여 점차 개량 진보를 구하는 동시에 외적의 자극에 의한 영향이 혈족 관념을 더욱 촉진하여 동족의 결합을 만들어낸 것이다. 둘째는 종교이다. 조선 사람이 같은 혈족은 각지에 흩여져 교섭이 없는 까닭에 이르렀을지라도 하늘을 숭배하고 존경하는 관습은 동일했다. 그 하늘 숭배의 신앙심이 사람 간의 결합에 강력한 힘을 제공한 것이다. 그런데 그 종교의 하늘 숭배라 함은 조물주 즉 천신에 국한하지 않고 공동 조선을 숭배함이니 조선 사람의 공동조상이 즉 하늘이라고 하는 관념이다.[556]

안확의 종교관에서 중요한 것은 천신숭배에서 조선(祖先)숭배로 이행한 것이다. 동일 혈족도 조선숭배를 통해서 확인된다.[557] 안확은 단군조선시대에는 도덕과 종교와 정치가 구별되지 않았고 관습법을 따랐다고 한다.

> 단군 당시의 입법과 행정이 도덕과 종교 및 정치를 혼동하여 서로 구별이 없었으니 이것이 바로 관습법을 답습한 증거였다. 그 법제가 고대 로마의 법률보다는 크게 발달하였음을 드러냈으니, 로마의 12동표를 공개적으로 선포하기 이전의 법률은 오직 하나의 종교법에 불과한 것이었다. 단군의 헌법은 종교법에 치중하는 경향이 비록 많을지라도 사

555 이종두, 「안확의 『조선문학사』와 『조선문명사』 비교연구」, 『대동문화연구』 73, 2011, 291쪽.
556 안확, 『조선문명사』, 53쪽.
557 이종두, 「안확의 『조선문학사』와 『조선문명사』 비교연구」, 288쪽.

회법의 조건 또한 많았다. 그렇지만 제정일치를 하여 종교와 정치를 혼동한 것은 로마나 고조선이 모두 서로 같았다. 이것은 다른 것이 아니라 종교가 관습의 원천되는 현상을 잃지 않은 데서 나온 것일 뿐만 아니라 그 생활의 총규칙이 종교법이나 관습법을 불문하고 모두가 동일한 효력을 지녔기 때문이다.[558]

안확은 단군조선시대에 성문법보다는 관습법을 존중했다고 하는데 이것에 대한 구체적인 근거를 제시하지 않는다. 안확은 단군조선시대에는 토지가 광대하고 백성이 같은 시간 같은 장소에 집중하기 힘들어 봉건제도를 행했다고 하면서, 그 예로 비천생(裶天生)을 남해상장(南海上長)에 봉하고, 여수기(余守己)를 예(濊)의 군장으로 삼았다고 한다. 삼천단부도 봉건적 관계에 있었다고 한다.

그는 단군조선의 봉건제를 중국과 서양을 비교하여 다음과 같이 지적한다.

조선의 봉건제는 민의를 순응하는 편리 또는 국무를 통일하는 정책으로 나온바, 여론에 기초한 군주정체를 완전히 성립한 것이다. 그러므로 서양은 다른 민족이 침입하여 봉건제를 수립하고 한족은 요·순·우·탕 등 군주제가 먼저 성립한 뒤에 봉건제가 성립한 것이다. 조선의 봉건제는 혈족 관념으로부터 자치적 정치에 기초하여 국가를 건설하던 초창기에 성립한 것으로 생각한다.[559]

서양은 침입을 통해 봉건제가 성립되었고 중국은 군주제 다음에 봉건제가 성립된 데 비해, 조선은 민의에 의해서 성립되었다고 한다.

---

558 안확, 『조선문명사』, 56쪽.

559 같은 책, 58쪽.

안재홍은 단군조선이 만들어져 국가를 완성했지만, 신정(神政)적 체제여서 산만한 형태였다고 한다. 경제적으로 농업과 목축을 병행하는 농업경제시대라는 것이다. 그러다 금속시대로 이행하는데 많은 시간이 경과했다. 이때 평양성을 건설했고 새로운 계급이 출현하여 크치-우크치[560]가 다스리는 열국이 병립하여 분할 통치하게 되었다. 그리하여 부여조선을 담당하던 단군의 후손들은 정치적 지위를 사양하고 장당경에서 아사달로 옮겨 오직 신과 관련된 일과 교화를 담당하게 되었다고 한다. 시조 단군은 태백신인·태평산군·평양선인 등의 신격으로 존중되었다고 한다.

(2) 단군기원의 문제

『삼국유사』에서 단군이 요임금과 같은 시절(與高同時)[561]이라고 하는 것은 중요하다. 장도빈은 이 문제를 다음과 같이 해석한다.

> 모든 정사와 야사의 기록을 보건대 모두 단군이 중국의 당 요와 병입하였는데 무진년이라 하였은즉 단군이 이해 곧 4286년전 무진년에 조선건국 동시에 국인의 추대를 받아 즉위한 것이 틀림없다. 그런데 지금은 참고하여본즉 단군무진원년이 중국 당요의 77년에 해당한다. 그런즉 『동국사략』의 唐堯 25년 무진과 『삼국유사』의 唐堯 50년 경인은 조금 오록된 듯하다.[562]

560 안재홍은 비교언어학과 모건의 인류학적 방법을 통해 기-지-치의 원칙으로 인류사회 발전의 단계성을 주장한다. 그는 기-지-치 계급이 수장 혹은 대인적 지위, 족장적 지위, 지방 제후, 고대 국가의 공경 상공적 위격으로 변화해왔다고 한다. 이(夷), 군자국(君子國), 고죽국(孤竹國, 크치) , 부여의 제가(諸加)·구태(仇台, 크치)·간위거(簡位居, 큰우커), 고구려의 을지(乙支, 우치)·막리지(莫離支, 마리지)·패자(沛者, 패치), 삼한의 한기(韓岐)·신지(臣智)·읍차(邑借, 아치)·험측(險側, 한지, 검치, 큰치)·번예(樊濊, 번지)·살해(殺奚, 살치), 백제의 백제(百濟, 배치), 가야의 금관국(金官國, 큰기)을 그 예로 든다.

561 여기서 時는 元會運世의 世로, 30년 단위 안에 같은 시절이라는 뜻이다.

562 장도빈, 『국사개론』, 국사원, 1954, 3쪽.

단군기원은 대체로 세 종류가 있는데, 당뇨(唐堯) 77년, 『삼국유사』의 당요 50년, 『동국사략』의 당요 25년이다. 이 중에서 장도빈은 77년설을 택하고 있다.[563] 그런데 『삼국유사』에서는 「위서」에서는 '與高同時'라고만 되어 있고, 「고기」에서는 당요 50년이라고 한다. 『동국통감』에서 당요 25년이라고 하고, 그것이 『동국사략』에도 계승되고 있고 조선시대나 한말, 1948년 대한민국 공용연호에서는 당요 25년, 즉 요가 즉위한 해가 B.C. 2357년이고, 그의 25년은 B.C. 2333년이라고 쓰고 있다.[564]

그러나 요임금의 즉위년은 세 가지가 있다. 『죽서기년』은 병자, 장행성은 갑진년에 태어나고(生), 무진년에 당후(唐侯)가 되고, 병자년에 제(帝)가 되었다고 하고, 소옹은 즉위한 해를 갑진 원년으로 보고, 주희는 소옹을 따른다.[565] 그러나 여기 중요한 것은 무진년인데 요가 후(侯)가 되었을 때 단군은 제(帝)가 되었다. 그래서 『제왕운기』는 제를 쓴 것이다. 우리가 먼저 문명화가 된 것을 의미한다.

소옹의 『황극경세서』에 따르면 요임금의 시대는 하늘이 열리고 난 뒤에 문명화가 융성한 시점을 가리킨다.[566] 단군이 요임금과 동시라고 한 것은

563 중국에서도 공자기년설과 황제기년설 두 가지가 있다. 전자는 강유위·양계초가, 후자는 유사배·송교인이 주장했다. 유사배는 전자가 保敎라면 후자는 保種이라고 하여 후자를 옹호한다. 황제기년을 어떻게 할까를 두고 논쟁이 있었는데, 1905년을 4603년이라는 주장과, 1910년을 4260년으로 하는 주장으로 나뉘었다. 전자는 B.C. 2698년, 후자는 B.C. 2350년이다. 전자가 일반화되었다. 이들은 모두 한편으로는 일본의 진무천황을 기원으로 삼는 것, 다른 한편으로는 기독교 이슬람의 기년설에 자극받았다. 그리고 이 논쟁으로 개별 왕조를 초월하여 하나의 중국사라는 인식이 자리 잡게 되었다. 이에 대한 자세한 논의는 요시자와 세이치로, 『애국주의의 형성』, 정지호역, 논형, 2006, 138-142쪽 참조.

564 정영훈, 「단기 연호, 개천절 국경일, 홍익인간 교육이념」, 『올소리』 10, 33쪽.

565 소강절, 『皇極經世書』 卷13. "王植又案, 帝堯卽位之年, 『竹書紀年』云, 堯元年丙子, 張行成謂, 甲辰堯始生, 戊辰爲唐侯, 丙子卽帝位, 惟邵子以爲元年甲辰, 而朱子從之."

566 『皇極經世書』 卷6. 이것을 연도로 표시하면 다음과 같다.

子會: 復. 1-10800년, 하늘이 열리다.

丑會: 臨. 10801-21600년, 땅이 열리다.

寅會: 泰. 21601-32400년, 사람이 생겨나기 시작한다.

동아시아 문명에서 두 나라가 같은 문명국가임을 표방하는 것이다.

하지만 박은식은 단군이 내려온 것은 요임금이 아니라 황제 때라고 한다.

> 하늘이 동양을 열어 대륙이 아득히 넓었으니 거대한 산은 동쪽에 태백산(백두산)이 있고, 서쪽에 곤륜산이 있다. 두만강과 압록강이 태백산에서 발원하고 황하가 곤륜산에서 발원하니 실로 신성들이 나신 곳이었다. 단군은 태백산에 내려와 동방민족의 시조가 되었고, 황제는 곤륜산에 와서 중토민족의 시조가 되었다. 단군은 압록강의 발원지를 돌아보고서 서북쪽으로 나아가 평양에 나라를 세우고, 황제는 황하의 발원지를 돌아보고서 동남쪽으로 나아가 중원에 나라를 세웠다. 단군은 활과 화살을 만들고 성곽을 쌓아 각 부족을 진정시켰고 황제도 활과 화살을 만들고 방패와 창을 만들고 방패와 창을 읽혀 제후를 복종시켰다. 그 세상을 다스린 자취가 대략 서로 같고, 신선양생술로 만대 선가의 조종이 된 점 서로 같았다. 하늘의 신성으로 내려와 인류문명을 열었으니, 단군이 세상에 옴이 4천3백 년 전이고, 황제가 세상에 옴이 4천6백 년 전인데, 두 지역의 개발에 먼저와 나중의 차이가 있을 뿐이다.[567]

卯會: 大壯. 32401-43200년

辰會: 夬. 43201-54000년

巳會: 乾. 54001-64800년, 요임금 즉위는 64661년.

午會: 姤. 64801-75600년, 殷, 周, 秦, 漢, 南北朝, 唐.

未會 : 75601-86400년, 宋.

일연은 한편으로는 단군을 요임금에 비정하면서 소옹의 견해를 따르지만, 다른 한편으로 부처의 세계에서는 불교연대설을 따른다. 일연은 『三國遺事』 迦葉佛宴坐石에서 고려 당시 네 가지 학설을 주장한다. 첫째, 오세문은 歷代歌에서 천지개벽~129년까지 49600년, 둘째, 김희령은 大一曆法에서 천지개벽~1084년까지 1937641년, 셋째, 중국의 纂古圖는 천지개벽~B.C. 477년까지 2760000년, 넷째, 일연은 황룡사 가섭불부터 1281년까지 2230년. 가섭불은 석가모니 전생의 7 부처 가운데 6번째 부처라 천지개벽부터 시작하면 앞의 셋은 어린아이에 불과하다(송기호, 『이 땅에 태어나서』, 서울대출판문화원, 2015, 144-147쪽).

567 박은식, 『우리역사 우리영웅』, 조준희 역, 훈뿌리, 2008, 103쪽.

조선의 단군과 중국의 황제를 비교한다. 여기서 단군과 황제를 비교하는 것은 『삼국유사』·『동국통감』에서 단군과 요임금을 비교하는 것과 다르다. 요임금보다 더 오랜 임금으로 황제를 내세운 것이 당시 중국의 상황이었다. 그래서 박은식은 단군을 황제와 대등한 존재로 놓은 것이다.

박은식은 부여, 예, 맥, 동옥저, 비류, 숙신 모두 단군에서 나왔다고 한다.

> 무릇 천지가 개벽하던 어두운 세상에서 맨 처음 동방에 내려와 4천여 년 전 역사의 시조가 된 이는 오직 단군이다. 우리 대동민족의 시조가 단군이 아니면 누가 시조인가? 단군이 거룩한 조화로 처음 인류문명을 열고 능히 하늘의 뜻을 받든 까닭에 훌륭한 품덕으로서 유구토록 근본을 잊지 않고 은혜를 갚으며, 만물의 영장으로서 자손이 번성하고 영예가 환히 빛났다. 이에 퉁구스 종족이 크게 성하여 세계에서 이름난 민족이 되었으니, 진실로 신성한 후손이 아니면 어찌 이 같음이 있겠는가?[568]

	단군	황제
도읍지	평양	중원
주산	태백산	곤륜산
주강	압록강	황하
내려온 때	4300년 전	4600년 전

박은식은 단군과 기자 두 파벌로 이루어졌으며 우리의 본원은 단군으로 시조를 삼아야 한다고 한다. 단군이 주체족이고 기자는 객족이라는 것이다. 객족이 주체족에 동화되었으니 기자의 후예가 단군의 후예이고, 단군이 먼저이고 기자는 나중이기 때문에 단군기원을 사용해야 한다고 한다.

---

568 같은 책, 106쪽.

(3) 단군조선의 말과 글

주시경은 한글학자답게 단군시대의 언어 문제를 논의한다.

> 이때 이곳의 주민은 할아버지가 낳은 토종(土種)이라 함이 가히 의심할 수 없고 고대에 언어는 순전한 이 토종의 언어라 장백산 아래에서 단성(檀聖)이 임금과 스승(君師)의 자리에 비로소 임하여(創御), 이 말로 장백네 변방(長白四疆)을 통치하시니 이때에도 다른 종족이 입주한 설이 역대기록에 보이지 아니하였고 혹 다른 종족이 왕래하였을지라도 그 수가 적고 권력을 얻지 못하였으리니 그 종족이 언어도 세력이 없어 성행치 못하였을지라.[569]

단군이 백두산을 통치했을 때 말은 다른 언어가 있지 않았고 있더라도 성행하지 않았을 것이라고 한다. 이는 그가 뒤에 "단군시대에는 역사가 불비하여 고거할 방법이 無홈"[570]이라는 국문연구소 시절과 차이를 보인다. 국문연구소 시절에서 전에는 단군시대에 독립된 언어가 있다고 주장하지만 뒤에는 불가지론의 입장에 서 있다.

> 특성의 음(音)은 아국의 구역(區域)은 장백산의 남쪽 반도(南枝半島)요 인종은 이 산의 밝고 수려한(靈明秀麗) 정신과 동서남 세 바다의 온량화평(溫良和平)한 기풍을 만드니 아주 옛날에 이러한 특성으로 자연히 발음ᄒᆞ여 이 지역 이 인종 사회에 통용하는 언어를 이룬지라 그러나 언어의 연혁이 있으니 지세와 역사로 미루어 보면 장백산은 아시아 동쪽 끝 태평양 서북에 독립ᄒᆞᆫ 산맥이라 ᄒᆞᆯ만 ᄒᆞ니 아무르(阿穆爾)·송화강(松花)·요하(遼) 삼대강 일대 저지대가 태고에는 장백·흥안 두 산 사이에 깊은 바다

569 주시경, 「國文字體及發音의 沿革」, 『주시경전서』 2, 338쪽.

570 주시경, 「國文研究所 第一回及第二回 問題」, 『주시경전서』 2, 367쪽.

(奧)·발해 두 바다를 서로 통한 일대 낮은 바다이러니 두 산이 장구흔 세월을 지나며 비와 눈에 점차 떨어져 육지가 되였을 듯ᄒᆞ니 과연 이러한 생각과 같으며 태고에는 장백의 네 변경이 다 섬이라 아시아 대륙과 떨어져 인류가 서로 교통하치 못ᄒᆞ였겠고 장백이 자고로 대륙과 서로 이어졌을지라도 옛날 역사에는 인종 왕래의 설이 없고 구종(九種)의 설뿐이니……571

주시경은 장백산 일대가 습지거나 바다였을 것이라고 추측하고 이곳의 언어가 독자적으로 성립할 가능성을 제시한다. 이는 언어의 독자성을 단군시대부터 염두에 둔 것이다. 이러한 주장은 뒤에 말뿐만 아니라 글 즉 문자도 있었다는 주장으로 나아간다.

김윤경은 단군조선에 대한 내용을 『삼국유사』에서 그대로 인용하고, "단군 사적의 사실 여부는 고사하고, 그 시대에 우리의 조상이 살아온 것은 사실이다"고만 하고 있고, 부여에 대해서는 『동사강목』·『문헌비고』 등을 인용하면서 "이들이 단군시대에 우리 민족의 후손임을 알게 되면, 따라서 우리말의 범위에 들어간다"고 한다.

최현배는 주시경보다 한걸음 더 나아가 우리말이 단군 때부터 있었고, 그것이 면면히 이어져 내려왔고, 그것이 조선심과 조선혼이 되있다고 한다.

우리 조선민족이 이 조선말을 하기 시작한 것도 결코 유사 이후가 아니라 유사 이전 즉 단군께서 단목하에 강림하사 우리 역사의 첫 페이지를 시작한 이전에 있었음이 또한 분명한 사실일 것이외다. 곧 우리 민족이 백두산을 가운데 두고 남북으로 펴져 살기를 시작한 그때부터 우리말이 장구한 세월의 흐름을 따라 다소의 변천을 있었겠지만 오늘 우리가 쓰는 이 우리말을 쓰게 되었을 것이외다. 그러한 즉 우리 민족이 생

571 같은 글, 338쪽.

긴 이후로 우리의 선조 몇 만 억인이 다 이 말 속에서 자라나서 이 말 속에서 살다가 이 말을 그 다음대의 자손에게 전하시고 이 말 속에서 돌아갔습니다. 현금의 우리는 곧 이 말을 받아 이어서 이를 말하면서 살며 이를 말하여 뒤에 전하고자 역시 이 말 속에서 사는 사람이외다. 더욱 잘 살기를 바라는 사람들이외다. 우리 과거의 조선과 현재의 우리가 다 첫울음 소리를 질러 백두산하의 공기에 기운찬 음파를 일으킨 뒤로부터 우리는 시시각각으로 이 말의 사랑 속에서 자라났습니다.……정음 이전에도 우리 민족문화에 글자가 있어 북방에서는 단조에서 부여까지, 부여에서 고구려까지 고구려에서 백제 또는 발해까지 전한 통맥이 역력하며 남방에서는 신라에서 고려까지 전통이 분명함을 넉넉히 상견할 수 있음을 명언하여 둔다.[572]

최현배는 우리의 상고문자와 한문의 관계에 대해서 유보적인 태도를 보인다.

황제가 청구를 지나면서 자부선생을 만나 삼황내사문을 받았는데 이 청구는 곧 조선이요, 황제는 지나 제국통일의 조이니 지나의 문자를 창작했다는 창힐은 곧 황제 때의 신하이라(물론 이전에 복희씨가 서계를 지엇다는 말도 있지요마는) 그러면 금일 한문의 기원이 우리 조선의 상고문자와 무슨 관계가 있었는지도 알 수가 없습니다. 또 사사에 의하건대 단군시대에 신지라는 이가 서계를 맡아보는 청석을 동해빈에서 캐엇다 합니다. 이러한 기록으로서 보건대 단군 시절에 이미 우리 민족이 글을 쓰게 되였는지 알 수가 없습니다.[573]

572 최현배, 「우리말과 글에 대하여 1」, 『동아일보』, 1922년 8월 29일.

573 최현배, 「우리말과 글에 대하여 2」, 『동아일보』, 1922년 8월 30일.

권덕규는 최현배보다 한걸음 더 나아가 실증적으로 정음 이전에 문자가 있다고 한다.[574]

> 『문화유씨족보(柳文化譜)』에 왕문(王文)이 文ㅅ字를 쓰는데 그 법(法)이 전서(篆)과 또는 부(符)와 같다 하니 왕문은 우리 12세기 부여조의 사람이요 그 전서(篆) 또는 부(符)와 같다 함이 남해도(南海島) 암벽(岩面)에 새겨 있는 옛날 한문자(韓文字, 俗에 서시가 이름을 붙인 것 徐市題名이라 함)와 비슷한 즉 우리 文ㅅ字의 그림자를 가히 어림할 것이요.[575]

그는 「조선어문경위」에서 삼황내문, 신지비사문, 왕문문, 수궁내문, 남해 도지면 암석각문, 각목자, 고구려문자, 백제문자, 발해문자, 고려문자의 예를 들어 고유 문자설을 주장한다. 권덕규는 한글 이전에 고유한 글자가 있었다고 주장한다. 신지가 지은 신지비사를 '조선 문예의 시작'이라고 칭찬한다.[576] 더 나아가서는 그는 조심스럽게 중국의 한자도 조선인이 만들었을 것이라고 주장한다.[577]

(4) 단군조선의 역사

단군조선의 역사에 대해서는 대종교 문헌과 대종교 학자들로 나눌 수 있다. 먼저 대종교 문헌을 살펴보자. 「오대종지포명서」에서는 단군의 계보를 아돈검신(阿頓儉神, B.C. 1784), 니고랑검신(尼古郎儉神, B.C. 1616), 배달검신(倍達儉神, B.C. 1594), 다량검신(多良儉神, B.C. 1151), 서울검신(徐鬱儉神, B.C. 1209), 미

---

574 인터넷 초록불사이트에서는 권덕규의 이러한 이론이 『환단고기』의 가림토문자가 있었다는 주장과 한자를 우리가 만들었다는 유래가 되는 근거가 되었다고 한다. http://orumi.egloos.com/4843764

575 권덕규, 「정음이전의 조선글」, 『동인지』 1권 1호, 1927.

576 권덕규, 『조선유기』, 상문관, 1924, 6쪽; 김동환, 『국학이란 무엇인가』, 흔뿌리, 2011, 247쪽.

577 권덕규, 「조선생각을 찾을 때」, 『조선유기략』, 우리역사연구재단, 2009, 232쪽.

이타검신(美伊他儉神, B.C. 1200), 나세다검신(奈世多儉神, B.C. 1402)을 언급하고 있는데 이는 『환단고기』, 『규원사화』, 『단기고사』 등이 어느 정도 일치된 모습을 보이는 것과 달리 전혀 다른 이름을 소개하고 있다.[578]

『단기고사』에서는 단군조선의 역대 임금을 나열하고 있다. 『단기고사』에서는 전단군조선, 후단군조선, 기자조선으로 설명하고 있고 위만조선에 대해서는 언급이 없다.

전단군조선은 25대 1222년이라고 한다. 1대 단군을 왕검으로 보고 있다. 25대는 솔나라고 한다. 수도는 1대는 부여길림평양, 3대 가륵 때 구월산 당장경으로 천도했다. 그런데 전단군조선과 후단군조선이 어떻게 나누어지는지 설명하고 있지 않다. 다만 솔나 때 영고탑으로 도읍을 옮겼다고 한다.[579] 후단군조선은 23대 58년이라고 한다. 1대 임금은 솔나라고 하고 있어, 전단군조선의 마지막 임금과 같은 분임을 알 수 있다. 솔나는 전단군조선의 23개 아흘의 둘째 아들이고, 24대 연나의 아우이다. 23대는 임금은 고열가이다. 고열가 때 후사가 없고, 종친 해모수가 북부여를 세워서 나라가 망했다고 한다.

대종교 학자들은 단군과 아들 부루만 이야기하고 그 이후의 역사에 대해서는 언급하지 않는데 비해, 권덕규는 이를 기술하고 있다.

권덕규는 단군조선 이전에 신시시대를 설정하고, 다음으로 단군조선, 부여, 기자조선 순으로 기술하고 있다. 단군조선은 1세 단군이 백두산에 도읍을 정하고 나라 이름을 단(壇 혹은 檀)이라고 했다. 이때는 기원전 500년(5000년-필자 교정)전이고, 즉위한 해는 지금(1923년)으로부터 4256년(기원전 2333년)이다. 뒤에 경인년에 국호를 조선이라고 했다고 한다. 처음에는 단이라고 했다가 조선이라고 한 것은 권덕규가 독특한 주장이다.

---

578 조준희, 「백봉신사 도통전수에 관한 연구」, 『선도문화』 1, 286쪽.

579 영고탑은 명나라 초기에 세워진 것으로 추정된다. 따라서 이 기록은 문제가 있다.

기원 48년(B.C. 2285) 순이 유(幽, 요서)·영(營, 요동) 두 주를 설치하는 것에 대해 단군이 반대했다고 한다.

기원 54년 단군이 9년의 홍수를 맞나 팽우를 명하여 홍수를 다스렸다고 한다.[580]

기원 67년 태자 부루를 우의 도산 모임에 파견하여 유와 영 두주를 우리 영토로 했다고 한다고 한다.

기원 474년 王祖明이 농업과 가옥제도를 개량했다.

기원 534년 王海月이 조선술로 소문이 났다.

기원 654년 王明知가 역술로 소문이 났다.

기원 774년 王儒이 병기를 개량했다.

최후의 단군은 北遷하여 북부여를 열었다고 한다.[581]

(5) 단군조선의 멸망

정열모는 단군의 재위 기간은 217년이고, 구월산에서 하늘로 갔다고 한다. 단군이 1000년을 살았다고 하는 『삼국유사』의 기록은 잘못이라고 한다.

그런데 한배임께서는 이 세상에 오셔서 이백십칠년 동안을 계시다가 모든 사람이 사람다운 살림하는 것을 보시고, "아아 나는 이미 너희들에게 가르칠 바를 다하였노라 너희는 너희끼리 이 땅을 다스리라" 하시고 삼월 십오일에 문화 구월산에서 하늘로 가셨습니다. 그때에 여러 사람의 애달픈 생각이 어떠하였겠는가마는 하느님의 하시는 일이라 어쩔 수 없었습니다. 그 뒤에 한배임 자손이 대대로 우리 땅을 다스리셨으니 혹 단군이 천년을 살으셨다 하는 것은 잘못 아는 말이올시다.[582]

580 권덕규, 「상하칠십일신유」, 『개벽』 7, 102쪽.

581 권덕규, 『조선유기』, 3-6쪽.

582 정열모, 「우리의 자랑」, 『조선일보』, 1927년 3월 18일.

유근은 단군이 당장경으로 옮기고 후손이 북부여로 옮겨갔고 기자가 그 곳을 차지했다고 한다.

> 其後에 白岳(지금의 문화 구월산) 唐莊京(지금의 莊莊坪)으로 도읍을 옮겼다가 후손이 북부여(지금의 盛京省 開原縣)로 옮겨서 거주함이 조선이 기자가 있는 바 되니 역1212년 이러라.[583]

신명균도 같은 입장을 택한다. "단군의 자손은 대대로 이어서 1200년쯤 임금노릇을 하다가 뒤에 다시 북쪽으로 옮겨가서 부여나라를 세우다."[584]

장도빈은 단군조선에서 단군의 왕계가 어떻게 되었는지는 알 수 없다고 한다.

> 단군조선의 시초에는 단군이 임금이 되었지만 그 후의 일은 알 수 없다. 열국시대에 조선이 계속되었는데 그때의 조선왕계도 상세한 기록이 없다. 『위략』에 가로되 연이 조선을 침공하고자 하매 조선왕이 대부(大夫) 예(禮)를 연(燕)에 보내 평화를 보전했다고 한 바[585] 이때는 연왕(燕王) 쾌(噲)의 시대이다. 그러면 곧 약 2300년 전에 조선왕이 있은 것은 사실이다. 그 후에 연인 위만이 도중을 거나리고 조선에 귀화했다가 반란을 일으켜 조선왕을 처서 쫒고 왕검성 곧 평양을 우거하였은즉 이때까지 조선왕이 있던 것이 사실이다. 그런데 이 조선왕의 왕계가 어떤가. 그는 대개 조선 고대의 왕은 민중의 추대로 각금 왕이 되었은즉 조선왕이 대대로 전해진(世傳) 왕인지 아닌지도 잘 알 수 없다. 그런데 우리나라

583 유근, 「신정동국역사」, 157쪽.

584 신명균, 『조선역사』, 1-2쪽.

585 『魏略』; 『三國志』 「烏丸鮮卑東夷傳」 韓條. "燕自存爲王, 欲東略之, 朝鮮侯亦自稱爲王, 欲興兵逆擊燕, 以尊周室, 其大夫禮諫之, 乃止, 使禮西說燕, 不攻." 연이 조선을 노략하고자 함에 조선왕이 반격을 기획했으나 대부 예의 건의를 받아 중지하고 연을 설득했다는 뜻이다.

『한씨족보(韓氏族譜)』에 가로되 조선왕의 자손이 한씨(韓氏)가 되었다 하였은즉 조선왕의 성이 한씨이던 것으로 미루어 헤아릴 수 있고 후한서에도 조선왕의 자손이 한씨가 되었다고 했다. 그런즉 열국시대 조선왕은 그 성을 한씨로 한 것이라고 생각할 수 있다. 조선왕조가 망한 직후에 한도(韓陶)라는 사람이 있었다.[586]

조선왕의 계보는 알 수 없지만, 조선이 망한 뒤에 나중에 한씨가 되었다고 한다. 이는 기자조선을 인정하지 않고 위만조선 때까지 단군조선을 생존을 인정하기 때문이다.

『환단고기』와 『규원사화』 등은 구체적으로 고열가 단군 때 단군조선이 망했다고 주장한다. 북한도 이러한 입장에 동조한다. 북한의 『조선단대사』[587] 에서는 전조선, 후조선, 만조선을 택하고 있다. 전조선은 기원전 30세기 초부터 기원전 15세기 중엽까지, 후조선은 기원전 15세기 중엽부터 기원전 194년까지, 만조선은 기원전 193년부터이다.

여기서 특징적인 점은 전조선이 망한 것을 『규원사화』·『단기고사』 등을 인용하여 설명하고 있다는 것이다.

임금(고열가)이 갓 자리에 올랐으나 나라의 비용이 넉넉하지 못했다. 재정을 맡은 관리인 봉가가 왕기의 백성들에게서 공납을 거두어 겨우 충당했다. 백성들 가운데는 곡식을 바치어 비용을 보태는 사람도 있었다. 임금이 여러 가(加)들과 의론했다. "옛날 거룩한 우리 조상이 처음으로 나라의 터전을 닦고 왕업을 이룬 것은 만대 후손들의 본보기로 된다. 지금 왕실이 쇠약해져 제가(여러 귀족들)가 서로 강역을 침범하고 있으며

---

586 장도빈, 『국사개론』, 3쪽.

587 북한은 1990년대에 『조선전사』 33권을 편찬했고, 이후 고구려의 건국 연대 설정으로 『조선전사』 1-5권을 개작했다. 1993년 단군릉 발굴에 따라 『조선단대사』 38권을 내놓았다.

원방의 제후들 가운데 나의 명령을 받드는 자가 거의 없다. 비록 수도 부근의 백성들은 역대 임금들의 거룩한 교화를 못 잊어 아직도 충성을 표시하고 있지만 내가 덕이 없는 사람이다 보니 훌륭한 교화를 이루지 못하여 위엄을 세울 수 없다. 덕이 있는 사람에게 임금자리를 물려주자니 아무리 살펴보아도 거룩한 선조의 후손들 가운데 그럴 만한 사람이 없다. 나는 당장경으로 피해가 살면서 아사달에 들어가 조상들의 신령이나 받들려 한다"고 하니 여러 가들이 슬퍼하며 임금의 말을 따랐다. 임금이 제사그릇을 받들고 당장경에 내려가 아사달산에 자리를 잡았다. 왕기의 안의 백성들 가운데 따라오는 사람들이 매우 많았다.[588]

전조선 말기에 재정적인 위기와 지방 할거세력의 장성으로 인해 중앙권력이 약화되고 왕조를 유지할 수 없었다는 것이다. 이는 외적의 침입에 대한 어떠한 내용도 담지 않고 왕조 교체가 충돌 없이 진행되었다는 것을 뜻한다고 한다.[589] 그것은 곧 『규원사화』에 대한 인정을 뜻한다. "『규원사화』에서는 후조선왕조를 세운 인물에 대하여 따로 전하지 않았지만, 전조선의 쇠퇴·멸망 과정으로 보아 전조선 왕조의 근친이거나 인맥관계가 있었던 후왕급의 인물이었다고 볼 수 있다."[590] 또한 『단기고사』, 「단군세기」, 「태백일사」 등

588 북애의 『규원사화』 내용을 번역한 글이다. 「단군세기」는 약간 다르다. "재위 58년 계해 임금께서 어질고 인자하시나 우유부단하여 명령이 제대로 이행되지 않을 때가 많았다. 그리하여 여러 장수가 자신의 용맹을 믿고 화란을 자주 일으켰다. 나라 살림은 쪼들리고 백성의 기운도 더욱 쇠약해졌다. 3월 제천을 행하는 날 저녁에 오가와 더불어 의논하여 말씀하셨다. '옛날 우리 성조들께서 처음으로 법도를 만들고 국통을 세워 후세에 전하셨노라. 덕을 펴심이 넓고도 멀리 미쳐 만세의 법이 되어 왔느니라. 그러나 이제 왕도가 쇠미하여 모든 왕이 세력을 다투고 있도다. 짐이 덕이 부족하고 나약하여 다스릴 수 없고 이들을 불러 무마시킬 방도도 없으므로 백성이 서로 헤어져 흩어지고 있느니라. 너희 오가는 현인을 택하여 단군으로 천거하라.' 옥문을 크게 열어 사형수 이하 모든 포로를 석방하셨다. 이튿날 임금께서 마침내 제위를 버리고 산으로 들어가 수도하여 선인이 되셨다. 이에 오가가 6년 동안 국사를 공동으로 집행했다"(『환단고기』, 안경전 역주, 상생출판, 2012, 263-264쪽).

589 『조선단대사』, 과학백과사전출판사, 2011, 44-45쪽.

590 같은 책, 46쪽.

의 단군 관계 서적에서 보이는 단군의 이름은 전조선만이 아니라 후조선 또는 그 이후 시기까지 단군 칭호를 썼던 것이라고 한다.[591]

(6) 단군조선의 영토

단군조선의 강역에 대해 백봉은 「단군교포명서」에서 "단군시대의 영토를 북서는 삭막궁양(朔漠窮壤), 남동으로는 영해제도(瀛海諸島)"라고 추상적으로 제시한다. 삭막은 북쪽의 사막 지대를 말하고, 영해는 왕충(王充)의 『논형』 「담천(談天)」에서 "九州之外, 更有瀛海"라고 하여 큰 바다를 지칭하는데, 모두 구체적인 지명이 없다.[592] 특히 백봉이 교열하여 1909년에 발표된 「단군교오대종지포명서」[593]가 있고, 그 속에 지도인 〈배달신국삼천단부도(倍達神國三千團部圖)〉가 있다. 여기서 삼천단부는 영토적으로 이해하는 사고가 잘 나타나 있다.

> 지난날 삼천단부의 옛 땅은 우리 천조께서 하늘로부터 나누어 받아 친히 개척하시니, 자손들이 지역을 다투지 않고, 삼천단부가 합하여 세울 적에 함께 더불어 사는 땅이라 본시 네 땅 내 땅이 없었거늘, 몇 천 년이 흘러 중국 땅의 도적들이 침입하여 각 단부가 여러 번 빼앗기고 분열되니, 금일 난부를 한네 모이게 하여 옛 티전을 곤건히 완수하는 것은 단군 조정의 빛나는 영광을 회복하는 것이라.[594]

591 같은 책, 90쪽.

592 대종교종경구사편수위회, 『대종교중광육십년사』, 대종교총본사, 1971, 80쪽. 『대종교중광육십년사』는 대종교가 나철 등에 중광(1910)된 지 60년 뒤 1971년 강천봉(姜天奉) 등이 대종교의 역사를 정리한 책이다.

593 「단군교오대종지포명서」는 백봉이 1909년 10월 3일에 쓴 글이다. 오대종지는 敬奉祖神, 感通靈誠, 愛合族友, 安固基土, 勤務産業이다. 「단군교오대종지포명서」는 국학연구소에서 펴낸 『올소리』 7, 2008년에 전문과 번역문이 실려 있다.

594 「단군교오대종지포명서」.

이는 삼천단부를 영토적으로 이해하고 이것을 상실했기 때문에 회복해야 한다고 한다.[595]

박은식은 단군조선의 북쪽은 요심(요서·요동) 대륙이고, 남은 현해(남해), 동은 벽해(동해), 서는 황해라고 주장했다.[596] 그는 "선비산의 동쪽에 있어서 조선이라고 칭한다"고 한 안정복의 『동사강목』을 인용하여, 선비가 북쪽 경계라고 했다. 백두산은 동해빈(東海濱)에 있고, 황해빈(黃海濱)에 도읍을 정했다고 한다.

김교헌은 「단군강역고」에서 단군시대의 강역은 북쪽은 흑수이고, 남쪽은 조령, 동쪽은 큰바다이고, 서쪽은 요하라고 한다.[597] 기자가 봉해진 곳은 지금의 봉천부이고(『동사강목』), 발해와 요는 조선의 옛 땅이고(『渤海世家』, 『東史』), 마니산은 단군의 제천단이고, 삼랑성은 단군의 세 아들이 쌓은 것이다(『麗史地理誌』) 등을 근거로 제시한다.[598]

신채호는 초기 『독사신론』에서 단군조선의 강역을 "又其疆域이 北으로

---

595 김동환, 「선도사서에 나타나는 고구려 다물주의에 대한 연구」, 『선도문화』 1집, 235쪽 재인용. 김동환은 단군-고구려-구한말의 관계를 삼천단부와 다물주의를 연결하여 이해하고 있다.

596 박은식, 「대동고대사론」, 『우리역사 우리영웅』, 훈뿌리, 2008, 110쪽. 『대동고대사론』은 도산 안창호 문서가 독립운동기념관에 기증되었고, 이것을 신용하·한영우가 소개했다. 이 외에도 박용만이 1927년에 김노규의 『北輿要選』, 박용만의 『提倡朝鮮文化一二語』와 함께 『대동고대사론』을 묶어서 출판했다. 여기서 대동은 만주와 한국을 통틀어 부르는 말이다. 『몽배금태조』는 박은식을 가탁한 無恥生이 금태조를 뵈옵고 민족의 장래와 미래를 묻는 소설로, 김영호가 『신동아』 1975년 9월호에 기고했다. 조준희는 박은식의 『대동고대사론』, 『명림답부전』, 『천개소문전』, 『몽배금태조』를 2008년에 모아서 출판했다.

597 김교헌, 『신단실기』, 이민수 역, 훈뿌리, 1994, 121쪽. 『신단실기』는 1914년에 김교헌이 지은 책이다. 대종교의 역사적 연원을 밝힌 책이다. 19개 조목으로 되어 있다. 이 책에서 단군의 강역, 평양, 패수, 한사군, 백두산의 위치에 대해 서술하고 있다. 이러한 지역들은 단군의 강역을 정하는 데 기준이 된다.

598 윤내현은 삼랑성이 『고려사』에 단군의 전설로 나와 있다는 사실은 이미 고려 이전부터 전해지고 있고, 이는 고조선의 강역이 남쪽으로 강화도지역을 포괄하고 있다는 것을 뜻한다고 한다. 윤내현, 『고조선연구』, 일지사, 1995, 258쪽.

黑龍江, 南으로 鳥嶺, 東은 大海, 西는 遼東이라ᄒᆞᆫ즉"[599]이라고 한 데서 보듯이, 한반도·요동·만주의 대부분을 포함한 지역으로 보고 있다. 그리고 그는 단군조선의 중심부가 졸본부여에 처음으로 자리를 잡고서 그다음으로 요동으로, 한반도로 이동한 것으로 보고 있다. 신채호는 뒤에 『조선상고사』에서 북으로는 흑룡강, 남으로는 현해, 동으로는 태평양, 서로는 중국의 연해 지역과 연(燕), 동몽고를 포괄한다고 했다.[600] 신채호는 음운학을 적용하여 단군의 수도가 3개 있었다고 주창했다. 상경은 하얼빈의 완달산이며, 아사달은 이두문에서 ᄋᆞ스대이고, 송을 ᄋᆞ, 산을 대에서 왔다고 한다. 중경은 개평현 안시성 고허인 아리티이고, 남경은 지금의 평양으로 펴라에서 왔다고 한다. 본부는 ᄋᆞ스대에 있다고 한다.[601]

안확은 조선민족의 발상지는 흑룡강 부근이고, 발현지는 만주의 장백산과 송화강 부근이라고 한다.[602] 이는 장백산과 송화강에서 시작되어 흑룡강까지 넓혀졌다고 하는 것과 다른 견해이다. 조선민족의 지배를 받는 자로는 아이누족, 훈족, 한족 등이 있다고 한다. 치우는 구이 가운데 하나이고, 순임금은 조선인이고, 장량과 함께 진시황을 죽이려고 도모한 창해의 역사(力士) 등이 조선인이라고 한다.[603] 일본의 아이누족도 조선민족의 지배를 받았고, 치우를 구이의 하나로 넣은 것은 안확의 새로운 주장이다.

신태윤은 단군의 강역을 북으로는 흑수, 남으로는 우수(춘천), 동과 서로는 바다에 이르렀다고 한다.[604] 나중에 남으로는 열도, 동으로는 바다, 서로

---

599 신채호, 「讀史新論 二 地理」, 『대한매일신보』, 1908년 9월 2일.

600 신채호, 『조선상고문화사』, 박기봉 역, 비봉출판사, 2007, 387쪽. 『조선상고문화사』는 신채호가 1931년 10월 15일부터 1932년 5월 31일까지 조선일보에 40회 연재한 것을 간행한 것이다. 601 같은 책, 113쪽. 신채호는 조선사란 이름으로 조선일보에 1931 6.10-10.14일까지 103회 연재한 것을 안재홍이 1948년에 간행하고, 단재기념사업회에서 1972년 신채호전집중 『조선상고사』로 출판하고, 1977년 천관우 교열을 거쳐, 박기봉이 2006년에 번역 출판한 책이다.

602 안확, 『조선문명사』, 41쪽.

603 같은 책, 44-46쪽.

는 유주까지 넓혀졌다고 한다.

이윤재[605]는 「문답조선역사」에서 단군의 강역이 북으로는 흑룡강 서로는 요하까지 미치었다고 한다.[606]

장도빈은 단군조선의 강역을 북으로는 흑룡강, 남으로는 남해 제주도, 동으로는 동해, 울릉도, 서로는 난하라고 한다. 부여는 단군조선을 계승하여 북으로는 흑룡강에 접하기 때문에 흑룡강을 북쪽 경계선으로 하고, 서쪽으로는 『열하일기』에 난하의 서쪽에 고죽국이 있고, 고죽국은 백이·숙제의 나라이기 때문에 난하를 경계선으로 하고, 동으로는 모란강 하류까지인데 『후한서』에는 부여가 읍루를 정복했고 그 이전에는 숙신이 있었기 때문에 모란강을 서쪽 경계선이라고 한다. 장도빈은 단군조선의 강역에 울릉도와 제주도를 넣은 특징을 보인다.[607]

---

604 신태윤·신현동 역주, 『대한민국 正史』, 이담, 2011, 28쪽.

605 이윤재(1888~1942)는 본관은 광주, 호는 환산(桓山), 한메, 한뫼, 한산이다. 여기서 환산이나 한산은 모두 환(桓)인 환웅 환검에서 온 것으로 큰 산, 밝은 산을 뜻한다. 그의 단군에 대한 애정을 알 수 있다. 1888년 경상남도 김해시에서 부 이용준과 모 이임이 사이에서 태어났다. 1896년 서당훈장으로부터 우리가 자주국이 되었다는 이야기를 듣고 기뻐했다. 이때부터 그는 민족주의 정신을 키웠던 것이다. 1908년 김해의 농무회를 조직하였는데 이는 야학을 설립한 것이다. 1909년 김해공립보통학교 졸업, 연일 정씨와 결혼한다. 1913년 마산 창신학교에서 국어와 국사를 가르쳤다. 이때 제자가 이은상이다. 주시경에게 직접 배우지는 못하고, 김윤경을 통해 주시경의 『국어문법』을 사숙했다. 1919년 평북 영변의 숭덕학교 교사를 하다가, 3.1운동에 참여하여 평양감옥에서 옥살이 했다. 1921년 북경대학 사학과에 유학하면서 당시 중국의 상황을 국내의 『동광』등의 잡지에 소개하였고, 신채호와 교유했다. 1924년 오산학교 교사, 1925년 협성학교 교원을 하였고 수양동우회에 가입했다. 이는 기독교적인 단체이다. 1928년 『한빛』을 창간하였는데 이는 국학에 대한 전문적인 잡지였다. 계명구락부의 조선어사전 편찬에 참여하였고, 경신학교 교원, 조선어사전편찬회를 조직했다. 1930년 동덕여고 교원, 한글맞춤법통일안 위원이 되었고, 1931년 연희전문 교원, 1932년 『한글』 창간, 1933년 경신학교 교원, 중앙고보 교원, 1934년 배재고보 교원을 하였고, 진단학회 설립에 참여했다. 진단학회는 실증사학자뿐만이 아니라 민족주의자도 같이 참여했다. 1935년 감리교 신학교 교원, 1937년 수양동우회 사건으로 투옥, 1942년 기독신문사 주필을 했다가, 조선어학회 사건으로 고문받고 옥사했다.

606 이윤재, 「문답조선역사」, 『신가정』 2-5, 1934, 269쪽.

607 장도빈, 『국사개론』, 4-5쪽.

권덕규는 단군조선은 환족이 세웠고, 환족에는 여러 갈래가 있다고 한다. 북으로는 흑수(黑水, 흑룡강)부터 남으로는 우수(牛首, 춘천)가 있다. 그중에서 북쪽으로는 송화강 동북 지역에 있는 식신(息愼, 뒤에 肅愼)이 있고, 식신의 남쪽과 개마대산 동쪽에는 옥저(沃沮)가 있고, 그 밑에는 한(韓) 혹은 안(犴)이 있고, 오열(烏列, 요동)벌판과 한반도에는 예맥(濊貊)이 있고, 발해 북쪽 해안에는 영지(令支), 고죽(孤竹), 청구(靑丘)가 있다고 한다.[608]

안재홍은 단군조선을 상고사, 부여조선을 후상고사로 설정하고, 부여조선시대의 강역은 분명하지 않지만, 만주 지역으로 북으로는 흑수와 대흥안령, 남으로는 대동강을 넘어 한강 지역까지, 서로는 하북 산서까지, 동으로는 창해라고 한다. 하얼빈 부근의 阿什河, 阿什哈達은 아사달과 관계있는 지명이라고 한다.[609] 부여에는 고숙신성(古肅愼城)이 있는데 이는 발해의 상경 용천부 부근이고, 숙신의 옛 도읍이 있다는 뜻이다. 이 성은 예전에 평양성이라고 하고 있어 부여조선의 도읍지로 볼 수 있다.[610]이는 신채호와 같은 견해이다.

정인보는 고조선이 여러 나라를 아우르는 명칭으로 보았고, 발조선·진번조선·예맥조선·낙랑조선은 고조선의 강역 안에 있는 나라라고 한다. 고조선의 영역을 개원 이북과 흥경 이동까지로 보아 길림·봉천·흑룡강성까지라고 한다.[611]

---

608 권덕규, 『조선유기략』, 우리역사연구재단, 2009, 31쪽. 권덕규가 1929년 상문관에서 발행한 『조선유기략』을 2009년 정재승이 역주를 달아 우리역사연구재단에서 출판했다.

609 안재홍, 『조선통사』, 1941, 38쪽. 이강훈 등이 안재홍의 저작을 모아 1992년 지식산업사에서 『민세안재홍선집』 전4권으로 출판했다. 『조선통사』는 미완의 저작으로 1941년에 쓴 것이다.

610 안재홍, 『조선상고사감』, 344쪽. 『조선상고사감』은 안재홍이 1937~1941년에 쓴 원고를 1947년에 서울 민우사에서 간행했고, 김인회가 2014년 역주를 달아 우리역사연구재단에서 출판했다.

611 정인보, 『조선사연구』. 『담원 정인보 전집』 6권은 1983년 연세대학교 출판부에서 간행되었다. 그중 『조선사연구』는 1935년 1월 1일~1936년 8월 29일까지 『동아일보』에 「오천년간 조선의 얼」을 연재한 것으로, 서울신문에서 1946년(상)과 1947년(하)에 각각 발행되었다. 또한 문성재 역주로

정윤[612]은 단군조선 대신에 '한나라'라고 한다. 한나라는 단군부터 기준이 마한을 세우기 전까지 2140년이라고 한다. 단군조선의 영역은 "한검 時의 '한나라'의 범위는 白海(貝加里湖) 남, 황해 북의 종횡 幾萬里 山河이엇나니"라고 하여, 바이칼호수의 남쪽부터 황해 북쪽까지이다. 단군조선을 그는 한나라라고 하는 명칭으로 쓴다. 여기서 한을 檀, 桓, 韓 등의 한자로 쓰인다. 중국 사서에서 보이는 남한은 북쪽의 부여와 대칭되는 말이라고 한다. 남한은 단군조선의 일부분이라는 것을 뜻한다.[613]

이상에서 단군조선의 북쪽은 흑룡강(김교헌, 박은식, 신채호, 안확, 신태윤, 이윤재, 장도빈, 권덕규, 정인보)이 대부분이고, 그중에서 대흥안령(안재홍, 「단군교종지서」)가 있고, 바이칼호수(정윤)도 있다. 남쪽은 황해 북쪽(정윤), 춘천(권덕규), 한강(안재홍), 조령(김교헌), 남해(박은식), 현해(신채호), 제주도(장도빈) 등 다양한 견해를 보인다. 동쪽은 대부분 동해(박은식, 신태윤, 안재홍)이고, 울릉도(장도빈), 더 나아가서 태평양(신채호)까지라고 한다. 서쪽으로는 황해(박은식), 요하(김교헌, 신태윤), 난하(장도빈), 연나라(신채호), 산서(안재홍) 등 다양하다.

2012년 우리역사연구재단에서 다시 출판했다.

612 鄭潤(1898~1931). 함남 홍원 출신, 일명 신(信), 호는 일우(一雨)이다. 중광단에 입단, 1918년 무오독립선언에 참여. 1919년 8월 서일·김좌진과 함께 군정부 조직, 12월 북로군정서 인사국장. 1920년 총판부 간북북부총판부 재무관겸 참사. 1923년 대한독립군 대표로 국민대표대회에 참석. 1924년 상해 교민단 회계조사원. 1925년 신민부 연락부위원장. 1927년 경리부 위원장, 군민의회 민사부위원. 1929년 한족총연합회 부위원장. 1930년 한국독립당 선전부장. 1931년 길장현에서 피살됨. 1963년 건국훈장 국민장.

613 정윤, 『사지통속고』. 『사지통속고』는 1923년 조완구가 교열하여 상해 삼일인서관에서 간행되었다. 그는 중국 만주의 환족(桓族) 유적지와 요·금·청의 유적지를 답사하고 나서 중국의 21사와 『만주원류고』 등에서 전거를 찾아서 연구했다. 주로 한글과 만주어, 몽골어의 유사성에 주목하고 있는 점에서 의의가 있다. 이 책의 서문은 박은식이 썼다. 국학연구소에서는 부록 형태로 『국학연구』 15집(2011)에 수록했다. 심사자에 따르면 『사지통속고』는 본래 서강대도서관 소장본이고(현재는 분실), 일본학자(삿사 미츠아키)가 복사본을 국학연구소 측에 전해준 것이라고 한다.

2) 기자조선

기자가 조선에 가서 문명을 가르쳤다고 하는 기록은 『사기』, 『상서대전』, 『한서』에 나온다.

> 무왕(武王)은 이에 기자를 봉하고도 신하로 하지 않았다. 그 후 기자가 주왕(周王)을 조회하러 가기 위해 옛 은나라의 도읍지를 지나다가, 궁실이 이미 파괴되어 그곳에 곡식이 자라고 있는 것을 보고 상심하여 울고 싶었으나 하지 못했다. 운다면 부인네 꼴이 되는 듯하여 '맥수(麥秀)'[614]라는 시를 지어 노래했다.[615]

> 무왕이 은에게 승리하면서 공자 녹부(祿父)를 계승하고 기자(箕子)를 석방했다. 기자는 주(周)의 석방을 참지 못하고 조선으로 갔다. 무왕이 그것을 듣고 그를 봉하였으나, 기자는 이미 주나라의 봉함을 받은 터라 부득이 신하의 예를 올리지 않을 수 없었다. 그리하여 13년에(B.C. 1110년) 찾아갔다.[616]

> 은이 망하자 기자는 조선으로 가서 그 백성에게 예의(禮義)와 밭농사와 뽕나무(田蠶), 길쌈(織作)을 가르쳤다.[617]

기자조선에 대한 문제는 크게 셋으로 나눈다. 하나는 기자조선이 평양에

---

614 「麥秀歌」 麥秀漸漸兮 禾黍油油兮 彼狡童兮 不與我好兮.

615 『史記』 卷38, 「宋微子世家」. "武王 乃封箕子於朝鮮 而不臣也 其後箕子 朝周過故殷墟 感宮室毁壞生禾黍 箕子傷之 欲哭則不可 欲泣爲其近婦人 乃作麥秀之詩 以歌詠之."

616 『尙書大傳』 卷2, 「殷傳」 洪範條. "武王勝殷 繼公子祿父 釋箕子之囚 箕子不忍爲周之釋 走之朝鮮 武王聞之 因以朝鮮封之 箕子旣受 周之封 不得無臣禮 故於十三祀來朝."

617 『漢書』 卷28, 「地理志」. "殷道衰 箕子去之朝鮮 敎其民以禮義田蠶織作."

있다고 하는 경우이고, 둘은 기자조선이 중국 요서나 요동 지역에 있다가 평양으로 온 경우이고, 셋은 기자조선을 인정하지 않는 경우이다.

(1) 기자조선이 평양에 있다고 하는 경우

이는 조선시대의 관점을 벗어나지 못하는 것으로, 유근·황의돈·주시경이 속한다. 유근은 단군조선이 북부여로 천도하고 그 자리에 기자조선이 들어섰다고 한다.

> 개국기원전 2513년에 기자가 건국(建國)ᄒᆞ시다 기자ᄂᆞᆫ 성은 자(子)이오 이름은 서여(胥餘)니 은나라 탕왕의 후손이고 주(紂)의 삼촌이라 기(箕)의 땅에 자작을 봉한 까닭에 기자(箕子)라 ᄒᆞ니라. 주(紂)의 무도(無道)ᄒᆞᆷ을 보고 미자(微子)에게 알려 曰 상(商)이 망할지라도 나는 신하가 되지 않으리라 하고 머리를 풀고 미치광이처럼 하거늘 주(紂)가 감옥에 가두었더니 주(周) 무왕이 주(紂)를 토벌할 때 기자를 감옥에서 석방하고 도(道)를 물으니 기자가 홍범구주(洪範九疇)를 펼쳐 놓으시니라. 주 무왕이 천하를 통치하자 기자가 남녀 5000인을 이끌고 동으로 조선에 오니 시서와 예악과 의복과 복서(卜筮)와 백공기예(百工技藝)의 종류(類)가 모두 따라왔다. 이때에 단군의 후손이 북부여에 옮겨가고 임금의 자리가 비었는지라 국인(國人)이 기자를 추존하야 임금이 되거늘 평양에 도읍하고 국호를 조선이라 여전히 칭했다.[618]

기자도 마찬가지로 국인이 추대하여 왕이 되었다고 한다. 그리고 기자가 문화와 제도를 가져왔다고 한다. 이러한 주장은 유근이 대종교에 입교하기 전의 생각을 기술한 것이다. 대종교에서는 기자의 문명설을 인정하지 않는다.

618 유근, 「신정동국역사」, 158쪽.

백성을 예의(禮義)로써 가르치며 토지제도(田制)를 정하며 팔조(八條)의 가르침을 설하니 살인자는 목숨(命)으로써 배상(償)케 하고 상해를 입힌 자는 곡식(穀)으로써 배상케 하고 도둑질한 자는 남자는 그 집에 노예가 되고 여자는 노비가 되게 하니 이 때문에 백성이 서로 도둑질 하지 않고 부인이 절개가 있으며 논과 밭이 개간되고 음식을 제기에 올리니 인과 현(仁賢)의 교화가 있다.[619]

팔조법금도 기자조선시대의 유산으로 보고 있다. 아울러 기자의 맥수가도 긍정하고 있다.

백마(白馬)로 주(周)에 손님이 될 때 주(紂)의 옛날 궁궐의 빈터(故墟)를 지나다가 고국을 추모하다 맥수가(麥秀歌)를 지으니 曰 "보리 이삭은 수곳수곳하며 벼 폭이는 더북더북하도다 저 악한 아이여 왜 나를 좋아하지 아니하였는가(麥秀漸漸兮여 黍稷油油로다 彼狡童兮여 不如我好兮로다)." 상나라 남은 백성이 눈물을 흘리지 아니 하는 이 없더라.[620]

(기자가) 재위 40년에 돌아가시니 춘추가 93이라 평양 북토산(北兎山)에 장사지냈다.[621] 후손이 연왕(燕王) 쾌의 장수가 동쪽을 노략질함을 보고 연을 정벌하고자 하거늘 대부 예(禮)가 간쟁으로 저지한대 예로 하여금 연왕에 가서 유세하여 연이 또한 그치더니 그 후에 연이 진개(秦開)를 파견하여 우리 서쪽을 공격하여 땅 2000여리를 취하고 반반한(滿潘汗, 지금의 요동)에 이르러 경계가 되었다. 기자 40세손 부(否)가 돌아가시고 아들 준(準)이 자리에 올랐다. 이때 중국 연과 제(燕齊)의 백성이 진(秦)의 난리를 피하여 조선에 망명한 자가 수만이더라. 연인(燕人) 위만(衛滿)이

619 같은 책, 159쪽.

620 같은 책, 159쪽.

621 『東史綱目』 卷1.

망명하여 와서 항복하고 서쪽 경계를 막는 자리(西界蕃屛)됨을 구하거늘 왕이 믿고서 박사(博士)를 제수하고 규(圭)를 내리어 백리의 땅을 봉하고 서비(西鄙, 지금의 盛京省)를 지키게 하였더니 위만이 서비에 거하면서 망명당(亡命黨)을 모아서 그 무리가 점점 많아지자 사람을 파견하여 왕에게 거짓으로 고하되 한나라 군대가 10개의 길로 장차 이르니 청컨대 들어가 숙위하겠노라 하고, 왕을 마침내 습격하거늘 준이 싸워서 대적하지 못함으로 좌우 궁인과 나머지 수천인을 이끌고 바다로 도망가서 남쪽으로 달아나 마한지역에 거하니 기자의 전해진 세대는 41이오 기간은 929년이다.[622]

유근은 기자조선을 단군조선의 후계로 인정하고, 기자조선의 마지막 왕 기준이 마한으로 도망갔다고 한다.

황의돈은 기씨조선을 기원전 1122~기원후 194년간이라고 본다. 기자가 부하 5000인을 데리고 평양에 왔고 그의 후손이 기자조선을 창건했다고 한다. 단군조선을 거쳐 기자조선 때 대국이 되었다고 한다.

기자는 본래 지나 은나라(殷國)의 왕족으로서 성은 자(子)요 명은 서여(胥餘)며 기국(箕國)의 자작(子爵)임으로 기자(箕子)라 하나니 은의 왕실이 주후희발(周候姬發, 무왕)에게 망함에 그의 신복이 됨을 부끄럽게 여기고 분노하여 지금으로부터 3044년(기묘)에 부하 5000인을 거나리고 조선에 망명하자 단조(檀祖)가 그를 긍휼히 여기어 평양(平壤) 부근의 지방을 할여(割與)함으로 기자가 그에 타향으로 거주(僑居)하더니 마침내 단조(檀祖)의 명령이 떨치지 못하여 천하가 혼란함에 이에 기씨의 세력이 점점 강성하야 독립의 국가를 건설하고 국호를 조선이라 여전히 칭하고 국도를 왕검성에 정하니 이가 기씨조선의 창국(創國)이라. 그의 후손이 계

622 유근, 「신정동국역사」, 159쪽.

승하기 누백년에 국력이 팽창하야 국경이 동은 예·맥, 서는 요서, 서북은 부여, 동북은 옥저, 남은 열수(한강)에 도달하야 엄연한 대국이 되얏나니라.……기씨조선은 나라를 통치(享國)하기 900여 년간에 국력이 대창하야 서로 지나의 연국(燕國)과 누차의 국경쟁탈전이 맹렬하였고 동으로 동옥저(일명 남옥저)·예·맥 등 국이 신하로 복속(臣屬)하더니 41세 애왕(哀王, 準) 때에 이르러 지나 연인(燕人) 위만(衛滿)이 상투를 묶고(魋髻) 와 오랑캐 복장(蠻服)으로 1000여인을 거나리고 망명하여 항복함으로 애왕이 그를 긍측히 여겨 박사관(博士官)을 배임하고 백리의 지방을 할여하야 서비(西鄙)를 수비하게 하엿더니 이윽고 위만이 반하야 국도 왕검성을 습격함으로 애왕이 그를 막다가 마침내 패하여 도망가니 기씨조선이 창국 이후 41세 929년 만에 망한지라 거금 2116년(정미)이러라.[623]

신명균은 구체적으로는 기자가 조선 땅 어디에 왔는지는 설명을 하고 있지 않다. 기자는 왕이 되지 못하고 자손에 와서 왕이 되었다고 한다.

지나(은) 사람 기자가 자기 나라 난리를 피하여 조선 땅에 와서 살다가 그 자손이 임금노릇을 하게 되어 한창 강성할 때에는 만주 남쪽과 반도 서북쪽까지 차지하다.[624]

주시경은 기자 관련을 한글로 번역하면서, 기자가 조선에 와서 왕이 되었다고 하는 기자조선을 인정한다.

긔ᄌ(기자)의 셩은 ᄌ(자)시(씨)오 휘는 서여이니 샹나라 님군 쥬(주)의

623 같은 책, 159쪽.

624 같은 책, 159쪽.

당숙이요 벼솔(벼슬)은 태ᄉᆞ(태사)라 쥬나라 무왕이 샹나라를 차지ᄒᆞ매 긔ᄌᆞ이니 그 나라이 망홈을 통분히 녁여(여겨) 동으로 죠션에 이르러 왕이 되니 샹나라 없이 다시 이어졌더라. 긔ᄌᆞ 원년 긔묘(기묘)는 쥬무왕 십년이요 서력 긔원(기원)젼 일쳔일백이십이년이더라 그 후에 긔ᄌᆞ이 션왕 릉소에 비이러(빌러) 갈새(갈 때) 샹나라 엿 도읍을 지내다가 궁궐이 퇴락ᄒᆞ고 그 터의 덧거침(황폐함)을 보시고 마ᄋᆞᆷ(마음)이 샹ᄒᆞ어 밀이삭 노래를 ᄆᆞᆫ돌어 가ᄅᆞ되 "밀 이삭은 수굿수굿 홈이여 벼 폭이(포기)는 더북더북ᄒᆞ도다 저 악ᄒᆞᆫ 아해여 왜 날을(나를) 조하ᄒᆞ지(좋아하지) 안이(아니) ᄒᆞ엇는고" ᄒᆞ매 샹나라 남은 백셩이 눈물을 흘리지 안이 ᄒᆞ는 이 업더라.[625]

(2) 기자조선을 부분적으로 인정하는 경우

기자조선이 요서 혹은 요동 지역에 있다가 평양 지역으로 옮겼다고 하여 부분적으로 인정하는 경우이다. 이에 속한 학자로는 「단군교포명서」, 김교헌, 박은식, 신채호, 권덕규, 김윤경, 안확, 정윤 등이다.

「단군교포명서」에서는 기자가 동래하여 평양 한쪽 구석에 있었고 단군을 받들었지만, 기자의 후손이 준왕 때 중국의 홍범과 주역점서만을 믿고 태만히 했다가 전라도 금마 지역으로 축출되었다고 한다. 여기서 평양은 본토 사람과 구별되는 것으로 보아 아마도 중국 서쪽 지역을 가리키는 것으로 이해된다.

나라를 세우신 지 천여 년 사이에는 성자신손(聖子神孫)이 대대로 이어져 겨레가 더욱 번성해지며 다스려 북돋움이 널리 미치어, 온화한 바람에 상서로운 햇빛 비치듯 태평연월 속에 복록이 성대하고 풍족하니, 은나라의 기자(箕子) 또한 받들어 조회하여 오기에, 그 곤궁한 투신의 실제

625 주시경, 「기자」, 『주시경전서』 2.

모습을 불쌍히 여기시어 평양 한 모퉁이에 편히 살도록 맞아주었더니, 기씨의 자손이 그 두터운 은덕에 감격하여 대황조님을 받들어 모심이 본토 사람들보다도 더욱 간절하여 대를 이어가며 정성을 쌓음이 깊어지고 생활에 배어들어 양자(養子)의 계통을 나누어 받았으나, 기준(箕準)에 이르러 홍범의 점괘만 오로지 믿고 대황조님을 숭봉함이 점점 갈수록 태만하다가 금마(金馬. 지금의 전라북도 익산)로 쫓겨나게 되었다.[626]

김교헌은 단군이 신이 되고, 그 이후 단군인 서울 임금이 부여의 옛 도성이 비어서 그곳으로 도읍을 옮기고, 국호를 부여로 바꿔 부르게 되었다고 한다. 여기서 서울 임금이 누구인지를 분명하지 않다. 기묘년에 기자가 주나라를 피하여 난수와 요수의 비어 있는 땅으로 망명하여 살았고, 그 땅이름 때문에 조선이라고 했다. 기자조선이다. 그 후 기자의 자손이 강성하여 도읍을 동평양으로 옮겼다. 그러다가 기준에 이르러 위만에게 서쪽 경계를 맡겼다가 빼앗겼다고 한다. 기자조선은 929년 동안 존재했다.[627] 위만의 손자 우거왕 때 내홍이 일어나 살해되고 나라도 망했다고 한다. 여기서 특징적인 점은 기자가 지금의 한반도 평양이 아니라 중국의 요서 지역이 난수와 요수 지역에 있다고 한 점이다.

박은식도 기자가 처음 동래한 곳은 요서 유주의 영평부이고, 은·주 교체기에 단군조선의 한 모퉁이인 영평부 조선현에 은나라 유민을 이끌고 통치하기 시작하여 정치와 종교가 융성했고 주 무왕도 그것을 인정하여 조선후라는 작을 받게 되었다고 한다. 단군조선의 시작은 백두산이고, 평양과 유주까지 미쳤으며, 단군조선 때 유주에서 시작하여 평양과 열수에까지 이르렀다고 한다.

626 「단군교포명서」.

627 김교헌, 『신단민사』, 훈뿌리, 2006, 39쪽.

대개 기자는 은나라가 주나라의 혁명을 당함에 즈음하여 단지 주나라 판도 밖으로 피신할 수 있으면 충분했다. 그가 동쪽으로 나와 연나라를 넘어서 이른바 조선현을 얻으니 곧 단군조선의 구석진 땅이었다. 드디어 이곳에 정착하여 은나라 유민과 함께 한 부락을 이루었는데, 이때 단군은 기자가 성인의 덕이 있다는 소문을 듣고서 그들이 조선현에 속한 구역을 다스리게 했다. 기자가 정치와 교화를 행하고 예의를 일으키자 동방에서 성인이 있는 나라가 되었고, 조선인민들도 소문을 듣고서 군이 유주 가까운 지방에 몰려들었다. 이러한 까닭에 주나라 무왕이 벼슬을 맡기고자 했으나 기자는 기어이 그의 신하가 되지 않으려고 종신토록 자정했다. 그러나 그 자손들에 이르러 주나라의 벼슬을 받았다.……기자는 그 처음에 영평부 지경 안 조선성에서 살고 있다가 그 자손대에 이르러 점차로 국경을 개척해서 남쪽으로 평양까지 와 도읍을 설치했다. 또 남쪽의 열수까지 개척하여 모두 기자의 소유가 된 것이며, 그때 단군조선은 미약해져서 쇠퇴하던 상황이었다.[628]

평양에 있는 기자릉과 정전 유적도 모두 후대에 만들어진 것이라고 박은식은 비판한다.

기자릉이 토산에 있는 것도 마찬가지로 그 후손이 여기에 옮겨 받든 것이다. 정전이 평양 외성에 있는 것은 『평양지』에 의거하면 지금으로부터 4백 년 전 감사 이정제가 정전의 유제를 모방하여 그 논두렁과 밭골 이랑을 그려서 이르기를 '정전 구역'이라 했다.[629] 밭을 정(井)자로 구

628 박은식, 『우리역사 우리영웅』, 113쪽.

629 이정제, 「箕子宮舊基碑」. "삼가 『기자지(箕子誌)』를 살펴보니, '기자궁(箕子宮)의 옛터가 평양 정양문(正陽門) 밖에 있다' 했고, 또 '정전(井田)이 평양 외성(外城) 안에 있다' 했다. 그 정전은 기자가 구획했는데, 자취가 뚜렷이 남아 있다. 내가 그 마을을 상고해보니, 경전에 실려 있는 바이다. 그런데 우리 태사(太師)이신 기자(箕子)의 구궁(舊宮) 터가 사람들에 의해 농경지로 경작되고 목장으로 쓰여지

획한 성왕의 제도였다. 천하의 옛 선비들 기록에 이를 사모하지 않은 이가 없었으니, 중국 사람들이 평양에 오게 되면 반드시 여기 정전에 찾아와서 글로써 기록하고 시로써 노래하며 그 얻은 바를 지나치게 과장하여 세상에 떠벌리니, 이리하여 평양의 정전이 드디어 기자가 구획한 사실로 되어버렸다. 그 사실을 규명해보자면 요순과 삼왕시대의 정전이 주나라 말에 폐지됨이 오래였는데 기자의 정전이 어찌 홀로 3천여 년 뒤까지 있었다고 하는가? 또한 기자가 나라를 다스림에 우물 정자로 그 밭을 구획했다면 마땅히 사방을 두루 실시했을 텐데, 어찌 외성의 한 구역만 했겠는가?[630]

신채호의 기자조선에 대한 관점은 전기와 후기로 나뉜다. 전기는 『독사신론』의 관점으로 기자가 한반도의 평양에 왔다는 것이고, 후기는 그 이후 『조선상고문화사』와 『조선상고사』 「전후삼한고」의 관점으로 기자가 중국의 요서 지역으로 왔다는 것이다.

먼저 『독사신론』에서 신채호는 기자가 동쪽으로 오자 부여왕으로부터 작위를 받아 평양에서 정치와 교화를 폈다고 보았다. 여기서 부여왕은 주인이고 기자는 신하이며 부여 본부는 왕도이고 평양은 속읍이었다고 한다. 기사 초기의 봉지는 100리에 불과하며 직위는 하나의 관직에 지나지 않으며 정전제와 팔조법금도 평양 이외에는 나타나지 않았다고 한다. 기자가 죽고 부여왕조가 쇠태하자 기자 후손이 이를 틈타 고조선 영역의 2/3를 차지했다고 한다. 후기에 신채호는 기자가 동래했지만 평양에 온 것이 아니라 중국 요서 지역에 온 것이며, 이것도 수두교라는 신앙의 조국을 찾아서 귀순한 것

니, 심히 개탄스럽다. 또 진(秦)·한(漢) 이래로 국토를 겸병(兼幷)하는 자들이 세상에 나온 결과 천하에 정전제도(丁田制度)가 사라지고 말았다. 그러나 오직 기자가 머물렀던 평양에만 정전의 터가 남아 있으니, 참으로 희귀한 일이다"(한국금석문종합영상정보시스템).

630 박은식, 『우리역사 우리영웅』, 116-117쪽.

이라고 한다.[631] 신채호는 수두-삼조선으로 보고 조선 안에 신·불·말조선이 있었다고 한다.[632] 삼조선 가운데 불조선에서는 기자의 후손인 기준이 왕이 되었고 뒤에 위만이 들어와 왕이 되었다. 신채호는 기자의 문명을 인정하지 않는다.

> 기자가 조선에 도망쳐 온 것은 상나라가 주나라에 의해 망함과 동시에 상의 국교인 수두교가 압박을 받게 되었으므로 고국을 버리고 수두교의 조국으로 돌아온 것이다.[633]

신채호에 따르면 단군왕검이 중국의 홍수를 구제해주기 위해 아들 부루를 우임금에게 파견하여 치수 방법을 가르쳐 주었고 아울러 신서를 주었는데 그것이 홍범구주이다. 그래서 상나라에서는 수두교가 유행했는데, 주나라에 의해서 멸망되자 기자는 수두교의 고향인 조선으로 도망쳐 왔다는 것이다.[634] 기자는 조선에 문물을 전해준 것이 아니라 망명객 아니 귀순용사에 지나지 않았던 것이다. 기자는 단군에 복속했고, 그 뒤에 강성하게 되었다.

---

631 박준형은 신채호의 이러한 사관이 상고시대의 조·중 관계사를 문화적 우열관계에서 이해하고자 하는 것이 특징이라고 한다. 즉 종래의 우열관계를 역전시킨 것이다. 박준형, 「한국근현대 기자조선 인식의 변천」, 『고조선사연구 100년』, 학연문화사, 2009, 102쪽.

632 윤내현은 신채호의 삼조선설이 『사기』 「조선열전」을 잘못 독해한 것이라고 한다. 『사기』 「조선열전」의 眞番朝鮮을 신채호는 眞(신)番(번)조선으로 읽고 『사기색은』에서 莫으로도 읽는 것에 착안하여 삼조선을 주장하는데, 윤남한은 진번과 조선으로 읽어야 한다고 한다. 그러나 조선이 대왕과 번왕으로 나누어 통치했다고 하는 점은 신시(선인들이 거주한 종교적 성지)- 아사달(단군일족들이 거주한 큰 서울)- 國邑(渠帥와 일족이 거주한 큰 마을)- 邑의 국가체제와 비슷한 점이 있다고 한다. 윤내현, 『고조선연구』, 456쪽.

633 신채호, 『조선상고사』, 박기봉 역, 비봉출판사, 2006, 102-103쪽.

634 같은 책, 100-101쪽.

단군 1900여년(기원전 434년)경에 기조의 35대왕이 나와서 선대의 큰 축적과 전국의 부를 가지고서도 여전히 소국의 위치에 있음을 부끄럽게 여기고 드디어 진변의 군현들을 엄습하여 차지하고 서쪽으로 나아가 선비를 정복하고 고죽국을 멸망시키니, 이에 기조의 땅이 매우 넓어져 남으로는 한강을 경계로 하고, 북으로는 부여와 접하고, 서로는 연과 접하고, 동으로는 진한의 남부 산맥 곧 단단대령(單單大嶺)으로 경계를 삼아 강국이 되니, 이에 진한·변한이 기조의 침공을 막기 위하여 양국이 연합하여 드디어 진변이라 부르게 되었다.[635]

기자의 후손들이 들어와 기씨조선을 만들어 한반도 북부 지역을 차지했다는 것이다. 대부 예(禮)는 불한의 모사로서 불한을 권하여 신한으로부터 독립하게 하고 삼조선의 분립을 주동했다고 한다. 그리하여 조선에서 신조선의 후손인 진한과 기자가 패자가 되었다는 것이다.

권덕규는 기자조선에 대해서 두 가지 학설을 주장한다. 전기는 예맥조선설이고 후기는 기자조선을 인정한다. 먼저 기자조선설은 허구이고, 대신에 예맥조선설을 주장한다.

예맥의 일족은 요수(遼水) 동서(東西)에 있다가 한인(漢人)과 섞이며(雜處) 부여 초기로부터 예맥조선이란 명칭하에 정교(政教)를 함께하더니 21세기경부터 한인 가운데 은인(殷人) 기자의 동래건국설(東來建國說)을 주창하야 이 기자조선설이 유포되며 조선에 한인(漢人)의 운집이 성대하야 후 기원전 22세기 초 연(燕)과 전쟁해서 패하고 국토를 잃어버리고 양백지(梁貊[636]地)로 붙어 점점 동쪽으로 옮겨가 낙랑(반도 서북부)에 들어

635 신채호, 『조선상고문화사』, 147쪽.

636 권덕규는 맥에 9종이 있다고 한다. 梁貊, 句麗貊, 眞番貊, 小水貊, 胡貊, 樂浪貊, 東貊 등을 말한다.

> 가 국체(國體)를 보존하다가 연나라 망명인 위만의 침습한 바 되어 나라를 전부 잃어버리니 때는 2140년이다.[637]

다음은 기자조선이 있지만 서쪽에 있다가 한반도 북부에 들어온 것이라고 한다.

> 기자조선은 조선의 서쪽에 조선 겨레와 다른 겨레가 섞여 사는 호맥(胡貊)이 있었는데, 단기 20세기와 단기 21세기의 두세기를 걸쳐 중국 사람이 전란을 피하기 위해 이 호맥지(胡貊地)에 들어와 나라를 건설한 것이고, 그 영토가 하동(河東)으로부터 한반도 북부에까지 걸쳐 들었다고 한다.[638]

둘의 입장 차이에도 불구하고, 권덕규는 기자가 중국 변방에 있다가 후손 때 낙랑 지역으로 진출한 것으로 보고 있다.

김윤경은 삼한의 진한을 서술하는 조목에서 진한이 진시황을 피해서 온 것이라고 하는 주장도 기자동래설과 마찬가지로 지나인의 자만심 또는 사대사상에서 온 것이라 주장한다. 이 점을 볼 때 그는 기자동래설을 인정하지 않는다.[639] 그는 박지원의 『열하일기』에서 평양이 중국의 봉황성이라고 하는 것을 인용하면서 다음과 같이 서술한다.

> 그러한즉 봉황성이 과연 평양인가. 이것이 기씨(箕氏)·위씨(衛氏)·고씨(高氏)의 도읍한바 평양이며, 당서(唐書) 「배구전(裵矩傳)」에 이르되, 고려는 본래 고죽국(孤竹國)인데 주(周)는 기자(箕子)로써 봉하고 한은 4군을

637 권덕규, 『조선유기』, 10-11쪽

638 권덕규, 『조선유기략』, 40쪽.

639 같은 책, 19쪽.

나누었다 하니, 이른바 고죽의 땅은 지금에 영평부(永平府)에 있던 것이며, 또 광녕현(廣寧縣)에는 옛적에 기자묘가 있어서 면류관을 쓴 소상(冕冠塑像)을 받들더니 명나라 가단(嘉端. 1522~1566. 世宗의 시대) 때에 병화에 타버리엇는데, 광녕(廣寧) 사람이 혹 평양이라 하며 『금사(金史)』와 『문헌비고(文獻備考)』에 다 광녕·영평은 기자의 봉지(封地)라 하엿스니, 이로써 보면 영평·광녕의 사이가 하나의 평양이며, 『요사(遼史)』에 발해(渤海) 현덕부(顯德府)는 본래 조선 땅이며 기자의 봉한바 평양인데 요(遼)가 발해를 파하고 동경(東京)이라고 지엇다 하엿으니, 지금의 요양현(遼陽縣)이 이것이다. 이로써 보면 요양현이 하나의 평양이다. 나는 생각하건대 기씨가 처음에 영평·광령의 사이에 거하다가 뒤에 연나라 장수 진개에게 쪼개어 2000리의 땅을 잃어버리고 점점 동으로 옮기기를 마치 중국의 진(晉)과 송(宋)이 남쪽으로 옮겨간 듯 할 듯 그치는 곳마다 다 평양이라 하엿는데, 지금의 대동강변의 평양도 그 하나면 패수(浿水)의 이와 같아서 고구려의 강역이 이때를 따라 증감이 있으매 패수의 이름도 따라 옮기기를 마치 중국의 남북조 때에 주국(州國)의 명칭이 서로 교치됨과 같다.[640]

기자가 도읍했던 평양이 한국의 평양이 아니라, 처음에는 중국의 영평현과 광령현 사이에 있다가 다음에는 요서 지방의 요양현으로 옮겨가고 마지막에는 대동강의 평양이 되었다고 한다. 동쪽으로 가면서 평양이란 지명이 생겼다고 본다. 그래서 기자조선은 한반도에 있는 것이 아니라 중국의 요서 지역으로 보는 것이다.

안확은 단군조선이 각자 분열되면서 삼천단부는 독립적인 활동을 하게 되는데, 이때 부여·삼한 등 몇 개의 대방(大方)으로 나뉘고, 그중 하나가 기자조선이라고 한다.

640 김윤경, 「역사적으로 본 평양」, 『한결김윤경전집』 7, 연세대학교출판부, 1985, 222-223쪽.

단군 뒤 1200년경 은 말 주 초 무렵에 한족의 망명객이 많이 왔다. 그 망명객 중에 은나라의 국족 기자라고 하는 자가 있어 스스로 왕이라 일컫고 그 일대의 지역을 결합하여 1단부를 완성하였으니, 소위 기자조선이라고 하는 것이 바로 이 새로 설치된 단부를 가리킨 것이다.[641]

안확은 기자조선의 실재를 인정하는데, 삼천단부 중 하나에 불과하다고 한다. 기자조선과 단부를 연결한 것이다.

그러나 그 판도를 점차 증가하고 늘려서 전체 조선 주부 일대를 차지하더니 그 마지막에 이르러서는 서쪽으로 연국(燕國)이라는 강대국을 만나서 그 땅 2000여리를 할양하고 퇴각하여 만번한(즉 지금의 압록강 하류)을 국경의 경계로 정했다.[642]

기자조선이 조선의 중심부를 차지했다가 나중에 연나라에게 밀려나 압록강 지역을 경계로 했다고 한다.

이 신설 단부 즉 기자조선의 제도는 세습군주제이고 그 법률은 소위 팔조지교라고 하는데 지금에 와서는 고증하기 어렵다. 또 그 역대 사적도 800년간 들어보지 못한 일이다.[643]

안확은 기자조선의 팔조법금과 사적을 고증하기 어렵다고 한다. 실질적으로는 이들을 부정하는 것이다.

정윤은 기자의 실재성을 인정하지만, 기자조선은 중국 요서 지역인 영평

641 안확, 『조선문명사』, 74쪽.

642 같은 책, 74쪽.

643 같은 책, 74쪽.

에 있었다고 한다. 한검의 팔조법금을 받들고 홍범구주를 주 무왕에게 가르쳤다고 한다. 여기서 팔조법금과 팔관의 연관성을 말하는데 증거를 제시하지는 않는다.

> '수유나라(胥餘國)'는 亦曰 '기씨조선(奇氏朝鮮)'이니 '수유나라'도 평야(平野)에 도읍하엿음으로 '됴션'의 명칭을 얻은 것이오 국호는 '수유'니라. 기원1112년(기묘)에 은인 기자가 주(紂)를 피하야 5000인으로 더불어 동쪽으로 달아나 '수유나라'를 세웠으니 그 땅은 즉 지금 직예성(直隸省) 진해도(津海島) 노룡현(盧龍縣)이니,[644] 이것이 옛날의 영평(永平, 平壤)이라. 이때에 주나라 도읍이 하남(河南)에 있었으니 기자가 철천(徹天)의 망국한(亡國恨)을 품(抱)치 않었으면 이슬맺힌 땅(露地) 3000여리를 산을 오르고 물을 건너(拔涉) 영평(永平)에 이르치 못한 것이며 겸하야 한검의 성덕인풍(聖德仁風)을 절대앙모(絶對仰慕)하엿으므로 일토산인(一土山人) 왕수긍(王受兢)[645]을 스승으로 섬기고 팔조금(八條禁. 한검께서 說한 八關又八不)을 봉행하며 구주(九疇. 한검의 九變局圖) 홍범(洪範)을 배워서 주 무왕(周武王)

644 지금의 허북성 秦皇島市와 唐山市 사이에 있다.

645 『三一神誥』「奉藏記」에는 "후조선기(後朝鮮記)에 기자가 일토산인 왕수긍(箕子聘一土山人王受兢)을 초빙하여 은나라 문자로(以殷文) 삼일신고를 단목에 쓰고 읽었다(書神誥于檀木柹而讀之)"라고 한다. 왕수긍의 관직은 사사(士師)였다. 사사를 군 통솔자 또는 재판관이라고도 하지만, 토지와 민사(民事)를 맡아보았던 사공(司空)의 이칭인 것 같다. 그는 본디 하후씨(夏后氏)의 13세손 조명(祖明)의 후예이다. 조명은 유루(劉累)와 더불어 요룡(擾龍)에서 수학했는데, 유루가 도망하자 조명도 함께 동해 가운데 해가 뜨는 근원지인 평양으로 피해 와서 살았다. 그런데 기자(箕子)가 동쪽으로 와서 팔조지교(八條之敎. 사회질서 유지를 위하여 기자가 만들었다는 8개조의 금법)를 베풀게 되었는데, 나랏사람들이 그를 천거하여 '사사'로 삼았으므로 주자(冑子. 왕부터 경·대부에 이르기까지 지배층의 대를 잇는 적장자)를 가르치고 백성을 교화하며 좋은 풍속을 이루었다. 그 공을 기자가 가상히 여겨 왕씨성(王氏姓)을 내려주었다. 이는 대개 그가 살고 있는 곳이 해가 떠오르는 땅이므로 흙 '토(土)'자에다 방점(傍點)을 올려서 가로로 길게 그은 것이다. 그의 57세손인 왕렴(王廉)은 기준왕(箕準王) 때 주국(柱國)이 되었다. 그 밖의 후손들 중 신라왕의 신하가 된 인물도 있었다. 그러나 이 같은 기록에 대한 신빙성에는 의문의 여지가 많다(『민족문화대백과사전』).

을 가르친 것이라. 그 강역이 동은 해(海, 渤海)에 다다르고 서남(西南)은 백하(白河)[646]를 경계로 하고 북은 지금 열하(熱河)와 찰합이(察哈爾)[647]의 남반부를 영토로 하엿고 929년을 지나서 기준 때에 연인 위만에게 내쫏겨 기준 마한(黃海半島)에 들어갔고……[648]

『禹貢』에 「錐指」[649]曰 조선은 즉 우이(嵎夷, 直隸海峽이 嵎夷오, 山東半島가 萊夷)니 기자의 봉토를 받은 곳이라 하고……[650]

정윤은 기자가 봉토를 받은 곳이 요서이고 이곳은 우이가 살던 곳이라고 한다. 이러한 주장은 청나라 학자 호위를 인용한 것이다.[651]

『통지(通志)』[652] 「민속략(民族略)」에 云 부유(鳧臾)는 부여(夫餘)의 음이 전환된 것이고 기자의 이름 서여(胥餘)가 어떤 경우에는 수유(須臾)니 아마도 부(鳧)와 서(胥)는 옛날에 서로 가까웠고, 유(臾)와 여(餘)는 옛날에 서로 통했다고 하엿으니 기자가 부여를 명계(螟系)하야 서여(胥餘)라 한 것이로다.[653]

---

646 하남성 南陽市를 흐르는 강으로 漢水에 합쳐진다.

647 민국시대 성. 지금의 내몽고, 하북성, 산서성, 북경 지역을 통합한 성이다. 여기서는 내몽고 지역을 뜻한다.

648 정윤, 『사지통속고』, 9쪽.

649 『禹貢錐指』는 하나의 책이다. 정윤은 『우공』의 「錐指」 편으로 이해했지만, 『禹貢錐指』는 淸代 胡渭가 쓴 책이다. 호위는 『상서』 「우공」 편을 주석하여, 우공의 지리적 관계와 시대적 변천을 기술했다. 강희 36년에 완성하고 41년에 출판했다.

650 정윤, 『사지통속고』, 10쪽.

651 『禹貢錐指』. "청주(靑州)는 바다에 닿아 있으며 요동과 우이(嵎夷)의 지역을 포함하고 있다. 순(舜) 임금이 청주를 고쳐서 영주(營州)라고 하였는데, 요동과 조선이 모두 영주의 영역 내에 있었다. 조선은 바로 우이의 지역으로, 기자가 봉해진 조선이 바로 이 지역이다."

652 『淸朝通志』이고 原名은 『皇朝通志』이고 淸代 嵇璜, 刘墉 等이 撰한 것이고, 乾隆五十二年(1787年)에 출판되었다. 126卷이다.

정윤은 기자가 부여에서 애벌레(螟系)로 존재했다고 하는 것을 부여(夫餘)-부유(鳧臾)-서여(胥餘)로 설명한다. 부여(夫餘)와 부유(鳧臾)는 같은 음이고, 부(鳧)는 서(胥)와 같이 쓰고, 유(臾)는 여(餘)와 같이 쓴다고 한다. 그런데 여기서 부(鳧)와 서(胥)가 같은 음이라고 한 것은 단순한 발음상의 유사성에 지나지 않는다.

(3) 기자조선을 부정하는 경우

조선 성리학자들은 기자를 중국 문화를 전수한 인물로 묘사하여 정통성을 인정받으려 했다. 이에 대해 일본 식민사관 학자들은 조선의 출발을 마치 중국인 기자에 의해서 이룩되는 식민국가인 것처럼 인식하고 있다. 기자조선을 부정하려는 사고는 이러한 두 가지 연구에 대한 비판적인 성격을 띠고 있다.[654] 이에 속한 학자로는 최남선, 안재홍, 정인보, 장도빈, 이윤재 등이며, 『단기고사』가 있다.

최남선은 기자조선을 인정하지 않고 고조선-개ㅇ지조선(해조선)-위만조선으로 규정한다.

> 하느님의 자손임을 믿는 백성의 무리가 먼 서방에서 지금의 만주로 오고 다시 조선반도로 들어온 것은 아득한 옛날의 일입니다. 지금으로부터 4400년 전쯤에 이 백성 가운데서 단군왕검이란 어른이 나셔서 처음 나라를 평양에 세우고 이름을 조선이라 하니 이때부터 평양은 조선반도에서 가장 지식과 문화가 발달한 땅이 되어서 이후 오랫동안 정치와 문화의 중심지 노릇을 하였습니다. 단군의 이름으로 세상을 다스린지 천여 년 만에 정치의 형식이 변하여 나라 어른을 개ㅇ지라고 고쳐 부르면서 다시 천여 년을 지냈습니다. 중국에서 살기 좋은 곳을 찾아 조선

653 정윤, 『사지통속고』, 10쪽

654 박준형, 「한국 근현대 기자조선 인식의 변천」, 104쪽.

으로 밀려들어 오는 백성이 많고 이를 제어하려면 전보다 굳센 정권을 만들 필요가 있어서 중국 사정에 밝은 위만이란 사람이 조선의 이름이 되고, 개ᄋ지 임금은 남쪽에 있던 한의 땅으로 옮겨가서 새 나라를 만들었습니다. 위만은 아들 손자 3대에 걸쳐 약 90년 동안 중국 세력이 들어오는 것을 막기에 성공하였으나 중국을 지배하던 한과 크게 충돌하여 오래 싸우다가 내부 분열 때문에 망했습니다. 단군과 개ᄋ지 위만의 나라는 다 조선이란 이름을 썼기 때문에 이를 3조선이라 부르고 또 근세의 조선과 구별하려고 고조선이라고 부르기도 합니다.[655]

개ᄋ지조선에서 개는 태양을 뜻하는 기와 같은 어원으로 태양의 자손을 의미하고, 해씨조선을 뜻한다고 한다. 그것은 곧 부여국을 지칭한다. 이러한 개ᄋ지조선은 천 년 동안 지속되었고 중국에 문명을 전할 정도로 문명국가였다고 한다. "단군조선 후기에 임금의 칭호를 개ᄋ지라고 부르던 말을 중국 사람이 기자라고 한 것이다."[656] 그러나 최남선은 개ᄋ지에 대한 어원적 근거는 제시하고 있지 않다.

「조선역사강화」에서 최남선은 '개ᄋ지'를 한자로 입력할 때 기자라고 했기 때문에 기자(箕子) 대신에 기자(奇子)로 적어야 한다면서 기자조선 문제에서 조선적인 요소를 강조했다. 단군의 나라가 백두산 근방이었다면 기자의 나라는 구월산 일대 지금의 평양 지역이라고 밝히고 있다.[657]

안재홍도 기자조선을 인정하지 않는다.

어찌하여 은나라 기자가 와서 완전히 문화적 황무지인 조선을 개척하는 역할을 했다고 하여 마치 외부에서 온 문화인처럼 숭배하게 된 것

655 최남선, 『조선의 상식』, 두리미디어, 2007, 129-130쪽.

656 같은 책, 138쪽.

657 류시현, 『최남선 평전』, 한겨레출판, 2011, 129쪽.

일까? 이는 조선이 고대 문화가 대공인 크치가 각 지방에 분립 할거하던 시대에 이르러 모든 방면에서 발전하고 확대되고 충실해져 국제적으로 모든 분야에서 뚜렷하고 독자적인 기초 및 지위를 차지하였기 때문이다. 크치조선 또는 크치국, 크치시대 단계의 영광과 빛은 진역의 선민들에게 뿌리 깊은 기억으로 살아남아 크치조선 또는 크치시대를 구전으로 전하였는데 기자는 크치를 한자식 발음으로 적은 것으로 은나라의 기자와 더욱 유사해졌다.[658]

안재홍은 기자조선이 아니라 크치조선이라고 한다. 크치조선을 발음이 비슷한 기자조선으로 적은 것이고, 기자는 조선의 변방 지역에 지나지 않았다는 것이다. 기자를 고유명사로 보지 않고, 크치 즉 대공을 가리키는 일반명사로 보았다.[659] 그러나 크치에 대한 학문적 근거가 분명하지 않다.

크치 즉 대공이 만든 조선이 곧 부여조선이다. 부여조선은 단군조선의 뒤를 이어서 북으로는 대흥안령, 남으로는 하북 산서와 한강 이북, 동으로는 창해까지 포괄하는 지역이었다. 부여조선은 여러 크치들의 나라가 분립되어 대공 분립의 시대가 전개되었다고 한다. 부여조선은 연나라 진개에 패하여 2000여리의 영토를 잃고 진시황의 장성에 막히다가 준왕 때 위만을 받아들여 서쪽의 수비를 맡겼지만, 위만이 노리어 평양을 습격하여 준왕은 해로로 남쪽 금마로 달아나 한왕이 되었다. 위만이 왕검성을 차지한 것이 위만조선이다. 그때가 단기 2140년(B.C. 194)이다.[660]

정인보도 기자조선을 인정하지 않는다. 먼저 『사기』에서 기자가 조선에 봉한 뒤에 다시 주나라에 입조했다고 한 것에 대해 "기자가 조선에 왔다면 그 목적은 주나라 왕실과는 관계를 끊자는 것인데 입조 운운 하는 것은 더

658 안재홍, 『조선상고사감』, 77쪽.

659 박준형, 「한국 근현대 기자조선 인식의 변천」, 105쪽.

660 안재홍, 「조선통사」, 『민세안재홍선집』 4, 지식산업사, 1992, 52쪽.

더욱 가당치 않다"[661]고 반박한다. 이는 기자와 관련된 기록을 의심하게 한다. 『한서』 「지리지」에 기자가 조선에 가서 예의 농업 양잠·직조·수공을 가르친 것[662]은 가르치는 스승과 가르침을 받는 제자의 관계로 보아야지, 그것을 최고 통치자가 되었다고 해석해서는 안 된다는 것이다.[663] 그래서 정인보는 기자가 조선에 책봉되었다고 하는 것도 날조된 것이라고 한다.

조선은 최고의 통치자를 검이라고 불렀는데, 기자·기비·기준이라고 하는 기씨가 등장한 것은 "유랑하던 한족이 자기 민족의 대외 개척사를 언급할 때 자랑 삼아 멋대로 기자에게 갖다 붙이기 시작한 것이 역시 이러한 이외의 자손을 얻게 되면서 기자조선의 시조로 둔갑하게 되었다"[664]고 한다. 비(丕)나 준(準)은 모두 단군의 자손이지 기자의 자손이 아니라는 것이다.

> 단군으로부터 비롯된 조선의 왕통이 위로는 태자 부루로부터 한참 후에 해부루·해모수로 연결되고 또 삼국의 건국에 따라 전적들이 점차 늘어나니 떨어진 그동안은 수천 년을 공간해 해서 보면 그야말로 허허벌판과도 같은 셈이다. 바늘 끈만한 핏발이 저기 빌밋 여기 반짝하면서 명멸해왔으니 이것이야말로 고조선의 명맥이 끊어지지 않게 한 큰 줄기로 볼 수밖에 없는 이유인 것이다. 반면에 기씨조선이 존재했다는 주장은 바로 이 중간이어서 조선의 옛 왕통을 어지럽히는 동시에 그로 말미암아 고조선의 문헌상의 줄기를 이중으로 그려 놓은 꼴이니, 이 점은 『사기』의 작자도 처음에는 상상도 하지 못한 일이었을 것이다.[665]

정인보는 기자조선을 인정하는 것은 두 가지 정통성을 인정하는 것이어

---

661 정인보, 『조선사연구(상)』, 우리역사연구재단, 2012, 176쪽.

662 『漢書』 「地理志」. "殷道衰, 箕子去之朝鮮, 教其民以禮義, 田蠶, 織作."

663 정인보, 『조선사연구(상)』, 189-190쪽.

664 같은 책, 186쪽.

665 같은 책, 191쪽.

서 안 된다고 주장하는 것이다.

그는 기자조선의 기자를 언어학적으로 분석하여 중국의 기자와 다른 것으로 보았다. 기(箕)의 고음이 개(蓋)이고, 개는 검(儉)·험(險)으로 음이 전이되는데, 왕검에서와 같이 조선에서 검은 최고의 칭호라는 것이다. 전조선의 왕이라는 의미에서 기자이지 중국의 기자와는 다르다는 것이다. 『위략』의 "기자지후 조선후(箕子之後 朝鮮候)"[666]에서 '기자지후'가 기자 이후라는 범칭인 줄 모르고 자손을 가리키는 후로만 여기어 기자동래설이 더욱 굳어지게 되었다고 보았다. 게다가 기자묘는 중국 하남성에 있기 때문에 기자동래설은 성립할 수 없다고 한다.[667] 그리하여 정인보는 단군조선이 비왕·준왕까지 이어졌다가 위만조선에 의해서 끊긴 것으로 보고 있다.

장도빈도 기자조선을 인정하지 않는다. 그 이유로 여섯 가지를 든다.

> 첫째는 기자가 조선에 왔다는 것은 중국 사마천이 처음 『사기』에 기록한 것으로 그 이전 중국 역사와 우리나라 고대사에는 기자가 조선에 왔다는 기사가 없는 것.
>
> 둘째는 기자의 고적(古蹟)이라고 하는 평양의 소위 기자묘·기자궁·기자성은 그것을 조사한 결과 모두 고구려기와가 발견된 것으로 그것들은 고구려 유적이 분명한즉 소위 기자 유적이라는 것은 완전히 위조인 것.
>
> 셋째는 『한서』 및 『위략』[668]에 "燕人 衛滿이 상투 틀고 오랑캐 복장

666 『魏略』; 『三國志』 「烏丸鮮卑東夷傳」 韓條.

667 정인보, 『조선사연구(상)』, 191쪽.

668 『魏略』에는 "진이 전국을 통일한지 20여 년이 지나 진승과 항우가 기별하여 천하가 어지러워지자 연·제·조의 백성들이 괴로움을 견디다 못해 차츰차츰 준왕에게 망명했다. 준옹은 이에 이들을 서방에 거주하게 했다.……위만이 서계에 거주하도록 해주면 중국 망명자들을 모아 조선의 번병이 되겠다고 준왕을 설득했다. 준왕이 그를 믿고 총애하여 박사로 삼고 규를 하사하여 100리 땅을 주어 서변을 지키게 했다"고 기술되어 있다.

으로 동으로 조선왕에게 항복했다" 하였으니 당시에 조선은 의관문물이 중국과 전연 다른 고로 위만이 조선식 의관을 하고 와서 조선왕에게 항복한 것인즉 소위 기자가 중국문화를 조선에 선전했다는 것도 전연 위조인 것.

넷째는 사마천은 한이 조선을 침략하여 낙랑을 설치한 시대의 사람인 고로 고의로 기자가 조선에 와서 그 자손이 조선왕이 되였다고 위조한 것.

다섯째는 중국의 역사자 두예(杜預)가 명백히 기자의 묘가 양국(梁國) 몽현(蒙縣)에 있다고 기록하였으니 기자가 중국에서 죽은 고로 기자의 묘가 중국에 있는 것.

여섯째는 우리나라 근세 이래에 사대주의·모화사상이 날로 번성하여지매 중국 옛날 현인 기자가 조선에 왔다는 것을 영광으로 생각하여 사마천의 『사기』대로 선전하고 기재한 것이다.[669]

그는 더 나아가서 기자의 후손인 기부(箕否)·기준(箕準)의 전설도 믿을 수 없다고 한다.[670]

이윤재는 평양에 있는 기자묘도 고려 숙종 때 만들어진 것이고, 정전제도 고구려시대의 산물이라고 한다.

단군조선 천여 년 후에 한족으로 은나라사람 기자란 자가 조선으로 들어와 평양에서 임금노릇하엿다는 것은 도무지 믿지 못할 일이니 지금 평양에 잇는 기자릉이란 것은 본대 잇엇든 것이 아니라 한 팔백 년 전 고려 숙종대왕 때에 적당한 자리를 택하여 만들어 놓은 것이요 또 기자정전이니 하는 것도 근래 실측한 바에 의지하여 옛적 고구려시대에

669 장도빈, 『국사개론』, 10쪽.

670 같은 책, 11쪽.

시가의 구획인 것으로 판명되었다. 기실은 대동강 유역에 부여족의 일파가 내려와 자치민방(自治民邦)을 세운 것을 지나사상에 취한 한문학자들이 그것을 하나의 기자에 부회한 것이다.[671]

『단기고사』에서도 기자조선을 인정하지 않는다. 기자조선은 42대 1093년이라고 한다. 기자조선의 임금 42대를 구체적으로 제시하고 있는 것은 『단기고사』가 처음이다. 기자조선의 시작은 서여(西余)이고, 그는 전단군조선 19대 임금 종년의 아우인 종선의 증손이라고 한다. 서여는 성이 환(桓)이다. 기씨가 아닌 것이다. 그는 전단군조선 25대 솔나가 망하고 난 뒤에 그를 이어서 평양에 도읍했다고 한다. 4대 임금은 임나인데, 일본의 임나일본부설에서 보듯이 임나를 가야 지역으로 보는 데 비해, 『단기고사』에서는 임금의 이름으로 보고 있다. 5대 임금 노단 때 은에서 자서여(子胥餘)의 아들이 망명했다고 이는 일반적으로 말하는 기자를 뜻한다. 기자의 후손이라고 말해지는 기부와 기준도 모두 환성이라고 한다. 기부는 41대 임금이고, 기준은 42대 마한의 아들로 나온다.

북한에서는 후조선은 기자조선이 아니라고 하고, 기자조선을 인정하지 않는다. 후조선은 기자보다 훨씬 앞선 시기에 존재했다. 『삼국사기』, 『삼국유사』, 『제왕운기』 등의 기자동래설이나 기자조선설은 완전한 위작이며 조작된 것이라고 한다. 기자묘는 중국 하남성 몽현에 있기 때문에 조선으로 오지 않았다고 한다. 기자가 문화를 가르쳐준 것이 아니라 오히려 비파형동검을 요동이나 요서 지역에 전해준 것이다. 기자조선이 요서 지방에 있다고 하지만, 은나라의 문화 유형이 몇 개씩 나온 것은 있지만 일괄 유물로 나타난 일은 없기 때문에 요서 지방에 나라를 세운 적은 성립될 수 없고, 기자는 기족의 대표자이고 요서 지방에 기국이 있었고, 기자의 후손이 평양으로 옮겨

671 이윤재, 「역사적으로 본 평양」, 103쪽.

왔다고 하는 주장도 허위 날조된 주장이다. 기자 때 중국은 중원 지방도 장악하지 못한 상태이기 때문에 주 무왕이 조선에 봉했다고 하는 것은 상식을 벗어난 낭설에 지나지 않는다고 한다. 기자-조선은 걸왕의 후손-흉노, 유웅씨-선비, 유우씨-서강, 태백-왜라고 하는 중국의 날조품이라고 한다.[672]

(4) 기자조선의 언어

주시경은 기자조선에서 언어는 은나라 말이 아니라 조선 말이었을 것이라고 한다.

> 기자가 5000인으로 동쪽으로 와서 임금과 스승의 역할(業)을 정하니 단군(檀聖)의 도읍(都)에 은나라 말(殷語)의 소리(聲)가 들리나(聞) 조선의 말을 익히여 예악·법도·백공기예를 번역하고 가르치시니 은나라 말은 성행치 안이하엿을 것이요 유교가 비로소 들어오고 한문을 비로소 사용함으로 문언(文言)이 같지 않고 번역하기 어려운 것은(難譯者) 한문음(漢文音)을 여전히 사용하여(仍用) 차차 통용하는 말이 되엿을 것이요 그 문장과 상당한 조선어가 있을지라도 번갈아 번역이 미흡하엿을 폐단도 있을 것이요.[673]

김윤경은 한족 조선에서 주 무왕이 은의 주를 쳐서 멸하고 간하다가 갇힌 기자를 내놓고 천도를 물으매 홍범을 말하고 동쪽으로 도망했다고 하고, 기자가 조선에 올 때 시서·예악·의무·음양복서 따위와 백 가지 기예자 5천명이 다 쫓아왔고, 이미 조선에 이르렀으나 말이 통하지 못하여 번역하여 알게 되었다는 함허자(涵虛子)의 말을 인용하고,[674] 그 뒤 위만이 기씨를 내쫒고 임

672 같은 글, 53-54쪽.

673 주시경, 「國文字體及發音의 沿革」, 『주시경전서』 2, 338-339쪽.

674 명대 朱權과 戚元佐가 쓴 『天運紹統』에 나온다. 함허자는 朱權의 호이다. "箕子率中國人五千

금이 되었으므로 위만조선이라 하면서 여기도 조선 말의 범위에 속한다고 한다.[675] 이는 오구라 신페이(小倉進平)가 기자를 조선 말의 범위에 넣지 않는 것과 연관이 된다. 오구라 신페이는 말이 통하지 않아 번역했다는 말에 근거하여 한어와 원주민의 말이 달랐다고 한다.[676] 김윤경은 이것을 반박하고 있다. 기자도 조선 말의 범위로 인정하지만, 주류가 아닌 것으로 보고 있다.

김윤경은 역사학자가 아니고 한글학자이기 때문에 역사를 자세하게 기술하고 있지는 않다. 다만 기자조선을 인정하고 있고, 그들도 조선 말에 넣어야 한고 한다. 이는 주시경을 계승한 것이다.

3) 위만조선

(1) 위만조선의 성립과 영토

유근은 부록에서 위만조선을 서술한다.

> 위만이 기준을 습격하여 격파(襲破)ᄒᆞ고 자립ᄒᆞ야 왕이 됨에 왕검성(지금의 평양)에 도읍하고 국호를 조선이라 여전히 칭하다. 위만이 한(漢) 요동태수(遼東太守)와 약속하대 우리가 한(漢)의 외신(外臣)이 되야 변방 밖(塞外)을 보호ᄒᆞ리라 ᄒᆞ고 그로 인하여 병권(兵權)과 재물(財物)을 얻어서 그 옆의 소읍을 침략 항복을 받고 진번(眞番)과 임둔(臨屯)이 모두 복속하니 지방이 수천리러라.[677]

人入朝鮮, 其詩書, 禮樂, 醫巫, 陰陽, 卜筮, 百工技藝, 皆從而往焉, 故日半萬殷人, 渡遼水者是也." 『東國史略』에는 "箕子率中國五千人, 避地朝鮮, 詩書, 禮樂, 醫巫, 陰陽, 卜筮之類, 百工技藝, 皆從焉, 言語不能通, 譯而知之, 遂都平壤"이라 되어 있다. 朱權은 은나라의 궁궐에 있던 학문(王官之學)이 주나라로 가지 않고 단군조선으로 왔다는 것이고, 조선은 명나라의 그러한 주장을 받아들였다는 것이다.

675 『한결김윤경전집』 2, 연세대학교출판부, 1985, 16-17쪽.

676 小倉進平, 『朝鮮語學史』, 도강서원, 1964, 19쪽.

677 유근, 「신정동국역사」,160쪽.

이는 기본적인 위만조선에 대한 인식이다. 그런데 위만을 중국 연나라 사람으로 보는 경우와 조선인으로 보는 경우로 나눌 수 있는데, 대부분은 위만을 중국인으로 보는데 비해 최남선만 조선인으로 본다. 안확은 위만조선에 대해서는 위만이 연나라 사람이라고 한다.

> (기자조선 후기에) 정부의 관리에는 연나라 사람을 고용하는 일이 많아졌는데 연나라 사람의 정치적 세력이 커지더니 박사 위만이라는 연나라 사람에게 그 왕위를 빼앗기게 되었다. 그 왕실이 변혁된 뒤 87년이 지나서 한족 유씨 황실의 침략을 받았고 이에 이르러 기자조선을 멸망하게 되었다.[678]

이윤재도 위만이 귀화한 중국인이라고 한다.

> '기자'왕조의 말기에 이르러 지나의 귀화인들이 수없이 밀치어 오는 중에 위만이란 자에게 정복되니 이가 외족(外族)으로 우리 땅을 침략함(震土侵據)의 비롯이며 그 후 돌우 한(漢)에게 정복되어 사군(四郡)을 두게 되니 우리나라 사람(震人)의 민족적 반발력이 이로써 증장되었다.[679]

> 지금으로부터 이천여 년 전에는 역시 한족으로 연나라 사람 위만이란 자가 망명하여 들어와 음흉한 도적놈의 심사로 당시 평양에 잇는 준왕을 속이어 쫓아내고 제가 스스로 임금이 되엇다. 이것이 우리 국토에 다른 민족이 입거한 것의 처음 일이다. 그러나 그때에 우리 조선이 북쪽에는 부여국 남쪽에는 삼한이 강성한 그대로 잇엇고 오직 평양을 중심으로 한 평안도만이 위만이란 놈에게 도적맞은 셈이다.[680]

---

678 안확, 『조선문명사』, 74-75쪽.

679 이윤재, 「조선역사개설」, 『경신』 1, 1929.

이윤재는 위만조선이 평안도 지역에 국한되었고, 외세 침략으로 보고 이것을 극복하기 위한 반발력이 높아갔다고 한다.

반면에 최남선은 위만의 출생과 위만조선에 대해서도 같은 민족의 내부 문제로 보고 있다. 최남선은 초기 「계고차존」에서는 위만을 연나라 사람으로 보고, 위만조선도 위만이 망명하여 세운 나라로 보고 있다. 나중에는 위만을 조선 사람으로 보고 있다.

> 위만이란 사람은 중국사에 연나라 사람이라고 하였지만 지금 요동 지방은 조선 땅도 되고 연나라 땅도 되는 중간 지대이기 때문에 위만은 이 요동의 사람으로서 초년에는 중국에 가서 활동하고 후년에는 조선으로 돌아와서 중국 세력이 조선으로 들어오는 것을 막기에 애쓴 일을 보아서 본래 조선 사람임이 틀림없습니다.[681] 설사 기자와 위만을 중국 사람으로 칠지라도 기자와 위만의 조선이란 것이 반도 서북의 한 귀퉁이에 그치니까 조선 전체의 전통이 끊어졌다고 못합니다. 더구나 기자(개ᄋ지)와 위만이 중국에 관계없다 하면 단군의 뒤를 개ᄋ지가 계승하고 개ᄋ지의 뒤를 위만이 대신한 것은 우리나라 집안끼리의 자리다툼이니까 조선의 전통으로는 줄곧 있었던 것입니다.[682]

최남선은 위만조선이 출현한 것은 조선 역사의 대사건이고, 첫째로 민족적 감정이 비로소 생겼고, 둘째로는 붉민족의 사회적 응집력이 촉진되었고, 셋째로 남쪽 지역이 활기를 띠게 되는 긍정적 효과를 가져왔다고 한다.[683]

다음은 위만조선의 영역이다. 유근은 위만조선이 임둔과 진번을 점령했

---

680 이윤재, 「역사적으로 본 평양」, 103쪽.

681 최남선은 「아씨조선(兒氏朝鮮)」에서는 위만을 중국인으로 보고 있다.

682 최남선, 「계고차존」, 『육당최남선전집』 2, 현암사, 1974, 138-139쪽.

683 최남선, 「아씨조선」, 『육당최남선전집』 2, 161쪽.

다고 주장한다. 이는 위만조선 이후에 임둔과 진번 등의 한사군이 생겼다고 하는 주장과 다르다. 권덕규는 위만조선 때 맥과 옥저의 영토를 점령했다가 중국 한나라에 멸망한 것으로 파악한다.

> 위만이 조선왕 준(準)에게 투항하야 서쪽 경계 봉토(圭封地)에 거주하다가 준을 습격하야 내쫒고 그 옛날 땅에 왕이 되어 국호를 조선이라 여전히 칭하니 이 위씨조선이라 그 손자 우거(右渠)에 이르러 부강한지라 백(貊, 眞番, 東貊 等)의 고지(故地)를 점하고 동으로 옥저를 복속(服屬)하며 한(漢)과 전쟁하다가 그 부하에게 살해되어 패망하니 역년이 87이러라.[684]

정윤은 위만조선의 수도를 심양이고, 중국의 동북부 지역과 한반도 북부 지역을 영토로 했다고 한다.

> 위만은 패수(浿水.[685] 지금의 遼河[686])를 건너 심양(瀋陽)에 도읍하고 지명에 인하야 역시 조선의 명칭을 득하엿고 병권과 재력으로 수천리를 개척하엿나니 그 강역이 남은 마한을 경계로 하야 저탄(猪灘.[687] 지금의

---

684 권덕규, 『조선유기』, 11쪽.

685 정윤은 패수가 여러 곳이라고 한다. "한배검께서 浿水상에서 人倫을 敎하시엿다 하엿으니 浿水는 '배물'의 譯語오 '배물'은 한배검계시돈 處의 水를 後孫이 기념하기 위하야 '배물'이라 명명한 것이니 한배검께서 누차 遷都하신 것을 伴하야 '배물'(浿水)의 명칭도 허다하니 遼河, 鴨綠江, 大同江, 淸川江 등이다. 패수의 稱이 有한 것이 此事實에 基因된 것이로다"(『사지통속고』, 76쪽).

686 정윤은 요하라는 명칭은 명·청 이후이고 우리말로 압누에물(압록강)이었다고 한다. "遼河의 稱은 明淸以後에 된 것이오 後漢時에는 '饒樂水'라하고 南北朝(宋魏)時에 '弱洛水'라 하고 隋時에도 '弱洛水'라 하고 唐代에는 '弱水'라 하엿으니 '야루'(鴨綠)·요러(饒樂)·요뤄(弱洛)라 한 것이 모다 우리가 '압누에'물이라 하는 것을 漢人들이 이구동성으로 譯한 것이며 唐以後의 弱水와 명청이후의 遼水가 동일한 '요쉬'이니 今의 遼水가 韓稱 '압누에물'이오, 漢稱 鴨綠 饒樂 弱樂 弱水인 것이 明鏡然하며 大秦의 鴨綠府가 今 瀋陽인즉 遼水가 鴨綠江인 것이 確無疑問이로다. 이것을 비난할 인사가 有하다면 精深한 연구와 朴實한 參考가 無하고는 불가능일 줄 아노라"(『사지통속고』, 72쪽).

海城南 牛藏河)에 미치고 동남쪽은 해(海. 지금의 大同溝[688])에 임하고, 동북은 지금의 길림(吉林) 서남부(西南部)의 산림(沃沮) 지대를 개척하얏고, 서는 직예(直隸) 북부와 열하(熱河) 지방을 가졌더니 그 손자 우거까지 87년을 지났엿나니라.[689]

위만조선의 성립을 신채호는 다음과 같이 기술한다.

말조선은 '신'·'불' 양 조선이 대패하여 멸망한 끝에 홀로 진개의 침공을 범하는데 성공하여 조선이란 이름을 보전했다. 또 조선왕 부는 진시황이 중국을 통일하여 만리장성의 위엄이 사방의 주변국들을 두려워 떨게 하는 때에 정예병을 뽑아 요새를 지킴으로써 반쪽만 남은 강산이나마 지켜냈던 것이다. 그러나 불행하게도 못난 준이 왕위를 이어받은 후 위만을 신임하여 서쪽 변경 땅을 갈라주고 왕궁 수비를 맡겼다가 마침내 그의 반격을 받게 되어 남쪽으로 달아나서 조선이란 이름을 버리고 다만 '말한'을 칭하니, 『삼국지』와 『삼국사기』에서 이른바 마한이 그것이다.[690]

신채호는 신조선과 불조선이 무너진 뒤에 말조선이 남아 있다가 위만에게 망하고 남쪽으로 내려와 마한이 세워졌다고 한다. 기자조선과 위만조선은 아무런 관계가 없다는 것이다.

687 지금의 황해북도 新溪郡. 예성강의 상류이다.

688 평안도 지역에 있다.

689 정윤, 『사지통속고』, 9쪽.

690 신채호, 「조선사연구초」, 『단재 신채호 전집』 2, 한국독립운동사연구소, 2007, 409쪽.

(2) 위만조선의 멸망

> 그 손자 우거에 이르러 꼬임을 당한 한나라의 망명인(漢亡人)이 점차 많아짐을 믿고 한(漢)에 조회(入覲)함을 긍정하지 않으며(不肯) 또한 진국(辰國)의 한과 교통(通漢)홈을 막으니(壅閼) 한(漢) 무제(武帝)가 섭하(涉何)로 하여금 명령하되 우거가 끝내 듣지 않거늘 섭하가 길을 돌아올 때 패수(浿水. 지금의 압록강)에 이르러 조선왕 비장(裨長)을 살해했더니 섭하가 요동동부도위(遼東東部都尉)가 됨애 우거가 군대를 일으켜(發兵) 습격·살해하니 한 무제가 노하여 양복(楊僕)과 구체(荀彘)와 공손수(公孫遂)를 만나서 물과 육지로 길을 나누어 급히 습격한대 우거의 신하 한음(韓陰)과 왕겹(王陜)[691] 등이 우거를 죽이고 한에 항복하니 위씨가 3世에 걸쳐 전해지고 해가 86년이러라.[692]

유근의 기록과 『사기』「조선열전」을 비교하면, 우거왕 때 망했다고 하는 기록은 같지만, 우거를 죽인 신하의 이름이 유근은 한음과 왕협이라고 하고 『사기』「조선열전」에서 니계상(尼谿相) 참(參)이라고 하는 점에서 다르다. 그리고 성기(成己)라는 신하도 중요한 역할을 하는데 이에 대한 언급도 빠져 있다.

황의돈은 위만조선의 멸망을 자세하게 기술한다. 니계상을 반역의 신하로, 성기를 충성의 신하로 서술한다.

> 위만이 이에 왕검성에 국도를 정하고 국호를 조선이라 여전히 칭하고 병력으로 인근 열읍(列邑)을 침략하야 기씨조선의 옛날 강역을 다 소유하니 이가 위씨조선의 건국이니라.……위씨조선은 위만왕 이후로 국력이 점점 팽창하야 수천리의 지방을 통치하더니 제3세 우거왕 때(거금 2031년 임신)에 한나라 사신 섭하(涉何)가 국경상에서 조선의 동반 접대사

691 『漢書』에서는 韓陰이 아니라 韓陶, 王陜이 아니라 王唊이라고 한다.

692 유근, 「신정동국역사」, 3쪽.

인 비왕 장(裨王長)을 암살하고 그의 공훈으로 요동(遼東) 동부도위(東部都尉)가 되어 국경을 와서 살핌으로 우거왕이 크게 노하야 그를 죽임에 이에 조선(鮮)·한(漢) 양국의 국교가 분열되야 한나라 장수 구체(荀彘)·양복(楊僕)·공손수(公孫遂) 등이 육해군 오만여인으로 국경을 처들어 오거늘 우거왕이 그를 대적하야 혈전하기 2개년에 맛참내 모반하는 신하 니계상(尼谿相. 관명) 참(參)이 적의 내응이 되야 왕을 살해하고 투항으로 대신(大臣) 성기(成己) 홀로 왕검성을 지키어 최후의 혈전(血戰)이 잇섯스나 또한 중과부적(衆寡不敵)하야 필경 패망하니 위씨조선의 역사가 3세 햇수로 87년이오 때는 거금 3030년(계유) 하러라.[693]

정인보는 위만조선의 멸망에 대해서 상세하게 기술한다. 단군조선의 비왕(丕王)이 죽고 말한은 남은 무리를 이끌고 남하하고, 요동과 요서는 위만에게 넘어가서 위씨조선이 성립되었다. 위만은 비왕(裨王)을 두는 등 고조선의 국가제도를 모방하고, 중국과 교섭하여 조선의 군주가 되는 조건으로 외신이 되고, 오랑캐로부터 중국의 변방을 보장하고, 오랑캐가 천자를 알현하는 것을 허락할 것을 수용했다. 그러나 위씨조선이 중국에 입조하지 않고 예와 한의 나라들의 외교관계를 막았다. 그런데다 섭하가 비왕을 죽이는 살인사건이 나자 위씨조선이 섭하를 죽이사 전쟁을 하게 되었다. 여기서 조선을 수복하려는 예인들이 일어나는데 그중 대표적인 것이 니계상 참과 성기이다. 니계상은 성도 없이 이름만 전하기 때문에 한족이 아니라고 한다.

『한서』에 대한 응소(應劭)의 주(注)에는 니계(尼谿)를 또 다른 사람의 이름으로 소개하고 있지만, 사실은 예(濊)에 대한 반절음이다.(안정복의 주장)[694] 또한 성씨 이름만 전하는 것 역시 그가 한족이 아니었다는 증거

693 같은 글, 4-5쪽.

694 이 주장은 안정복이 아니라 안정복의 질문에 대해 이익이 답한 것이다. 『星湖先生文集』 卷25

> 이다. 노인(路人)·한도(韓陶)·왕겹(王唊)은 모두 위만 전후에 연·제· 조 등의 나라에서 망명해온 한족의 후손들인 반면 참(參)은 예인이 세운 소국의 신지(臣智) 출신으로 옛 조선의 수복이라는 사명을 갖고 왕검성에 잠입한 인물이기 때문에 세 사람과 구분하기 위하여 특별히 '니계' 두 글자를 덧붙이 것이다. 물론 왕검성에서 활동하던 예인들은 참의 배후에도 많이 있었겠지만 아쉽게도 그들에 대한 기록은 남은 것이 없다. 참은 아마도 거사의 주동자였던 것으로 보인다.[695]

니계상은 한족인 노인·한도·왕겹 등과 같이 한(漢)나라 장수 양복을 매수하고 순체와 대항하게 했지만, 한 무제에 의해 양복이 소환됨으로써 좌절되었다고 한다. 니계상이 투항하고 노인·한도·왕겹이 한나라로 망명한 뒤, 성기가 홀로 남아 예인(濊人)의 자립은 스스로 행할 것, 싸움에 지거나 유혈사태가 발생하더라도 대의명분을 중시하여 그 일을 이어나갈 후배들을 기르고 지킬 것, 단 하루라도 예인이 주체가 되어 위씨와 한나라를 축출하는데 그치지 않고 한나라가 예인들의 적임을 명시할 것 등을 주장했다고 한다. 이는 '조선 수복운동의 최후의 위대한 모습'이라고 한다. 그러나 성기는 죽임을 당하였고 위만조선은 망했다.

> 성기는 1000년에 한 사람 나올까 말까 하는 호걸이었다. 그의 행적을 보면 기간을 길지 않지만 공로는 대단한 것이었다. 다만 성기가 단신으로 고토 수복을 호소한 일이 대의로는 명분이 있었지만 대세는 이미 기울어져 있었다. 그리하여 그도 결국 한나라 군대에 패하여 죽고 말았

「答安百順」. "尼溪相參. 與朝鮮相路人韓陰對稱. 尼溪似是國號. 我邦何曾有此耶. 每疑尼溪卽濊之稱. 外藩名號. 或用反切. 而訛者亦多. 此果何如." 안정복도 이익의 주장에 동의하고 있다. 『順菴先生文集』 卷10 「上星湖先生書」. "第尼谿二字. 不審何謂. 今見下敎. 果如大寐之得醒矣. 中國之人. 翻譯夷語. 自有此患. 其爲濊音之反切無疑矣."

695 정인보, 『조선사연구(하)』, 우리역사연구재단, 2012, 367-368쪽.

> 던 것이다. 성기의 장거를 제외하면 예인들의 거사는 모두가 한나라 군대에게만 유리하게 작용했을 뿐이었다. 생각해보면 그들은 오랜 세월을 지나면서 온갖 시련들을 수도 없이 겪으면서 기회를 노렸으며 일단 그 기회가 오기만 하면 거기에 온 정성을 다 쏟아 부었다. 그러나 그렇게 많은 정성을 쏟고 그렇게 큰 힘을 다했건만 그 공로는 결국 모두 한나라가 독차지하고 말았다. 유감스럽게도 그 결과는 예인들의 기대와는 너무도 다른 것이었다.[696]

정인보는 위만조선이 한족 정권임을 분명히 했지만, 다른 학자들과는 달리 니계상이나 성기와 같은 조선인의 국토 회복 노력을 기술하고 있는 점이 다르다. 니계상이나 성기가 과연 조선인인가 하는 점은 의문이지만 이러한 기술이 위만조선을 보는 시각에 새로운 시사점을 보여준다고 할 것이다.

『단기고사』에서는 위만조선에 대한 언급은 없고, 기자조선 마지막 임금이 마한이고, 마한의 아들을 기준이라고 하고, 마한임금 때 연나라 사람인 위만이 망명했다가 기준에게 항복했지만 나중에 세력을 넓혀 습격하여 마한은 남쪽으로 피신하여 마한을 세웠다고 한다. 여기서 일반적인 기준-위만의 관계가 아니라 마한-위만으로 설명하고 있다. 마한이 임금 이름이면서 나라가 되는 식으로 언급하고 있다.

전단군조선 < 후단군조선(영고탑) / 기자조선(평양)-위만조선

(3) 위만조선의 언어

주시경은 위만이 중국인으로 조선을 습격했고, 그 언어가 혼란되었다고

696 같은 책, 377쪽.

전단군조선	후단군조선	기자조선
1. 왕검(王儉)단군(93)	1. 솔나(率那)단군(50)	서여(西余) (61)
(B.C.2512)	2. 추로(鄒盧)단군(65)	아락(阿洛) (40)
2. 부루(扶婁)단군(58)	3. 두밀(豆密)단군(26)	솔귀(率歸) (48)
3. 가륵(嘉勒)단군(45)	4. 해모(奚牟)단군(28)	임나(任那) (31)
4. 오사구(烏斯丘)단군 (38)	5. 마휴(摩休)단군(34)	노단(魯丹) (13)
5. 구을(丘乙)단군(16)	6. 내휴(奈休)단군(35)	마밀(馬密) (18)
6. 달문(達文)단군(36)	7. 등올(登兀)단군(25)	모불(牟佛) (20)
7. 한율(翰栗)단군(54)	8. 추밀(鄒密)단군(30)	을나(乙奈) (40)
8. 우서한(于西翰)단군(8)	9. 감물(甘勿)단군(24)	마휴(摩休) (2)
9. 아술(阿述)단군(35)	10. 오루문(奧婁門)단군 (23)	등나(登那)(29)
10. 노을(魯乙)단군(58)	11. 사벌(沙伐)단군(68)	해수(奚水)(10)
11. 도해(道奚)단군(58)	12. 매륵(買勒)단군(58)	물한(勿韓)(21)
12. 아한(阿漢)단군(52)	13. 마물(麻勿)단군(56)	오문루(오門婁)(48)
13. 흘달(屹達)단군(61)	14. 다물(多勿)단군(45)	누사(婁沙)(28)
14. 고불(古弗)단군(60)	15. 두홀(豆忽)단군(36)	이벌(伊伐)(26)
15. 벌음(伐音)단군(51)	16. 달음(達音)단군(18)	아륵(阿勒)(28)
16. 위나(尉那)단군(58)	17. 음차(音次)단군(20)	마휴(麻休)(23)
17. 여을(余乙)단군(68)	18. 을우지(乙于支)단군 (10)	다두(多斗)(43)
18. 동엄(冬奄)단군(49)	19. 물리(勿理)단군(25)	나이(奈伊)(20)
19. 종년(縱年)단군(55)	20. 구물(丘勿)단군(40)	차음(次音)(10)
20. 고홀(固忽)단군(43)	21. 여루(余婁)단군(55)	불리(不理) (36)
21. 소태(蘇台)단군(52)	22. 보을(普乙)단군(46)	여을(余乙)(29)
22. 색불루(索弗婁)단군 (48)	23. 고열가(古列加)단군(58)	엄루(奄婁)(28)
23. 아홀(阿忽)단군(75)	역년875년	감위(甘尉)(6)
24. 연나(延那)단군(11)		술리(述理)(10)
25. 솔나(率那)단군(39)		아갑(阿甲)(15)
역년 1222년		고태(固台)(14)
		소태(蘇台)(18)
		마간(馬干)(11)

		천한(天韓)(10) 노물(老勿)(15) 도을(道乙)(15) 술휴(述休)(34) 사량(沙良)(18) 지한(地韓)(15) 인한(人韓)(38) 서위(西尉)(25) 가색(可索)(48) 산한(山韓)(48) 수한(水韓)(48) 기부(奇否)(48) 마한(馬韓)(48) 역년1093년

한다.

> 衛滿이 燕趙의 亡黨으로 柳京을 습격ᄒᆞ고 箕氏가 南奔ᄒᆞ며 漢이 四郡을 置ᄒᆞ며 秦皇의 徒에 避入ᄒᆞ는 자가 多ᄒᆞ매 北支那의 언어가 혼란하엿을 것이요.[697]

4) 결론

기자조선을 중심으로 삼조선을 살펴보면, ① 기자조선이 평양에 있는 경우로 유근, 「단군교포명서」, 주시경, 황의돈, 신명균이 있고, ② 기자조선이

697 주시경, 「國文字體及發音의 沿革」.

요서 지역 혹은 요동 지역에 있다가 평양 지역으로 옮겼다고 하여 부분적으로 인정하는 경우는 김교헌, 박은식, 신채호, 권덕규, 김윤경, 안확, 정윤이 있고, ③ 기자조선을 부정하는 경우는 최남선, 안재홍, 정인보, 장도빈, 이윤재, 『단기고사』가 있다. 대종교 학자들의 주류는 ② 혹은 ③이었고, ①의 경우는 대종교를 접하지 않았을 때인 경우가 있다. 이는 삼조선에서 기자조선을 인정하지 않거나 최소한도로 인정하는 사고에서 나온다. 결국 학자마다 차이가 있지만, 단군-부여조선이 중심이고, 기자조선이나 위만조선은 고조선의 주축 노선이 아니라고 한다. 기자조선의 인정 문제는 조선시대 기자를 높이는 것과 상관이 되고 그것은 곧 사대주의를 의미한다고 이들은 보았다.

그런데 최근의 연구에 의하면, 기자 전설은 기자와 주왕(紂王)의 대립이 먼저 있었고, 이로부터 주왕이 기자를 옥에 가두고(囚箕子說), 기자를 풀어주고(釋箕子說) 그리고 기자가 무왕에게 내조하는 장면(箕子來朝說) 및 기자가 무왕에게 홍범을 가르치는 장면(洪範教授說)으로 확대되었으며, 이후 전한시대 복생의 문도에 의해 기자가 조선으로 왔다고 하는 기자동래설로 발전되었다고 한다.[698] 따라서 기자동래설은 근거가 박약한 주장인데도, 오히려 조선시대 이후 정설로 자리 잡게 되었던 것이다. 대부분의 대종교 학자들은 기자동래설을 부정함으로써 한국사의 정통성을 바로잡고자 했던 것이다.

그리고 기준에 대해서도 기준이 위만에 정벌되어 바다로 도피했고(遷海中. 『潛夫論』), 기준 왕이 바다 가운데에 있고(準王海中.[699] 『魏略』), 바다를 건너갔다가 한 땅에 거하면서 스스로 한왕이 되었으며(走入海, 居韓地, 自號韓王. 『三國志』), 바다를 넘어가서 남쪽으로 한 땅에 이르러 개국하여 국호를 마한이라고 했고(越海而南至韓地, 開國號馬韓. 『魏志』, 『三國遺事』), 바다를 넘어가서 마한을 공격하고 스스로 한왕이라고 했다(走入海, 攻馬韓破之, 自立爲韓王. 『後漢書』)는 식으로 한-

698 오현수, 「기자전승의 확대과정과 그 역사적 맥락」. 『대동문화연구』 79.

699 기준이 바다 밖에 조선에서 왕 노릇을 했다.

위-송의 연대순으로 준왕의 이동 경로가 한반도로 고착되었다고 한다.[700]

이 글은 삼조선에 대한 기준을 기자조선을 중심으로 평가했다. 이 밖에도 단군조선의 성립을 중심으로 평가하는 방법도 있다.[701]

---

700 라동현, 「통주 삼국사기」, 『울소리』 2, 212쪽. 라동현은 기준이 발해로 도망하여 대능하로 이동한 것이지 한반도로 옮겨간 것은 잘못이라고 한다.

701 박선미, 「고조선의 강역과 중심지」, 『고조선사연구 100년』, 90쪽.

		중심지	강역	지명 비정	비고
대동강 중심설	이병도	평양	한때 요하를 경계로 동호 연과 인접	패수=청천강 열수=대동강 만번한=박천강	한국 고대사 연구
	송호정	평양	청천강 대동강 일대이며 요동 지역에 느슨한 형태의 조선 연맹체 존재	패수=청천강	한국 고대사 속의 고조선사
요동 중심설	신채호	하얼빈 일대에서 단군조선 흥기	만주 일대	패수=요녕성 해성 근처의 한우라 만번한=요녕성 양평	조선 상고사
	정인보	왕검성=요녕성 해성	백두산 송화강 일대에서 단군조선이 흥기하여 요동 방면으로 확대	패수=산해관 근처의 고려하 만번한=대릉하	조선사 연구
	윤내현	백악산 아사달=하북성 창혀 장당경=요녕서 북진 평양성=요녕성 심양 동남부 위만조선 왕검성=낙하 중하류 동부 연안	낙하는 서변하다가 진개 침략으로 대능하까지 후퇴, 북변은 길림성 일대, 남변은 한반도 전체	패수=열수=난하	고조선 연구
중심지 이동설	천관우	요서-요동-대동강으로 기자집단 이동			고조선 삼한사 연구
	서영수	요동-평양	초기 서쪽은 대능하, 진개 침략이후 대동강으로 이동, 요녕 고토 회복	패수=난하 열수=요하 열수=대동강 만번한=천산산맥 서남	고조선의 위치와 강역
	노태돈	요동-평양	초기에 요동까지 진출, 연나라 침략으로 청천강 이남으로 축소	패수=압록강 열수=대동강 만반한=어니하 청하 하류와 성수산 잇는 길	고조선 중심지 변천의 연구

3. 삼한(三韓)

1) 전삼한·후삼한의 구별

태일	최고신	신한	진한
천인	상제	말한	마한
지일	천사	불한	변한

전삼한·후삼한이란 조선이 붕괴되면서 신한·불한·불한이 생기고, 위만의 침략으로 인해 진한·마한·변한이 생겼다는 주장이다. 이러한 경우는 신채호·안재홍·정인보가 속한다.

앞에서 본 것처럼 신채호는 삼한을 다음과 같이 규정한다.

신조선에서 삼한으로 전개되는 과정은 다음과 같다. 삼조선에서 신조선이 하얼빈 지역의 북부여와 훈춘 지역의 동부여 및 진한으로 이어지고, 불조선은 위만조선과 한사군으로 이어지며, 불조선의 일부 유민은 낙동강 연안의 좌편에 변한부를 결성하고, 말조선은 남쪽 목지국으로 천도하여 마한이라 칭했으나, 남하한 불조선의 기준에게 멸망했다가 마한 제국이 함께 일어나 준왕을 멸하고 마한을 설립했다.

> 신조선이 붕괴하여 삼국이 되니, 그 하나는 흥경현·환인현 등지로 들어가 '불조선' 유민들과 연합하여 '진번국'이 되고, 또 하나는 경상우도로 들어가 '변진국'이 되었는데, 전자는 '신조선'의 유민이 주가 되고 '불조선'의 유민이 부가 되어 '진번'이라고 이름 하였으며, 후자는 '불조선'의 유민이 주가 되고 신조선의 유민이 부가 되어 '변진'이라고 이름 하였으니 이는 대개 인구의 많고 적음에서 선후 차례를 정한 이름이다.[702]

먼저 신조선이 붕괴되어 진번과 변진이 성립했다. 진한(辰韓)은 순전히 신한 유민자가 건설한 나라이고, 변진은 '불한'과 '신한' 양국 이민자가 건설한 나라이다. 변진이 변한이 된다. 신채호는 특히 진한은 중국의 제나라와 투쟁했음을 역설한다.

> 조선은 아사달 왕조부터 통일이 깨져 열국이 갈려서 서로 싸웠으므로 해외 식민국들이 타족으로부터 어떠한 고통을 당하든 간에 이를 구원해줄 겨를이 없었다. 그러다가 진한의 왕이 나서 무력으로써 조선 열국을 거느리게 되자 이에 해외를 경영할 야심도 생기고 능력도 있었다. 그리고 중국은 주 목왕 뒤로부터 주 왕실이 쇠약해져서 제후들이 왕실의 명령에 복종하지 않았는데 이때 제 환공이 나와서 현상 관중을 얻어 제를 부강하게 하고 중국 북부의 맹주가 되고 나서 진한의 세력을 막아서 중국을 완전한 지나족의 차지로 하려고 했다. 이와 같이 조선이 진한과 중국 제의 발흥이 이 전쟁의 근인이다.[703]

제 환공에 맞서 조선을 지켜낸 임금이 진한의 진왕이라는 것이다. 그런데도 이 진왕을 마한 이후의 왕으로 기술하고 있는 것은 잘못된 역사라고 신채호는 주장한다.

다음은 마한의 성립 과정이다.

> 말조선은 '신'·'불' 양 조선이 대패하여 멸망한 끝에 홀로 진개의 침공을 범하는데 성공하여 조선이란 이름을 보전했다. 또 조선왕 부는 진시황이 중국을 통일하여 만리장성의 위엄이 사방의 주변국들을 두려워 떨게 하는 때에 정예병을 뽑아 요새를 지킴으로써 반쪽만 남은 강산이

---

702 신채호, 『조선사연구초』, 408쪽.

703 같은 책, 138-139쪽.

나마 지켜냈던 것이다. 그러나 불행하게도 못난 준이 왕위를 이어받은 후 위만을 신임하여 서쪽 변경 땅을 갈라 주고 왕궁 수비를 맡겼다가 마침내 그의 반격을 받게 되어 남쪽으로 달아나서 조선이란 이름을 버리고 다만 '말한'을 칭하니, 『삼국지』와 『삼국사기』에서 이른바 마한이 그것이다.[704]

말조선에서 마한이 성립되었고, 여기서 위만의 공격과 상관이 있다.

안재홍은 신채호의 삼신이 논리적이며 역사적인 사실에 부합한다고 하면서도 "삼한이 단군 초기의 세 명의 우두머리가 공동으로 통치하던 제도를 직접적으로 모방한 유습이라고 한다면 전폭적으로 수긍하기 어렵다"[705]고 한다. 북미의 이로코이족 등도 대신, 태양, 어머니인 대지에 대한 삼신신앙이 있음을 주의해야 한다고 지적한다. 한민족 고유의 삼신신앙이라고 보기에는 어렵다는 것이다. 신채호가 삼신을 삼한에 적용하자, 안재홍은 삼신을 삼한에 적용하는 것에 의문을 제기하는 것이다.

삼한의 뜻은 첫째 말한·신한·불한으로 직위에 대한 각국의 다른 호칭이었다. 둘째 이들의 직위명은 다시 마루국·신국·불국이 된다.[706]

북방 지역에서 있던 사람들이 남하하여 남부 조선에서 마한·진한·변한이 만들어졌는데, 신한·마한·불한은 정해진 국가의 명칭이 아니라 누가 최고가 되느냐에 따라 얻는 이름이다. 예를 들면 고구려의 대로라는 직명은 '마로'의 이두 표기이고, 막리지는 '마리지'이고, 신라의 마립간은 '마리한'으로 불린다. '마루'는 종주·우두머리라는 뜻으로, '말한'은 전체 한 지역을 통치하

704 같은 책, 409쪽.

705 안재홍, 『조선상고사감』, 268쪽.

706 같은 책, 292쪽.

던 자를 존경하여 부르던 말이다.[707] 진한의 우두머리는 신지라고 불렸는데 다시 신한이란 호칭을 갖게 되었고, 후에 신지가 다시 불치라고 일컬어졌다. 결국에는 신한은 최고의 왕 주권자라는 뜻이고, 말한은 그가 담당하는 직무를 함축하는 상대적인 호칭이라는 것이다. 불한도 마찬가지라는 것이다.

> 한의 세 종류가 있는데 하나는 마한으로 말한이다. 둘은 진한으로 신한이다. 셋은 변한으로 불한이며 이들은 낙동강변에 거주하였기 때문에 강변의 종족이란 의미로 가라한이라는 국명을 얻게 되었다. 한은 한으로 크다는 의미이다. 간은 직위명이었는데 직위명으로 국명을 대신했다. 한은 또 신이라는 말로도 표현할 수 있는데, 강대하다·신성하다는 뜻이며 또한 최상이라는 의미도 된다.[708]

정인보는 삼한을 다음과 같이 규정한다. "삼한의 한은 크다 또는 임금이라는 뜻이요 임금이라는 뜻으로 '한'이나 '간'과 같은 말이다"라 하면서, 최고 군주를 추대하고 좌우에 보필하는 두 한이 있다고 하는 신채호의 주장을 정확한 해석이라고 한다.

> 진한은 삼한 중에서 가장 존귀한 지위로 한검 검한과 같은 존호였다. 여기서 검은 신성하다는 뜻이며 진은 숙신과 조선 두 발음을 합쳐서 읽던 것이 변한 말이니, 진한은 곧 조선의 왕이라는 뜻인 셈이다. 마한과 변한은 의미가 확실하지 않지만 진한 다음으로는 이 둘이 가장 지위가 높았다. 이들은 지위가 높은 뿐만 아니라 분할 통치하는 여러 나라들 이외에도 각각 주나라에 경대부에게 주어지던 채읍처럼 사적으로 거느린 제후국들이 있었다. 이 제후국들은 진한의 직할령인 왕기에서 분봉을

707 같은 책, 278쪽.

708 같은 책, 295쪽.

통하여 왕실과 안녕을 함께 한다.[709]

진한·변한·마한이 지위에 따른 것이라고 한다. 이것이 준왕이 패하기 전의 삼한이라는 것이다. 진한이 최고의 통치자이고, 그 내부에 이 통치자를 보좌하는 두 제후의 국읍이 변한과 마한이 있다는 것이다. 준왕이 한나라와의 전쟁에서 패하면서 "남한 이후의 삼한은 과거의 지위에 따른 이름을 소속 명칭으로 고수한 것이다"라고 한다. 그리하여 마한은 경기 지방부터 충청·전라 두 지방에, 변한과 진한은 경상 지방에 집중되고 있다고 한다.[710]

정윤은 신채호 등의 전삼한·후삼한과는 다르지만, 삼한이 한반도에 국한된 것을 비판하고 요서까지 범위를 넓혀야 한다고 주장한다.

> 지금에 삼한의 범위를 고찰하면 우리 역사에 모두 벽해반도(碧海半島)의 남단(南端)에 국한되었으나(局定) 나는 그 몇 백 년 잘못이 전래된 것을 격파하고 진정한 삼한의 완전히 옛 면목을 노출하여 우리의 천형신제(天兄神弟)들이 괄목상대케 하노라. 중국의 많은 역사 서적을 고찰하면 황해반도(黃海半島. 西半島)와 벽해반도(碧海半島. 東半島)를 통하야 3한78국이 산재한 것이오, 삼면이 바다에 임하엿다 하엿으니 서로 발해와 남으로 황해와 동으로 벽해에 임한 것인데 후에 침안소(針眼小)[711]의 사가들이 동반도만으로 오회하고 축소하얏고 사방이 4千里라 하엿으니 벽해반도의 남단만으로는 1000리 넓이도 못 되는 것이니 동서반도의 연무(延袤)[712]를 통하야 遼西까지 그 범위이던 것이오.[713]

709 정인보, 『조선사연구(상)』, 206쪽.

710 같은 책, 214쪽.

711 침의 구멍이 작은, 식견이 좁은.

712 동서의 길이를 늘려.

713 정윤, 『사지통속고』, 13쪽.

> 그 절대적인 판도(版圖)의 넓이와 길이(廣長)를 분명히 알 것이오 이태조가 북원(北元) 평장사(平章事)가 두 손으로 봉헌하는 요동의 할아버지 강역(遼東祖疆)을 퇴각한 것을 보면 이조(李朝) 백 년 전까지도 서북도(西半島) 이북(以北) 요심(遼瀋) 일대(一帶)의 종족(宗族)이 고국(故國)의 관념과 혈족의 맥락이 끊이지 않음을 이조가 버린 것이며 진시황이 만리장성을 쌓아 동북으로 우리 민족의 남하를 방비하엿으니 장성 이북의 넓이와 길이 수만리 강과 산이 모다 우리의 생각 속 금구(懷中金甌)[714] 이엇도다.[715]

그는 특히 이태조가 만주를 내버려두고 위화도 회군한 것을 비판하고, 진시황이 만리장성을 쌓은 것은 우리 민족의 남하를 막기 위한 것이라고 주장한다. 이는 흉노족 때문이라는 기존의 주장을 비판하기 위한 것이지만, 근거가 되기에는 부족하다.

> 『만주원류고』[716]에 曰 "한(韓)은 한(汗)으로 통하야 왕(王)의 뜻이니 삼한이즉 삼왕국이오 78국 명칭 중에 비리(卑離) 두 글자가 많으니[717] 비

714 금으로 만든 사발로 흠이 없고 견고한 강토(疆土)를 비유한 말이다.

715 정윤, 『사지통속고』, 11쪽.

716 乾隆 42年(1777) 8月 19日 阿桂, 于敏中, 和珅, 董誥 等이 편찬한 만주와 한반도 지역의 역사지리책으로, 乾隆 54年(1789) 正月에 總纂官紀昀, 陸錫熊, 孫士毅, 總校官陸費墀 등이 교감을 완성하여 올린 책이다. 1916년에 조선고서간행회에서 『欽定滿洲源流考全』을 출판했다. 대일항쟁 시기에 많은 학자들이 『滿洲源流考』를 참고하게 된 이유는 이 때문이다.

717 『滿洲源流考』 卷8, 「三韓屬國」. "馬韓: 爰襄國, 牟水國, 桑外國, 小石索國, 大石索國, 優休牟涿國, 臣濆活國, 伯濟國, 速盧不斯國, 日華國, 古誕者國, 古離國, 怒藍國月支(亦作目支)國, 治(魏志作咨)離牟盧國, 素謂幹國, 古爰國, 莫盧國, 卑離國, 占離卑國, 臣釁國, 支侵國, 勾盧國, 卑彌國, 監奚卑離國, 古蒲國, 致利鞠國, 冉路國, 兒林國, 駟盧國, 內卑離國, 感奚國, 萬盧國, 辟卑離國, 舊(魏志作臼)斯烏旦國, 一離國, 不彌國, 支半國, 勾素國, 捷盧國, 牟盧卑離國, 臣蘇塗國, 莫盧國, 古臘國, 臨素半國, 臣雲新國, 如來卑離國, 楚山塗卑離國, 一難國, 勾奚國, 不雲國, 不斯濆邪國, 爰池國, 乾馬國, 楚離國, 辰韓:十二國. 弁辰:十二國, 已抵國, 不斯國, 弁辰彌離彌凍國, 弁辰接圖國, 勤耆國, 難彌離彌凍

리(卑離. 쎄리)는 패륵(貝勒. 쎄리)과 같아 소왕(小王)의 의미니 삼대왕국(三韓)이 78소왕국을 관할한 것이 체제에 부합한다"[718] 하엿으니 한(韓)·만(滿)·몽(蒙)이 다 왕을 '한(干, 汗)'이라 하는 의의에도 적절한 해석이라 하겟도다.[719]

정윤은 『만주원류고』를 인용하여, 삼한의 비리(卑離)는 패륵(貝勒)[720]에서 온 것이고 한(韓)은 한(汗)이 변한 것이라고 한다. 이것을 통해 한국·만주·몽골이 왕을 같은 의미로 썼다고 고증한다.

마한을 의역하면 남한(南韓)이어늘 음역으로 마한이라 하엿도다. 한나라의 전 강역을 이에 나누어 북예(北濊), 남한(南韓)이 되야 '한'의 칭호가 2336년을 역하야 백제(百濟)가 된 것이리라. '마한'의 어원을 탐구하지 안고 마한을 그대로 써온 것은 치욕이 심하엿도다.[721]

國, 弁辰古資彌凍國, 弁辰古淳是國, 冉奚國, 弁辰半路國, 弁樂努國, 軍彌國弁, 軍彌國, 弁辰彌烏邪馬國, 如湛國, 弁辰甘路國, 戶路國, 州鮮國, 馬延國, 弁辰勾邪國, 弁辰走漕瑪國, 弁辰安邪國, 馬延國, 弁辰瀆盧國, 斯盧國."

718 원문에는 "그 일흔 여덟 개 국의 이름은 『위지』에 실려 있다. 나라 이름에 비리라는 두 글자가 많이 들어가 있다. 예를 들면 남해비리, 내비리, 피비리, 여래비리 등이다. 만주어로 이것을 고찰해보면 의당 貝勒의 발음이 변하여 전해진 것이니, 곧 汗이 변화되어 韓이 되었다는 것이 맞다는 것을 알 수 있고 삼한이 여러 패륵을 거느렸다는 것은 통치 제제에 비추어 볼 때 서로 잘 들어맞는다(『흠정만주원류고』, 남주성 역, 글모아, 2010, 92쪽).

719 정윤, 『사지통속고』, 11쪽.

720 정윤은 쎄리에 다음과 같이 해석한다. "쎄리는 小王의 義니 音譯으로 貝勒, 伯力, 伯里, 卑離, 必烈, 百烈, 渤極烈(쌔지리) 여러 가지로 되엇고, 安班貝勒도 有하니 安班은 滿語에 大인즉 大貝勒의 義라. 쎄리의 稱이 南韓 54국 중의 다수한 비리(쌔리니 쎄리의 轉音)국으로부터 爲始하야 遼 金 淸ᄭ지 傳至하엿나니 淸始祖 '布庫里雍順'이 '쎄리'가 되야 俄漠惠野(어머쉬)의 額多力(어둬리)城에 居하엿으니 俄漠惠는 又曰額穆索(어무쉬)니 今 吉林 額穆縣 地方이오, 額多力城은 亦曰 額敦(어둔)城이니 今 敦化縣이라. 寧古塔도 貝勒니 古時 小王國이오, 하바롭쓰끼(哈巴拉斯克)도 伯力니 亦小王國이던 것이오, 三姓(依蘭道이니 滿語에 三이 '이ᅀᅡ'인즉 依蘭은 이ᅀᅡ의 音譯이오, 三姓은 意譯)도 伯里니 小王國이던 것이오. 청태조의 四子도 다 貝勒니라"(『사지통속고』, 54쪽).

정윤은 마한은 원래 남한인데 이것을 의역해서 쓴 것은 문제가 있다고 한다. 한나라는 북쪽의 예와 남쪽의 한으로 나뉘는데, 남쪽의 한이 마한으로 불린다. 그런데 남한이 마한으로 불리는 근거에 대해서는 설명이 없다.

『만주원류고』에 남한이라 하엿으니[722] 우리보다 청(淸)은 도로혀 매우 깊이 탐구하여 본의를 발견한 것이요 『상서전(尙書傳)』에 해동의 여러 오랑캐(海東諸夷), 구려(駒麗)·부여(夫餘)·'한(馯)'·맥(貊)의 무리들은 길을 통함(通道)이라 하고[723] 『상서소(尙書疏)』에 曰 '한(馯)'은 즉 한(韓)이라 하고, 『정씨집운(丁氏集韻)』[724]에 曰 "한(馯)은 이 한(寒)이니 동이의 다른 이름(東夷別種名)이라" 하엿스니 마한(馬韓), 한(馯) 등의 글자를 고의로 쓴 『후한서』나 『삼국지』의 저작자를 새 심장과 길짐승의 배(禽心獸肚)라 아니치 못하겠도다.[725]

정윤은 원래 남한이란 글자를 중국의 사서에서 마한·한 등으로 쓰는 것은 짐승의 짓거리에 지나지 않는다고 비판한다.

『만주원류고』에 曰 "마한(馬韓)이 북으로 낙랑(遼西의 大凌河北. 醫巫閭山

721 정윤, 『사지통속고』, 11쪽.

722 『만주원류고』에서 남한이란 명칭은 한 번 나오는데, "동성왕이 고구려에게 패하여 쇠약하지기를 수년간 지속하더니 남한으로 옮겨졌다"고 한다. 그러면서 편자의 말로 "변한은 진한의 남쪽에 있다. 따라서 사서에서 남한으로 부른다"고 한다(『만주원류고』, 112쪽). 앞에서는 남한을 백제로, 뒤에서는 변한으로 설명한다. 마한을 남한으로 보는 정윤의 주장과 배치되는 측면이 있다.

723 『尙書』, 「孔安國傳」. "海東諸夷, 駒麗, 扶餘, 馯貊之屬, 武王克商皆通道焉, 成王即政而叛. 王伐而服之." 원문을 보면 구려·부여·한·맥은 무왕이 상을 정벌할 때 모두 길을 통하게 했다고 한다. 여기서 정윤은 무왕이 상을 정벌할 때를 생략하고 있다.

724 원명은 『集韵』이다. 宋代 丁度 等이 『廣韻』과 『韻略』을 모아서 1039년에 편찬한 책이다. 모두 10권이다.

725 정윤, 『사지통속고』, 11쪽.

南)을 접하니 지금의 개평(蓋平)·복주(復州)·영해(寧海. 皆西半島의 地)이다" 하였고, 또한 曰 "서북(西北)은 광녕(廣寧. 亦稱平壤)·금의(錦義. 奉天省의 西南邊)[726]"라 하엿으니 현재의 봉천성은 다 그 범위이던 것이오 남으로 대해(大海)를 경계로 하고 소해(小海)의 남(南)에 처하엿다 하엿으니, 소해는 지금 열하(熱河) 동북부(東北部)의 대포소도박(大布蘇圖泊)[727]을 지칭함이오 54국 중에 신소도국(臣蘇塗國)이 있으니 신(臣)은 대(大)의 의미인즉 '대포소도박(大布蘇圖泊)'이 '신소도국(臣蘇塗國)' 부근에 존재하엿으니 도(圖)의 음 두와 도(塗)의 음 두[728]가 서로 비슷한 것이오.[729]

정윤은 마한은 한반도 남부가 아니라 중국의 길림성·요녕성 지역이라고 한다. 그 증거로 마한 남쪽에 소해가 있고, 그것이 대포소도박(大布蘇圖泊)이라고 하고, 신소도국(臣蘇塗國)이라고 한다. 왜냐하면 신(臣)의 의미는 대(大)이고, 도(塗)와 도(圖)는 음이 같기 때문이라고 한다. 그러나 54국 중 하나만 언급하는 것은 신뢰도가 낮고, 최소한 몇 개를 더 세밀히 비교연구를 해서 유사점을 밝혀야 한다.

정윤은 진한이라 읽지 않고 신한이라고 한다. 신이란 글자가 동쪽이란 뜻이기 때문에 마한의 동쪽이라서 신한이라고 한다.

우리말에 동(東)이 '신'·'시'인즉 '신한'이 즉 동한(東韓)이라 '신한'이 '마한' 동쪽에 있으니 기준이 마한에 왕 노릇한 지 2년 후에 신한(辰韓)이 따로 세워져(別立) 벽해반도(碧海半島) 동부(東部) 일대 땅으로써 진한(辰韓)이라 하엿으니 동한(東韓)의 의미가 명확하며 혁거세(赫居世) 원년 갑자까지 137년간을 '신한'이라 하엿도다.[730]

---

726 지금의 遼寧省 金州市.

727 지금의 길림성 乾安縣.

728 圖와 塗의 중국어 발음이 tu이다.

729 정윤, 『사지통속고』, 18쪽.

변한에 대해서 정윤은 가락에 초점을 맞추고 있다. 가락은 한글 가ᅀᅡ에서 온 것이라고 한다.

> 가ᅀᅡ는 '갈나'와 같은(가 글자 아래에 ᅀᅡ 글자를 붙이며 독음이 갈나와 같음) 음독상으로 분리(分離)의 뜻이니 나누어주는 것을 '갈나준'다 하며 가나(駕羅. 원음)ᅀᅡ 국(國)은 분리자주(分立自主)의 뜻이니 '가ᅀᅡ한'은 마한·신한 사이에서 갈나져 자립된 '한'이란 말이라 가락(駕洛)·가야(伽倻)·가나(伽羅) 등은 다 '가ᅀᅡ(駕羅)'의 음이 전환되어 번역이 다르게 된 것(轉音異譯)이며 일설(一說)에 '가락(駕洛)'이니 우리말에 뾰족한 것을 '가락'이라 하나니 '손가락(手指)', '문내가락(文來尖鐵)', '절가락(箸)' 등이 이것이라. 이에 준하야 뾰쪽하게 머리를 세우는 것(尖頂巾幘)을 '가락(音譯 駕洛)'이라 하며, 又 '상투가락지(髻冠)'라 하나니, 어느 것이나 씌우는 것은 모다 '가락지'라 하엿으니, 느리게 읽으면 '가락지'오, 급히 읽으면 '가지(冠)'라, 그 땅의 원주민이 상고부터 뾰쪽하게 머리를 세우는 것 즉 뾰족 '가지'를 애장품(愛戴物)이 되엿는대, 그리하야 '가락나라' 혹 '가락한'이라 한 것을 한인(韓人)들은 가락(駕洛), 가야(駕耶), 가나(駕那), 가나(駕羅), 가야(加耶), 가야(伽耶) 등으로 번역하고 중국인들은 의역(意譯)하야 변한(弁韓)이라 하엿다 히니, 이상의 말은 다산의 『강역고(疆域考)』에 참조하면 확실하고 정확한(確切) 이치가 잇고 『삼국사』에 금관국(金冠國)이라 한 것을 다산은 금관(金冠)이 즉 금가야(金駕耶. 尖頂幘)라 하엿도다.[731] 그러면 가락국(駕洛國)의 명칭이 김수로왕(金首露王)으로 시작한 것이 아니오, 원래 '가락한(弁

---

730 같은 책, 11쪽.

731 『我邦疆域考』其1, 「弁辰考」. "鏞案弁者, 駕洛也. 駕洛者, 伽耶也. 東俗, 凡冠幘之尖頂者, 通謂之弁, 亦謂之駕那. 今禁府皁隷【稱羅將】及郡縣侍奴, 【稱及唱】猶戴尖頂之幘, 名之日駕那, 亦謂之金駕那. 方言流傳, 必有所本也. 新羅之時, 駕洛國在今金海府, 或稱加羅, 或稱伽耶. 此乃弁辰之總王也. 必其巾幘, 特爲尖頂之制. 故號之日駕羅國, 而中國之人譯之以文, 則謂之弁辰也. 及其末王仇亥, 投降新羅之後, 名其國日金官. 金官者, 金冠也.【聲之轉】金冠者, 金駕那也. 駕那之爲弁辰, 尙足疑乎?"

韓)'에서 수로(首露)가 일어나 그래도 '가락나라'이라 한 것이니 실은 가락(駕洛)이 변(弁)이오 변(弁)이 가락(駕洛)이로다. 이상 두 가지 증거를 통론하면 관(冠)으로 인하야 나라이름이 되엿다는 것보다 그때 국체(國體)가 분립자주체(分立自主體)임으로 나라이름을 '가ᄾᆞ(가라)'한 이라 하엿다는 것이 그 본의라 하노라.[732]

가ᄾᆞ는 갈라져 자립한다는 뜻이다. 가락을 한자로 번역하면 변이고, 한글로 하면 가락이다. 변한은 갈라져 자립한 나라로 자주독립국이란 뜻으로 쓴다. 정윤이 정약용의 『아방강역고』를 써서 주장을 한 점이 주목된다.

2) 진한·마한·변한만을 인정하는 주장

유근은 마한을 전에 있다가 기자조선의 준왕이 와서 새롭게 건국한 나라로 소개하고 있다.

개국기원전 1584년에 마한(馬韓) 무강왕(武康王) 기준이 건국ᄒᆞ다. 기준은 기자의 41대 손이오 부(否)의 아들이라. 조선이 위만의 습격에 빼앗긴 바가 됨애 왕이 남으로 금마군(金馬郡. 지금의 익산)에 이르러 마한을 공격하여 깨뜨리고 자립ᄒᆞ야 한왕(韓王)이 되고 용화산성(龍華山城)[733]에 도읍을 정하다.[734]

김교헌은 삼한이 기준이 망하고 나서 생겼다고 한다. 김교헌은 진한·마한·변한이 기준이 위만과 싸움에서 패배하고 남쪽 한의 땅에 내려와 마한이

---

732 정윤, 『사지통속고』, 12쪽.

733 익산 미륵사지 뒤의 산성. 미륵산성이라고도 한다.

734 유근, 「신정동국역사」, 2쪽.

라 했고, 마한에 속하지 않은 한의 땅은 진한과 변한으로 불러 서와 남으로 분할, 서쪽은 마한이 차지했고 남쪽은 진한과 변한이 차지했다고 한다.[735]

반면에 장도빈은 기준이 아니라 한씨가 마한의 왕이 되었다고 한다.

> 마한 총왕(總王)의 왕계는 중국의 『후한서』·『삼국지』의 등에 조선왕 준이 위만에게 망하여 남으로 마한에 가서 왕이 되었다고 하였으나 기준을 인정하지 아니한즉 준이 마한왕 되었다는 말은 더욱 승인할 수 없다. 우리나라 『한씨족보』에 마한왕의 자손이 한씨 되었다고 하였은즉 마한왕의 성이 한씨이던 것이다.[736]

권덕규는 단군조선 다음에 부여가 세워졌는데 북쪽에서 조선 가운데 가장 큰 나라이고, 남쪽에서는 삼한이 일어났다고 한다. 기준을 언급하지 않는다. 지리적으로 "산해간에 산재하야 땅이 비옥하고 물산이 풍부하고 강한 이웃의 압박이 미치치 아니하는 고로 대륙방면으로 붙어 전란 기근 가혹한 정치(苛政)를 피하야 귀의하는 자가 대대로 끊이치 아니하얏으며 서남동의 삼면이 다 대해라, 해변가 포구(海隅浦曲)에는 바다를 넘은 이민족의 들어와 사는 것도 묻지 않았더라"[737]고 하여 삼한이 살기 좋은 곳임을 주장한다.

안확은 북쪽과 남쪽으로 나누어, 북쪽은 부여 등이고 남쪽은 삼한이라고 한다. 북쪽은 외족과 적혈(赤血)적 경쟁이 많아 무력을 숭상하여 성곽을 건설하는 것이 많고, 남쪽은 외인과 백혈(白血)적 전쟁을 하여 문화에 치중하여 무역시장의 경제생활이 발달했다고 한다.

> 외부에서 온 세력을 섞어서 받아들인 단부는 각각 규모를 확대하여

---

735 김교헌, 『신단민사』, 39쪽.

736 장도빈, 『국사개론』, 11쪽.

737 권덕규, 『조선유기』, 8쪽.

정치 집단을 확장하기에 이르니 이 단부를 통칭하여 한국(韓國)이라고 했다. 한국 내에 있는 소방은 78개국인데 그 78국을 3국으로 조직하니 마한·진한·변한이 그것이다.[738]

안확은 마한·진한·변한을 삼천단부의 소속된 국가이기 때문에 통칭하여 한국이라고 한다.

황의돈은 한강 이남에 진국이 먼저 있었고, 그것이 마한·변한·진한으로 되었다고 한다. "진국은 한강 이남 반도 남부에 건설한 대국으로서 마참내 그가 분열하야 마한·진한·변한 삼국이 되얏나니라."[739]

유근·권덕규·안확·황의돈은 마한이 50여 개국이라고 하는데 비해, 장도빈은 40여 개 국이라고 한다. 유근은 마한이 54개국으로 이루어져 있다고 한다.

그 땅이 북은 낙랑으로 남은 일본으로 동은 진한으로 접ᄒᆞ고 54국을 통솔ᄒᆞ니 대국(大國)은 만여 가오 소국(小國)은 천여 가라. 성곽이 없고 그 백성은 흙으로 만든 집(土室)에 거주ᄒᆞ야 씨부리는 것·나무 심는 것(種植)과 밭농사·양잠(田蠶)을 힘쓰고 금은과 비단이나 융단(錦罽)을 귀하게 여기지 않으며 주옥(珠玉)으로써 옷을 장식하고 또한 목(頸)과 귀(耳)에 달고 비단과 솜(帛袍) 옷을 입고 큰밤(大栗)과 장닭(長尾鷄)이 나오니라. (내 생각에 지금의 전라·충청·경기· 한강 이남이 모두 마한의 옛날 땅이니라.)[740]

권덕규는 마한은 서쪽, 지금의 경기도·충청도·전라도에 있어 50여 개국이라고 한다. 그중에서 마한의 총왕은 다시 삼한의 총왕으로 높은 자리를 누

738 안확, 『조선문명사』, 30-31쪽.

739 황의돈, 『신편조선역사』, 이문당, 1923, 4-5쪽.

740 유근, 「신정동국역사」, 2쪽.

렸다고 한다.[741]

안확은 삼한 중에 마한이 가장 강대하고, 변한·진한은 귀족 중에서 선정하고, 세습제가 아니라 선거제이고, 왕도는 월지국에 있었다고 한다. 관명은 신지와 읍치이다. 마한은 경제가 발달하여 자유와 자치를 위주로 했다고 하는데 법률 등이 역사적으로 전해지지 않았다고 하고, 50여 국 약 15만 가가 있었다고 한다.[742]

황의돈은 마한의 도읍을 익산에 비정한다.

> 마한은 한강 이남 반도의 서남부(경, 충, 전 삼도)를 할거하야 국도를 목지국(익산)에 정하고 전국을 54후국에 분치하니 지방이 여여만이며 민성이 용감하고 물상이 풍부하면 용잠에 용력하야 국력이 강대함으로 삼한 중에 패권을 장악하얏나니라.[743]

반면에 장도빈은 마한은 연방국가이고 54국이 아니라 백제를 따라서 40국이라고 한다. 마한의 도읍지는 익산군 왕궁면의 유적지라고 한다.[744]

유근은 마한은 백제에게 망했다고 한다.

> 후손이 대대로 스스로를 지키고 멀리 도모함을 일삼지 않더니 백제 온조왕이 위례성(지금 한성)에 도읍을 정함이 한강 남쪽 백리 땅을 떼어주고 삼한의 패권만 독점ᄒᆞ다가 마침내 백제에게 병탄ᄒᆞᆫ바가 되니 역사가 202년이러라. (내 생각에 기씨의 자손이 후에 鮮于氏·韓氏·奇氏의 諸姓이 되니라. 무강왕릉은 지금 익산 五金寺서에 在ᄒᆞ니라.)[745]

---

741 권덕규, 『조선유기』, 9쪽.

742 안확, 『조선문명사』, 30-31쪽.

743 황의돈, 『신편조선역사』, 4-5쪽.

744 장도빈, 『국사개론』, 11쪽.

745 유근, 「신정동국역사」, 2쪽.

(1) 진한

유근은 진한의 거주민이 진(秦)에서 왔다고 하는데 비해, 김윤경은 그렇지 않다고 한다.

> 진한은 마한의 동(지금의 경상도)에 있으니 북은 예맥(지금의 강릉)과 남은 변한을 이웃ᄒᆞ고 12국을 거느니라. 그 선조는 진인(秦人)이니 진(秦)의 고역(苦役)을 피ᄒᆞ야 마한에 왔는대 마한이 동쪽 경계를 떼어주고 처하게 ᄒᆞ고로 또한 진한(秦韓)이라 하고, 마한의 관할을 받아 능히 자립치 못ᄒᆞ고 항상 마한인으로써 왕을 삼더라. 후에 신라의 병탄한바 되니 그 역사는 고증할 수 없더라 한다.[746]

진한 사람이 중국 진나라에서 왔다고 하는 기록은 『삼국사기』「신라본기」에 "예전에 중국 사람들이 진의 난리를 괴로워하며 동쪽으로 온 자들이 많았다. 이들 중에 마한의 동쪽에 자리 잡고 진한과 뒤섞여 산 경우가 많았다"로 되어 있다.

반면에 김윤경은 진한 사람이 중국에서 오지 않았다고 한다. 진한이 「위지」에 "옛 진나라의 고역을 피해서 한 나라에서 망명해 왔다. 마한이 동쪽 땅을 베어주었고, 성책이 있고, 그 말이 마한과 같지 않다. 국을 방이라고 하고 궁을 호라 하여 진나라 사람과 비슷하다"고 한 구절을 들며, 진시황의 고역을 피하여 온 것이 진한이라는 주장은 중국인의 자만심 또는 사대사상에서 온 과장이라고 비판한다.[747] 『동사강목』이나 『성호사설』의 주장은 이것을 따라한 것에 지나지 않는다고 주장한다. 그는 진한을 잇대어 일어난 것이 신라이고, 신라를 잇대어 일어난 것이 고려, 고려를 잇대어 일어난 것이 조선이어서 우리의 말이 지나와 같지 아니한 딴 계통의 말이라는 것이다. 그래

---

746 같은 글, 2쪽.

747 『한결김윤경전집』 2, 19쪽.

서 진한은 중국에서 온 것이 아니라고 주장한다.[748] 이는 오구라 신페이의 학설을 인정하면서도 민족적인 관점에서 투영한다. 오구라 신페이는 진한의 말이 진나라 말과 유사한가에 대한 구체적인 설명이 없고, 두 나라 말의 계통적 관계에 대한 하등의 유력한 증거를 부여하지 않는 것이고, 만일 약간의 유사한 말이 있더라도 단순히 언어 대차상의 현상이라고 인정하지 않으면 안 된다고 본다.

권덕규와 안확은 진한에 12개국이 있다고 하는데 비해, 장도빈은 20국이라고 한다. 진한은 동쪽 지금의 낙동강 동쪽에 있어 12국이라고 한다.[749] 안확은 진한은 12여 개국 약 5만 가가 있었다고 한다. 장도빈은 진한은 『삼국지』에는 12국, 『제왕운기』에는 20국이라고 하는데, 20국이라고 한다. 진한에는 총왕이 없고 국도도 없다고 한다. 20소국은 신라벌(新羅伐. 경주), 거칠산(居柒山. 동래), 우시산(于尸山. 영해), 다벌(多伐. 대구), 비지(比只. 창령), 음변벌(音汴伐. 흥해), 실직곡(悉直谷. 삼척), 감문(甘文. 개녕), 사량벌(沙梁伐. 상주), 이서(伊西. 청도), 골벌(骨伐. 영천), 압량(押梁. 양산), 소문(召文. 의성), 창녕(昌寧. 안동), 소라(召羅. 안동), 구령(駒令. 안동), 내기(奈已. 영주), 속함(速含. 함양), 추화(推火. 밀양), 급벌산(及伐山. 순흥)이다.[750]

안확은 진한은 마한의 왕을 왕으로 삼고, 행정제도도 마한과 비슷하고 외래인이 많았고 이는 외래인의 조차지로 볼 수 있다고 한다.

> 진한과 변한은 모두 독일연방의 황위를 프로이센 왕으로 잇게 한 것 같이 모두 마한 사람으로 그 왕을 삼는 그런 까닭에 행정제도는 마한과 유사하다. 그중 진한을 외래인이 많아서인지 각 방(邦)에 신지(臣智)·검측(儉側)·번지(樊祇)·교원(敎爰)·읍차(邑借)의 5등 관직이 있어서 그 제도가

748 『한결김윤경 전집』 1, 32쪽.

749 권덕규, 『조선유기략』, 34-35쪽.

750 같은 책, 13-14쪽.

몹시 주밀하고, 특히 소방 이외에 별읍의 제도가 있었다. 이것은 생각건대 도시 아니면 외국인의 조차지가 아니었나 싶다.[751]

안확이 진한과 변한을 서양 제국과 비교하여 설명하는 것이 눈에 띈다.

유근은 진한의 풍속은 대체로 지금의 경상도 풍속과 비슷하다. 특히 남녀가 유별한 것은 이 지역이 유교가 들어오기 이전에도 그러한 풍속이 있었음을 말해준다.

토지ᄂᆞᆫ 비옥ᄒᆞ야 오곡이 잘 자라며(宜) 누에와 뽕나무(蚕桑)를 힘써 길쌈을 잘ᄒᆞ며 혼례를 예(禮)로 써ᄒᆞ며 남녀가 유별ᄒᆞ며 길가는 사람이 길을 양보ᄒᆞ고 동전을 주조하여 예(濊)와 마한과 일본에 무역ᄒᆞ며 보옥(寶玉)과 석경(石鏡)과 칼과 창(刀槍) 등이 이름나고 풍속이 가무(歌舞)와 금슬(琴瑟)을 좋아하더라.[752]

황의돈은 진한의 도읍지를 사로국이고 마한의 지배를 받았다고 한다.

진한은 변한의 동북(낙동강 이동. 경북 지방)에 건국하야 국도를 사로국(경주)에 정하고 12후령에 분치하니 삼한 중에 민지가 가장 계발되야 성곽·궁실·의복·예제가 구비하며 철전을 주용하고 통상이 성행하나 또한 마한인의 지배를 밧으니라.[753]

(2) 변한

유근은 변한은 12개국이 있으며, 김해 지역의 있었던 나라라고 한다.

---

751 같은 책, 13-14쪽.

752 유근, 「신정동국역사」, 2쪽.

753 황의돈, 『신편조선역사』, 4-5쪽.

변한은 진한의 남(지금의 김해)에 있으니 또한 '변진(弁辰)'이라 말한다. 그 시조는 알 수 없으나 마한과 진한으로 더부러 삼한이라 병칭ᄒᆞ고 또한 12국을 통할ᄒᆞ니 대국은 56천 가오 소국은 67백 가라. 그 인민이 진한(辰韓)과 섞여 살고 의복과 거처와 언어와 풍속이 서로 같고 부엌(竈)은 모두 문 서쪽(戶西)에 있고 그 사람 형체는 장대하고 모발이 아름다우며(長大美髮) 의복이 정결ᄒᆞ더라.[754]

결국 변한은 가락국에 통합되었고 가락국은 신라에 병탄되었다고 한다. "신라 유리왕 시에 가락국 시조 수로왕에게 병탄ᄒᆞᆫ바가 되니 대수를 고찰할 수 없다러라."[755]

권덕규도 변한은 마한의 동쪽, 진한의 서남쪽에 있고 또한 12국이 있었다고 한다.[756]

안확은 변한은 12여 개국 약 5만 가가 있었다고 한다. 장도빈은 변한도 마한과 마찬가지로 연방이지만, 총왕(總王)과 국도도 없고 12소국이 있었다고 한다. 12소국은 본피(本彼. 성주), 고령(古寧. 함창), 임나(任那. 고령), 고자(古自. 고성), 가라(加羅. 김해), 사물(史勿. 사천), 굴자(屈自. 창원), 골포(骨浦. 마산), 칠포(柒浦. 칠원), 아나(阿那. 함안), 초팔(草八. 초계), 거로(巨老. 거제) 등이다.[757]

황의돈은 "변한은 만한의 동(낙동강 이서, 경남 지방)에 건국하야 국도를 구야국(김해)에 정하고 전국을 12후국에 분치하니 인민을 체격이 장대하고 모발이 미호하며 의복이 청결하고 예양이 빈빈하나 자립의 국력이 부족함으로 항상 마한의 지배를 밧으며 마한인이 국왕이 되니라"[758]고 한다.

754 유근, 「신정동국역사」, 2쪽.

755 같은 글.

756 권덕규, 『조선유기략』, 34-35쪽.

757 장도빈, 『국사개론』, 13-14쪽.

758 황의돈, 『신편조선역사』, 4-5쪽.

안확은 "변한의 법률이 다른 두 한보다 규모가 상밀하고 제도와 법령이 엄하여 마한과 같이 처분과 판결에서 길게 늘어지는 폐해가 적었다"[759]고 하여 변한의 법률제도가 엄격했다고 주장한다.

이상의 삼한에 대한 논의를 종합하면 삼한을 마한·진한·변한으로 보는 주장과 전삼한·후삼한으로 보는 두 종류가 있음을 알 수 있다. 후자의 경우는 만주나 요동 지역에 이미 삼한이 존재한다고 보는 사고이다. 그것이 망하고 한반도 남부에 삼한이 생겼다고 하는 주장이다. 이러한 사고는 삼한의 강역을 요동 지역까지 연계하는 과정에서 나온 것이다.

1911년 청조가 붕괴된 뒤 중국의 혁명가들이 오족공화설(五族共和說)을 주장하며 만몽을 신중국에 귀속시키려 하고, 일본이 만주국을 세우면서 만한일체설(滿韓一體說)을 주장하는 데 대해, 대종교는 만몽을 조선에 귀속시키려고 하고 만주 지역 경영에 적극적으로 나섰고, 만주를 우리의 역사지리 안에 재편입하고자 했다.

759 안확, 『조선문명사』, 30-31쪽.

5장
결론

대종교는 종교적인 의미에서 도탄에 빠진 이 세상을 구제하겠다는 하느님의 발원과 사람들의 믿음을 기반으로 하여 최종적으로는 홍익인간이라는 궁극적 목표(absolute concern)로 귀결된다. 그 사이에는 삼신·삼계·삼도·삼아 등의 3을 기본수로 하는 해석이 들어가고 있다. 대종교는 역사적으로 단군을 민족의 국조로 여긴다.

대종교 연구자는 나철·김교헌·서일·윤세복 등 내부의 지도자들과 신채호·최남선·안재홍·정인보·김두봉·이윤재·이병기 등 대종교의 영향을 받은 학자들로 구분된다. 내부 지도자들은 단군에 관한 본체론적·수양론적 종교 교리를 확립하는 데 힘썼고, 학자들은 단군과 관련된 구체적 자료들을 찾는 데 전력했다. 단군학은 이들을 통해 성립되었다고 할 수 있는데, 바로 이 때문에 단군학이 종교이면서도 학문적 성격을 띠게 된 것이다.

역사적으로 대종교는 일제강점기에 3을 가지고 민족문화를 재구성하고자 했다. 이들은 자신들의 근거를 『삼일신고』, 『회삼경』 등의 선도 경전에서 찾고자 했다. 이것을 종교적·문화적·역사적 측면에서 적용했던 것이다.

3에 대한 논의는 중국에도 없는 것이 아니지만, 대종교 학자들은 종교적·문화적인 측면뿐만 아니라 역사적인 측면에까지 적용하고자 했다.

먼저 종교적 삼론이다.

삼신에서는 삼신일체를 주장했다. 환인·환웅·단군 세 신이 하나라고 하는 사고를 견지했다. 이는 『삼국유사』가 부처 이하의 하늘과 지상에 적용하던 것을 대종교에서는 이를 본체의 작용으로 이해했고, 이들이 각기 조화주·교화주·치화주가 하나라고 봄으로써 종교적으로 원만한 교리체계를 만들고자 했다. 일본 제국주의자의 환인과 환웅이 불교적 인물이라는 주장에 맞서 환인을 부정하고 환국을 주장하는 최남선 계열이나, 환인·환웅은 신이고 단군만이 인간이라고 하는 신채호 계열이 있지만 이들은 삼신일체를 부정하지는 않았다.

삼계(三界)에서는 천상계·인간계·지옥계가 실제로 있다는 최남선의 주장과 마음먹기에 따라 존재한다는 서일의 주장이 있다. 삼계는 존재의 세 층차를 종적인 차원에서 보여주고자 한 시도이다.

삼도(三途)는 지감·조식·금촉이라는 세 가지 길을 통하여 참된 존재로 나아가야 한다는 주장이다. 이러한 수련체계는 불교나 도교에서도 존재하지만 셋으로 구성한 점은 대종교의 특징이다.

삼아(三我)는 하늘이 나에게 내린 것이 성이고, 신이 나에게 구체화되면 영이 되고, 수양공부가 나에게 내재되어 있는 것이 도이다. 나에게 성·영·도가 균등하게 모두 갖추어진 것이 본래의 나이다. 본래의 나는 완전하게 갖추고 있기 때문에 기독교와 같은 원죄설이 없다. 이것이 후대로 가면서 불교의 독아, 선교의 위아, 유교의 무아가 되지만, 이 셋은 모두 대종교의 대아로 하나가 된다.

삼진(三眞)은 성·명·정으로, 사람과 사물의 차이에서는 성·명·정을 온전히 가진 존재인 사람과 치우친 존재인 사물로 규정한다. 사람에서도 최고의 등급은 성에 통하고, 중간 등급은 명을 알고, 낮은 등급은 정을 보존하는 측면에서 구분한다. 삼진을 통해 인간과 인간, 인간과 사물의 차이를 설명한다.

삼망(三妄)은 심·기·신이고 이는 삼진에 상대하는 개념으로 망으로 규정된다. 삼도-삼망-삼진 구조는 하나의 계열을 이루고 있다. 성-심-감의 구조에서 우리는 느낌을 가지고 있고, 그 느낌의 근원에는 마음이 있고, 그 마음의 근원에는 본성이 있다. 명-기-식의 구조에서 우리는 호흡을 하고, 호흡의 근원에는 기가 있고, 기의 근원에는 생명 혹은 목숨인 명이 있다. 정- 신-촉에서 우리는 접촉을 하게 되고, 접촉에는 신체가 있고, 신체에는 근원적인 에너지인 정이 있다. 수련체계를 통해 하나의 이론 구조를 형성하고 있는 것이다. 이는 3에 근거한 것이다.

다음은 문화적 삼론이다. 삼신할머니, 삼신제석, 삼신주머니, 삼신밥, 삼신반점 등은 모두 문화적으로 삼신과 관련된 내용이다. 이런 민속은 단군 때부터 아이의 탄생과 관련하여 만들어진 문화이다.

삼족오는 태양과 관련이 있는 세발 달린 까마귀로, 달과 관련된 두꺼비와 함께 논의된다. 그중에서 삼족오는 태양, 더 나아가서는 우리 민족을 상징하는 것으로 고구려 고분벽화 등에도 존재한다.

삼재는 천·지·인을 뜻하는 것으로 사람이 천지와 관련되어 있을 뿐만 아니라 수양론의 측면에서 사람의 역할을 천지의 수준까지 높이는 것이다.

삼위태백의 위치에 대해서는 세 가지 주장이 있는데 하나는 삼위태백을 구월산으로 보는 한반도에 있다는 주장(장도빈), 둘은 중국에 있다는 주장(신채호, 정인보), 셋은 한국· 중국을 넘어서는 붉문화로 보는 주장(최남선)이 있다. 신채호·정인보는 삼위는 중국, 태백은 백두산으로 보는 것으로 중국 대 한국이라는 대립구도로 보는 것이고, 최남선은 태백산의 백(park)을 한·중·일 뿐만 아니라 전 세계에 적용하려고 하는 시도이다.

삼랑성은 강화도의 성을 단군의 세 아들이 만들었다고 하는 주장과 그렇지 않다는 주장으로 나뉘는데, 전자는 단군시대 이곳까지 단군의 강역이었음을 알려주는 것이라고 한다.

세 개의 천부인은 이것을 구체적인 물건으로 보는 최남선·안확이 있고, 추상적인 것으로 보는 정인보·장도빈이 있다. 삼천의 무리는 환웅이 지상에 내려올 때 삼천 명을 이끌고 왔다고 하는 것으로 이를 단부로 이해하여 중국의 대흥안령부터 한반도까지 영토적으로 이해하는 사고이다. 삼신산을 중국의 산이 아니라 한국의 지리산·금강산·한라산으로 보는 사고는 중국 중심이 아니라 한국 중심으로 보는 사고이다.

10월 3일이 갖는 개천절의 의미는 역사적으로 단군시대부터 문화적으로 전승되어온 것이며, 이를 기념하는 의식을 한국·중국·미국·러시아에서 개최하고 기독교까지 포함하는 국민화합의 장으로 널리 펴고자 했던 것이다. 일본 제국주의를 배격하면서도 인류 문명국의 하나임을 주장하여 보편성을 획득하고자 했다.

역사적 삼론으로, 삼조선 즉 단군·기자·위만조선에 대한 논의에서는 기존의 중시되던 기자조선을 정통성을 부정하고 기자조선을 부정하거나 아니면 단군조선의 변방인 요동이나 요서 지역으로 국한했다. 이에 대한 논쟁은 단군조선의 영토와 관련되어 현재도 진행 중이다. 부정하는 쪽에는 삼조선을 신조선·말조선·불조선으로 보는 신채호, 단군조선·개아지조선·위만조선으로 보는 최남선이 있다.

삼한을 마한·진한·변한으로 볼 것인가 아니면 전삼한·후삼한으로 볼 것인가도 마찬가지이다. 삼한을 한반도 내에 국한할 것이냐 아니면 만주 지역까지 포함할 것인가의 문제이다. 1911년 청조가 붕괴된 뒤 중국의 혁명가들이 오족공화설을 주장하며 만몽을 신중국에 귀속시키려 하고, 일본이 만주국을 세우면서 만한일체설을 주장하는 데 대해, 대종교는 만몽을 조선에 귀속시키려고 하기 위해서 만주 지역 경영에 적극적으로 나섰고, 만주를 우리의 역사지리 안에 재편입하고자 했다.

이들 학자들의 다양한 주장들은 3에 대한 사상을 풍부하게 만들었다. 그러나 이러한 풍부함이 오히려 3에 관한 정설을 만드는 데 장애가 되었다. 어느 것이 정통한 학설인지 알 수 없게 된 것이다. 그런데다 해방 이후의 정치적 상황은 대종교 학자들이 대부분 양심적인 보수거나 중도적인 세력을 표방하게 되어 권력에서 멀어지게 되는 이유가 된다. 그것은 이들의 노력에도 불구하고 3에 대한 사고는 그 이후에 계승되지 못했다. 이들의 사고는 엄밀한 학적인 체계를 결여한 재야 수준의 학문으로 평가 절하되었던 것이다. 그런데다 기독교라는 외세 종교가 우월한 지위를 차지하게 되고 대종교는 민족종교로 국한되었다.

대종교는 역사기억이란 측면에서 우리의 잠자는 역사인식을 깨우고자 했다. 그리고 이들은 민족국가 건설에서 홍익인간을 최고의 목표로 설정하고 단군을 구체화하고자 노력했으며 이들의 영토를 설정하고자 했다. 이것은 홍익인간이라는 교육법 2조만 가지고는 부족하다. 오히려 헌법 1조에 넣음으로써 우리의 정신의 설계도를 만들어야 한다. 민족주의가 국수주의로 가는 위험성을 경계해야 하지만, 그렇다고 무턱대고 민족주의를 부정해서도 안 된다. 민족주의를 바탕으로 하는 보편성을 담지해야 하는 것이 우리의 임무이고 역할이다.

참고 문헌

대종교 문헌과 학자들의 자료

권덕규, 『조선유기략』. 1929년 상문관에서 발행되었다. 2009년 정재승이 우리역사문화재단에서 역주를 달아서 다시 출판했다.

김교헌, 『신단실기』. 1914년 지은 책으로 1986년 이민수의 번역으로 한뿌리에서 나나왔고, 배달족역사는 1922년, 신단민사는 1923년에 지었는데, 모두 2020년 김동환, 이숙화의 역주 번역으로 『배달의 역사, 새 길을 열다』라는 제목으로 화성시청에서 나왔다.

김윤경, 『한결김윤경전집』. 1985년 연세대출판부에서 7권으로 출판되었다.

나철, 『대종교신리』. 나철이 단군강세 4367년(1910)에 경술 9월 12일 고경각에서 간행한 것으로, 『신리대전』을 만들기 전의 창작으로 추측된다. 이 글은 고려대학교 중앙도서관 소장본이자 육당문고에 있는 것으로 국학연구소에서 펴낸 『올소리』 3호에 실려 있다.

대종교, 『대종교중광육십년사』. 대종교가 중광(1910)된 지 60년 뒤인 1971년 姜天奉 등이 대종교의 역사를 정리한 책이다.

박은식, 『대동고대사론』. 독립운동기념관에 기증된 안창호문서에 있는 것을 신용하·한영우가 소개했다. 1927년 박용만이 김노규의 『北輿要選』·박용만의 『提倡朝鮮文化一二語』와 함께 『대동고대사론』을 묶어서 출판했다. 여기서 대동은 만주와 한국을 통틀어 부르는 말이다. 『몽배금태조』는 박은식을 가탁한 無恥生이 금태조를 뵈옵고 민족의 장래와 미래를 묻는 소설로, 김영호가 『신동아』 1975년 9월호에 기고했다. 조준희는 박은식의 『대동고대사론』, 『명림답부전』, 『천개소문전』,

『몽배금태조』를 2008년에 모아서 혼뿌리에서 출판했다.
박은식, 『백암 박은식 전집』. 윤병석의 주도로 2002년 동방미디어에서 7권으로 발간되었다.
백봉, 「단군교오대종지포명서」. 1909년 10월 3일에 쓴 글이다. 오대종지는 敬奉祖神, 感通靈誠, 愛合族友, 安固基土, 勤務産業이다. 「단군교오대종지포명서」의 전문과 번역문은 국학연구소에서 펴낸 『올소리』 7호, 2008년에 실려 있다.
백봉, 「단군교포명서」. 1904년 음력 10월 3일(양력 11월 9일)에 쓴 글이다. 백봉의 생몰연대는 알 수 없고 백두산에서 수련을 한 인물이다. 그는 1904년 백두산에서 『삼일신고』를 얻고서 단군교를 밝히고자 했다. 「포명본교대지서(佈明本敎大旨書)」가 「단군교포명서(檀君敎佈明書)」이다. 「단군교포명서」는 『대종교중광육십년사』에도 실려 있고, 『올소리』 5호, 2007년에도 실려 있다.
백봉, 『대종교신원경』. 1903년에 낸 책이다. 이 책을 조준희와 김탁 등이 한국신교연구소 편으로 선인출판사에서 2011년에 출판했다.
신규식, 『예관신규식전집』. 예관 신규식전집편찬위원회에서 2권으로 2019년 발간하였다.
신채호, 『단재 신채호 전집』. 독립기념관의 한국독립운동사연구소에서 9권으로 2007년에 간행되었다.
신채호, 『조선상고문화사』. 1931년 10월 15일부터 1932년 5월 31일까지 『조선일보』에 40회 연재한 것을 박기봉이 번역하여 비봉출판사에서 2016년 간행했다.
신채호, 『조선상고사』. 「조선사」란 제목으로 『조선일보』에 1931년 6월 10일부터 10월 14일까지 103회 연재한 것을 안재홍이 1948년에 간행했고, 단재기념사업회에서 1972년 『신채호전집』을 간행하며 실었고, 1977년 천관우 교열을 거쳐 박기봉이 2006년에 번역 출판했다.
신태윤, 『정사』. 1935년 발행된 것을, 그의 아들 신현동이 『대한민국정사』로 번역하여 2011년 한국학술정보에서 발간했다.
안재홍, 『민세안재홍선집』. 이강훈 등이 안재홍의 저작을 모아 1992년 지식산업사에서 4권으로 출판했다.

안재홍, 『백두산등척기』. 1930년 8월 11일에서 9월 15일간 『조선일보』에 총 34회 연재한 것을 1931년 유성상에서 단행본으로 펴낸 것을 2010년 정민이 풀어서 해냄에서 출판했다. 안재홍의 『백두산등척기』는 최남선의 『백두산근참기』, 민태원의 『백두산행』과 더불어 3대 백두산 기행문이다.

안재홍, 『조선상고사감』. 1937~1941년에 쓴 원고를 1947년 서울 민우사에서 간행했고, 김인회가 2014년에 역주를 달아 우리역사연구재단에서 출판했다.

안확, 『안자산국학논선집』. 최원식이 안확의 논문을 모으고 번역하여 1996년 현대실학사에서 발간했다.

안확, 『자산안확국학논저집』. 안확의 저작을 이태진·최원식·권오성이 주도하여 총 6권으로 1994년 여강출판사에 간행했다.

안확, 『조선문명사』. 1923년 경성 회동서관에서 발행한 것을 송강호가 2015년에 역주하여 우리역사연구재단에서 출판했다.

유근, 『석농 유근 자료총서』. 김명섭이 유근의 자료를 모아 2007년 한국학술정보에서 발행했다.

이병기, 『가람일기』 1·2. 정병욱·최승범이 1919~1964년까지의 이병기 일기를 모아서 1976년 신구문화사에서 간행하였고, 『가람이병기전집』이 2024년 전북대학교 출판문화원에서 30권으로 출판되었다.

장도빈, 『산운장도빈전집』. 산운기념사업회가 1981년에 2권으로 출판하였다

정열모, 『역해종경사부합편(譯解倧經四部合編)』. 대종교의 『삼일신고』, 『신리대전』, 『신사기』, 『회삼경』을 모아서 1949년 대종교총본사에서 발행했다.

정윤, 『사지통속고』. 1923년 조완구가 교열하여 상해 삼일인서관에서 간행했다. 이 책의 서문은 박은식이 썼다. 국학연구소에서 부록 형태로 『국학연구』 15집(2011)에 수록했다.

정인보, 『담원 정인보 전집』. 1983년 연세대학교 출판부에서 6권으로 간행되었다.

정인보, 『조선사연구』. 1935년 1월 1일부터 1936년 8월 29일까지 『동아일보』에 「오천년간 조선의 얼」이라는 제목으로 연재한 것을 서울신문사에서 1946년(상), 1947년(하)에 각각 발행했다. 2012년 문성재 역주로 우리역사연구재단에서 출

판했다.
주시경, 『주시경전서』. 김민수에 의해 1992년 탑출판사에서 6권으로 간행했다.
최남선, 『불함문화론』. 1927년 『朝鮮及朝鮮民族』 1집에 일본어로 실은 것을, 정재승·이주현이 역주하여 2008년 우리역사연구재단에서 출판했다.
최남선, 『육당최남선전집』. 김준엽의 주도로 고려대학교 육당문제연구소 편으로 1974년 현암사에서 15권으로 간행했다.
최현배, 「조선민족갱생의 도」. 일본 유학에서 돌아온 뒤 『동아일보』에 1926년 9월 25일부터 12월 26일까지 65회 연재한 글이다. 아마도 일본 유학 때 구상한 것을 발표한 것이라고 생각된다. 이것을 동광당서점에서 1930년에 발행했다.
최현배, 『최현배전집』. 2012년 연세대 출판문화원과 외솔회의 작업으로 28권으로 출판했다.

일반 참고문헌

계연수 편, 『환단고기』, 안경전 역주, 상생출판, 2012
과학백과사전출판사 편집부, 『조선단대사』, 과학백과사전출판사, 2011
김광린, 「국학과 민세 안재홍의 정치사상」, 『선도문화』 13, 2012
김낙필, 「서우 전병훈의 도교사상」, 『도교문화연구』 21, 2004
김동훈 외 주편, 『류린석·신규식 외』(중국조선민족문학대계 I), 보고사, 2007
김농환, 「선도사서에 나타나는 고구려 다물주의에 대한 연구」, 『선도문화』 1, 2006
______, 「고려시대 삼성사의 단군숭배」, 『백산학보』 46, 1996
______, 『대종교 항일투쟁 인물사전』, 선인, 2024
김성환, 「삼신산 판타지와 동아시아 고대의 문화교류」, 『중국학보』 56, 2007
______, 「선가 자료 『청학집』의 자료적 검토」, 『선도문화』 6, 2009
김용환, 『말리노브스키의 문화인류학』, 살림, 2013
김은호, 『서화백년』, 중앙일보사, 1977
김주미, 『한민족과 해속의 삼족오 – 한국의 일상문연구』, 학연문화사, 2010
김현자, 『천자의 우주와 신화』, 민음사, 2013

노승대, 『바위로 배우는 우리문화』, 무한, 1997
류시현, 『최남선 평전』, 한겨레출판, 2013
리영순, 『동물과 수로 본 우리문화의 상징세계』, 훈민, 2006
박남수, 『신라화백제도와 화랑도』, 주류성, 2013
박미라, 「『檀奇古史』의 판본과 문제」, 『선도문화』 6, 2009
박선미, 「고조선의 강역과 중심지」, 『고조선사 연구 100년』, 학연문화사, 2009
박영철, 「나라카(Naraka)에서 지옥으로」, 『역사교육』 63, 1997
박준형, 「한국근현대 기자조선 인식의 변천」, 『고조선사연구 100년』, 학연문화사, 2009
박진규, 「현대단학의 뇌수련법에 관한 한국선도적 고찰」, 국제뇌교육종합대학원대학교 박사학위논문, 2012
三ツ井崇, 「日本語朝鮮語同系論の政治性をめぐる諸樣相」, 『朝鮮史研究会論文集』 第37集, 1999
서영채, 「최남선과 이광수의 금강산 기행문에 대하여」, 『민족문학사연구』 24, 2004
小蒼進平, 『朝鮮語學史』, 刀江書院, 1964
손병욱, 「동학과 불교 염불선의 수증체계비교」, 『동학학회』 23, 2011
손영식, 「인간의 본성은 악한가」, 『우리들의 동양철학』, 동녘, 1997
송기호, 『이 땅에 태어나서』, 서울대출판문화원, 2015
스테판 다나카, 『일본동양학의 구조』, 박영재·함동주 옮김, 문학과 지성사, 2004
신종원 편역, 『일본인들의 단군연구』, 민속원, 2009
심희찬, 「방법으로서의 최남선」, 『종교와 식민지 근대』, 책과 함께, 2013
안재성 엮음, 『옛잡지 속의 역사 읽기』, 돌베개, 2012
안정복, 『순암 안정복의 만물유취』, 박지현 역, 사람의 무늬, 2014,
앤서니 스미스, 『족류, 상징주의와 민족주의』, 김인중 역, 아카넷, 2016
야기 다케시, 『한국사의 계보』, 박걸순 역, 소와당, 2015
오강남, 『종교란 무엇인가』, 김영사, 2012
오카다 다케히고, 『나 뛰어넘을 것인가 깨어있을 것인가』, 정지욱 역, 문사철, 2009

오현수, 「기자전승의 확대과정과 그 역사적 맥락」, 『대동문화연구』 79, 2012

요시자와 세이치로, 『애국주의의 형성』, 정지호 역, 논형, 2006

우대석, 「환단고기 위서론에 대한 비판적 고찰」, 『선도문화』 9, 2010

육당연구회, 『최남선 다시 읽기』, 현실문화, 2009

윤내현, 『고조선연구』, 일지사, 2015

윤소영, 「근대 한일의 화혼론과 국혼론」, 『화혼양재와 한국근대』, 어문학사, 2006

尹眞人제자, 『性命圭旨』, 이윤희 역, 한울, 2005

윤창대, 「전병훈 정신철학통편연구」, 국제뇌교육종합대학원대학교 박사학위논문, 2015

이경룡, 「개천절제사의 격하내력」(http://cafe.daum.net/hagokacademy)

이문영, 『만들어진 한국사』, 파란미디어, 2010

이상모, 「내단학의 비교연구」, 국제뇌교육대학원 석사학위논문, 2014

이운허 역, 『열반경』, 동국역경원, 2015

이원국, 『내단』 1·2』, 김낙필 외 역, 성균관대학출판부, 2006

이은봉, 「단군신화에 나타나는 삼신 사상의 종교적 의미」, 『올소리』 3, 2006

이종두, 「안확의 『조선문학사』와 『조선문명사』 비교연구」, 『대동문화연구』 73, 2011

임동권, 「단군신화의 민속학적 고찰」, 『한국민속학논고』, 집문당, 1971

임채우, 「선도사서『규원사화』 해제」, 『선도문화』 6, 2009

전성곤, 『근대 '조선'의 아이덴티티와 최남선』, 제이앤씨, 2008

정재서, 『동아시아상상력과 민족서사』, 이화여자대학교출판부, 2014

______, 『동양적인 것의 슬픔』, 살림, 1996

정춘희, 「대종교경전과 『환단고기』의 삼신일체론 연구」, 국제뇌교육종합대학원대학교 박사학위논문, 2016

조경철, 「단군신화의 환인 환국논쟁과 판본 검토」, 『한국고대사탐구』 23, 2016

조법종, 『고조선 고구려사연구』, 신서원, 2006

조선총독부조선사편수회 편, 『조선사편수회사업개요』,편집부 역, 시인사, 1986

조준희, 「백봉신사 도통전수에 관한 연구」, 『선도문화』 1, 2006

_____, 「삼일신고 독경연구」, 『선도문화』 7, 2009
_____역, 『우리역사 우리영웅』, 한뿌리, 2008
조현설, 「근대의 어문학자 최남선」, 『한국근대 초기의 어문학자』, 태학사, 2013
_____, 『우리 신화의 수수께끼』, 한겨레출판, 2006
주강현, 『우리 문화의 수수께끼 1』, 한겨레출판, 1996
한영우, 『한국선비지성사』, 지식산업사, 2010
허태근, 「홍암 나철의 대종교 중광과 조천 연구」, 부경대학교 박사학위논문, 2015

찾아 보기

(ㄴ)

(ㄷ)

(ㄹ)

(ㅁ)

(ㅅ)

(ㅇ)

(ㅈ)

(ㅊ)

(ㅋ)

(ㅌ)

(ㅍ)

(ㅎ)